Ein nach dem Pull-Prinzip gedrucktes Lehrbuch

Horst Tempelmeier

Supply Chain Management und Produktion

Übungen und Mini-Fallstudien

6., überarbeitete Auflage

Prof. Dr. Horst Tempelmeier

Universität zu Köln
Seminar für Supply Chain Management und Produktion
Albertus-Magnus-Platz
D-50923 Köln
Germany
http://www.scmp.uni-koeln.de
tempelmeier@wiso.uni-koeln.de

Bibliografische Information Der Deutschen Bibliothek
Die Deutsche Bibliothek verzeichnet diese Publikation in der Deutschen Nationalbibliografie;
detaillierte bibliografische Daten sind im Internet über <http://dnb.ddb.de> abrufbar.

Herstellung und Verlag: BoD- Books on Demand, Norderstedt

ISBN 978-3-7528-1020-2

Vorwort zur 6. Auflage

Während an einführenden – sowohl deutsch- als auch englischsprachigen – Lehrbüchern zu den Problemen der Produktion, der Logistik und des Supply Chain Managements kein Mangel herrscht, ist derzeit kein vertiefendes Lehrbuch verfügbar, das den vom Verfasser an der Universität Köln in der betriebswirtschaftlichen Spezialisierung „Supply Chain Management und Produktion" präsentierten Lehrstoff in ausreichender Breite und Tiefe abdeckt. Viele einführende Lehrbücher bewegen sich aus didaktischen Gründen auf einem auch für den Anfänger verständlichen Niveau. Die in der betrieblichen Praxis auftretenden Planungsprobleme, auf deren Lösung Studierende des Supply Chain Managements und der Produktion vorbereitet werden sollen, erfordern vertiefte Einsichten in die Problemstruktur sowie Kenntnisse von Modellierungstechniken und i. d. R. auch von quantitativen Lösungsmethoden. Das vorliegende Buch soll für eine Auswahl von Problemstellungen diese vertieften Einsichten liefern. Es enthält eine Sammlung von Mini-Fallstudien, Übungsaufgaben sowie Verständnis- und Wiederholungsfragen. Dabei handelt es sich vielfach um vereinfachte Versionen von Problemen, die wir in der betrieblichen Praxis vorgefunden haben. Andere Aufgaben dienen lediglich der Einübung der Funktionsweise bestimmter Algorithmen.

Der Schwerpunkt vieler Aufgaben liegt auf der Abbildung eines Problems durch ein mathematisches Optimierungsmodell. Zur numerischen Lösung wird dabei auf die Modellierungssoftwaresysteme IBM ILOG CPLEX (https://www.ibm.com/de-de/marketplace/ibm-ilog-cplex) und AMPL (http://www.ampl.com) zurückgegriffen, die wir auch im Hochschulunterricht verwenden.

Weiterhin werden Simulationsmodelle in der Simulationssprache SIMAN (dies ist die Modellierungssprache, die in das Softwaresystem Arena eingebettet ist) beschrieben. Diese Modelle sind mit der Trainingsversion von Arena implementierbar. Wir stellen die Simulationsmodelle in SIMAN dar, da hier der eigentliche Ablauf einer Simulation deutlicher wird als bei der Anwendung der graphischen Darstellung in Arena. Darüberhinaus zeigt der SIMAN-Code sehr genau, was in den zugrundeliegenden Modellen abgebildet wird.

Viele Berechnungen lassen sich auch mit der von uns entwickelten Übungssoftware *Produktions-Management-Trainer* durchführen. Eine detaillierte Beschreibung und eine kostenlose Testversion dieser Software findet sich unter http://www.pom-consult.de. Das Buch bildet eine wichtige Grundlage für das in den vom Seminar für Supply Chain Management und Produktion der Universität Köln angebotenen Lehrveranstaltungen verfolgte Lehr- bzw. Lernkonzept des „inverted classroom". Dabei werden die Studierenden durch überzeugende Argumente motiviert, sich auf den Stoff eines Vorlesungstermins so intensiv vorzubereiten, daß sie diesen selbst vortragen können.

Köln, im September 2018   Horst Tempelmeier

Begleitmaterial im Internet

Die in den bisherigen Auflagen abgedruckten AMPL-Modelle wurden um OPL-Versionen ergänzt und in das Internet verlagert. Hierauf wird durch folgenden Platzhalter hingewiesen:

 `{AMPL,OPL}-Modell: www.produktion-und-logistik.de/SCMP-Modelle`

Problem- bzw. Modellbezeichnungen

CLSP	Capacitated Lotsizing Problem
CLSP-L	Capacitated Lotsizing Problem with Linked Lotsizes
ELSP	Economic Lot Scheduling Problem
MLCLSP	Multi-Level Capacitated Lotsizing Problem
MLULSP	Multi-Level Uncapacitated Lotsizing Problem
RCPSP	Resource-Constrained Project Scheduling Problem
PLSP	Proportional Lotsizing Problem
SALBP	Simple Assembly-Line Balancing Problem
SPLP	Simple Plant Location Problem
TSP	Travelling Salesman Problem

Inhaltsverzeichnis

4 Lagerpolitiken in mehrstufigen Supply Chains   331

Literaturverzeichnis   337

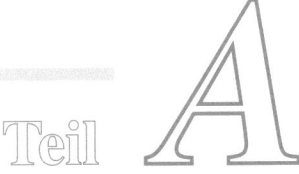

Teil A

Gestaltung der Infrastruktur von Supply Networks

In Teil A werden zunächst Entscheidungsprobleme behandelt, die mit der Gestaltung der langfristigen Struktur eines logistischen Netzes („Supply Network") verbunden sind. Im Anschluß an diese langfristigen Probleme, die man auch als „Netzwerk-Design" bezeichnen könnte, wenden wir uns den Problemen der Gestaltung der internen Struktur der Knoten in einem Logistik-System zu („Knoten-Design"). Hier geht es neben der Layout-Planung im Rahmen der Planung der Infrastruktur der Produktion vor allem um die Konfigurierung von Fließproduktionssystemen und von Produktionszentren. Schließlich betrachten wir auch den Problembereich de Instandhaltung, der auch eher langfristig strukturiert wird und dessen Entscheidungen direkten Einfluß auf die Leistungsfähigkeit der Ressourcen haben.

1 Standortentscheidungen

Verständnis- und Wiederholungsfragen

1. Beschreiben Sie die wesentlichen Elemente einer Supply Chain.

2. Welche Faktoren können die Wahl eines Produktionsstandortes beeinflussen?

3. Welche Gründe können dafür sprechen, daß eine Unternehmung ein Produkt an mehreren Standorten produziert?

4. Welche prinzipiellen Möglichkeiten der mathematischen Modellierung von Standortproblemen gibt es?

5. Nennen Sie praktische Beispiele für „Hub-Location"-Probleme.

6. Erläutern Sie den Begriff „Location-Allocation"-Problem.

7. Welche Bedeutung hat das klassische Transportproblem für die Lösung von Standortproblemen?

Übungsaufgaben

A1.1

Kontinuierliche Standortplanung, Steiner-Weber-Modell

Ein Unternehmen versorgt $I = 3$ Absatzzentren mit seinen Produkten. Die Koordinaten (x_i^a, y_i^a) der Absatzzentren und die Absatzmengen w_i^a ($i = 1, 2, 3$) (in to) sind in der folgenden Tabelle zusammengefaßt.

i	1	2	3
x_i^a	120	51	91
y_i^a	109	111	68
w_i^a	50	40	64

Zur Produktion wird Rohmaterial von einem Lieferanten mit den Koordinaten ($x^b = 120, y^b = 85$) bezogen. Die Einheitstransportkosten zwischen dem Lieferanten und der Produktionsstätte sind $c^b = 0.10$ Geldeinheiten je Tonnenkilometer und die Einheitstransportkosten zwischen der Produktionsstätte und den Abnehmer-Standorten belaufen sich auf $c^a = 2.00$ Geldeinheiten je Tonnenkilometer. Die Beschaffungsmenge sei gleich der gesamten Absatzmenge.

a) Bestimmen Sie den optimalen Standort der Produktionsstätte.

b) Wie kann man vorgehen, wenn mehrere Produktionsstätten errichtet werden sollen?

 INFORMATIONEN, LITERATUR

Chopra und Meindl (2016)
Nahmias und Olson (2015)

 LÖSUNG

a) Die Beschaffungsmenge ist $w^b = 154$ to. Die zu minimierende Zielfunktion zur Bestimmung der transportkostenminimalen Koordinaten s_x und s_y des gesuchten Standortes der Produktionsstätte lautet nun

$$\text{Minimiere } Z(s_x, s_y) = c^b \cdot w^b \cdot d^b + \sum_{i=1}^{I} c^a \cdot w_i^a \cdot d_i^a$$

mit

$$d_i^a = \sqrt{(s_x - x_i^a)^2 + (s_y - y_i^a)^2} \qquad i = 1, 2, \ldots, I$$

$$d^b = \sqrt{(s_x - x^b)^2 + (s_y - y^b)^2}$$

Dieses Modell ist ein Minimierungsmodell mit einer nichtlinearen Zielfunktion und den Entscheidungsvariablen s_x und s_y. Zu seiner Lösung bilden wir die partiellen Ableitungen nach s_x und s_y, setzen diese gleich 0 und lösen soweit wie möglich nach s_x und s_y auf. Die partielle Ableitung der in der Zielfunktion enthaltenen Luftlinienentfernung $d = \sqrt{(s_x - x)^2 + (s_y - y)^2}$ nach s_x ist

$$\frac{\partial d}{\partial s_x} = 0.5 \cdot \left[(s_x - x)^2 + (s_y - y)^2 \right]^{-0.5} \cdot 2 \cdot (s_x - x) \cdot 1 = \frac{(s_x - x)}{d}$$

Die partielle Ableitung nach s_y lautet analog:

$$\frac{\partial d}{\partial s_y} = \frac{(s_y - y)}{d}$$

Verwendet man diese Beziehungen bei der Ableitung der Zielfunktion, dann erhält man nach einigen Umformungen:

$$s_x = \frac{\dfrac{c^b \cdot w^b \cdot x^b}{d^b} + \displaystyle\sum_{i=1}^{I} \dfrac{c^a \cdot w_i^a \cdot x_i^a}{d_i^a}}{\dfrac{c^b \cdot w^b}{d^b} + \displaystyle\sum_{i=1}^{I} \dfrac{c_i^a \cdot w_i^a}{d_i^a}} \qquad (A.1)$$

$$s_y = \frac{\dfrac{c^b \cdot w^b \cdot y^b}{d^b} + \displaystyle\sum_{i=1}^{I} \dfrac{c^a \cdot w_i^a \cdot y_i^a}{d_i^a}}{\dfrac{c^b \cdot w^b}{d^b} + \displaystyle\sum_{i=1}^{I} \dfrac{c_i^a \cdot w_i^a}{d_i^a}} \qquad (A.2)$$

Die Koordinaten s_x und s_y sind allerdings noch in den Entfernungen d_i^a und d^b enthalten. Zur Ermittlung der Standortkoordinaten kann ein iteratives Verfahren eingesetzt werden. Man beginnt dabei mit einem geeigneten Startwert (s_x^0, s_y^0), z. B. dem *Schwerpunkt*. Der Schwerpunkt ist der Standort, bei dem die gewichtete Summe der quadrierten Entfernungen zu allen Orten minimal ist. Er hat die Koordinaten $\bar{x} = \frac{\sum_j x_j \cdot c_j \cdot w_j}{\sum_j c_j \cdot w_j}$ und $\bar{y} = \frac{\sum_j y_j \cdot c_j \cdot w_j}{\sum_j c_j \cdot w_j}$. Dann löst man die Gleichungen (A.1) und (A.2) auf und setzt die resultierenden Koordinaten (s_x^ℓ, s_y^ℓ) erneut auf der rechten Seite in diese Gleichungen ein.

Als Startwert verwenden wir den Schwerpunkt mit den Koordinaten $s_x = 91.45$ und $s_y = 92.12$. Für diesen Standort betragen die Kosten $Z(91.45, 92.12) = 10428.96$. Die Ergebnisse der weiteren Iterationen zeigt die folgende Tabelle:

Iteration	s_x	s_y	$Z(s_x, s_y)$	Iteration	s_x	s_y	$Z(s_x, s_y)$
0	91.45	92.12	10428.96	7	93.14	81.04	10123.10
1	93.91	87.71	10227.34	8	93.04	80.65	10120.98
2	94.24	85.40	10175.81	9	92.96	80.34	10119.56
3	93.98	83.95	10152.54	10	92.90	80.08	10118.60
4	93.69	82.92	10139.32	11	92.85	79.87	10117.93
5	93.45	82.14	10131.32	12	92.81	79.69	10117.47
6	93.27	81.53	10126.32	13	92.78	79.54	10117.15

Die Entwicklung des Standortes während der Iterationen ist in Bild A.1 wiedergegeben.

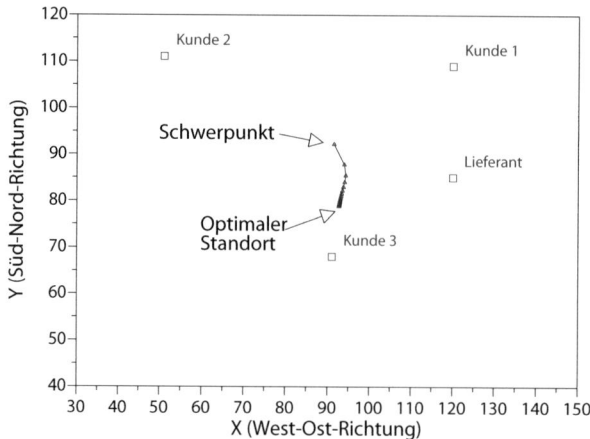

Bild A.1: Veränderung des Standortes während der Iterationen

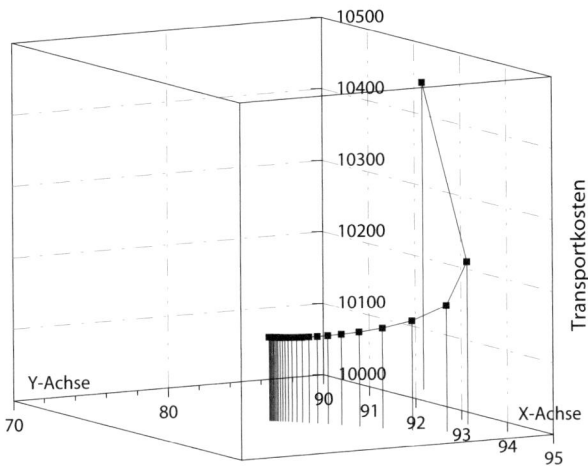

Bild A.2: Veränderung des Zielwertes während der Iterationen

Bild A.2 verdeutlicht, daß die Veränderung des Zielwertes aufgrund der relativ großen Standortverschiebungen in den ersten Iterationen am größten ist und daß weitere Iterationen nur noch geringe Verbesserungen der Lösung bringen.

b) In der Teilaufgabe (a) ist der Einzugsbereich der Produktionsstätte durch die Menge der zu beliefernden Abnehmer gegeben. Wenn mehrere Produktionsstätten errichtet werden sollen, dann ändert sich die Problemstruktur. In diesem Fall ist zusätzlich zur Bestimmung der Standortkoordinaten über die Struktur der Einzugsbereiche der verschiedenen Produktionsstätten zu entscheiden. Es entsteht ein sog. Standort-Einzugsbereichs-Problem (location-allocation problem). In der nächsten Aufgabe wird ein heuristisches Verfahren zur Lösung dieses kombinatorischen Optimierungsproblems eingesetzt.

A1.2

Kontinuierliche Standortplanung, Location-Allocation-Problem

Ein Unternehmen beliefert $I = 6$ Absatzzentren mit seinen Produkten. Die Koordinaten (x_i^a, y_i^a) der Absatzzentren und die Absatzmengen w_i^a $(i = 1, 2, \ldots, 6)$ (in to) sind in der folgenden Tabelle angegeben.

i	1	2	3	4	5	6
x_i^a	51	20	120	91	54	50
y_i^a	111	71	109	68	34	10
w_i^a	25	10	30	30	40	10

Die Produktion erfolgt in einer Fabrik mit den Koordinaten $x^b = 10$, $y^b = 30$. Es sollen zwei Regionallager errichtet werden. Die Einheitstransportkosten zwischen der Fabrik und den Regionallagern sind $c^b = 1$ Geldeinheiten je Tonnenkilometer und die Einheitstransportkosten zwischen den Regionallagern und den Abnehmer-Standorten belaufen sich auf $c^a = 4.00$ Geldeinheiten je Tonnenkilometer.

Bestimmen Sie die optimalen Standorte und Einzugsbereiche der Regionallager mit einem Greedy-Verfahren.

INFORMATIONEN, LITERATUR

Domschke und Drexl (1996)
Tempelmeier (1983)

LÖSUNG

Eine mögliche Vorgehensweise besteht darin, die Menge der Abnehmer in disjunkte Teilmengen zu zerlegen und für jede Teilmenge (Einzugsbereich) den optimalen Standort des Regionallagers – wie in Aufgabe A1.1 gezeigt – zu bestimmen. Dann verschiebt man der Reihe nach jeden Abnehmer in einen anderen Einzugsbereich und berechnet die nach der Reoptimierung der beiden betroffenen Standorte eintretende Kostenveränderung. Sind die Kosten gesunken, behält man die geänderte Einzugsbereichsstruktur bei. Andernfalls beläßt man den Abnehmer in seinem bisherigen Einzugsbereich. Dieses Vorgehen wiederholt man iterativ so lange, bis keine Verringerung der Kosten mehr eintritt.

Für das betrachtete Problem ist das Protokoll der ersten Iteration in der folgenden Tabelle wiedergegeben. Die Startlösung wurde willkürlich gewählt. Die Spalte „Iteration" enthält neben dem Iterationszähler als zweite Angabe die Nummer desjenigen Abnehmerstandortes, der gerade in einen anderen Einzugsbereich verschoben wird. Dabei werden jeweils die optimalen Standorte für den vergrößerten und den verkleinerten Einzugsbereich berechnet. Ist die Summe der Kosten gesunken, dann wird die aktuelle Struktur der Einzugsbereiche als neue Zwischenlösung beibehalten. Die Spalten 2 bis 7 geben die

Nummer des Einzugsbereichs an, dem der in der Kopfzeile benannte Abnehmerstandort zugeordnet ist.

Viermal wird ein Abnehmerstandort einem anderen Einzugsbereich zugeordnet. Nach dem ersten Durchlauf liegt eine gegenüber der Startlösung verbesserte Lösung vor.

Iteration	1	2	3	4	5	6	s_x	s_y	Kosten	Summe	Verschieben?
	1		1		1		53.47	42.86	23802		
		2		2		2	84.33	64.78	10163	33965	Start
1–1			1		1		54.00	34.00	15088		
	2	2		2		2	46.58	41.70	16753	31841	ja
1–2		1	1		1		53.96	34.17	17544		
	2			2		2	73.68	70.27	14246	31790	ja
1–3		1			1		53.96	34.01	4225		
	2		2	2		2	85.74	72.80	23154	27379	ja
1–4		1		1	1		53.98	34.11	11584		
	2	2				2	63.90	98.64	17894	29478	nein
1–5		1					26.53	37.87	3174		
	2		2	2	2	2	58.59	49.59	32208	35382	nein
1–6		1			1	1	53.89	33.98	5646		
	2		2	2			85.82	77.74	19313	24959	ja

Im nächsten Schritt wird versucht, die Lösung weiter zu verbessern. Die folgende Tabelle zeigt, daß dies mit der betrachteten Vorgehensweise nicht weiter möglich ist.

Iteration	1	2	3	4	5	6	s_x	s_y	Kosten	Summe	Verschieben?
2–1	1	1			1	1	53.51	34.33	14453		
			2	2			91.04	68.20	11410	25863	nein
2–2					1	1	53.97	33.98	3190		
	2	2	2	2			78.91	79.90	22721	25911	nein
2–3		1	1		1	1	53.98	34.04	18954		
	2			2			79.86	73.24	10749	29703	nein
2–4		1		1	1	1	53.99	34.03	12995		
	2		2				60.59	106.62	13239	26234	nein
2–5		1				1	26.53	37.87	3174		
	2		2	2	2		66.74	61.64	29734	32908	nein
2–6		1			1		53.96	34.01	4225		
	2		2	2		2	85.74	72.80	23154	27379	nein

Die optimale Lösung ist in Bild A.3 graphisch dargestellt.

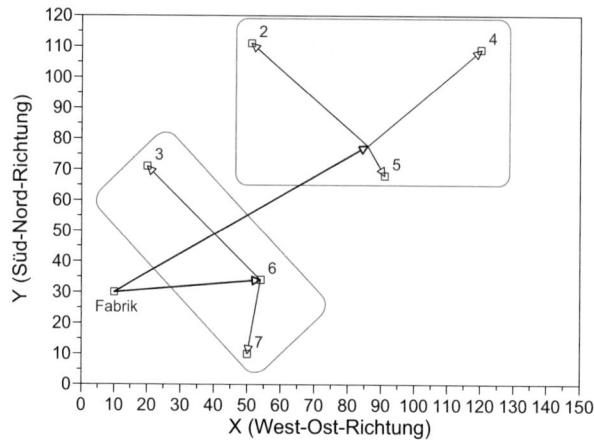

Bild A.3: Beste gefundene Standort-Einzugsbereichs-Struktur

A1.3

Diskrete Standortplanung, SPLP

Ein Unternehmen beliefert die sechs Absatzzentren Hamburg, Berlin, München, Köln, Frankfurt und Kassel. Die jährlichen Liefermengen sind in folgender Tabelle angegeben:

Abnehmer	HH	B	M	K	F	KS
Liefermenge	100	90	110	120	50	40

Eine Vorstudie hat gezeigt, daß die Orte Dortmund, Bremen, Karlsruhe, Passau, Würzburg und Nürnberg als potentielle Standorte für die Errichtung einer Produktionsstätte in Frage kommen. Die Kapazitäten und jährlichen Fixkosten gibt die folgende Tabelle wieder:

Standort	DO	HB	KA	PA	WU	N
Kapazität	900	900	900	900	900	900
Fixkosten	20000	20000	20000	20000	20000	20000

Die Transportkosten je Mengeneinheit zwischen den potentiellen Standorten und den Absatzzentren sind in folgender Tabelle zusammengestellt:

von\nach	HH	B	M	K	F	KS
DO	342	500	612	94	219	165
HB	119	390	745	324	467	281
KA	631	687	277	313	145	323
PA	827	639	195	630	443	489
WU	526	470	273	325	116	223
N	607	431	162	432	223	304

a) Entwickeln Sie ein AMPL- oder OPL-Modell zur Bestimmung der optimalen Standortkonfiguration und finden Sie die optimale Lösung.

b) Lösen Sie das obige Problem mit der zusätzlichen Bedingung, daß die Anzahl von Produktionsstätten extern auf $1, 2, \ldots, 6$ gesetzt wird und berechnen Sie für jede Lösungsvariante die minimalen Gesamtkosten.

 INFORMATIONEN, LITERATUR

Günther und Tempelmeier (2016)

 LÖSUNG

Das Problem kann als sog. *Simple Plant Location Problem* (SPLP) mit I potentiellen Standorten und J Absatzzentren wie folgt abgebildet werden:

Minimiere

$$Z = \sum_{i=1}^{I} \sum_{j=1}^{J} c_{ij} \cdot x_{ij} + \sum_{i=1}^{I} f_i \cdot \gamma_i$$

unter den Nebenbedingungen

$$\sum_{j=1}^{J} x_{ij} \leq b_i \cdot \gamma_i \qquad i = 1, 2, \ldots, I$$

$$\sum_{i=1}^{I} x_{ij} = d_j \qquad j = 1, 2, \ldots, J$$

$$\gamma_i \in \{0, 1\} \qquad i = 1, 2, \ldots, I$$

$$x_{ij} \geq 0 \qquad i = 1, 2, \ldots, I; j = 1, 2, \ldots, J$$

Dabei bedeuten:

b_i Kapazität des potentiellen Standortes i

d_j Nachfrage des Absatzzentrums j

c_{ij} Transportkosten pro Mengeneinheit zwischen i und j

f_i Fixkosten am potentiellen Standort i

x_{ij} Transportmenge von Standort i zum Absatzzentrum j

$$\gamma_i = \begin{cases} 1 & \text{wenn Standort } i \text{ gewählt wird,} \\ 0 & \text{sonst.} \end{cases}$$

$$x_{ij} = \begin{cases} 1 & \text{wenn Abnehmerzentrum } j \text{ durch Standort } i \text{ beliefert wird,} \\ 0 & \text{sonst.} \end{cases}$$

 {AMPL,OPL}-Modell: www.produktion-und-logistik.de/SCMP-Modelle

Es ist optimal, Produktionsstätten in Dortmund, Bremen und Nürnberg zu errichten. Dies verursacht jährliche Gesamtkosten von 153650.

b) Eine extern vorgegebene Anzahl I^{fix} zu errichtender Produktionsstätten kann man durch folgende zusätzliche Nebenbedingung erzwingen:

$$\sum_{i=1}^{I} \gamma_i = I^{\text{fix}}$$

Für unterschiedliche Werte des Parameters I^{fix} erhält man dann folgende optimale Lösungen:

I^{fix}	Transportkosten	Fixkosten	Gesamtkosten	Standorte
1	175350	20000	195350	DO
2	119640	40000	159640	DO, N
3	93650	60000	153650	DO, HB, N
4	88500	80000	168500	DO, HB, WU, N
5	88500	100000	188500	DO, HB, PA, WU, N
6	88500	120000	208500	DO, HB, KA, PA, WU, N

Bild A.4 zeigt die Entwicklung der Kosten für unterschiedliche Anzahlen von Standorten.

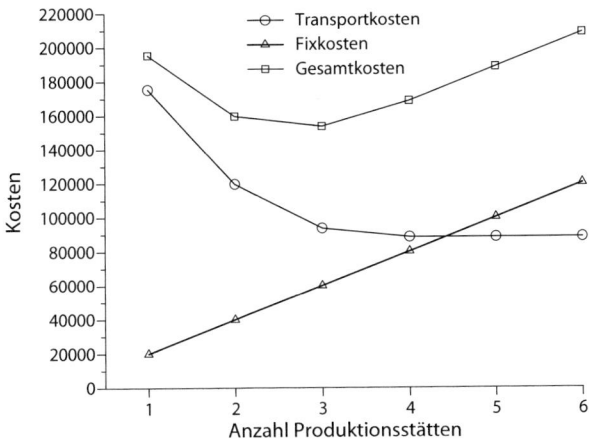

Bild A.4: Kosten in Abhängigkeit von der Anzahl errichteter Produktionsstätten

Diskrete Standortplanung, SPLP, Lagrange-Heuristik

Ein Unternehmen produziert in vier ($i = 1, 2, \ldots, I = 4$) Produktionsstätten ein Produkt, das an fünf ($j = 1, 2, \ldots, J = 5$) Absatzzentren geliefert wird. Die Transportkosten c_{ij}^u pro Mengeneinheit sowie die Produktionskapazitäten a_i und die Nachfragemengen d_j sind in der folgenden Tabelle angegeben. Jede Fabrik verursacht Fixkosten in Höhe von 50000 Geldeinheiten. (Zu diesem Beispiel vgl. auch *Günther und Tempelmeier* (2016).)

von \ nach	1	2	3	4	5	a_i
1	342	500	612	94	219	250
2	119	390	745	324	467	350
3	631	687	277	313	145	350
4	827	639	195	630	443	250
d_j	100	90	110	120	50	

Stellen Sie fest, ob es optimal ist, alle vier Standorte zu nutzen. Setzen Sie zur Beantwortung dieser Frage eine *Lagrange-Heuristik* mit Relaxation der Nachfragerestriktionen ein.

INFORMATIONEN, LITERATUR

Domschke und Drexl (1996), Abschnitt 3.6
Günther und Tempelmeier (2016)

 LÖSUNG

Bezeichnen wir mit m_{ij} die Transportmenge zwischen dem Standort i und dem Abnehmerzentrum j und verwenden wir die Binärvariable γ_i, um anzuzeigen, daß der Standort i in die Lösung aufgenommen wird, dann lautet das Standortmodell wie folgt:

Minimiere

$$Z = \sum_{i=1}^{I} \sum_{j=1}^{J} c_{ij}^{u} \cdot m_{ij} + \sum_{i=1}^{I} f_i \cdot \gamma_i$$

unter den Nebenbedingungen

$$\sum_{j=1}^{J} m_{ij} \leq a_i \cdot \gamma_i \qquad\qquad i = 1, 2, \ldots, I$$

$$\sum_{i=1}^{I} m_{ij} = d_j \qquad\qquad j = 1, 2, \ldots, J$$

$$\gamma_i \in \{0, 1\} \qquad\qquad i = 1, 2, \ldots, I$$

$$m_{ij} \geq 0 \qquad\qquad i = 1, 2, \ldots, I; j = 1, 2, \ldots, J$$

Wir verwenden folgende Symbole:

Daten:

a_i Kapazität des potentiellen Standortes i
d_j Nachfrage des Abnehmerzentrums j
c_{ij}^{u} Transportkosten pro Mengeneinheit zwischen i und j

Entscheidungsvariablen:

m_{ij} Transportmenge von i nach j
$$\gamma_i = \begin{cases} 1 & \text{wenn Standort } i \text{ gewählt wird,} \\ 0 & \text{sonst.} \end{cases}$$

Für die weiteren Berechnungen ersetzen wir $m_{ij} = d_j \cdot x_{ij}$ und $c_{ij}^u \cdot m_{ij} = c_{ij}^u \cdot d_j \cdot x_{ij} = c_{ij} \cdot x_{ij}$ bzw. $c_{ij} = c_{ij}^u \cdot d_j$ und erhalten folgende Formulierung (Modell P):

Minimiere

$$Z = \sum_{i=1}^{I} \sum_{j=1}^{J} c_{ij} \cdot x_{ij} + \sum_{i=1}^{I} f_i \cdot \gamma_i$$

unter den Nebenbedingungen

$$\sum_{j=1}^{J} d_j \cdot x_{ij} \leq a_i \cdot \gamma_i \qquad i = 1, 2, \ldots, I$$

$$\sum_{i=1}^{I} x_{ij} = 1 \qquad j = 1, 2, \ldots, J$$

$$\gamma_i \in \{0, 1\} \qquad i = 1, 2, \ldots, I$$

$$x_{ij} \geq 0 \qquad i = 1, 2, \ldots, I; j = 1, 2, \ldots, J$$

Die Variable x_{ij} bezeichnet nun den Anteil der Gesamtnachfrage des Abnehmerzentrums j, der aus dem Standort i geliefert wird. Der Zielfunktionskoeffizient c_{ij} bezeichnet die Kosten, die entstehen, wenn die gesamte Nachfragemenge des Abnehmerzentrums j aus dem Standort i geliefert wird. Die Nachfragerestriktionen ($\sum_{i=1}^{I} x_{ij} = 1$) erschweren die Problemlösung, da sie durch die Summation über i Beziehungen zwischen den standortspezifischen Variablen herstellen. Denn um die optimale Liefermenge eines Standortes an ein Abnehmerzentrum bestimmen zu können, muß man wissen, welche anderen Standorte dieses Abnehmerzentrum beliefern.

Führt man nun *für jede Nachfragerestriktion eine Dualvariable v_j* ein, dann entsteht das folgende Lagrange-Problem (Modell D):

Minimiere

$$Z^D(\mathbf{x}, \boldsymbol{\gamma}, \mathbf{v}) = \sum_{i=1}^{I} \sum_{j=1}^{J} c_{ij} \cdot x_{ij} + \sum_{i=1}^{I} f_i \cdot \gamma_i + \underbrace{\sum_{j=1}^{J} v_j \cdot \left(1 - \sum_{i=1}^{I} x_{ij}\right)}_{\substack{\text{Dualisierte} \\ \text{Nachfragerestriktionen}}}$$

$$= \sum_{i=1}^{I} \sum_{j=1}^{J} c_{ij} \cdot x_{ij} + \sum_{i=1}^{I} f_i \cdot \gamma_i + \sum_{j=1}^{J} v_j - \sum_{i=1}^{I} \sum_{j=1}^{J} v_j \cdot x_{ij}$$

$$= \sum_{i=1}^{I} \sum_{j=1}^{J} (c_{ij} - v_j) \cdot x_{ij} + \sum_{i=1}^{I} f_i \cdot \gamma_i + \sum_{j=1}^{J} v_j$$

unter den Nebenbedingungen

$$\sum_{j=1}^{J} d_j \cdot x_{ij} \le a_i \cdot \gamma_i \qquad\qquad i = 1, 2, \dots, I$$

$$\gamma_i \in \{0, 1\} \qquad\qquad i = 1, 2, \dots, I$$

$$x_{ij} \ge 0 \qquad\qquad i = 1, 2, \dots, I; j = 1, 2, \dots, J$$

Die Nachfragerestriktionen sind nun in der Zielfunktion enthalten. Insofern ist in einer Lösung des Modells D die vollständige Belieferung aller Abnehmerzentren nicht gesichert. Zur Lösung des ursprünglichen Problems (Modell P) müssen daher Werte der Dualvariablen v_j (Lenkpreise) gefunden werden, die zu einer Einhaltung der Nachfragerestriktionen führen.

Wird ein Abnehmerzentrum *nicht ausreichend* beliefert, dann kann man durch Vergrößerung von v_j und die daraus resultierende Verringerung von $(c_{ij} - v_j)$ die Belieferung *verbilligen*, was eine Erhöhung der Liefermenge an das Abnehmerzentrum j vorteilhaft macht. Wird *zuviel* geliefert, dann kann v_j verkleinert werden, wodurch sich die Belieferung des Abnehmerzentrums *verteuert*.

Der Lösungsraum des Modells D besteht aus I isolierten standortspezifischen Lösungsräumen. Denn es gibt keine Restriktion mehr, in der die Summation über den Index i läuft. Fixiert man eine Variable γ_i, d. h. nimmt man den Standort i in die Lösung auf, dann besteht das Problem nur noch darin, die mit der an diesem Standort verfügbaren Kapazität produzierten Mengen optimal auf die Abnehmerzentren zu verteilen. Die Zielfunktion des Modells D setzt sich damit aus folgenden Komponenten zusammen:

$$Z^D = \sum_{i=1}^{I} Z_i^D + \sum_{j=1}^{J} v_j$$

Z_i^D beschreibt die von den Werten der Dualvariablen $v_1, v_2, \dots, v_J$ abhängigen minimalen Kosten der isolierten Nutzung der Kapazität des Standortes i zur Belieferung der Abnehmerzentren (einschl. der Fixkosten). Sie können durch Lösung der folgenden standortspezifischen Probleme bestimmt werden (Modell LR$_i$ ($i = 1, 2, \dots, I$)):

Minimiere

$$Z_i^D = \sum_{j=1}^{J} (c_{ij} - v_j) \cdot x_{ij} + f_i$$

unter den Nebenbedingungen

$$\sum_{j=1}^{J} d_j \cdot x_{ij} \leq a_i$$

$$x_{ij} \geq 0$$

Das Modell LR$_i$ beschreibt ein kontinuierliches Knapsack-Problem, das man leicht lösen kann, indem man die Abnehmerzentren nach der Relation

$$r_{ij} = \frac{c_{ij} - v_j}{d_j}$$

sortiert. Anschließend verteilt man die Kapazität a_i des Standortes i auf die Abnehmer mit *negativen* r_{ij}-*Werten*, bis die gesamte Kapazität verbraucht ist oder alle Abnehmer beliefert sind. Die Belieferung von Abnehmerzentren mit *positiven* r_{ij}-Werten kann *nicht optimal* sein, da dies den zu minimierenden Zielwert des Modells LR$_i$ erhöhen würde.

Die Lösung des standortspezifischen Modells LR$_i$ gibt an, wie die Kapazität des Standortes i zur Deckung der Nachfragemengen genutzt wird, falls der Standort i allein errichtet wird. Da jeder Standort bei dieser isolierten Betrachtung alle Abnehmerzentren so weit wie möglich beliefert, kommt es oft dazu, daß einzelnen Abnehmerzentren von mehreren Standorten (die ja nicht koordiniert sind) *zuviel* geliefert wird, während kostengünstig gelegene Abnehmer *zu wenig* und evtl. auch überhaupt keine Lieferung erhalten.

Iteration 1:

Um das Verfahren zu initialisieren, benötigt man erste Schätzwerte der Dualvariablen v_j^1. Als günstiger Startwert hat sich der zweitkleinste c_{ij}-Wert erwiesen. Die folgende Tabelle enthält die c_{ij}-Werte sowie die Startwerte der Dualvariablen.

c_{ij}	$j = 1$	$j = 2$	$j = 3$	$j = 4$	$j = 5$	
$i = 1$	34200	45000	67320	11280	10950	
$i = 2$	11900	35100	81950	38880	23350	
$i = 3$	63100	61830	30470	37560	7250	
$i = 4$	82700	57510	21450	75600	22150	Summe
v_j^1	34200	45000	30470	37560	10950	158180

Die folgende Tabelle zeigt die für die Lösung der kontinuierlichen Knapsack-Probleme relevanten (negativen) r_{ij}-Werte:

r_{ij}	$j=1$	$j=2$	$j=3$	$j=4$	$j=5$
$i=1$	0	0	0	-219	0
$i=2$	-223	-110	0	0	0
$i=3$	0	0	0	0	-74
$i=4$	0	0	-82	0	0

Die Lösung der kontinuierlichen Knapsackprobleme ist in der folgenden Tabelle zusammengefaßt:

i	Rang	j	r_{ij}	d_j	Restkapazität	Liefermenge	$(c_{ij} - v_j) \cdot x_{ij}$	$\sum_j (c_{ij} - v_j) \cdot x_{ij}$
1					250			
	1	4	-219	120	130	120	-26280	-26280
2					350			
	1	1	-223	100	250	100	-22300	
	2	2	-110	90	160	90	-9900	-32200
3					350			
	1	5	-74	50	300	50	-3700	-3700
4					250			
	1	3	-82	110	140	110	-9020	-9020

Addiert man zu den angegebenen Zielbeiträgen $\sum_j (c_{ij} - v_j) \cdot x_{ij}$ die Fixkosten der potentiellen Standorte, dann erhält man jeweils den minimalen Zielwert Z_i^D des Modells LR_i. Die optimale Lösung des Modells D ist identisch mit der Lösung des folgenden *binären Knapsackproblems*:

Minimiere

$$Z^D(\boldsymbol{\gamma}) = \sum_{i=1}^{I} Z_i^D \cdot \gamma_i$$

unter den Nebenbedingungen

$$\sum_{i=1}^{I} a_i \cdot \gamma_i \geq \sum_{j=1}^{J} d_j$$

$$\gamma_i \in \{0, 1\} \qquad\qquad i = 1, 2, \ldots, I$$

Dieses Modell unterscheidet sich vom Modell D lediglich durch die Konstante $(\sum_j v_j)$ in der Zielfunktion, welche keinen Einfluß auf die Form der Lösung hat. Die aktuellen Zielfunktionskoeffizienten Z_i^D sind:

i	f_i	$\sum_j (c_{ij} - v_j) \cdot x_{ij}$	Z_i^D
1	50000	-26280	23720
2	50000	-32200	17800
3	50000	-3700	46300
4	50000	-9020	40980

Die optimale Lösung lautet $\gamma_1 = 1, \gamma_2 = 1, \gamma_3 = 0, \gamma_4 = 0$. Der Zielwert beträgt 41520. Addiert man dazu die Summe der Dualvariablen, 158180, dann erhält man eine *untere Schranke* des optimalen Zielwertes des betrachteten Standortproblems: $LB = 41520 + 158180 = 199700$.

Ein *zulässige Lösung*, die auch die (in der Lagrange-Relaxation vernachlässigten) Nachfragerestriktionen erfüllt, erhalten wir, indem wir mit den aktuellen Standorten (1 und 2) ein klassisches Transportproblem lösen. Die optimalen Transportmengen betragen:

m_{ij}	$j = 1$	$j = 2$	$j = 3$	$j = 4$	$j = 5$
$i = 1$	0	0	80	120	50
$i = 2$	100	90	30	0	0

Die Kosten dieser zulässigen Lösung sind $UB = 100000 + 140540 = 240540$ und bilden eine *obere Schranke* des optimalen Zielwertes. Die Differenz zwischen $UB = 240540$ und $LB = 199700$ ist allerdings noch sehr hoch. Wir müssen daher nach *besseren Werten der Dualvariablen* suchen. Da die Dualvariablen den Nachfragerestriktionen zugeordnet sind, sollte die Erfüllung dieser Restriktionen in der Lösung des Modells D einen Anhaltspunkt für die Veränderung der Dualvariablen liefern. Wir gehen nun von den gewählten Standorten aus und berechnen für jeden Abnehmer die positive bzw. negative Abweichung der relaxierten Nachfragerestriktion:

$$b_j = 1 - \sum_{\substack{i=1|\gamma_i=1}}^{I} x_{ij} \qquad j = 1, 2, \ldots, J$$

Die x_{ij}-Werte bezeichnen die optimale Lösung der kontinuierlichen Knapsackprobleme LR_i für diejenigen Standorte, die aufgrund der Lösung des binären Knapsackproblems errichtet werden sollen. Im Augenblick sind diese Variablen ganzzahlig. Sie können aber auch reelle Werte annehmen (siehe weiter unten). Die folgende Tabelle mit den x_{ij}-Werten verdeutlicht die Analyse der Einhaltung der Nachfragerestriktionen:

x_{ij}	γ_i	$j = 1$	$j = 2$	$j = 3$	$j = 4$	$j = 5$
$i = 1$	1	0	0	0	1	0
$i = 2$	1	1	1	0	0	0
$i = 3$	0	0	0	0	0	1
$i = 4$	0	0	0	1	0	0
d_j		1	1	1	1	1
b_j		0	0	1	0	1

Wie man sieht, sind die Nachfragerestriktionen der Abnehmerzentren 3 und 5 nicht erfüllt. Die Lagrange-Multiplikatoren werden nun unter Berücksichtigung der Abweichungen (b_j-Werte) mit einem Faktor δ angepaßt:

$$v_j^2 := v_j^1 + \delta \cdot b_j \qquad\qquad j = 1, 2, \ldots, J$$

Je größer die Abweichungen b_j sind, umso größer wird der entsprechende Lagrange-Multiplikator. D. h. die Belieferung eines Abnehmerzentrums, das nicht vollständig beliefert wird, wird bei der nächsten Lösung der kontinuierlichen Knapsack-Probleme verbilligt. Offen ist noch, wie der Faktor δ zu bestimmen ist. Hierzu gibt es in der Literatur verschiedene Vorschläge. Wir wählen folgende Form:

$$\delta = \lambda \cdot \frac{1.05 \cdot UB - LB}{\sum\limits_{j=1}^{J} (b_j)^2}$$

Im Beispiel wird für λ der Wert 2 gewählt. Dann ergibt sich:

$$\delta = 2 \cdot \frac{1.05 \cdot 240540 - 199700}{2} = 52867$$

Die neuen Lagrange-Multiplikatoren sind in der letzten Spalte der folgenden Tabelle angegeben:

j	v_j^1	v_j^2
1	34200	34200
2	45000	45000
3	30470	*83337*
4	37560	37560
5	10950	*63817*

Da die Nachfragerestriktionen der Abnehmer 1, 2 und 4 exakt erfüllt werden, ändert deren Lagrange-Multiplikator sich nicht. Die Belieferung der beiden anderen Abnehmer (3 und 5) wird jedoch verbilligt.

Iteration 2:

Mit den veränderten Lagrange-Multiplikatoren lösen wir nun wieder die kontinuierlichen Knapsack-Probleme. Die r_{ij}-Werte ($r_{ij} = \frac{c_{ij} - v_j}{d_j}$) zeigt die folgende Tabelle:

r_{ij}	$j = 1$	$j = 2$	$j = 3$	$j = 4$	$j = 5$
$i = 1$	0	0	-146	-219	-1057
$i = 2$	-223	-110	-13	0	-809
$i = 3$	0	0	-481	0	-1131
$i = 4$	0	0	-563	0	-833

Es folgt die Lösung der vier kontinuierlichen Knapsackprobleme:

i	Rang	j	r_{ij}	d_j	Restkapazität	Liefermenge	$(c_{ij} - v_j) \cdot x_{ij}$	$\sum_j (c_{ij} - v_j) \cdot x_{ij}$
1					250			
	1	5	-1057	50	200	50	-52867	
	2	4	-219	120	80	120	-26280	
	3	3	-146	110	-30	80	-11648.73	-90796

i	Rang	j	r_{ij}	d_j	Restkapazität	Liefermenge	$(c_{ij} - v_j) \cdot x_{ij}$	$\sum_j (c_{ij} - v_j) \cdot x_{ij}$
2					350			
	1	5	-809	50	300	50	-40467	
	2	1	-223	100	200	100	-22300	
	3	2	-110	90	110	90	-9900	
	4	3	-13	110	0	110	-1387	-74054
3					350			
	1	5	-1131	50	300	50	-56567	
	2	3	-481	110	190	110	-52867	-109434
4					250			
	1	5	-833	50	200	50	-41667	
	2	3	-563	110	90	110	-61887	-103554

Hier fällt auf, daß der Standort 1 das Abnehmerzentrum 3 nicht vollständig, sondern nur mit dem Anteil $x_{13} = \frac{80}{110} = 0.7273$ beliefern kann.

Die aktuellen Zielfunktionskoeffizienten Z_i^D für das nächste zu lösende binäre Knapsack-Problem sind nun:

i	f_i	$\sum_j (c_{ij} - v_j) \cdot x_{ij}$	Z_i^D
1	50000	-90976	-40976
2	50000	-74054	-24054
3	50000	-109434	-59434
4	50000	-103554	-53554

Die optimale Lösung dieses binären Knapsackproblems ergibt $\gamma_1 = 1$; $\gamma_2 = 1$; $\gamma_3 = 1$; $\gamma_4 = 1$. Der optimale Zielwert ist -178018. Addiert man die Summe aller Lagrange-Multiplikatoren (263914) hinzu, dann erhält man den aktuellen LB-Wert 85896. Dieser ist jedoch kleiner als die bisher größte bekannte untere Schranke ($LB = 199700$). Die optimale Lösung des Transportproblems für die vier geöffneten Standorte ergibt einen aktuellen UB-Wert von 286980. Dieser ist jedoch größer als die obere Schranke ($UB = 240540$). Die neuen Schätzwerte der Lagrange-Multiplikatoren haben also zu keiner Verbesserung der Schranken bzw. der Lösung geführt.

Zur Anpassung der Dualvariablen greifen wir wieder auf die Lösungen der kontinuierlichen Knapsackprobleme zurück.

x_{ij}	γ_i	$j = 1$	$j = 2$	$j = 3$	$j = 4$	$j = 5$
$i = 1$	1	0	0	0.7273	1	1
$i = 2$	1	1	1	1	0	1
$i = 3$	1	0	0	1	0	1
$i = 4$	1	0	0	1	0	1
d_j		1	1	1	1	1
b_j		0	0	-2.7273	0	-3

Die Summe der quadrierten Abweichungen ist 16.43802. Wir erhalten damit

$$\delta = 2 \cdot \frac{1.05 \cdot 240540 - 199700}{16.43802} = 6432.28$$

Die neuen Lagrange-Multiplikatoren betragen damit:

j	v_j^1	v_j^2	v_j^3
1	34200	34200	34200
2	45000	45000	45000
3	30470	83337	65794.41
4	37560	37560	37560
5	10950	63817	44520.15

Die weitere Entwicklung des Lösungsgangs sieht wie folgt aus:

Iteration	LB-Wert	UB-Wert	LB	UB	Standorte
1	199700	240540	199700	240540	1 1 0 0
2	85896	286980	199700	240540	1 1 1 1
3	174544.6	286980	199700	240540	1 1 1 1
4	218810	229480	218810	229480	0 1 0 1
5	168544	246000	218810	229480	1 1 1 0
6	204240.3	239420	218810	229480	1 0 1 0
7	207236.7	240540	218810	229480	1 1 0 0
8	199557	286870	218810	229480	0 0 1 1
9	218025.6	240540	218810	229480	1 1 0 0
10	194214.5	286870	218810	229480	0 0 1 1
11	216202.5	240540	218810	229480	1 1 0 0
12	216650.1	286870	218810	229480	0 0 1 1
13	220579.2	240540	220579.2	229480	1 1 0 0
14	216741.8	286870	220579.2	229480	0 0 1 1
15	219802.4	246000	220579.2	229480	1 1 1 0
16	212755.7	229480	220579.2	229480	0 1 0 1
17	216158.6	286980	220579.2	229480	1 1 1 1
18	222279.7	222280	222279.7	222280	0 1 1 0

In der Iteration 18 ist die Differenz zwischen der oberen und der unteren Schranke kleiner als 1. Wegen der Ganzzahligkeit der Daten ist dies gleichbedeutend mit $LB = UB$. Die optimale Lösung enthält die Standorte 2 und 3. Demnach ist es im Hinblick auf die Kosten optimal, die Standorte 1 und 4 nicht weiter zu nutzen. Aus der folgenden Tabelle der Transportmengen kann entnommen werden, daß die Nachfragerestriktionen exakt eingehalten werden.

von \ nach	$j = 1$	$j = 2$	$j = 3$	$j = 4$	$j = 5$
$i = 1$	–	–	–	–	–
$i = 2$	100	90	–	–	–
$i = 3$	–	–	110	120	50
$i = 4$	–	–	–	–	–
d_j	100	90	110	120	50

A1.5

Diskrete Standortplanung, SPLP, Single-Sourcing

Ein Unternehmen der Chemieindustrie liefert seine Produkte an sechs Großabnehmer. Es sind die folgenden jährlichen Nachfragemengen zu erfüllen:

Absatzzentrum	HH	B	M	K	F	KS
Nachfragemenge	100	90	110	120	50	40

Als potentielle Standorte für die Errichtung einer Produktionsstätte werden die Orte Dortmund, Bremen, Karlsruhe, Passau, Würzburg und Nürnberg betrachtet. Die Kapazitäten und jährlichen Fixkosten gibt die folgende Tabelle wieder:

Standort	DO	HB	KA	PA	WU	N
Kapazität	100	200	200	200	200	200
Fixkosten	15000	20000	20000	20000	20000	20000

Die Transportkosten je Mengeneinheit zwischen den potentiellen Standorten und den Abnehmerorten sind in folgender Tabelle zusammengestellt:

von\nach	HH	B	M	K	F	KS
DO	342	500	612	94	219	165
HB	119	390	745	324	467	281
KA	631	687	277	313	145	323
PA	827	639	195	630	443	489
WU	526	470	273	325	116	223
N	607	431	162	432	223	304

Als Besonderheit ist zu beachten, daß jeder Großabnehmer nur von einem einzigen Standort aus beliefert werden soll (single sourcing).

a) Formulieren Sie ein Entscheidungsmodell zur Lösung dieses Problems.

b) Bestimmen Sie die optimale Lösung mit Hilfe eines AMPL- oder OPL-Modells .

 INFORMATIONEN, LITERATUR

Chopra und Meindl (2016)
Domschke und Drexl (1996)
Günther und Tempelmeier (2016)

 LÖSUNG

a) Zur Lösung des Problems muß die in der Literatur üblicherweise dargestellte Formulierung des Standortmodells modifiziert werden. Die „single sourcing"-Restriktion kann mit Hilfe von binären Zuordnungsvariablen x_{ij} modelliert werden, mit denen wir erfassen, ob der Abnehmer j durch den Standort i beliefert wird ($i = 1, 2, \ldots, I$; $j = 1, 2, \ldots, J$).

Minimiere

$$Z = \sum_{i=1}^{I} \sum_{j=1}^{J} c_{ij}^{u} \cdot m_{ij} + \sum_{i=1}^{I} f_i \cdot \gamma_i$$

unter den Nebenbedingungen

$$\sum_{j=1}^{J} m_{ij} \leq a_i \cdot \gamma_i \qquad i = 1, 2, \ldots, I$$

$$m_{ij} = d_j \cdot x_{ij} \qquad i = 1, 2, \ldots, I; j = 1, 2, \ldots, J \qquad \text{(A.3)}$$

$$\sum_{i=1}^{I} x_{ij} = 1 \qquad j = 1, 2, \ldots, J \qquad \text{(A.4)}$$

$$\gamma_i \in \{0, 1\} \qquad i = 1, 2, \ldots, I$$

$$x_{ij} \in \{0, 1\} \qquad i = 1, 2, \ldots, I; j = 1, 2, \ldots, J$$

$$m_{ij} \geq 0 \qquad i = 1, 2, \ldots, I; j = 1, 2, \ldots, J$$

Dabei bedeuten:

Daten:

a_i Kapazität des potentiellen Standortes i

d_j Nachfrage des Abnehmerzentrums j

c_{ij}^u Transportkosten pro Mengeneinheit zwischen i und j

f_i Fixkosten am potentiellen Standort i

Entscheidungsvariablen:

m_{ij} Transportmenge von i nach j

$$\gamma_i = \begin{cases} 1 & \text{wenn Standort } i \text{ gewählt wird,} \\ 0 & \text{sonst.} \end{cases}$$

$$x_{ij} = \begin{cases} 1 & \text{wenn Abnehmer } j \text{ durch Standort } i \text{ beliefert wird,} \\ 0 & \text{sonst.} \end{cases}$$

Beziehung (A.3) sichert, daß eine Lieferung zum Abnehmer j nur über eine mit Hilfe der Variablen x_{ij} zugelassene Transportverbindung erfolgt. Beziehung (A.4) erzwingt, daß genau *eine* derartige Transportverbindung zugelassen wird.

Ersetzt man in dieser Formulierung $m_{ij} = d_j \cdot x_{ij}$ und $c_{ij} = d_j \cdot c_{ij}^u$, dann erhält man das Modell P aus der Aufgabe A1.4.

{AMPL, OPL}-Modell: www.produktion-und-logistik.de/SCMP-Modelle

In der optimalen Lösung sind die Standorte HB, N und WU enthalten. Die optimalen Liefermengen sind in der folgenden Tabelle zusammengefaßt:

von \nach	B	F	HH	K	KS	M
HB	90	0	100	0	0	0
N	0	0	0	0	40	110
WU	0	50	0	120	0	0

Die Gesamtkosten betragen 181780. Diese können auf 170430 gesenkt werden, wenn man auf Single-Sourcing verzichtet. Diese Lösung kann man durch Einsatz des Modells aus Aufgabe A1.3 oder dadurch erreichen, daß man im aktuell betrachteten Modell die Nebenbedingungen $x_{ij} \in \{0,1\}$ durch $x_{ij} \geq 0$ ersetzt. Dann erhält man $x_{DO,K} = 0.833333$, $x_{HB,K} = 0.083333$ und $x_{WU,K} = 0.083333$. Die Variable x_{ij} kann jetzt als der Anteil der Nachfragemenge des Abnehmers j, der aus dem Standort i geliefert wird, interpretiert werden. Im Beispiel ergibt sich für den Abnehmer $j = K$: $0.83333 \cdot 120 + 0.083333 \cdot 120 + 0.083333 \cdot 120 = 100 + 10 + 10 = 120$.

A1.6

Diskrete Standortplanung, SPLP, mehreren Größenklassen

Ein Automobilproduzent verfügt über vier Fabriken, in denen u. a. mehrere Varianten eines neuen Fahrzeugtyps montiert werden sollen. Die Varianten unterscheiden sich hinsichtlich der Karosserieform und einiger Ausstattungsmerkmale. Zusätzlich zu den Montagelinien enthält jeder Standort auch eine Teilefertigung. Die pro Periode an den einzelnen Standorten zu produzierenden Fahrzeuganzahlen sind in der folgenden Tabelle angegeben.

Fabrik	1	2	3	4
Produktionsmenge	100	80	80	90

Für jedes Fahrzeug wird ein für alle Varianten identisches Karosserieteil (ein Stück pro Fahrzeug) benötigt. Prinzipiell kann dieses Teil in jeder Fabrik hergestellt werden. Dies ist möglich, da in allen Fabriken genügend Freiflächen zur Verfügung stehen. Allerdings muß in jeder Fabrik noch die benötigte Produktionsanlage errichtet werden. Zwei Größenklassen sind möglich. Bei einer Kapazität von 100 Mengeneinheiten betragen die Fixkosten 45000 Geldeinheiten, bei der doppelten Kapazität von 200 Mengeneinheiten jedoch nur 60000 Geldeinheiten.

Falls nicht in jeder Fabrik auch eine Anlage zur Produktion des Karosserieteils errichtet wird, werden Transporte von der produzierenden Fabrik zur verbrauchenden Fabrik notwendig. Die Transportkosten pro Mengeneinheit gibt die folgende Tabelle wieder.

von \nach	1	2	3	4
1	–	576	280	585
2	576	–	425	577
3	280	425	–	777
4	585	577	777	–

In welchen Fabriken soll eine Produktionanlage für das benötigte Karosserieteil aufgebaut werden? Formulieren Sie ein geeignetes Standortmodell und finden Sie die optimale Lösung. Wie viele Produktionsanlagen sollen errichtet werden?

INFORMATIONEN, LITERATUR

Domschke und Drexl (1996)
Günther und Tempelmeier (2016)

 LÖSUNG

Das Problem kann als ein diskretes Standortproblem mit größenabhängigen Kosten modelliert werden. Die Objekte, deren Standorte zu bestimmen sind, sind die Produktionsanlagen. Die potentiellen Standorte i ($i = 1, 2, \ldots, I$) sind die Freiflächen in den vorhandenen Fabriken. Die Nachfrager sind die Montagelinien j ($j = 1, 2, \ldots, J$) in den Fabriken. Dabei befinden sich die Freifläche i und die Montagelinie j für $i = j$ an demselben geographischen Standort. Wir verwenden folgende Symbole:

Daten:

I Anzahl potentieller Standorte (freie Fabrikflächen)

J Anzahl Nachfrager (Montagelinien)

R Anzahl Größenklassen der Anlage

a_i^r Kapazität einer Anlage der Größenklasse r am potentiellen Standort i

d_j Nachfrage der Montagelinie j

c_{ij} Transportkosten pro Mengeneinheit zwischen i und j

f_i^r Fixkosten für Größenklasse r am potentiellen Standort i

Entscheidungsvariablen:

q_i^r Produktionsmenge am potentiellen Standort i in der Größenklasse r

x_{ij} Transportmenge von i nach j

$$\gamma_i^r = \begin{cases} 1 & \text{wenn am Standort } i \text{ eine Anlage der Größenklasse } r \text{ errichtet wird,} \\ 0 & \text{sonst.} \end{cases}$$

Minimiere

$$Z = \sum_{i=1}^{I} \sum_{j=1}^{J} c_{ij} \cdot x_{ij} + \sum_{i=1}^{I} \sum_{r=1}^{R} f_i^r \cdot \gamma_i^r$$

unter den Nebenbedingungen

$$\sum_{i=1}^{I} x_{ij} = d_j \qquad\qquad j = 1, 2, \ldots, J$$

Die gesamte Transportmenge, die den Standort i verläßt, ist gleich der gesamten Produktionsmenge an diesem Standort:

$$\sum_{j=1}^{J} x_{ij} = \sum_{r=1}^{R} q_i^r \qquad\qquad i = 1, 2, \ldots, I$$

Die folgenden drei Restriktionen dienen der Festlegung der Größenklasse am Standort i:

$$q_i^r \leq g_i^r \cdot \gamma_i^r \qquad\qquad i = 1, 2, \ldots, I; r = 1, 2, \ldots, R \qquad (A.5)$$

$$q_i^r \geq (g_i^{r-1} + 1) \cdot \gamma_i^r \qquad\qquad i = 1, 2, \ldots, I; r = 2, 3, \ldots, R \qquad (A.6)$$

$$\sum_{r=1}^{R} \gamma_i^r \leq 1 \qquad\qquad i = 1, 2, \ldots, I \qquad (A.7)$$

$$x_{ij} \geq 0 \qquad\qquad i = 1, 2, \ldots, I; j = 1, 2, \ldots, J$$

$$\gamma_i^r \in \{0, 1\} \qquad\qquad i = 1, 2, \ldots, I; r = 1, 2, \ldots, R$$

Die Nebenbedingungen (A.5) und (A.6) sichern, daß die binäre Variable γ_i^r den Wert 1 annimmt, wenn die Produktionsmenge q_i^r am Standort i einerseits kleiner als oder gleich der Obergrenze g_i^r der Größenklasse r und anderseits größer als die Obergrenze der nächstunteren Größenklasse, g_i^{r-1}, ist. Mit (A.7) wird sichergestellt, daß am Standort i höchstens eine Größenklasse ausgewählt wird. Sind alle $\gamma_i^r = 0$ $(r = 1, 2, \ldots, R)$, dann wird der Standort i nicht gewählt.

🔍 `{AMPL,OPL}-Modell: www.produktion-und-logistik.de/SCMP-Modelle`

Es ist optimal, an drei Standorten eine Produktionsanlage zu errichten. Am Standort 1 fällt diese Anlage in die Größenklasse 2, während an den Standorten 2 und 4 eine kleine Produktionsanlage ausreicht. Die Transportmengen sind in der folgenden Tabelle zusammengefaßt:

von \ nach	1	2	3	4
1	100	0	80	0
2	0	80	0	0
3	0	0	0	0
4	0	0	0	90

Der optimale Zielwert beträgt 172400.

2 Produktionssegmentierung und Layoutplanung

Verständnis- und Wiederholungsfragen

1. Welche Parallelen und welche Unterschiede bestehen zwischen der Layoutplanung für eine Produktionsstätte und für einen typischen Dienstleistungsbetrieb (z. B. ein Krankenhaus)?

2. Inwiefern besteht ein Zusammenhang zwischen der Heterogenität des Produktionsprogramms und der Wahl des Organisationstyps der Produktion?

3. Wie ist es zu erklären, daß die Verbreitung der reinen Werkstattproduktion stark rückläufig ist?

4. In welcher Weise wirkt sich die Anwendung des Just-in-Time-Prinzips auf das Layout der Produktion aus?

5. Erläutern Sie den Begriff „Intralogistik".

Übungsaufgaben

A2.1

Fabrikplanung

a) Über welche Tatbestände ist innerhalb der Fabrikplanung zu entscheiden?

b) Welche Daten werden für die Fabrikplanung benötigt?

c) Welche wirtschaftlichen Ziele sind für die Fabrikplanung relevant?

d) Erläutern Sie den Begriff „Digitale Fabrik".

A2.2

Organisationsformen der Produktion

a) Geben Sie eine kurze Definition der Produktionstypen Baustellenproduktion, Werkstattproduktion, Reihenproduktion und Fließproduktion.

b) Was versteht man unter Transferstraßen, flexiblen Produktionslinien, flexiblen Fertigungssystemen und Produktionsinseln?

c) Suchen Sie im Internet nach praktischen Beispielen für Produktionstypen (Stichwort: „Factory Tour").

d) Was versteht man unter einem „CONWIP"-System?

A2.3

Werkstattproduktion versus Fließproduktion

a) Welche Faktoren bestimmen die innerbetrieblichen Standorte bei der Organisation der Produktion nach dem Funktionsprinzip?

b) Worin bestehen die wichtigsten Vor- und Nachteile der Werkstattproduktion im Vergleich zur Fließproduktion?

c) Wie lassen sich innerbetriebliche Transportentfernungen messen und wirtschaftlich bewerten?

d) Skizzieren Sie die grundlegende Vorgehensweise eines Verfahrens zur Layoutplanung bei Werkstattproduktion.

A2.4

Layoutplanung, Zweieraustauschverfahren

Die Geschäftsleitung einer mittelständischen Maschinenbauunternehmung hat den Bau eines automatisierten zentralen Wareneingangslagers auf dem bestehenden Werksgelände beschlossen. Im Zusammenhang mit der Festlegung des innerbetrieblichen Standortes des Lagers hat der Werksplaner den Auftrag erhalten, einen Vorschlag für eine verbesserte Anordnung der in den letzten Jahrzehnten eher zufällig plazierten Produktionsabteilungen zu unterbreiten.

Neben dem einzurichtenden Wareneingangslager gibt es die Produktionssegmente Fertigung A, Fertigung B, Montage, Lackiererei sowie einen Warenausgangsbereich (einschließlich Fertigproduktlager). Der Platzbedarf dieser Abteilungen ist annähernd gleich. Die möglichen Standorte mit den Entfernungen zwischen den Flächenschwerpunkten und ein Startlayout können Bild A.5 entnommen werden. Die Entfernungen sollen rechtwinklig gemessen werden.

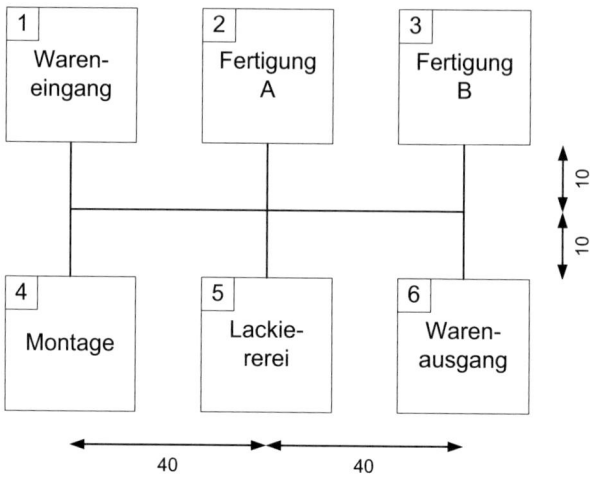

Bild A.5: Startlayout

Aufgrund des geplanten Produktionsprogramms und der Erfahrungen aus der Vergangenheit geht man von folgenden Materialflüssen zwischen den Produktionssegmenten und Lagerbereichen aus:

von \ nach	Waren-eingang	Ferti-gung A	Ferti-gung B	Montage	Lackie-rerei	Waren-ausgang
Wareneingang	0	50	5	40	80	0
Fertigung A	0	0	20	30	10	5
Fertigung B	0	0	0	0	0	100
Montage	0	10	30	0	20	5
Lackiererei	0	20	20	10	0	10
Warenausgang	0	0	0	0	0	0

Gehen Sie von dem in A.5 angegebenen Startlayout aus und bestimmen Sie nach dem Zweieraustauschverfahren das Layout mit der geringsten Transportleistung.

 INFORMATIONEN, LITERATUR

Günther und Tempelmeier (2016)
Nahmias und Olson (2015)

 Lösung

Die mit dem Startlayout verbundene Transportleistung beträgt 22700. Die folgende Tabelle zeigt die Veränderungen der Transportleistung bei Anwendung des Zweieraustauschverfahrens.

i	j	Veränderung der Transportleistung	
1	2	$21500 - 22700 = -1200$	
	3	$31500 - 22700 = 8800$	
	4	$22700 - 22700 = 0$	
	5	$23300 - 22700 = 600$	
	6	$33100 - 22700 = 10400$	
2	3	$29100 - 22700 = 6400$	
	4	$21900 - 22700 = -800$	
	5	$22700 - 22700 = 0$	
	6	$30100 - 22700 = 7400$	
3	4	$33100 - 22700 = 10400$	
	5	$29700 - 22700 = 700$	
	6	$22700 - 22700 = 0$	
4	5	$20500 - 22700 = -2200$	$\leftarrow i^*=4, j^*=5$
	6	$31500 - 22700 = 8800$	
5	6	$31100 - 22700 = 8400$	

Das verbesserte Layout ergibt sich somit durch den Austausch der Abteilungen an den Standorten 4 und 5. Die Transportleistung beträgt dann 20500. Vertauscht man nun auf der Basis dieser neuen Zwischenlösung die Standorte aller Abteilungen, dann zeigt sich, daß keine weitere Verbesserung der Lösung durch den paarweisen Austausch möglich ist. Das heißt nicht zwingend, daß die gefundene Lösung optimal ist. Warum?

3 Fließproduktion

Bei der Fließproduktion werden die Arbeitssysteme nach den Erfordernissen eines Produktes oder einer Gruppe ähnlicher Produkte räumlich angeordnet (Objektprinzip). Jeder Station wird eine Menge von Bearbeitungsoperationen (Arbeitselementen) zugewiesen, die innerhalb einer bestimmten Zeitspanne (Taktzeit) zu erledigen sind. Erst wenn die Nachfrage eines Produkt(-typs) ein genügend hohes Volumen erreicht hat, ist es zweckmäßig, die Produktion nach dem Fließprinzip auszurichten. Im allgemeinen lassen sich standardisierte Massenprodukte in Fließproduktion wesentlich kostengünstiger herstellen als beispielsweise in Werkstatt- oder Zentrenproduktion.

Verständnis- und Wiederholungsfragen

1. Charakterisieren Sie die Unterschiede zwischen einer „Reihenproduktion" und einer „Fließproduktionslinie".

2. Nennen Sie Gründe für die Einführung von Puffern zwischen den Stationen eines Fließproduktionssystems.

3. Welche Faktoren beeinflussen die Produktionsrate eines Fließproduktionssystems?

4. Welchen Einfluß hat die Organisation der Instandhaltung auf die Konfiguration eines Fließproduktionssystems?

5. Erläutern Sie die Arbeitsweise einer „bucket brigade"?

6. Ein in der Karosserierohbauplanung eines Automobilherstellers tätiger Mitarbeiter sagt Ihnen: „Puffer sind für uns kein Thema! Wir legen die Puffergrößen so fest, daß es niemals zu Blockierungen kommt." Was sagen Sie dazu?

Übungsaufgaben

A3.1

Fließbandabstimmung, SALBP

Zur Herstellung eines Produktes sind acht Arbeitselemente durchzuführen. Die Elementzeiten und die einzuhaltenden Vorrangbeziehungen sind in Bild A.6 dargestellt. Die Zahlen rechts unten neben den Knoten bezeichnen die Nummern der Arbeitselemente. Die Taktzeit soll 10 Zeiteinheiten betragen.

a) Formulieren Sie ein mathematisches Optimierungsmodell zur klassischen Fließbandabstimmung mit dem Ziel der Minimierung der Anzahl Stationen.

b) Bestimmen Sie die optimale Lösung mit Hilfe eines AMPL- oder OPL-Modells .

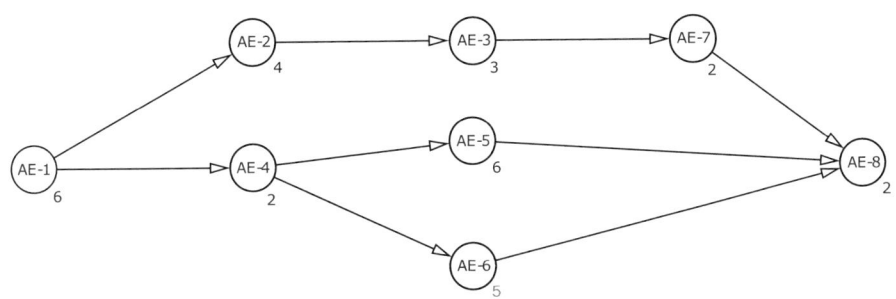

Bild A.6: Vorranggraph

 INFORMATIONEN, LITERATUR

Domschke et al. (1997)
Günther und Tempelmeier (2016)

 LÖSUNG

a) Für die Formulierung des Optimierungsmodells zur klassischen Leistungsabstimmung verwenden wir folgende Symbole:

Daten:

C Taktzeit
i Index der Arbeitselemente ($i = 1, 2, \ldots, I$)
m Index der Stationen ($m = 1, 2, \ldots, M$)
N_i Indexmenge der direkten Nachfolger des Arbeitselementes i im Vorranggraphen
t_i Elementzeit des Arbeitselementes i

Entscheidungsvariablen:

$$x_{im} = \begin{cases} 1 & \text{wenn Arbeitselement } i \text{ der Station } m \text{ zugeordnet wird,} \\ 0 & \text{sonst.} \end{cases}$$

$$y_m = \begin{cases} 1 & \text{wenn Station } m \text{ errichtet wird,} \\ 0 & \text{sonst.} \end{cases}$$

Minimiere

$$\sum_{m=1}^{M} y_m$$

unter den Nebenbedingungen

Taktzeitrestriktion:

$$\sum_{i=1}^{I} t_i \cdot x_{im} \leq C \cdot y_m \qquad m = 1, 2, \ldots, M$$

Zuordnungsbedingung:

$$\sum_{m=1}^{M} x_{im} = 1 \qquad i = 1, 2, \ldots, I$$

Reihenfolgebedingung:

$$\underbrace{\sum_{m=1}^{M} m \cdot x_{im}}_{\substack{\text{Stationsnummer} \\ \text{des Vorgängers}}} \leq \underbrace{\sum_{m=1}^{M} m \cdot x_{jm}}_{\substack{\text{Stationsnummer} \\ \text{des Nachfolgers}}} \qquad \text{alle } i, j; j \in \mathcal{N}_i$$

Wertebereiche der Variablen:

$$x_{im} \in \{0, 1\} \qquad i = 1, 2, \ldots, I; m = 1, 2, \ldots, M$$

$$y_m \in \{0, 1\} \qquad m = 1, 2, \ldots, M$$

🔍 **{AMPL, OPL}-Modell: www.produktion-und-logistik.de/SCMP-Modelle**

Für die Definition der Problemdaten muß eine obere Schranke für die Anzahl der Stationen in der optimalen Lösung geschätzt werden. Für jede potentiell benötigte Station wird eine y_m-Variable definiert. Im Beispiel wurde einfach die maximale Anzahl von Stationen vorgesehen, die erreicht wird, wenn jedes Arbeitselement einer eigenen Station zugeordnet wird.

Die optimale Lösung enthält drei Stationen mit den folgenden Zuordnungen:

Station	Arbeitselemente		
1	AE-1	AE-2	AE-4
2	AE-3	AE-5	AE-7
3	AE-6	AE-8	

A3.2

Fließbandabstimmung, heuristisches Prioritätsregelverfahren

Ein Montageprozeß besteht aus 14 Arbeitselementen, die so zu Arbeitsstationen zusammenzufassen sind, daß eine Taktzeit von 10 Minuten sowie die technischen Vorrangbeziehungen eingehalten werden. Die näheren Angaben sind der folgenden Tabelle zu entnehmen.

Arbeitselement	Dauer (Min.)	direkte Vorgänger
1	6	–
2	9	–
3	3	1
4	4	1
5	3	2
6	3	3
7	7	4
8	3	5
9	2	6
10	7	6,7
11	8	9
12	3	10
13	3	8,12
14	4	11,13

a) Stellen Sie die Vorrangbeziehungen graphisch dar.

b) Wie groß ist die theoretische Mindestzahl an Arbeitsstationen?

c) Führen Sie die Leistungsabstimmung nach dem Positionswertverfahren durch.

INFORMATIONEN, LITERATUR

Askin und Standridge (1993)
Domschke et al. (1997)
Nahmias und Olson (2015)

 LÖSUNG

a) In Bild A.7 ist der Vorranggraph dargestellt. In den Knoten sind die Elementzeiten angegeben. Unten rechts neben einem Knoten steht die Nummer des Arbeitselementes.

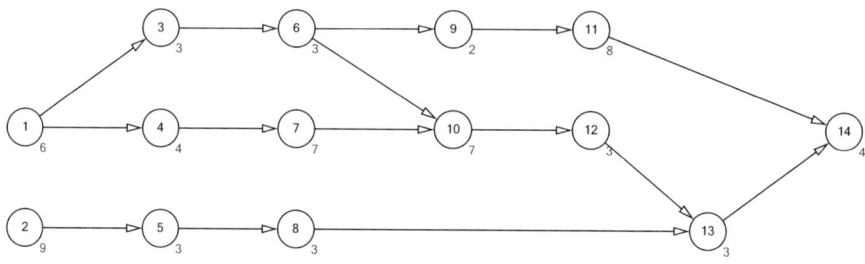

Bild A.7: Vorranggraph

b) Die Summe aller Elementzeiten beträgt 65 Minuten. Bei einer Taktzeit von 10 Minuten müssen also mindestens $\lceil \frac{65}{10} \rceil = 7$ Arbeitsstationen gebildet werden.

c) Der Positionswert (positional weight) eines Arbeitselementes i ist die Summe der Elementzeit t_i und der Elementzeiten aller Arbeitselemente, die nach dem Arbeitselement i noch durchgeführt werden müssen. Die Positionswerte sind der folgenden Tabelle zu entnehmen:

Arbeitselement	1	2	3	4	5	6	7	8	9	10	11	12	13	14
Positionswert	50	22	33	28	13	30	24	10	14	17	12	10	7	4

Das Verfahren läuft wie folgt ab. Man baut die Stationen schrittweise „von links nach rechts" auf. Für die aktuell im Aufbau befindliche Station bestimmt man die verbleibende Zeit. Dies ist die Taktzeit abzüglich der Elementzeiten aller Arbeitselemente, die bereits der Station zugeordnet worden sind. Dann ermittelt man die Menge der einplanbaren Arbeitselemente. Dies sind alle Arbeitselemente, deren sämtliche direkte Vorgänger bereits einer Station zugeordnet sind. Ist die kleinste Elementzeit dieser Arbeitselemente größer als die verbleibende Zeit der aktuellen Station, dann wird die nächste Station eröffnet. Andernfalls wird aus der Menge der einplanbaren Arbeitselemente das Element der aktuellen Station zugeordnet, das den größten Positionswert hat.

Die folgende Übersicht zeigt die Entwicklung der Berechnungen für die ersten Schritte des Verfahrens. Die einplanbaren Arbeitselemente sind besonders hervorgehoben.

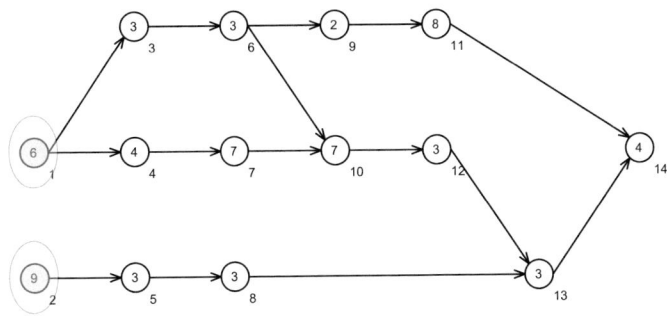

Station 1
Einplanbare AE: {1,2}

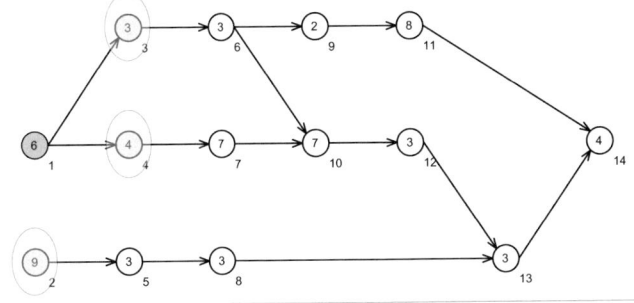

Station 1
AE 1 (t=6.0)
verbleibende Zeit 4.00
Einplanbare AE: {2,3,4}

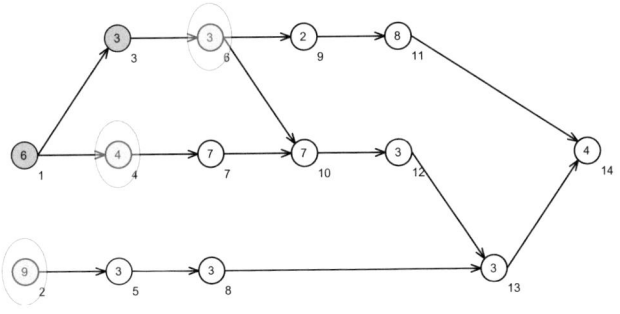

Station 1
AE 3 (t=3.0)
verbleibende Zeit 1.00
Einplanbare AE: {2,4,6}

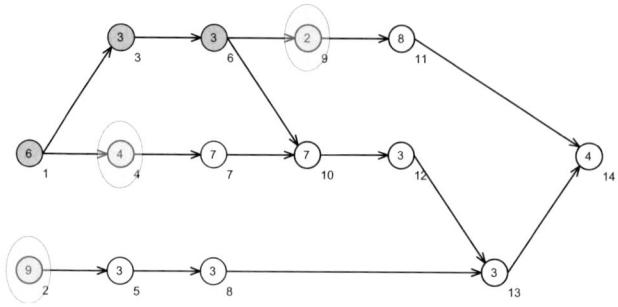

Station 2
Einplanbare AE: {2,4,6}
AE 6 (t=3.0)
verbleibende Zeit 7.00
Einplanbare AE: {2,4,9}

Der gesamte Ablauf der Verfahrens ist in dem folgenden Protokoll zusammengefaßt:

```
Station 1
Einplanbare AE: {1,2}
   AE 1 (t=6.0) zugeordnet zur Station 1
   verbleibende Zeit 4.00
Einplanbare AE: {2,3,4}
   AE 3 (t=3.0) zugeordnet zur Station 1
   verbleibende Zeit 1.00
Einplanbare AE: {2,4,6}

Station 2
Einplanbare AE: {2,4,6}
   AE 6 (t=3.0) zugeordnet zur Station 2
   verbleibende Zeit 7.00
Einplanbare AE: {2,4,9}
   AE 4 (t=4.0) zugeordnet zur Station 2
   verbleibende Zeit 3.00
Einplanbare AE: {2,7,9}
   AE 9 (t=2.0) zugeordnet zur Station 2
   verbleibende Zeit 1.00
Einplanbare AE: {2,7,11}

Station 3
Einplanbare AE: {2,7,11}
   AE 7 (t=7.0) zugeordnet zur Station 3
   verbleibende Zeit 3.00
Einplanbare AE: {2,10,11}

Station 4
Einplanbare AE: {2,10,11}
   AE 2 (t=9.0) zugeordnet zur Station 4
   verbleibende Zeit 1.00
Einplanbare AE: {5,10,11}

Station 5
Einplanbare AE: {5,10,11}
   AE 10 (t=7.0) zugeordnet zur Station 5
   verbleibende Zeit 3.00
Einplanbare AE: {5,11,12}
   AE 5 (t=3.0) zugeordnet zur Station 5
```

```
    verbleibende Zeit 0.00
Einplanbare AE: {8,11,12}


Station 6
Einplanbare AE: {8,11,12}
    AE 11 (t=8.0) zugeordnet zur Station 6
    verbleibende Zeit 2.00
Einplanbare AE: {8,12}


Station 7
Einplanbare AE: {8,12}
    AE 12 (t=3.0) zugeordnet zur Station 7
    verbleibende Zeit 7.00
Einplanbare AE: {8}
    AE 8 (t=3.0) zugeordnet zur Station 7
    verbleibende Zeit 4.00
Einplanbare AE: {13}
    AE 13 (t=3.0) zugeordnet zur Station 7
    verbleibende Zeit 1.00
Einplanbare AE: {14}


Station 8
Einplanbare AE: {14}
    AE 14 (t=4.0) zugeordnet zur Station 8
    verbleibende Zeit 6.00
Einplanbare AE: {}
```

Insgesamt werden 8 Stationen benötigt.

A3.3

Leistungsabstimmung, Kapazitätsbetrachtung

Ein Automobilzulieferer produziert zur Zeit auf einer Produktionslinie pro Arbeitstag (Zwei-Schicht-Betrieb mit insgesamt 880 Arbeitsminuten) 40 Einheiten eines Produkts. Aufgrund einer Ankündigung des Automobilherstellers könnte sich der Tagesbedarf auf 80 Einheiten pro Arbeitstag verdoppeln. Die Daten des Produktionsprozesses sind in der folgenden Tabelle zusammengestellt.

Arbeitselement	1	2	3	4	5	6	7	8	9	10	11
Dauer (Min.)	3	5	4	5	2	1	4	5	5	2	4
Vorgänger	–	–	1	3	3	3	2	4, 5	6, 7	8, 9	10

a) Welche Taktzeit muß bei einer täglichen Produktionsmenge von 40 bzw. 80 Mengeneinheiten eingehalten werden?

b) Man zieht für die Einrichtung der Produktionslinie Taktzeiten von 11, 12, ..., 22 Minuten in Erwägung und möchte eine tabellarische Aufstellung erhalten, aus der die Anzahl der jeweils benötigten Arbeitsstationen sowie die jeweils anfallenden Leerzeiten hervorgehen. Die Zusammenhänge sind auch graphisch darzustellen. Zur Leistungsabstimmung soll jeweils das Positionswertverfahren angewendet werden.

c) Erläutern Sie an Hand der Beispielrechnung aus b) die wirtschaftlichen Kriterien, die bei der Leistungsabstimmung einer Produktionslinie zu beachten sind?

d) Welche Gründe sprechen dagegen, die Leistungsabstimmung einer Produktionslinie häufig zu wechseln?

 INFORMATIONEN, LITERATUR

Askin und Standridge (1993)
Günther und Tempelmeier (2016)
Nahmias und Olson (2015)

 LÖSUNG

a) Bei 880 Arbeitsminuten pro Tag und einer Tagesausbringung von 40 bzw. 80 Endprodukteinheiten muß eine Taktzeit von $\frac{880}{40} = 22$ bzw. von $\frac{880}{80} = 11$ Minuten eingehalten werden.

b) In Bild A.8 sind die Vorrangbeziehungen zwischen den Arbeitselementen abgebildet. Die Zahlen innerhalb der Knoten sind die Elementzeiten.

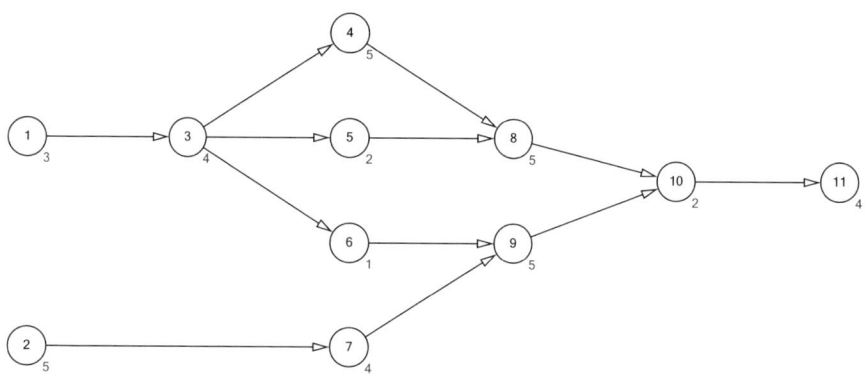

Bild A.8: Vorranggraph

Der Positionswert p_i eines Arbeitselementes i ergibt sich als Summe aus seiner Elementzeit t_i und den Elementzeiten aller nachfolgenden Arbeitselemente im Vorranggraphen. Bezeichnen wir mit $\mathcal{N}_i$ die Indexmenge aller Arbeitselemente, die nach dem Arbeitselement i ausgeführt werden müssen, dann erhalten wir:

$$p_i = t_i + \sum_{j \in \mathcal{N}_i} t_j \qquad\qquad i = 1, 2, \ldots$$

Für das Beispiel ergeben sich folgende Positionswerte:

Rang	1	2	3	4	5	6	7	8	9	10	11
Positionswert	48	45	20	16	15	13	12	11	11	6	4
i	1	3	2	4	7	5	6	8	9	10	11

Die folgende Tabelle zeigt die Ergebnisse der Anwendung des Positionswertverfahrens bei Taktzeiten zwischen 11 und 22 Minuten. In Bild A.9 sind die Zusammenhänge zwischen Taktzeit, Leerzeit und der Zahl der einzurichtenden Arbeitsstationen graphisch veranschaulicht.

Taktzeit	Arbeitselemente in Station				Leerzeit
	1	2	3	4	
11	1,3,5,6	2,4	7,8	9,10,11	4
12	1,2,3	4,5,6,7	8,9,10	11	8
13	1,2,3,6	4,5,7	8,9,10	11	12
14	1,2,3,5	4,6,7	8,9,10	11	16
15	1,2,3,5,6	4,7,8	9,10,11	-	5
16	1,2,3,7	4,5,6,8	9,10,11	-	8
17	1,2,3,4	5,6,7,8,9	10,11	-	11
18	1,2,3,4,6	5,7,8,9,10	11	-	14
19	1,2,3,4,5	6,7,8,9,10	11	-	17
20	1,2,3,4,5,6	7,8,9,10,11	-	-	0
21	1,2,3,4,7	5,6,8,9,10,11	-	-	2
22	1,2,3,4,6,7	5,8,9,10,11	-	-	4

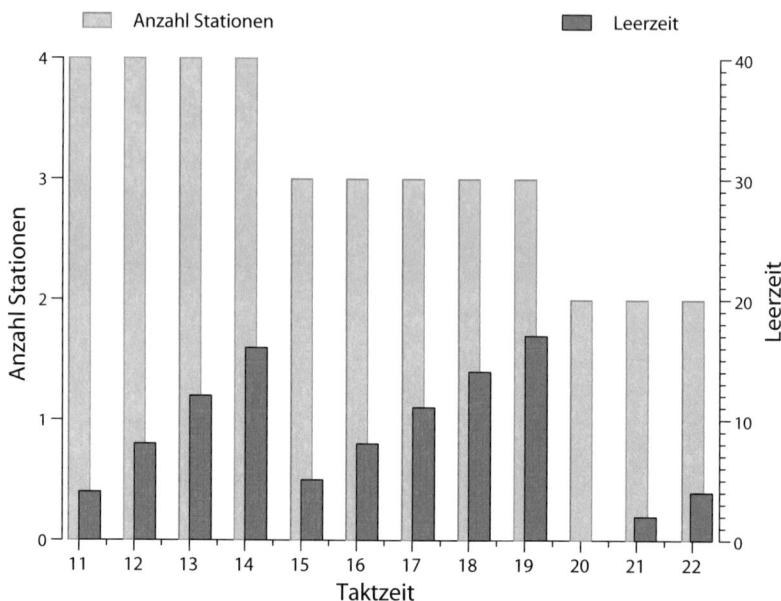

Bild A.9: Zusammenhang zwischen Taktzeit, Anzahl Stationen und Leerzeit

c) Allgemein lassen sich die wirtschaftlichen Kriterien der Leistungsabstimmung bei Fließproduktion auf zwei Gesichtspunkte reduzieren: Zum einen ist die Anzahl einzurichtender Arbeitsstationen zu minimieren, damit Investitionskosten für Maschinen und Fördertechnik, Platzbedarf, Personaleinsatz, Transportaufwand usw. gesenkt werden können. Zum anderen wird eine möglichst gleichmäßige Verteilung von Leerzeiten innerhalb der Produktionslinie angestrebt. Diese Zielsetzung entspricht einer Minimierung der Taktzeit. Kürzere Taktzeiten ermöglichen prinzipiell eine höhere Produktionsmenge bzw. bei gegebener Produktionsmenge eine Verringerung der Produktionszeit.

Die Wechselwirkungen zwischen den verschiedenen Entscheidungskriterien werden durch Bild A.9 verdeutlicht. Man erkennt, daß mit einer bestimmten Anzahl an Stationen unterschiedliche Taktzeiten und damit unterschiedliche Ausbringungen realisiert werden können. Eine Erhöhung der Ausbringung ist jedoch nur dann sinnvoll, wenn entsprechende Absatzmöglichkeiten bestehen. Um die „optimale" Auslastung der Montagelinie zu bestimmen, müßten die oben angesprochenen Kostengesichtspunkte in einer umfassenden Wirtschaftlichkeitsrechnung berücksichtigt werden.

d) Eine einmal vorgenommene Leistungsabstimmung wird oft für längere Zeit (mehrere Monate oder ein Jahr) beibehalten. Würde man häufiger umstellen, so fielen erhebliche

Umrüstungskosten und Stillstandszeiten an. Mit einer Neukonfigurierung sind zumeist auch anfängliche Leistungsverluste (Lerneffekte) verbunden.

A3.4

Fließproduktion mit stochastischen Bearbeitungszeiten, Handarbeitsplätze

Bei einem Automobilhersteller soll eine Produktionslinie mit Handarbeitsplätzen zur Bearbeitung von Auspuffkrümmern eingerichtet werden. Die Produktionslinie soll aus 5 Stationen bestehen (siehe Bild A.10).

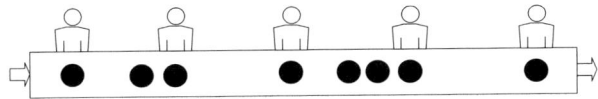

Bild A.10: Layout der Produktionslinie

Die mittlere Bearbeitungszeit beträgt an allen Stationen $\frac{1}{\mu_b} = 10$ Minuten. Aufgrund von Erfahrungen mit ähnlichen Produktionslinien wird davon ausgegangen, daß die Bearbeitungszeiten an einer Station einer Gamma-Verteilung mit dem für alle Stationen einheitlichen Variationskoeffizienten $CV = 0.1$ folgen. Die zu bearbeitenden Auspuffkrümmer werden von einem vorgelagerten Produktionssegment in konstanten Abständen von jeweils 12.5 Minuten angeliefert.

Da die Bedienungszeiten nicht exponentialverteilt sind, soll das Produktionssystem durch $GI/G/1$-Warteschlangensysteme, die miteinander gekoppelt sind, modelliert werden. Zur Bestimmung der Kenngrößen des $GI/G/1$-Warteschlangenmodells soll auf folgende Approximationen zurückgegriffen werden, wobei a den Ankunftsprozeß, b den Bedienungsprozeß und d den Abgangsprozeß einer Station, λ die Ankunftsrate an Station 1, μ_b die mittlere Bedienrate an einer Station und ρ die Verkehrsintensität bezeichnen:

Quadrierter Variationskoeffizient der Zwischenabgangszeiten an einer Station:

$$CV_d^2 = (1 - \rho^2) \cdot \left(\frac{CV_a^2 + \rho^2 \cdot CV_b^2}{1 + \rho^2 \cdot CV_b^2} \right) + \rho^2 \cdot CV_b^2$$

Mittlere Anzahl Werkstücke an einer Station:

$$E\{L_s\} = \left(\frac{\rho^2 \cdot (1 + CV_b^2)}{1 + \rho^2 \cdot CV_b^2} \right) \cdot \left(\frac{CV_a^2 + \rho^2 \cdot CV_b^2}{2 \cdot (1 - \rho)} \right) + \rho$$

Mittlere Durchlaufzeit an einer Station:

$$E\{W_s\} = \left(\frac{\rho^2 \cdot (1 + CV_b^2)}{1 + \rho^2 \cdot CV_b^2} \right) \cdot \left(\frac{CV_a^2 + \rho^2 \cdot CV_b^2}{2 \cdot \lambda \cdot (1 - \rho)} \right) + \frac{1}{\mu_b}$$

a) Analysieren sie nacheinander, beginnend mit Station 1, die einzelnen Stationen der Produktionslinie mit Hilfe des $GI/G/1$-Warteschlangenmodells unter Einsatz der angegebenen Approximationen. Berechnen Sie für jede Station jeweils die mittlere Durchlaufzeit und den mittleren Bestand an wartenden und in Bearbeitung befindlichen Werkstücken.

b) Entwickeln Sie ein SIMAN-Simulationsmodell der Produktionslinie.

 INFORMATIONEN, LITERATUR

Askin und Standridge (1993)
Buzacott und Shanthikumar (1993)
Kelton et al. (2004)
Tempelmeier (1991)

 LÖSUNG

a) Da es sich um ein lineares System handelt und keine Verluste aufgrund von Ausschuß auftreten, sind die Ankunftsraten an allen Stationen gleich λ. Im vorliegenden Fall gilt: $\lambda = \frac{1}{12.5} = 0.08$ Stück/Minute. Der Variationskoeffizient der Zwischenankunftszeit an Station 1 ist $CV_{a1} = 0$, da ein deterministischer Zugangsprozeß angenommen wird. Zur Berechnung der interessierenden Kenngrößen verwenden wir folgendes Rechenschema:

Station	Zwischenankunftszeit		Berechnung der Kenngrößen
	Mittelwert	CV^2	
1	$\frac{1}{\lambda}$	$CV_{a1}^2 = 0$	Berechne $E\{L_{s1}\}, E\{W_{s1}\}, CV_{d1}^2$
2	$\frac{1}{\lambda}$	$CV_{a2}^2 = CV_{d1}^2$	Berechne $E\{L_{s2}\}, E\{W_{s2}\}, CV_{d2}^2$
3	$\frac{1}{\lambda}$	$CV_{a3}^2 = CV_{d2}^2$	usw.

Im betrachteten Beispiel erhalten wir folgende Resultate:

Station	CV_{am}^2	CV_{dm}^2	$E\{L_{sm}\}$	$E\{W_{sm}\}$
1	0.0000	0.0087	0.81	10.13
2	0.0087	0.0118	0.82	10.30
3	0.0118	0.0129	0.83	10.37
4	0.0129	0.0133	0.83	10.39
5	0.0133	0.0135	0.83	10.40
		Summe:	4.12	51.59

b) Das SIMAN-Simulationsmodell ist so strukturiert, daß es möglich wird, auch andere Variationskoeffizienten der Gamma-verteilten Bearbeitungszeiten zu untersuchen. Dabei wird wie folgt vorgegangen. Für die Gamma-Verteilung mit dem Lageparameter α und dem Streuungsparameter β gilt:

Mittelwert $= \alpha \cdot \beta$

Varianz $= \alpha \cdot \beta^2$

Variationskoeffizient $= \dfrac{1}{\sqrt{\alpha}}$

Die SIMAN-Notation der Gamma-Verteilung lautet: GAMMA(Beta,Alpha). Zur Erzeugung einer Gamma-verteilten Zufallsvariablen X mit vorgegebenem Mittelwert $E\{X\}$ und Variationskoeffizienten CV_X gehen wir wie folgt vor:

$$E\{X\} = \alpha \cdot \beta \rightarrow \beta = \frac{E\{X\}}{\alpha}$$

$$CV_X = \frac{1}{\sqrt{\alpha}} \rightarrow \alpha = \frac{1}{CV_X^2}$$

Daraus folgt:

$$\beta = E\{X\} \cdot CV_X^2$$

In der SIMAN-Modelldefinition wird die Gamma-verteilte Zufallsvariable dann mit dem Aufruf GAMMA(CV**2*EX,1/CV**2) erzeugt. Zur besseren Übersichtlichkeit werden die Parameter α und β in den Hilfsvariablen X(1) und X(2) zwischengespeichert.

Modelldefinition:

```
BEGIN;
          CREATE:IAZeit;                        Deterministische Ankünfte
Neu       Assign:J=0:MARK(AufAnkunft);
Weiter    ROUTE:0.0,StatNr+1;
          STATION,1-MaxMaschine;
          ASSIGN:StatNr=M;
          ASSIGN:X(1)=CV(M)**2*EB(M);
          ASSIGN:X(2)=1/(CV(M)**2);
          ASSIGN:A_Zeit=GAMMA(X(1),X(2),M);  Bearbeitungszeit
WARTEN    QUEUE,M:MARK(A_Wrt);
          SEIZE:Maschine(M);
          TALLY:M+1,INT(A_Wrt);                Wartezeit
          DELAY:A_Zeit;
          RELEASE:Maschine(M):NEXT(Weiter);
          STATION,Auslief;
          TALLY:1,INT(AufAnkunft):DISPOSE;
END;
```

Experimenteller Rahmen:

```
BEGIN;
PROJECT,Kruemmer;
ATTRIBUTES: StatNr:AufAnkunft:A_Zeit:A_Wrt;
VARIABLES:  CV(5),  0.1,0.1,0.1,0.1,0.1: ! Variationskoeffizienten
            EB(5),  10 ,10 ,10 ,10 ,10 : ! Mittelwerte
            IAZeit, 12.5;                ! 1/lambda an Station 1
QUEUES:5;
RESOURCES:1-5,Maschine,1;
STATIONS:5,MaxMaschine:Auslief;
TALLIES:DurchlaufZeit:Wrt1:Wrt2:Wrt3:Wrt4:Wrt5;
DSTATS:NR(1):NQ(1):NR(2):NQ(2):NR(3):NQ(3):NR(4):NQ(4):NR(5):NQ(5):
       NR(1)+NQ(1)+NR(2)+NQ(2)+NR(3)+NQ(3)+NR(4)+NQ(4)+NR(5)+NQ(5),
       Teile im System;
REPLICATE,1,0,100000,No,YES,0;
END;
```

Simulationsergebnisse (1 Lauf über 100000 Minuten):

Identifier	Average	Variation	Minimum	Maximum	Observations
DurchlaufZeit	50.505	.04091	42.914	67.494	7996
Wrt1	.00510	13.955	.00000	2.4805	8001
Wrt2	.05921	4.6070	.00000	3.6914	8000
Wrt3	.12446	3.4665	.00000	4.8438	7999
Wrt4	.15618	3.1754	.00000	5.6953	7998
Wrt5	.18097	2.9688	.00000	6.7168	7997

Identifier	Average	Variation	Minimum	Maximum	Final Value
NR(1)	.79969	.50048	.00000	1.0000	1.0000
NQ(1)	.40777E-03	49.511	.00000	1.0000	.00000
NR(2)	.79877	.50193	.00000	1.0000	1.0000

NQ(2)	.00474	14.496	.00000	1.0000	.00000
NR(3)	.80047	.49926	.00000	1.0000	1.0000
NQ(3)	.00996	9.9722	.00000	1.0000	.00000
NR(4)	.79928	.50112	.00000	1.0000	1.0000
NQ(4)	.01249	8.8914	.00000	1.0000	.00000
NR(5)	.79936	.50101	.00000	1.0000	1.0000
NQ(5)	.01447	8.2523	.00000	1.0000	.00000
Teile im System	4.0396	.09058	.00000	6.0000	5.0000

A3.5

Fließproduktion mit begrenzter Anzahl von Werkstückträgern

Betrachten Sie eine Produktionslinie zur Bestückung von Leiterplatten, die aus drei Stationen mit jeweils einem Bestückungsautomaten besteht. Die Leiterplatten werden in unregelmäßigen Abständen in Kästen (mit jeweils zwischen 12 und 24 Leiterplatten) an den Anfang der Linie geliefert und dort zunächst auf einem Werkstückträger fixiert. Nach Abschluß der Bestückung werden die Leiterplatten wieder vom Werkstückträger entnommen und in ihrem Transportkasten zum nächsten Produktionsprozeß transportiert. In Abhängigkeit von der jeweiligen Leiterplattenvariante sind unterschiedliche Bestückungen mit Bauelementen vorzunehmen, wobei davon ausgegangen werden soll, daß dabei an allen Stationen exponentialverteilte Bestückungszeiten anfallen, deren Mittelwerte – bezogen auf alle in einem Kasten enthaltenen Leiterplatten – für alle Stationen mit $b_m = 10$ Minuten ($m = 1, 2, 3$) identisch sind. Die leeren Werkstückträger werden durch ein automatisches Transportsystem wieder zum Anfang der Linie zurückgeführt. Insgesamt stehen $N = 9$ Werkstückträger zur Verfügung. Bild A.11 zeigt die betrachtete Produktionslinie.

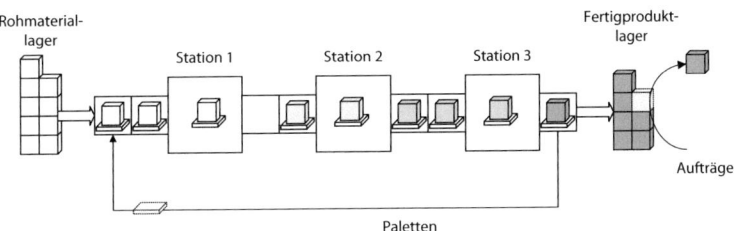

Bild A.11: Fließproduktionslinie

a) Berechnen Sie die Produktionsrate und die Auslastung dieser Produktionslinie.

b) Wie kann die Produktionsrate der Produktionslinie verändert werden?

c) Entwickeln Sie ein SIMAN-Simulationsmodell der Produktionslinie.

INFORMATIONEN, LITERATUR

Kelton et al. (2004)
Tempelmeier (1991)
Tempelmeier und Kuhn (1993a)

 LÖSUNG

a) Alle Stationen sind identisch, d. h., sie haben dieselben Leistungsmerkmale. Wir gehen davon aus, daß immer mindestens ein Kasten mit unbearbeiteten Leiterplatten vor der Produktionslinie, d. h. am Systemeingang, bereitsteht. Zur Berechnung der Produktionsrate der Produktionslinie können wir auf Little's Formel zurückgreifen, nach der gilt: Anzahl Werkstückträger=Produktionsrate·Durchlaufzeit ($N = X·D$). Da N, die Anzahl der Werkstückträger, gegeben und konstant ist, müssen wir zur Bestimmung der Produktionsrate der Produktionslinie die Durchlaufzeit eines Kastens mit Leiterplatten berechnen. Die Durchlaufzeit D eines Werkstückträgers durch die Produktionslinie ist gleich der Summe der stationsbezogenen Durchlaufzeiten D_m, da ein linearer Materialfluß vorliegt:

$$D = \sum_{m=1}^{M} D_m$$

Die Durchlaufzeit an der Station m, D_m, setzt sich zusammen aus der Bearbeitungszeit $b_m (= b)$ und der Wartezeit W_m. Die Wartezeit hängt davon ab, wie viele Werkstückträger ein neu eintreffender Werkstückträger an der Station vorfindet. Prinzipiell ist zu unterscheiden zwischen der (zeitraumbezogenen) mittleren Anzahl von Werkstückträgern, Q_m, die sich im Durchschnitt während eines Betrachtungszeitraums an der Station m befinden, und der (zeitpunktbezogenen) mittleren Anzahl A_m von Werkstückträgern an der Station m, die ein dort ankommender Werkstückträger sieht. Unter den gegebenen Annahmen (exponentialverteilte Bedienungszeiten, konstante Anzahl von Werkstückträgern im System) besteht zwischen diesen beiden Größen folgende Beziehung:

$$A_m(N) = Q_m(N - 1) \qquad\qquad m = 1, 2, \ldots, M$$

Die Wartezeit eines an der Station m ankommenden Werkstückträgers ist somit gleich der mittleren Anzahl von Werkstückträgern, $Q_m(N - 1)$, die sich an der Station m bei insgesamt $(N - 1)$ zirkulierenden Werkstückträgern ergeben würde, multipliziert mit der mittleren Bedienungszeit:

$$W_m = Q_m(N - 1)·b = Q_m(8)·10 \qquad\qquad m = 1, 2, \ldots, M$$

Bei identischen Stationen kann angenommen werden, daß sich im stationären Zustand an jeder Station dieselbe mittlere Warteschlangenlänge einstellt, so daß gilt:

$$Q_m(N-1) = Q_m(8) = \frac{N-1}{M} = \frac{8}{3} = 2.67 \qquad m = 1, 2, \ldots, M$$

Setzen wir diese Größen nun in Little's Formel ein, dann erhalten wir:

$$\sum_{m=1}^{M} D_m = \sum_{m=1}^{M} \left[\frac{N-1}{M} \cdot b + b \right] = (N-1+M) \cdot b = (9-1+3) \cdot 10 = 110$$

Die Produktionsrate des Systems beträgt damit:

$$X = \frac{9}{110} = 0.08182$$

Die Auslastung einer Station ist gleich dem Produkt aus Produktionsrate und mittlerer Bearbeitungszeit:

$$U_m = X \cdot b = 0.08182 \cdot 10 = 81.82\% \qquad m = 1, 2, 3$$

b) Die tägliche Produktionsrate der Produktionslinie kann durch zeitliche Anpassung verändert werden. In diesem Fall würde die Anlage länger (z. B. 10 anstatt 8 Stunden) oder kürzer eingesetzt. Allerdings muß dann durch ausreichend dimensionierte Lagerbestände vor und hinter der Produktionslinie gesichert sein, daß die Anlage immer mit Material versorgt wird bzw. daß die angrenzenden Produktionsprozesse nicht durch die Betriebsunterbrechungen der Anlage gestört werden.

Eine andere Möglichkeit besteht darin, die Auslastung der Stationen zu erhöhen. Zirkulieren $N = 9$ Werkstückträger im System, dann kommt es zu Auslastungs- und damit zu Produktionsverlusten in Höhe von (100-81.82)%. Diese Nutzungsverluste können durch Erhöhung der Anzahl zirkulierender Werkstückträger reduziert werden. Die folgende Tabelle zeigt den Zusammenhang zwischen der Auslastung, der Produktionsrate und der Anzahl zirkulierender Werkstückträger. Es wird deutlich, daß in der vorliegenden Situation die Anzahl der Werkstückträger und damit der Bestand an angearbeiteten Werkstücken erheblich gesteigert werden muß, damit ein spürbarer Anstieg der Ausbringung der Produktionslinie möglich wird. Man erkennt, daß die Produktionsrate eine degressiv ansteigende Funktion der Anzahl Werkstückträger ist. Die maximale Produktionsrate wird erreicht, wenn die Stationen immer über einen Arbeitsvorrat an Werkstückträgern verfügen. Sie beträgt dann $\frac{1}{b} = 0.1$ (Kästen mit Leiterplatten)/Minute.

N	Auslastung U	Produktionsrate X
1	0.3333	0.033333
2	0.5000	0.050000
3	0.6000	0.060000
4	0.6667	0.066667
5	0.7143	0.071429
6	0.7500	0.075000
7	0.7778	0.077778
8	0.8000	0.080000
9	0.8182	0.081818
10	0.8333	0.083333
15	0.8824	0.088235
20	0.9091	0.090909

c) Das Simulationsmodell sieht wie folgt aus:

Modelldefinition:

```
BEGIN;
          CREATE:0,NWERK;                    Werkstückträger erzeugen
Neu       Assign:J=0:MARK(AufAnkunft);       Neuer Kreislauf beginnt
          ASSIGN:StatNr=0;
Weiter    ROUTE:0.0,StatNr+1;                Weiter zur nächsten Station
          STATION,1-MaxMaschine;
          ASSIGN:StatNr=M;                   Arbeitselement-Nummer
          ASSIGN:A_Zeit=EXPO(EB(M));         Bearbeitungszeit
WARTEN    QUEUE,M:MARK(A_Wrt);               Warten
          SEIZE:Maschine(M);                 Station belegen
          TALLY:M+1,INT(A_Wrt);              Wartezeit erfassen
          DELAY:A_Zeit;                      Bearbeiten
          RELEASE:Maschine(M):               ! Station freigeben
              NEXT(Weiter);
          STATION,Auslief;
          TALLY:1,INT(AufAnkunft):Next(Neu);
END;
```

Experimenteller Rahmen:

```
BEGIN; PROJECT,Leiterplatten;
ATTRIBUTES: StatNr:AufAnkunft:A_Zeit:A_Wrt;
VARIABLES:  NWERK,9:            ! Anzahl Werkstückträger
            EB(3),  10, 10, 10; ! Mittelwerte der Bearbeitungszeit
QUEUES:3;
RESOURCES:1-3,Maschine,1;
STATIONS:3,MaxMaschine:Auslief;
TALLIES:DurchlaufZeit:Wrt1:Wrt2:Wrt3;
```

```
DSTATS:NR(1):NQ(1):NR(2):NQ(2):NR(3):NQ(3);
REPLICATE,1,0,100000,No,YES,0;
END;
```

Simulationsergebnisse (1 Lauf über 100000 Minuten):

Identifier	Average	Variation	Minimum	Maximum	Observations
DurchlaufZeit	110.28	.29635	21.273	256.67	8154
Wrt1	26.929	1.0258	.00000	174.67	8163
Wrt2	26.491	1.0424	.00000	160.58	8161
Wrt3	26.889	1.0292	.00000	155.40	8155

Identifier	Average	Variation	Minimum	Maximum	Final Value
NR(1)	.81666	.47381	.00000	1.0000	.00000
NQ(1)	2.1982	1.0338	.00000	8.0000	.00000
NR(2)	.81003	.48427	.00000	1.0000	1.0000
NQ(2)	2.1621	1.0473	.00000	8.0000	2.0000
NR(3)	.81713	.47308	.00000	1.0000	1.0000
NQ(3)	2.1959	1.0318	.00000	8.0000	5.0000

Die analytischen Ergebnisse stimmen recht gut mit den Simulationsergebnissen überein. Zur statistischen Absicherung müssen allerdings noch weitere Simulationsläufe durchgeführt werden.

A3.6

Fließproduktionssysteme, begrenzte Puffer

Bei der Konfigurierung von Fließproduktionssystemen muß auch über die Plazierung und Dimensionierung von Puffern entschieden werden.

a) Aus welchen Gründen werden in Produktionslinien Puffer zwischen einzelnen Arbeitsstationen eingerichtet?

b) Würden Sie einen Puffer eher vor oder nach einer störungsanfälligen Maschine einrichten?

c) Unter dem „bowl phenomenon" (Schüsselphänomen) versteht man den Tatbestand, daß die in der Mitte einer Produktionslinie befindlichen Arbeitsstationen eine größere Kapazitätsreserve (d. h. eine geringere Arbeitslast) aufweisen sollten als die Arbeitsstationen am Beginn bzw. am Ende der Produktionslinie. Wie kann man das „bowl phenomenon" plausibel erklären?

INFORMATIONEN, LITERATUR

Conway et al. (1988)

Tempelmeier (2003)

A3.7

Zwei-Stationen-Fließproduktionssystem mit beschränktem Puffer, endliche Ankunftsrate

Betrachten Sie ein Fließproduktionssystem mit zwei Stationen. In der ersten Station werden Werkstücke bearbeitet. In der zweiten Station erfolgt die Qualitätskontrolle. Die Bearbeitungszeiten in beiden Stationen sind jeweils mit dem Mittelwert $\frac{1}{\mu} = \frac{1}{0.8}$ Zeiteinheiten exponentialverteilt. In der ersten Station werden Werkstücke mit exponentialverteilten Abständen (Mittelwert $\frac{1}{\lambda} = \frac{1}{0.6}$ Zeiteinheiten) angeliefert. Ist die erste Station belegt, dann verlassen sie das System sofort wieder („lost customers"). Zwischen den Stationen befindet sich kein Platz zur Lagerung von Werkstücken. Daher kann ein in Station 1 bearbeitetes Werkstück diese Station erst dann verlassen, wenn die Station 2 aufnahmebereit ist. Nach Abschluß der Bearbeitung in Station 2 können alle Werkstücke unverzüglich das Fließproduktionssystem verlassen.

a) Welche Zustände kann das Fließproduktionssystem annehmen?

b) Geben Sie die Übergangswahrscheinlichkeiten zwischen den Zuständen des Systems an zwei sehr nahe beieinander liegenden Zeitpunkten t und $t + h$ an. Stellen Sie eine Matrix der möglichen Übergänge zwischen den Zuständen mit den jeweiligen Übergangswahrscheinlichkeiten auf.

c) Ermitteln Sie die Wahrscheinlichkeitsverteilung der Zustände des Systems und leiten Sie daraus die mittlere Produktionsrate sowie die mittlere Höhe des Bestandes an Werkstücken in dem System ab.

 INFORMATIONEN, LITERATUR

Askin und Standridge (1993)

Papadopoulos et al. (1993)

Ross (1997)

Taha (2003)

 LÖSUNG

a) Insgesamt kann das Fließproduktionssystem fünf Zustände annehmen. Jeder Zustand des Systems kann als ein Tupel beschrieben werden, dessen erstes Element den Zustand der Station 1 mit den möglichen Ausprägungen 0=leer, 1=arbeitet, b=blockiert und dessen zweites Element den Zustand der Station 2 mit den möglichen Ausprägungen 0=leer, 1=arbeitet beschreibt. Wir erhalten dann:

Zustand	Station 1	Station 2
$(0,0)$	leer	leer
$(0,1)$	leer	arbeitet
$(1,0)$	arbeitet	leer
$(1,1)$	arbeitet	arbeitet
$(b,1)$	blockiert	arbeitet

b) Die Zeitspanne h sei so kurz, daß die Wahrscheinlichkeit dafür, daß mehr als eine Ankunft und/oder eine Fertigstellung eines Werkstücks an einer Station auftreten, vernachlässigbar gering ist. Zur Beschreibung der Zustandsveränderungen des Systems innerhalb des Intervalls h greifen wir auf folgende Wahrscheinlichkeiten zurück:

Ereignis	Wahrscheinlichkeit
Ankunft an Station 1	$\lambda \cdot h$
keine Ankunft an Station 1	$1 - \lambda \cdot h$
Bearbeitungsende an Station 1	$\mu \cdot h$
kein Bearbeitungsende an Station 1	$1 - \mu \cdot h$
Bearbeitungsende an Station 2	$\mu \cdot h$
kein Bearbeitungsende an Station 2	$1 - \mu \cdot h$

Die Matrix der Übergangswahrscheinlichkeiten u_{ij} zwischen den Zeitpunkten t und $t+h$ lautet:

Zustands-änderung	nach $(0,0)$	$(0,1)$	$(1,0)$	$(1,1)$	$(b,1)$
von $(0,0)$	$1 - \lambda \cdot h$		$\lambda \cdot h$		
$(0,1)$	$(1-\lambda \cdot h) \cdot \mu \cdot h$	$(1-\lambda \cdot h) \cdot (1-\mu \cdot h)$	$\lambda \cdot h \cdot \mu \cdot h$	$\lambda \cdot h \cdot (1-\mu \cdot h)$	
$(1,0)$		$(1-\lambda \cdot h) \cdot \mu \cdot h$	$1-\mu \cdot h$	$\lambda \cdot h \cdot \mu \cdot h$	
$(1,1)$		$(1-\lambda \cdot h) \cdot \mu \cdot h \cdot \mu \cdot h$	$(1-\mu \cdot h) \cdot \mu \cdot h$	$(1-\mu \cdot h) \cdot (1-\mu \cdot h)$	$\mu \cdot h \cdot (1-\mu \cdot h)$
$(b,1)$		$(1-\lambda \cdot h) \cdot \mu \cdot h$		$\lambda \cdot h \cdot \mu \cdot h$	$(1-\mu \cdot h)$

Die Übergangswahrscheinlichkeiten ergeben sich aus der Analyse des jeweiligen Ausgangszustands zum Zeitpunkt t und des jeweiligen Zustands zum Zeitpunkt $t + h$. Betrachten wir z. B. den Übergang von $(1, 1)$ nach $(b, 1)$, d. h. daß Station 1 die Bearbeitung eines Werkstücks abschließt und in den Zustand „blockiert" übergeht. Die Wahrscheinlichkeit dafür, daß Station 1 im Zeitraum h mit der Bearbeitung fertig wird, beträgt $\mu \cdot h$. Da dieser Übergang nur möglich ist, wenn Station 2 weiterhin beschäftigt bleibt und dort somit keine Zustandsveränderung eintritt, erhalten wir als Übergangswahrscheinlichkeit $\mu \cdot h \cdot (1 - \mu \cdot h)$. Die Übergangswahrscheinlichkeit vom Zustand $(0, 1)$ zum Zustand $(0, 0)$ ergibt sich aus der Wahrscheinlichkeit dafür, daß die (beschäftigte) Station 2 im Zeitraum h die Bearbeitung eines Werkstücks abschließt, $\mu \cdot h$, und der Wahrscheinlichkeit dafür, daß in dieser Zeitspanne kein neues Werkstück an der (unbeschäftigten) Station 1 eintrifft, $(1 - \lambda \cdot h)$.

c) Zur Bestimmung der Zustandswahrscheinlichkeiten zum Zeitpunkt $t + h$, $p_j(t + h)$ $[j = (0, 0), \ldots, (b, 1)]$, gewichtet man die Wahrscheinlichkeiten aller Zustände zum Zeitpunkt t, $p_i(t)$ $[i = (0, 0), \ldots, (b, 1)]$, die zum Zustand $p_j(t + h)$ im Zeitpunkt $t + h$ führen können, mit den jeweiligen Übergangswahrscheinlichkeiten u_{ij} und bildet die Summe. Bei n möglichen Zuständen erhält man dann n Gleichungen der folgenden Form:

$$p_j(t + h) = u_{1j} \cdot p_1(t) + u_{2j} \cdot p_2(t) + \ldots + u_{nj} \cdot p_n(t)$$

Für die Wahrscheinlichkeit des Zustandes $(0, 1)$ erhält man z. B.

$$p_{(0,1)}(t + h) = (1 - \lambda \cdot h) \cdot (1 - \mu \cdot h) \cdot p_{(0,1)}(t) + (1 - \lambda \cdot h) \cdot \mu \cdot h \cdot p_{(1,0)}(t)$$
$$+ (1 - \lambda \cdot h) \cdot \mu \cdot h \cdot \mu \cdot h \cdot p_{(1,1)}(t) + (1 - \lambda \cdot h) \cdot \mu \cdot h \cdot p_{(b,1)}(t)$$

Nach Ausmultiplizieren und Vernachlässigung aller h^2-Terme ergibt sich:

$$p_{(0,1)}(t + h) = (1 - \mu \cdot h - \lambda \cdot h) \cdot p_{(0,1)}(t) + \mu \cdot h \cdot p_{(1,0)}(t) + \mu \cdot h \cdot p_{(b,1)}(t)$$

oder

$$p_{(0,1)}(t + h) = p_{(0,1)}(t) - (\mu \cdot h + \lambda \cdot h) \cdot p_{(0,1)}(t) + \mu \cdot h \cdot p_{(1,0)}(t) + \mu \cdot h \cdot p_{(b,1)}(t)$$

Durch Umformung erhält man:

$$\frac{p_{(0,1)}(t + h) - p_{(0,1)}(t)}{h} = -(\mu + \lambda) \cdot p_{(0,1)}(t) + \mu \cdot p_{(1,0)}(t) + \mu \cdot p_{(b,1)}(t)$$

Die stationären Zustandswahrscheinlichkeiten P_j erhält man durch Betrachtung des Grenzübergangs $h \to 0$ und $t \to \infty$. Für $t \to \infty$ strebt dieser Differenzenquotient gegen Null (Siehe hierzu *Neumann und Morlock* (1993), Kap. 5.3.2, sowie *Papadopoulos et al.* (1993), S. 55f.). Damit entsteht folgendes Gleichungssystem:

$$
\begin{aligned}
-\lambda{\cdot}P_{(0,0)} + \mu{\cdot}P_{(0,1)} &= 0 \\
-(\lambda + \mu){\cdot}P_{(0,1)} + \mu{\cdot}P_{(1,0)} + \mu{\cdot}P_{(b,1)} &= 0 \\
\lambda{\cdot}P_{(0,0)} - \mu{\cdot}P_{(1,0)} + \mu{\cdot}P_{(1,1)} &= 0 \\
\lambda{\cdot}P_{(0,1)} - (\mu + \mu){\cdot}P_{(1,1)} &= 0 \\
\mu{\cdot}P_{(1,1)} - \mu{\cdot}P_{(b,1)} &= 0
\end{aligned}
$$

Da sich alle Wahrscheinlichkeiten zu Eins summieren müssen, wird die letzte Gleichung durch

$$
1{\cdot}P_{(0,0)} + 1{\cdot}P_{(0,1)} + 1{\cdot}P_{(1,0)} + 1{\cdot}P_{(1,1)} + 1{\cdot}P_{(b,1)} = 1
$$

ersetzt.

Setzt man nun $\lambda = 0.6$ und $\mu = 0.8$ und löst dieses Gleichungssystem, dann erhält man folgende Zustandswahrscheinlichkeiten:

$$
\begin{aligned}
P_{(0,0)} &= 0.299 \\
P_{(0,1)} &= 0.224 \\
P_{(1,0)} &= 0.308 \\
P_{(1,1)} &= 0.084 \\
P_{(b,1)} &= 0.084
\end{aligned}
$$

Zur Ermittlung des Bestandes multiplizieren wir die stationären Zustandswahrscheinlichkeiten mit den jeweiligen Anzahlen von Werkstücken im System:

$$
\text{Bestand} = 1{\cdot}0.224 + 1{\cdot}0.308 + 2{\cdot}0.084 + 2{\cdot}0.084 = 0.868
$$

Es wird angenommen, daß eintreffende Werkstücke, mit deren Bearbeitung nicht sofort begonnen wird, das System wieder verlassen. Alle anderen Werkstücke durchlaufen das System. Die Produktionsrate erhält man daher durch Multiplikation der Ankunftsrate λ mit der Wahrscheinlichkeit dafür, daß ein ankommendes Werkstück auf eine unbeschäftigte Station 1 getroffen ist:

$$
\text{Produktionsrate} = 0.6{\cdot}(0.299 + 0.224) = 0.314
$$

Alternativ kann man die Produktionsrate auch ermitteln, indem man die Bedienrate der Station 2 mit der Wahrscheinlichkeit dafür multipliziert, daß sich an Station 2 ein Werkstück befindet:

$$\text{Produktionsrate} = 0.8 \cdot (0.224 + 0.084 + 0.084) = 0.314$$

A3.8

Zwei-Stationen-Fließproduktionssystem mit beschränktem Puffer, erste Station niemals leer, Markov-Modell

Im Rahmen der Leistungsanalyse längerer Fließproduktionssysteme wird dem Dekompositionskonzept folgend auf Subsysteme zurückgegriffen, die aus jeweils zwei Stationen mit einem dazwischenliegenden Puffer der Größe c bestehen. Die erste Station wird als niemals leer und die zweite Station als niemals blockiert angenommen.

a) Betrachten Sie den Fall, daß die Bearbeitungszeiten an beiden Stationen exponentialverteilt sind und analysieren Sie ein solches System mit Hilfe eines Markov-Modells.

b) Nehmen Sie an, daß die erste Station mit einer Bearbeitungsrate von $\lambda = 0.8$ und die zweite Station mit der Bearbeitungsrate $\mu = 0.7$ produziert, und stellen Sie die Entwicklung der Produktionsrate des Systems als Funktion der Puffergröße graphisch dar.

 INFORMATIONEN, LITERATUR

Altiok (1997)
Ross (1997)
Waldmann und Stocker (2004)

 LÖSUNG

a) In Bild A.12 ist ein aus zwei Stationen und einem Puffer der Größe $c = 2$ bestehendes Fließproduktionssystem abgebildet.

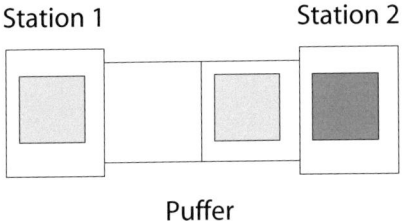

Station 1 Station 2

Puffer

Bild A.12: Zwei-Stationen-System

Zur Analyse dieses Systems definieren wir zunächst alle möglichen Zustände. Ein Zustand kann beschrieben werden durch die Anzahl n von Werkstücken, die bereits an der Station 1, aber noch nicht an der Station 2 bearbeitet worden sind. Die Anzahl der Zustände hängt also davon ab, wie viele Werkstücke an der Station 1 bereits bearbeitet worden sind, aber noch nicht die Station 2 passiert haben können. Das sind

- c Werkstücke im Puffer (c),

- 1 Werkstück an Station 2 in Bearbeitung ($= c + 1$) und

- 1 Werkstück an Station 1, wenn diese blockiert wird ($= c + 2$).

Hinzu kommt der Zustand, an dem kein Werkstück auf Station 2 wartet, diese also leer ist. Die Anzahl der Zustände ist $c + 3$.

Ist die Puffergröße $c = 0$, dann können insgesamt $c + 3 = 0 + 3 = 3$ Zustände auftreten, d. h.:[1]

n	Station 1	Puffer	Station 2
0	arbeitet	–	leer
1	arbeitet	–	arbeitet
2	blockiert	–	arbeitet

Ist die Puffergröße $c = 2$, dann können $c + 3 = 2 + 3 = 5$ Zustände auftreten:

---

1   Das Gesamtsystem kann nicht leer sein, da Station 1 niemals leer ist.

n	Station 1	Puffer	Station 2
0	arbeitet	leer	leer
1	arbeitet	leer	arbeitet
2	arbeitet	1 Werkstück	arbeitet
3	arbeitet	2 Werkstücke	arbeitet
4	blockiert	2 Werkstücke	arbeitet

Zu einer Zustandsänderung des Systems kommt es, wenn die Bearbeitung eines Werkstücks an einer der beiden Stationen abgeschlossen wird. Bezeichnen wir mit λ die Bearbeitungsrate an Station 1 und mit μ die Bearbeitungsrate an Station 2, dann erhält man für den Fall $c = 0$ den in Bild A.13 abgebildeten Übergangsgraphen.

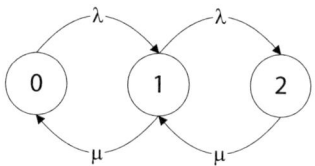

Bild A.13: Zwei-Stationen-System

Zur Bestimmung der stationären Zustandswahrscheinlichkeiten $P_n, (n = 0, 1, 2)$ kann folgendes Gleichungssystem aufgestellt werden:

$$
\begin{aligned}
-\lambda \cdot P_0 + \mu \cdot P_1 &= 0 \\
\lambda \cdot P_0 - (\lambda + \mu) \cdot P_1 + \mu \cdot P_2 &= 0 \\
\lambda \cdot P_1 - \mu \cdot P_2 &= 0
\end{aligned}
$$

Allgemein gilt für $N + 1 = c + 3$ Zustände:

$$
\begin{aligned}
\lambda \cdot P_0 &= \mu \cdot P_1 \\
(\lambda + \mu) \cdot P_n &= \lambda \cdot P_{n-1} + \mu \cdot P_{n+1} \quad 1 \leq n \leq N \\
\mu \cdot P_N &= \lambda \cdot P_{N-1}
\end{aligned}
$$

Für die Bestimmung der Produktionsrate des Subsystems ist die Wahrscheinlichkeit P_0 von besonderer Bedeutung. Denn die Produktionsrate des Gesamtsystems ist gleich der Bearbeitungsrate der Station 2 multipliziert mit der Wahrscheinlichkeit dafür, daß die

Station 2 arbeiten kann. Die Station 2 arbeitet in allen Zuständen außer im Zustand 0. Daher gilt:

$$X = (1 - P_0) \cdot \mu$$

und für P_0 erhält man:

$$P_0 = \frac{1 - \left(\dfrac{\lambda}{\mu}\right)}{1 - \left(\dfrac{\lambda}{\mu}\right)^{N+1}}$$

b) Die folgende Tabelle zeigt die Entwicklung der Produktionsrate und der Wahrscheinlichkeit P_0 dafür, daß die Station 2 unbeschäftigt ist.

c	0	1	2	3	4	5
P_0	0.2899	0.2024	0.1504	0.1163	0.0924	0.0748
X	0.497	0.5583	0.5947	0.6186	0.6353	0.6477

Aus Bild A.14 ist ein abnehmender Grenznutzen der Puffergröße erkennbar.

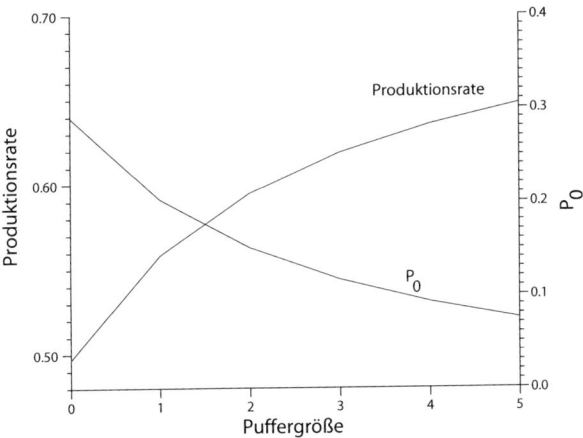

Bild A.14: Produktionsrate versus Puffergröße

A3.9

Zwei-Stationen-Fließproduktionssystem mit beschränktem Puffer, erste Station niemals leer, $M/M/1/N$-Modell

Ein Automobilzulieferer produziert in einem zweistufigen Produktionsprozeß ein Blechteil in großen Stückzahlen. Hierzu wird ein aus zwei Stationen bestehendes Fließproduktionssystem eingesetzt. Die Bearbeitungszeiten der Stationen sind exponentialverteilt, wobei die Bearbeitungszeit an der Station 1 im Durchschnitt $\frac{1}{0.9}$ Zeiteinheiten und an der Station 2 durchschnittlich eine Zeiteinheit in Anspruch nimmt. Zum Materialtransport von Station 1 nach Station 2 wird ein automatisches Fördersystem mit begrenzter Aufnahmekapazität (Puffergröße) $c = 2$ eingesetzt. Vor der Station 1 befindet sich immer eine große Gitterboxpalette mit Rohmaterial, so daß die Station 1 niemals unter Materialmangel leidet. Nach Abschluß der Bearbeitung an Station 2 werden die Werkstücke auf einer Palette gestapelt und abtransportiert.

a) Modellieren Sie dieses Zwei-Stationen-Fließproduktionssystem mit beschränktem Puffer mit Hilfe eines einstufigen $M/M/1/N$-Warteschlangenmodells.

b) Bestimmen Sie die Produktionsrate dieses Systems.

c) Bestimmen Sie die zeitpunktbezogenen Wahrscheinlichkeiten dafür, daß das System leer ist, Π_0, und dafür, daß das System voll ist, Π_N (d. h. die Blockierwahrscheinlichkeit der Station 1).

 INFORMATIONEN, LITERATUR

Altiok (1982)
Altiok (1997)
Gross und Harris (1998)
Hopp und Spearman (2000)

 LÖSUNG

a) Die Modellierung des Zwei-Stationen-Fließproduktionssystems mit exponentialverteilten Bearbeitungszeiten und einem Puffer mit einer begrenzten Kapazität von $c = 2$ Pufferplätzen ist in Bild A.15 dargestellt. Die Station 2 wird durch die Bedienungseinrichtung mit der Bedienrate μ repräsentiert. Die Station 1 repräsentiert den Ankunftsprozeß des Warteschlangensystems. Da angenommen wird, daß die erste Station niemals leer ist, produziert diese ohne Unterbrechung, und die Ankunftsrate λ von Werkstücken in dem Puffer ist gleich der Bearbeitungsrate der Station 1. Ist der Puffer zum Zeitpunkt des Bearbeitungsendes eines Werkstücks an Station 1 voll, dann wird die Station 1 blockiert.

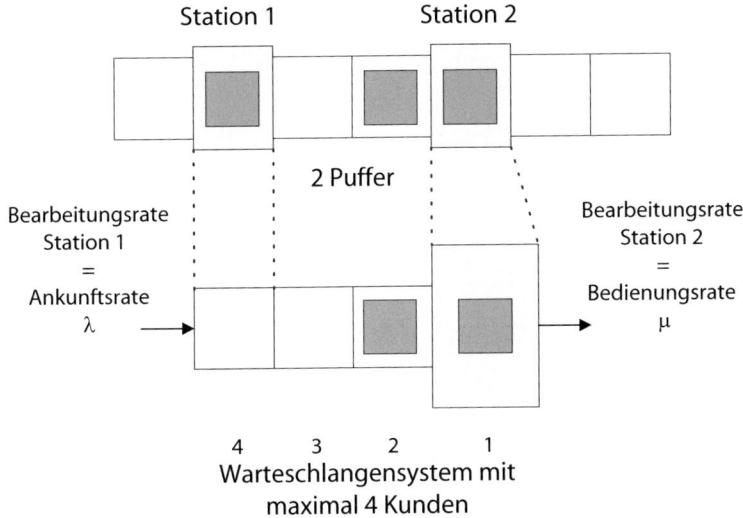

Bild A.15: Modellierung eines Zwei-Stationen-Fließproduktionssystems als $M/M/1/N$-Warteschlangensystem

In diesem System können sich maximal $N = c + 2 = 4$ Werkstücke befinden, und zwar ein Werkstück in Bearbeitung an der Station 2, zwei Werkstücke im Puffer und ein Werkstück, das bereits an der Station 1 bearbeitet worden ist und auf den Zugang in den Puffer wartet, während die Station 1 blockiert ist. Werkstücke, die sich an Station 1 noch in Bearbeitung befinden, werden als noch nicht in dem Warteschlangensystem angekommen betrachtet, sind also noch außerhalb. Es handelt sich somit ein $M/M/1/N$-System mit den Parametern $\lambda = 0.9$, $\mu = 1.0$ und $N = 4$.

b) Die Produktionsrate des Systems ist gleich dem Produkt aus der Bedienrate μ und der zeitraumbezogenen Wahrscheinlichkeit $(1 - P_0)$ dafür, daß die Station 2 nicht unbeschäftigt ist. Die stationären Wahrscheinlichkeiten für die Anwesenheit von n ($n = 0, 1, \ldots, N$) Werkstücken in einem $M/M/1/N$-Warteschlangensystem sind:

$$
P_n = \left\{
\begin{array}{ll}
\dfrac{\rho^n \cdot (1 - \rho)}{1 - \rho^{N+1}}, & \rho \neq 1 \\[2ex]
\dfrac{1}{N+1}, & \rho = 1
\end{array}
\right\} \qquad n = 0, 1, \ldots, N
$$

mit $\rho = \frac{\lambda}{\mu}$. Für die oben genannten Parameter erhält man die folgenden zeitraumbezogenen Wahrscheinlichken:

n	P_n
0	0.2442
1	0.2198
2	0.1978
3	0.1780
4	0.1602

Die Produktionsrate des Systems ist somit:

$$X = 1 \cdot (1 - 0.2442) = 0.7558$$

c) Zwischen den unter (b) berechneten zeitraumbezogenen Wahrscheinlichkeiten P_n und den zeitpunktbezogenen Wahrscheinlichkeiten Π_n ($n = 0, 1, \ldots, N$) besteht folgende Beziehung (vgl. *Altiok* (1982)):

$$\Pi_n = \frac{P_n}{1 - P_N} \qquad\qquad n = 0, 1, \ldots, N$$

Durch Einsetzen der obigen Gleichungen für P_n und P_N erhält man ein interessantes Ergebnis (hier nur für $\rho = \frac{\lambda}{\mu} \neq 1$ ausgeführt):

$$\begin{aligned}
\Pi_n &= \frac{P_n}{1 - P_N} \\[2ex]
&= \frac{\dfrac{\rho^n \cdot (1 - \rho)}{1 - \rho^{N+1}}}{1 - \dfrac{\rho^N \cdot (1 - \rho)}{1 - \rho^{N+1}}} \\[2ex]
&= \frac{\rho^n \cdot (1 - \rho)}{1 - \rho^N} \qquad\qquad n = 0, 1, \ldots, N
\end{aligned}$$

Man erkennt, daß die zeitpunktbezogenen Wahrscheinlichkeiten bei einer Systemkapazität N identisch sind mit den zeitraumbezogenen Wahrscheinlichkeiten, die man bei einer Systemkapazität $N - 1$ erhält. Die zeitpunktbezogenen Wahrscheinlichkeiten Π_0 und Π_N verwenden wir in der nächsten Aufgabe, um im Rahmen eines Dekompositionsansatzes Leerzeit- und Blockierzeitzuschläge zu den Bearbeitungszeiten der Stationen zu bestimmen.

A3.10

Fließproduktionssystem mit beschränkten Puffern, Dekomposition

Für die Montage eines Spielzeugautos wurde mit Hilfe eines Verfahrens zur deterministischen Leistungsabstimmung ein Fließproduktionssystem mit vier Stationen (Handarbeitsplätze) konfiguriert. Die Leistungsabstimmung ist so gut gelungen, daß alle Stationen dieselbe Arbeitslast von einer Zeiteinheit haben. Allerdings muß davon ausgegangen werden, daß die Stationszeiten erheblichen stochastischen Einflüssen unterliegen. Man nimmt an, die Stationszeiten seien exponentialverteilt. Zwischen den Stationen ist (zunächst) kein Puffer vorgesehen.

a) Bestimmen Sie die maximale Produktionsrate des Fließproduktionssystems unter der Annahme, daß die erste Station immer Material zur Verfügung hat („never starved") und daß hinter der letzten Station genügend Platz zur Lagerung der fertig montierten Erzeugnisse vorhanden ist („never blocked"). Verwenden Sie für Ihre Berechnungen das Konzept von *Buzacott und Shanthikumar* (1993), S. 200.

b) Nehmen Sie an, es könnte aus Platzgründen nur ein zusätzlicher Pufferplatz in das Fließproduktionssystem eingefügt werden. Wo würden Sie diesen Puffer plazieren? Welche Auswirkungen hat der Pufferplatz auf die Produktionsrate?

 INFORMATIONEN, LITERATUR

Buzacott und Shanthikumar (1993)

 LÖSUNG

a) Unter den angenommenen stochastischen Bedingungen können die Phänomene des Materialmangels (starving) und der Blockierung (blocking) auftreten. Für kleine Systeme (z. B. mit zwei oder drei Stationen) lassen sich deren Auswirkungen auf die Produktionsrate des System exakt berechnen. Für größere Fließproduktionssysteme ist dies jedoch nicht mehr möglich. Man wendet in diesem Fall das Dekompositionskonzept an. Dabei analysiert man die einzelnen Stationen des Fließproduktionssystems mit Hilfe eines geeigneten einstufigen Warteschlangenmodells (bzw. eines Zwei-Stationen-Modells) und versucht, die genannten leistungsmindernden Effekte, die durch Interaktionen zwischen benachbarten Stationen entstehen, durch Zeitzuschläge mit in die Stationszeiten einzubeziehen (Completion-Time-Konzept). Dabei kann man die Stationen des Fließproduktionssystems aus zwei Perspektiven betrachten:

- Man kann einmal annehmen, daß an einer Station keine Blockierung auftritt. Mögliche Zustände der Station sind dann {*unbeschäftigt aufgrund von Materialmangel, beschäftigt*}. In diesem Fall kann man sich fragen: In welchem Umfang beeinträchtigt Materialmangel die Leistung der Station?

- Man kann andererseits annehmen, an der Station tritt kein Materialmangel auf. Mögliche Zustände der Station sind dann {*beschäftigt, blockiert*}. In diesem Fall kann man sich fragen: Wie stark beeinträchtigt Blockierung die Leistung der Station?

Nehmen wir zunächst an, daß *keine Blockierung* auftritt. Wenn wir die Abstände zwischen den Fertigstellungszeitpunkten aufeinanderfolgender Werkstücke messen, dann beinhaltet ein solches Intervall die Bearbeitungszeit des Werkstücks und u. U. die Leerzeit, während der die Station auf den Materialnachschub warten mußte (Blockierung ist ja ausgeschlossen). Bezeichnen wir mit $\frac{1}{\mu_{um}}$ (u wie upstream, stromaufwärts) den mittleren zeitlichen Abstand zwischen der Fertigstellung zweier Werkstücke an der Station m (d. h. stationsbezogene Zwischenabgangszeit zwischen Werkstücken *ohne Blockierung*, aber *einschließlich des Leerzeitanteils* der Station), und bezeichnen wir die zeitpunktbezogene Wahrscheinlichkeit dafür, daß Station m leer läuft, mit Π_m^S, dann erhalten wir:

$$\frac{1}{\mu_{um}} = \frac{1}{\mu_m} + \frac{1}{\mu_{u,m-1}} \cdot \Pi_m^S \qquad m = 2, \dots, M$$

Da Station 1 immer beschäftigt ist (es tritt keine Leerzeit auf, never starved), gilt:

$$\frac{1}{\mu_{u1}} = \frac{1}{\mu_1}$$

Die Größe $\mu_{u,m-1}$ kann als *mittlere Ankunftsrate* und ihr Kehrwert $\frac{1}{\mu_{u,m-1}}$ als mittlere Zwischenankunftszeit von Werkstücken im Puffer vor der Station m aufgefaßt werden. Da wir von exponentialverteilten Bearbeitungszeiten ausgehen, können wir zur Ermittlung der zeitpunktbezogenen Wahrscheinlichkeit Π_m^S auf das $(M/M/1)$: $(GD/N_{\max}/\infty)$- bzw. $M/M/1/N_{\max}$-Warteschlangenmodell zurückgreifen. Es gilt:

$$\Pi_m^S = \begin{cases} \dfrac{1-\rho}{1-\rho^{N_{\max,m}}}, & \rho \neq 1; \\[3mm] \dfrac{1}{N_{\max,m}}, & \rho = 1. \end{cases}$$

Die Größe $N_{\max,m}$ ist die maximale Anzahl von Werkstücken an der Station m, einschließlich des Werkstücks, das gerade bearbeitet wird, und einschließlich des an der Vorgängerstation $(m-1)$ evtl. blockierten Werkstücks. Im vorliegenden Fall gilt $N_{\max,m} = 2$ $(m = 1, 2, \ldots, 4)$ (siehe hierzu auch Aufgabe A3.9). Wir können nun in einer Vorwärtsrechnung die um den Leerzeitzuschlag modifizierten Zugangsraten an den Stationen ermitteln.

Zur Bestimmung der Wahrscheinlichkeiten für das Auftreten von Materialmangel setzen wir als Bedienraten der Stationen zunächst jeweils die ursprünglichen Bearbeitungsraten μ_m ein. Da diese die Blockierung nicht erfassen, werden die tatsächlichen Bearbeitungsraten zunächst noch überschätzt. Ist aber die Bedienrate einer Station m zu hoch, dann wird die Wahrscheinlichkeit Π_m^S überschätzt. Das wiederum bedeutet, daß die Größe $\frac{1}{\mu_{um}}$ (μ_{um}) im Verlauf der weiteren Berechnungen kleiner (größer) wird.

Die jeweils verwendeten mittleren Bedienraten der Stationen bezeichnen wir im Vorgriff auf die nachfolgenden Rechnungen mit μ_{dm} (d wie downstream, stromabwärts). Wir erhalten nun folgende Zwischenergebnisse:

Iteration 1:

Vorwärtsrechnung:

Berechnung der Zugangsraten bei gegebenen Bearbeitungsraten

$m = 1$

    Station 1 ist niemals unbeschäftigt!

    Zugangsrate an Station 2: μ_{u1} (einschl. Starving-Anteil) $= 1.0000$

$m = 2$

    P{Station 2 ist leer}:

    $\Pi_2^S[\mu_{u1}, \mu_{d2}, N_{\max,2}] = \Pi_2^S[1.0000, 1.0000, 2] = 0.50000$

    Zugangsrate an Station 3: μ_{u2} (einschl. Starving-Anteil) $= 0.6667$

$m = 3$

    P{Station 3 ist leer}:

    $\Pi_3^S[\mu_{u2}, \mu_{d3}, N_{\max,3}] = \Pi_3^S[0.6667, 1.0000, 2] = 0.60000$

    Zugangsrate an Station 4: μ_{u3} (einschl. Starving-Anteil) $= 0.5263$

Jetzt nehmen wir an, daß *kein Materialmangel* auftritt. Aber es kann Blockierung an der Station m auftreten. Um diese zu erfassen, müssen wir die Station m und ihre Nachfolgerstation $m+1$ betrachten. Wir bezeichnen mit $\frac{1}{\mu_{dm}}$ den mittleren zeitlichen Abstand zwischen der Fertigstellung zweier Werkstücke an der Station m (d. h. stationsbezogene Belegungsdauer einschließlich des Blockierzeitanteils der Station). Multipliziert man diese Zeitspanne mit der zeitpunktbezogenen Wahrscheinlichkeit Π^B_{m+1} dafür, daß die Nachfolgestation voll ist und daß demzufolge die Station m blockiert wird, dann erhält man einen Blockierzeitzuschlag, der der mittleren Blockierdauer pro Werkstück entspricht und den man zu der ursprünglichen, unmodifizierten Bedienungszeit an Station m addiert. Wir können also schreiben:

$$\frac{1}{\mu_{dm}} = \frac{1}{\mu_m} + \frac{1}{\mu_{d,m+1}} \cdot \Pi^B_{m+1} \qquad m = 1, \ldots, M-1$$

Da die letzte Station M niemals blockiert sein kann, gilt:

$$\frac{1}{\mu_{dM}} = \frac{1}{\mu_M}$$

Unter der Annahme exponentialverteilter Bearbeitungszeiten beträgt die zeitpunktbezogene Blockierwahrscheinlichkeit nach dem $(M/M/1) : (GD/N_{\max}/\infty)$- bzw. $M/M/1/N_{\max}$-Warteschlangenmodell:

$$\Pi^B_m = \begin{cases} \dfrac{(1-\rho) \cdot \rho^{N_{\max,m}-1}}{1 - \rho^{N_{\max,m}}}, & \rho \neq 1; \\[3mm] \dfrac{1}{N_{\max,m}}, & \rho = 1. \end{cases}$$

Damit können wir wie folgt mit einer Rückwärtsrechnung fortfahren:

Rückwärtsrechnung:

Berechnung der Bedienraten bei gegebenen Zugangsraten

$m = 4$

  Station 4 ist niemals blockiert!

  Bedienrate der Station 4: μ_{d4} (einschl. Blocking-Anteil) $= 1.0000$

$m = 3$

  P{Station 3 wird durch Station 4 blockiert}:

  $\Pi^B_4[\mu_{u3}, \mu_{d4}, N_{\max,4}] = \Pi^B_4[0.5263, 1.0000, 2] = 0.34483$

  Bedienrate der Station 3: μ_{d3} (einschl. Blocking-Anteil) $= 0.7436$

$m = 2$

P{Station 2 wird durch Station 3 blockiert}:

$$\Pi_3^B[\mu_{u2}, \mu_{d3}, N_{\max,3}] = \Pi_3^B[0.6667, 0.7436, 2] = 0.47273$$

Bedienrate der Station 2: μ_{d2} (einschl. Blocking-Anteil) $= 0.6113$

$m = 1$

P{Station 1 wird durch Station 2 blockiert}:

$$\Pi_2^B[\mu_{u1}, \mu_{d2}, N_{\max,2}] = \Pi_2^B[1.0000, 0.6113, 2] = 0.62060$$

Bedienrate der Station 1: μ_{d1} (einschl. Blocking-Anteil) $= 0.4962$

Die Produktionsrate des Fließproduktionssystems kann bestimmt werden, indem man die *zeitraumbezogene* Wahrscheinlichkeit P_2^B dafür, daß die erste Station nicht blockiert ist und demzufolge arbeitet, mit der Bedienrate dieser Station multipliziert (siehe auch Aufgabe A3.9). Nehmen wir an, daß die Blockierung erst nach Abschluß der Bearbeitung an Station 1 beginnt („blocking after service"), dann erhalten wir als Produktionsrate der Station 1:

$$X_1 = \mu_1 \cdot [1 - P_2^B(\mu_1, \mu_{d2}, N_{\max,2})]$$

$$= 1 \cdot [1 - P_2^B(1.0000, 0.6113, 2)] = 1 \cdot (1 - 0.50376) = 0.49624$$

Andererseits kann die Produktionsrate auch durch Betrachtung der letzten Station M ermittelt werden. Station M ist niemals blockiert, leidet aber manchmal unter Materialmangel. Es gilt:

$$X_M = \mu_M \cdot [1 - P_M^S(\mu_{u,M-1}, \mu_M, N_{\max,M})]$$

$$= 1 \cdot [1 - P_M^S(0.5263, 1.0000, 2)] = 1 \cdot (1 - 0.55453) = 0.44547$$

Da in dem Fließproduktionssystem keine Werkstücke verlorengehen und keine Werkstücke hinzukommen, müssen diese beiden Produktionsraten identisch sein. Da dies derzeit noch nicht der Fall ist, führt man weitere Iterationen unter Berücksichtigung der jeweils aktualisierten μ_{dm}- und μ_{um}-Werte durch, bis die beiden Produktionsraten, X_1 und X_M, ausreichend nahe beieinander liegen. Wir wollen aus Platzgründen nur noch die Vorwärtsrechnung der zweiten Iteration angeben:

Iteration 2:

Vorwärtsrechnung:

Berechnung der Zugangsraten bei gegebenen Bearbeitungsraten

$m = 1$

    Station 1 ist niemals unbeschäftigt!

    Zugangsrate an Station 2: μ_{u1} (einschl. Starving-Anteil) $= 1.0000$

$m = 2$

    P{Station 2 ist leer}:

    $\Pi_2^S[\mu_{u1}, \mu_{d2}, N_{\max,2}] = \Pi_2^S[1.0000, 0.6113, 2] = 0.37940$

    Zugangsrate an Station 3: μ_{u2} (einschl. Starving-Anteil) $= 0.7250$

$m = 3$

    P{Station 3 ist leer}:

    $\Pi_3^S[\mu_{u2}, \mu_{d3}, N_{\max,3}] = P_3^S[0.7250, 0.7436, 2] = 0.50635$

    Zugangsrate an Station 4: μ_{u3} (einschl. Starving-Anteil) $= 0.5888$

Nach fünf Iterationen erhalten wir $X_1 = X_M = 0.48581$.

Das beschriebene Dekompositionskonzept kann auch eingesetzt werden, wenn die Bearbeitungszeiten an den Stationen nicht exponentialverteilt, sondern allgemein verteilt sind (z. B. bei Störungen). Ein geeignetes Verfahren für diesen Fall ist bei *Buzacott und Shanthikumar* (1993), Abschnitt 5.4, beschrieben. Hervorzuheben ist, daß das Completion-Time-Konzept auch dann einsetzbar ist, wenn die vorhergehende Leistungsabstimmung nicht zu einer perfekten Ausbalancierung der Arbeitsbelastungen an den Stationen geführt hat (unterschiedliche Bearbeitungszeiten der Werkstücke).

b) Der einzufügende Puffer kann alternativ vor den Stationen 2, 3 und 4 plaziert werden. Durch den Puffer wird das Fließproduktionssystem in zwei Segmente zerlegt, die möglichst gleich leistungsfähig sein sollten. Dies kann man erreichen, wenn man den Puffer vor der Station 3 plaziert. Die Produktionsrate beträgt dann 0.53376. Dies entspricht einem Anstieg von ca. 10%. Fügt man den Pufferplatz vor den Stationen 2 oder 4 ein, dann ergibt sich eine Produktionsrate von nur 0.51840.

A3.11

Einfluß der Variabilität der Bearbeitungszeiten auf die Produktionsrate

Beschreiben Sie den Einfluß der Variabilität der Bearbeitungszeiten in einem Fließproduktionssystem mit beschränkten Puffern auf die Produktionsrate des Systems.

 INFORMATIONEN, LITERATUR

Conway et al. (1988)

LÖSUNG

Je größer die zufälligen Schwankungen der Bearbeitungszeiten an den Stationen sind, umso niedriger ist c. p. die Produktionsrate des Systems. Der Produktionsratenverlust hängt dabei von der Größe der Puffer ab. Bild A.16 zeigt dies für ein lineares Fließproduktionssystem mit 5 identischen Stationen, Man erkennt, daß bei exponentialverteilten Bearbeitungszeiten an allen Stationen (alle Variationskoeffizienten = 1) und Puffergrößen von Null mehr als die Hälfte der unter deterministischen Bedingungen möglichen Produktionsmenge verlorengeht.

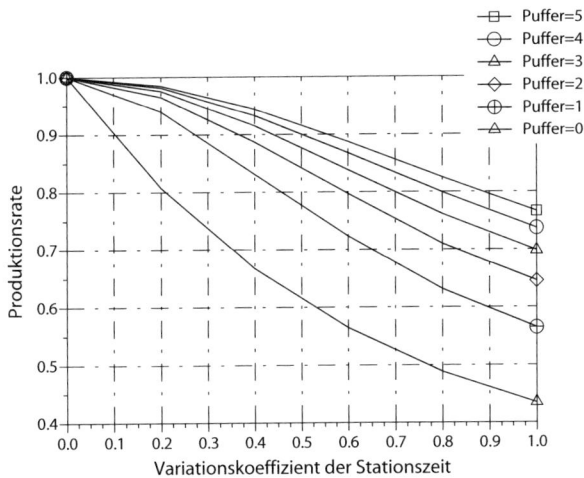

Bild A.16: Produktionsrate versus Variabilität der Bearbeitungszeiten

A3.12

Entwicklung der Auslastungsanteile in einem Fließproduktionssystem mit beschränkten Puffern

Stellen Sie die Entwicklung der Auslastungsanteile „beschäftigt", „blockiert" und "leer" für ein Fließproduktionssystem mit identischen Stationen graphisch dar.

 INFORMATIONEN, LITERATUR

Conway et al. (1988)
Tempelmeier (2003)

 LÖSUNG

In einem Fließproduktionssystem, in dem an allen Stationen sowohl die Bearbeitungszeiten identisch stochastisch verteilt als auch alle Puffer gleich groß sind (und – falls Störungen auftreten – auch alle Störparameter identisch sind), kann man beobachten, daß die Blockierungsanteile in Materialflußrichtung abnehmen, während die Leerzeitanteile („starving") an der ersten Station Null sind und in Materialflußrichtung zunehmen. Dies zeigt A.17 für ein idealtypisches Fließproduktionssystem mit 10 Stationen.

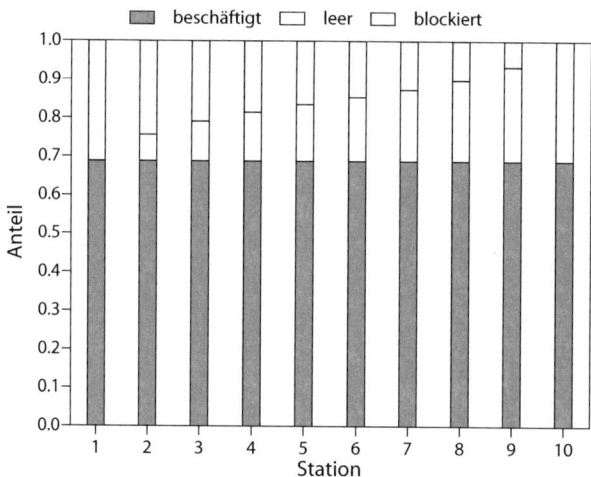

Bild A.17: Auslastungsanteile (balanciertes Fließproduktionssystem)

Es sei darauf hingewiesen, daß nur der Auslastungsanteil „beschäftigt" mit einer produktiven Nutzung der Ressourcen verbunden ist und zu Output des Fließproduktionssystems führt. Im Bild gehen somit ca. 30% der Kapazität durch Blockierung bzw. Leerzeit der Ressourcen verloren.

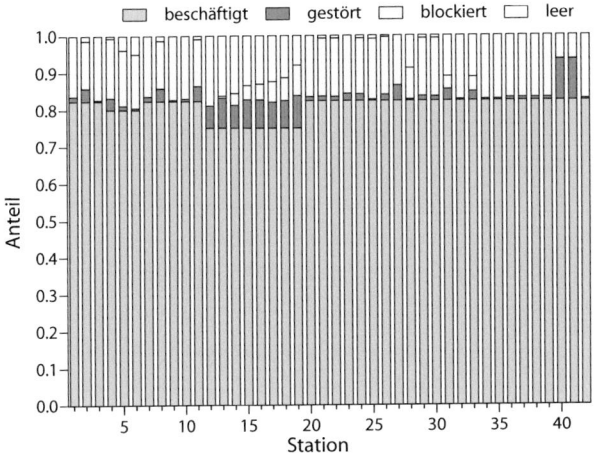

Bild A.18: Auslastungsanteile (Praxisbeispiel)

Allerdings sind solche idealtypischen, balancierten Systeme in der Praxis selten zu finden, so daß sich i. d. R. eine Verteilung der Auslastungsanteile ergibt, wie sie in Bild A.18 dargestellt ist. Die betreffenden Daten stammen von einem Fließproduktionssystem aus der Automobilindustrie.

A3.13

Arbeitsverteilung, bowl phenomenon

Betrachten Sie ein Fließproduktionssystem mit fünf Stationen. Die Gesamtbearbeitungszeit (Summe der Elementzeiten aller Arbeitselemente) beträgt fünf Zeiteinheiten. Zwischen den Stationen sind keine Puffer vorgesehen. Die Stationszeiten sind exponentialverteilt. Verwenden Sie den in der vorangegangenen Aufgabe beschriebenen Algorithmus, um für unterschiedliche Verteilungen der Arbeitsbelastung auf die Stationen das „bowl phenomenon" nachzuweisen.

 INFORMATIONEN, LITERATUR

Dallery und Gershwin (1992)

Hillier und Boling (1966)
Papadopoulos et al. (1993)

 LÖSUNG

Um das „bowl phenomenon" nachzuweisen, gehen wir zunächst von einer gleichmäßigen Verteilung der Arbeitszeit auf die Stationen aus. Dies entspricht dem Ergebnis einer perfekten Leistungsabstimmung unter deterministischen Verhältnissen. In weiteren Rechenschritten verschieben wir einzelne Arbeitselemente von den mittleren Stationen an den Rand des Fließproduktionssystems, wobei die Summe der Stationszeiten mit fünf Zeiteinheiten konstant gehalten wird. Die folgende Tabelle stellt die untersuchten Arbeitsverteilungen und die jeweils ermittelten Produktionsraten des Systems im Überblick dar.

| Stationszeit der Station | | | | | Produktionsrate |
1	2	3	4	5	X
1	1	1	1	1	0.449159
1.1	1	0.8	1	1.1	0.457145
1.2	0.9	0.8	0.9	1.2	0.461944
1.3	0.9	0.6	0.9	1.3	0.464910
1.3	0.8	0.8	0.8	1.3	0.465055

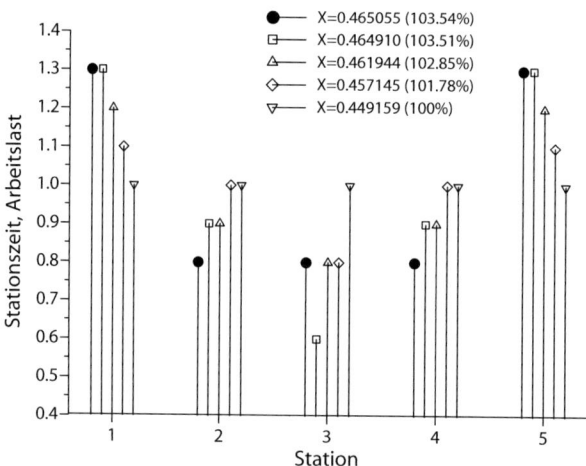

Bild A.19: Produktionsrate des Fließproduktionssystems bei unterschiedlichen Arbeitsverteilungen

Die Ergebnisse der Berechnungen sind in Bild A.19 veranschaulicht. Man erkennt deutlich, daß unter stochastischen Bedingungen ein Abweichen von der in der deterministischen Leistungsabstimmung üblicherweise angestrebten gleichmäßigen Arbeitsverteilung der Stationen vorteilhaft ist. Daraus ergibt sich die Notwendigkeit, stochastische Aspekte bereits während der Leistungsabstimmung zu berücksichtigen.

A3.14

Fließproduktion mit Störungen, maximale Produktionsrate

Bestimmen Sie die maximale Produktionsrate für ein Fließproduktionssystem mit M Stationen und jeweils identischen deterministischen Taktzeiten der Länge 1. Die Stationen unterliegen Störungen mit den Ausfallraten $p_m = \frac{1}{\text{MTTF}_m}$ und den Reparaturraten $r_m = \frac{1}{\text{MTTR}_m}$.

 INFORMATIONEN, LITERATUR

Gershwin (1994)

 LÖSUNG

Die Produktionsrate ist maximal, wenn an allen Stationen weder Blocking noch Starving auftreten. Dies kann durch sehr (unendlich) große Puffer erreicht werden. Die maximale Produktionsrate ist die Produktionsrate der langsamsten Station im FPS bzw. der Station, die die geringsten ausfallbedingten Produktionsverluste hat.

Die Verfügbarkeit einer *isolierten* Station beträgt

$$V_m = \frac{\text{MTTF}_m}{\text{MTTF}_m + \text{MTTR}_m}$$

$$= \frac{\frac{1}{p_m}}{\frac{1}{p_m} + \frac{1}{r_m}}$$

$$= \frac{1}{1 + \frac{p_m}{r_m}}$$

$$= \frac{r_m}{r_m + p_m}$$

Für den Fall, daß alle Stationen **identische Bearbeitungsraten** $\mu_m = 1$ haben, ist die maximale Produktionsrate des Systems gleich der Verfügbarkeit der langsamsten Station:

$$X_{\max} = \min_{m}\left\{\frac{r_m}{r_m + p_m}\right\}$$

Sind die **Bearbeitungsraten unterschiedlich**, dann ergibt sich als maximale Produktionsrate des Systems

$$X_{\max} = \min_{m}\left\{\mu_m \cdot \frac{r_m}{r_m + p_m}\right\}$$

A3.15

Pufferoptimierung

Welche Problemstellungen können bei der Pufferoptimierung für ein Fließproduktionssystem mit beschränkten Puffern entstehen? In welcher Beziehung stehen diese Probleme zueinander?

 INFORMATIONEN, LITERATUR

Bürger (1997)
Helber (1999)
Manitz (2005)
Papadopoulos et al. (1993)
Tempelmeier (2003)

 LÖSUNG

Bei der Pufferoptimierung können folgende Fragen entstehen:

- Wie viele Pufferplätze sollen in einem Fließproduktionssystem vorgesehen werden, damit eine angestrebte Produktionsrate erreicht wird? Dieses Problem nennt man *Primalproblem*. Bezeichnen wir mit N die Anzahl der Puffer (jeder Puffer befindet sich zwischen zwei Stationen), dann besteht das Primalproblem darin, die minimale Summe von Pufferplätzen b_n ($n = 1, 2, \ldots, N$) zu finden, bei denen eine angestrebte Mindestproduktionsrate $X_{\min}$ erreicht wird. Das Primalproblem lautet somit:

Minimiere

$$Z = \sum_{n=1}^{N} b_n$$

u. B. d. R.

$X \geq X_{\min}$

$b_n \geq 0$ und ganzzahlig $\qquad\qquad\qquad n = 1, 2, \ldots, N$

Sind die Puffer mit unterschiedlichen Kosten verbunden, dann muß die Zielfunktion entsprechend erweitert werden. Darauf soll hier aber verzichtet werden.

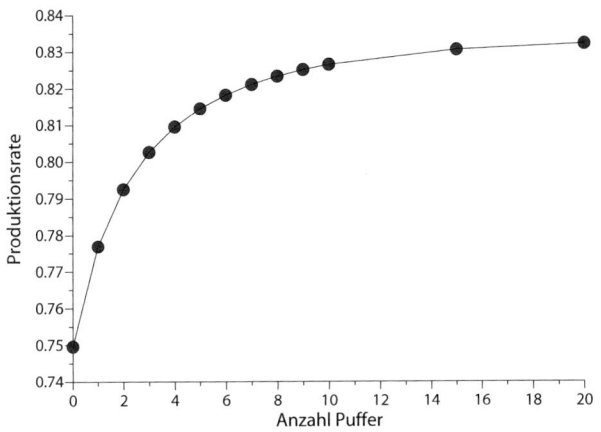

Bild A.20: Produktionsrate versus Puffergröße in einem Zwei-Stationen-System

Bei der Lösung des Primalproblems ist zu berücksichtigen, daß die Produktionsrate X eine nichtlineare Funktion der Anzahl Puffer ist. Bild A.20 zeigt dies für ein Zwei-Stationen-System mit einem Pufferbereich. In diesem Zwei-Stationen-System ist jeder Pufferanzahl eine Produktionsrate eindeutig zugeordnet. Bei mehr als zwei Stationen bzw. mehr als einem Pufferbereich tritt das Problem auf, daß man eine gegebene Gesamtanzahl von Puffern in unterschiedlicher Weise auf die Pufferbereiche verteilen kann.

Dies zeigt Bild A.21 für ein Drei-Stationen-System, d. h. für ein System mit zwei Pufferbereichen. Die Geraden stellen die idealtypischen Verteilungen einer jeweils konstanten Gesamtanzahl von Puffern auf die beiden Pufferbereiche dar. Da die Puffergrößen normalerweise ganzzahlig sind, gibt es für jede Gesamtanzahl von Puffer jeweils eine endliche Anzahl von Pufferverteilungen. Diese sind für eine Gesamtanzahl von vier Puffern durch Punkte markiert. Die Höhenlinien beschreiben die Entwicklung der Produktionsrate.

Man kann erkennen, daß die verschiedenen Pufferverteilungen zu unterschiedlich hohen Produktionsraten führen. Für die Lösung des Primalproblems interessiert aber
nur die maximale Produktionsrate, die mit einer gegebenen Gesamtanzahl von Puffern erreicht werden kann.

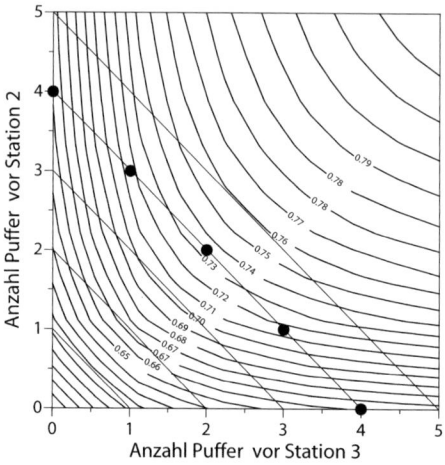

Bild A.21: Produktionsrate versus Anzahl Puffer in einem Drei-Stationen-System

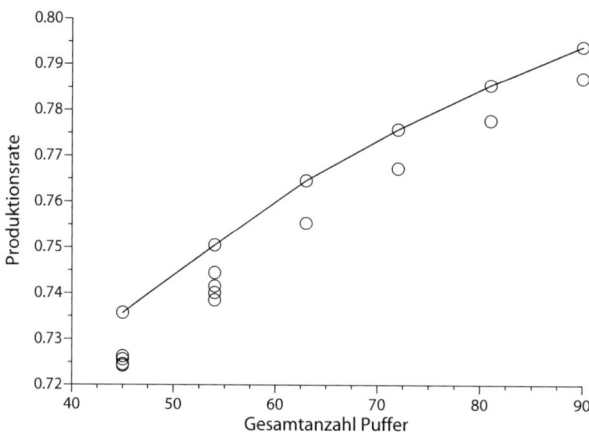

Bild A.22: Produktionsrate versus Gesamtanzahl Puffer

Bild A.22 zeigt diesen Zusammenhang für ein größeres Beispiel mit 10 Stationen.
Alle Punkte unterhalb der oberen Linie gehören zu Pufferkombinationen, die subop-
timal sind, d. h. die durch eine andere Pufferkombination mit höherer Produktions-

rate dominiert werden. In der Praxis werden oft solche nicht optimalen Pufferkombinationen gewählt, da man mit Erfahrungswissen keine Möglichkeit hat, diejenige Pufferkombination zu finden, die auf der oberen Linie liegt.

Wenn wir die Anzahl Puffer finden wollen, die mindestens für eine angestrebte Produktionsrate benötigt wird, dann müssen wir in der Lage sein, für jede gegebene Gesamtanzahl von Puffern die optimale, d. h. produktionsratenmaximale, Pufferkonfiguration zu bestimmen. Dies führt zu der folgenden Fragestellung.

- Wie sieht die optimale Verteilung einer gegebenen Anzahl von Pufferplätzen auf die Pufferbereiche aus? Dieses Problem nennt man *Dualproblem*. Es kann wie folgt formuliert werden:

Maximiere

$$Z = X(b_1, b_2, \ldots, b_N)$$

u. B. d. R.

$$\sum_{n=1}^{N} b_n = B$$

$b_n \geq 0$ und ganzzahlig $\qquad n = 1, 2, \ldots, N$

Die Größe B bezeichnet eine gegebene Gesamtanzahl von Puffern. Das Dualproblem ist ein Subproblem, das bei der Lösung des Primalproblems entsteht. Die Lösung des Dualproblems entspricht dem Auffinden eines Punktes auf der durchgezogenen Linie in Bild A.22. Die Beziehungen zwischen diesen beiden Problemtypen und die dabei auftretenden Variablen und Daten zeigt die folgende Übersicht.

	Gegeben	Gesucht
Primalproblem	Produktionsrate	Mindestanzahl Puffer
Dualproblem	Anzahl Puffer	Verteilung der Puffer

Ein Optimierungsverfahren zur Lösung des Primalproblems sucht auf der durchgezogenen Linie nach dem Punkt, der der angestrebten Produktionsrate $X_{\min}$ entspricht. Um die Punkte auf der durchgezogenen Linie zu finden, muß jeweils das Dualproblem gelöst werden.

Um die mit einer Veränderung der Pufferkonfiguration, d. h. mit einer Veränderung der Variablen im Optimierungmodell verbundene Produktionsrate zu bestimmen, muß man auf Verfahren zur Leistungsanalyse (performance evaluation) von Fließproduktionssystemen zurückgreifen.

4 Zentrenproduktion

Flexible Fertigungssysteme sollen dazu beitragen, ein variantenreiches Produktionsprogramm mit wechselnden Produktionszahlen zu bewältigen. Hochautomatisierte Produktionstechnik, umfassender Computereinsatz und automatisiertes Materialhandling sind wesentliche Kennzeichen flexibler Fertigungssysteme. Durch den engen Systemverbund stellen sich zahlreiche neue, in der konventionellen Produktion bisher unbekannte Planungsprobleme.

Verständnis- und Wiederholungsfragen

1. Aus welchen Elementen besteht ein flexibles Fertigungssystem? Wie wirken diese Elemente zusammen?

2. Wie erklären Sie sich die praktischen Schwierigkeiten, denen viele Unternehmungen bei der Einführung flexibler Fertigungssysteme ausgesetzt sind?

3. Welche Entscheidungsprobleme stellen sich bei der Konfigurierung flexibler Fertigungssysteme?

4. Welche Planungs- und Steuerungsprobleme stellen sich beim Betrieb flexibler Fertigungssysteme?

5. Kann man pauschal Aussagen über die Wirtschaftlichkeit Flexibler Fertigungssysteme treffen?

 INFORMATIONEN, LITERATUR

Tempelmeier und Kuhn (1993a)
Tempelmeier und Kuhn (1993b)

Übungsaufgaben

A4.1

Konfigurierung eines flexiblen Fertigungssystems

Ein Vertriebsingenieur, der bei einem bekannten Hersteller von flexiblen Fertigungssystemen (FFS) beschäftigt ist, erhält eine Anfrage von einer Unternehmung mit der Bitte, für ein gegebenes Produktspektrum ein Angebot für ein FFS zu unterbreiten. Die mittlere Produktionsrate des FFS soll drei Stück pro 100 Minuten betragen. Außer einem fahrerlosen Transportsystem (FTS) soll das FFS drei Maschinentypen umfassen (Spannplatz, Fräsmaschine, Waschmaschine). Jedes Werkstück durchläuft durchschnittlich acht Arbeitsgänge in dem FFS. Die aus den Arbeitsplänen abgeleiteten mittleren Ankunftshäufigkeiten p_m und die mittleren Bearbeitungszeiten b_m an den Stationen sind der folgenden Tabelle zu entnehmen:

Station m	1	2	3	4 (FTS)
b_m	9.00	12.00	6.00	0.10
p_m	0.30	0.15	0.55	1.00

a) Berechnen Sie die Leistungskenngrößen des FFS, wenn für jeden Maschinentyp nur eine Maschine vorgesehen ist, mit Hilfe des klassischen CQN-Modells. Verwenden Sie das Verfahren von Buzen zur Berechnung der Normalisierungskonstanten. Wie viele Paletten müssen in dem FFS mindestens zirkulieren, damit die gewünschte Produktionsrate erreicht wird.

b) Setzen Sie die exakte Mittelwertanalyse (mean-value analysis, MVA) zur Berechnung der Leistungskenngrößen des FFS ein.

c) Analysieren Sie das FFS mit Hilfe der statischen, engpaßorientierten Betrachtung.

 INFORMATIONEN, LITERATUR

Günther und Tempelmeier (2016)
Tempelmeier und Kuhn (1993a)
Tempelmeier und Kuhn (1993b)

 LÖSUNG

a) Zunächst werden die mittleren Arbeitsbelastungen der Stationen, $w_m = b_m \cdot p_m$ ermittelt.

Station m	1	2	3	4 (FTS)
b_m	9.00	12.00	6.00	0.10
w_m	2.70	1.80	3.30	0.10

Im Anschluß daran folgt die Berechnung der Normalisierungskonstanten:

n/m	1	2	3	4
0	1.00	1.00	1.00	1.00
1	2.70	4.50	7.80	7.90
2	7.29	15.39	41.13	41.92
3	19.68	47.39	183.11	187.31
4	53.14	138.44	742.71	761.44
5	143.49	392.68	2843.63	2919.77
6	387.42	1094.24	10478.22	10770.19

Aus der letzten Spalte der obigen Tabelle kann nun die Produktionsrate des Transportsystems (FTS) abgeleitet werden. Dies zeigt die folgende Tabelle. Bei $N = 4$ Paletten wird die angestrebte Produktionsrate des FFS erreicht. Die Produktionsrate des FFS ergibt sich durch Division der Produktionsrate des FTS durch die mittlere Anzahl von Arbeitsgängen pro Werkstück.

N	Produktionsrate des FTS	Produktionsrate des FFS
3	$\frac{41.92}{187.31} = 0.2238001$	$\frac{0.2238001}{8} = 0.0279750$
4	$\frac{187.31}{761.44} = 0.245994$	$\frac{0.245994}{8} = 0.0307493$
5	$\frac{761.44}{2919.77} = 0.260788$	$\frac{0.260788}{8} = 0.0325985$
6	$\frac{2919.77}{10770.19} = 0.271098$	$\frac{0.271098}{8} = 0.0338873$

Die stationsbezogenen Produktionsraten X_m und Auslastungen U_m betragen:

Station m	1	2	3	4 (FTS)
X_m	0.081329	0.040665	0.149104	0.271098
U_m	73.2%	48.8%	89.5%	2.7%

b) Die Ergebnisse der exakten Mittelwertanalyse (MVA) für einen Palettentyp (Universalpaletten) sind in der folgenden Tabelle zusammengefaßt, wobei n die aktuelle Anzahl Paletten, m den Stationsindex, Q_m die mittlere zeitraumbezogene Warteschlangenlänge, D_m die mittlere Durchlaufzeit, X_m die Produktionsrate und U_m die mittlere Auslastung bezeichnen:

n	m	1	2	3	4	Summe
0	$Q_m(n)$	0.00	0.00	0.00	0.00	
1	$D_m(n)$	9	12	6	0.1	7.90
	$X_m(n)$	0.037975	0.018987	0.069620	0.126582	
	$Q_m(n)$	0.342	0.228	0.418	0.013	
	$U_m(n)$	0.342	0.228	0.418	0.013	
2	$D_m(n)$	12.08	14.73	8.51	0.10	10.61
	$X_m(n)$	0.056536	0.028268	0.103650	0.188454	
	$Q_m(n)$	0.683	0.417	0.882	0.019	
	$U_m(n)$	0.509	0.339	0.622	0.019	
3	$D_m(n)$	15.14	17.00	11.29	0.10	13.40
	$X_m(n)$	0.067141	0.033571	0.123093	0.223805	
	$Q_m(n)$	1.017	0.571	1.390	0.023	
	$U_m(n)$	0.604	0.403	0.739	0.022	
4	$D_m(n)$	18.15	18.85	14.34	0.10	16.26
	$X_m(n)$	0.073796	0.036898	0.135293	0.245988	
	$Q_m(n)$	1.340	0.695	1.940	0.025	
	$U_m(n)$	0.664	0.443	0.812	0.025	
5	$D_m(n)$	21.06	20.35	17.64	0.10	19.17
	$X_m(n)$	0.078237	0.039118	0.143434	0.260789	
	$Q_m(n)$	1.647	0.796	2.530	0.027	
	$U_m(n)$	0.704	0.469	0.861	0.026	
6	$D_m(n)$	23.83	21.55	21.18	0.10	22.13
	$X_m(n)$	0.081329	0.040665	0.149104	0.271098	
	$Q_m(n)$	1.938	0.876	3.158	0.028	
	$U_m(n)$	0.732	0.488	0.895	0.027	

Hinweis: Unter der geltenden Annahme exponentialverteilter Bearbeitungszeiten ist die ereignisbezogene Warteschlangenlänge $A_m(n)$, welche für die Berechnung der mittleren Wartezeit eines an Station m ankommenden Werkstücks benötigt wird, gleich der zeitraumbezogenen Warteschlangenlänge $Q_m(n-1)$.

Die Ergebnisse stimmen mit den Ergebnissen überein, die mit Hilfe der Normalisierungskonstanten ermittelt wurden.

c) Bei der statischen, engpaßorientierten Betrachtung wird zunächst die Engpaßstation des FFS bestimmt. Dies ist die Station mit der größten Arbeitsbelastung pro Maschine, d. h. Station 3 ($w_3 = 3.3$). Die maximale Produktionsrate der Engpaßstation ist gleich der Anzahl Maschinen $S_e(= 1)$ dividiert durch die mittlere Bearbeitungszeit $b_e(= 6)$:

$$X_e = \frac{S_e}{b_e} = \frac{1}{6} = 0.166667$$

Die Produktionsraten X_m der anderen Stationen ergeben sich dann wie folgt:

$$X_m = \frac{p_m}{p_e} \cdot X_e^{\max} \qquad\qquad m = 1, 2, \ldots, M$$

Sie sind zusammen mit den Auslastungen U_m in der folgenden Tabelle wiedergegeben.

Station m	1	2	3	4 (FTS)
X_m	0.0909091	0.0454545	0.1666667	0.3030303
U_m	81.8%	54.5%	100.0%	3.0%

Es zeigt sich, daß die in der Praxis vorwiegend eingesetzte statische, engpaßorientierte Analyse die Leistung des FFS erheblich überschätzt. Dieser vermeidbare Planungsfehler kann zu einer Fehleinschätzung der Vorteilhaftigkeit einer Investition in die FFS-Technologie führen.

A4.2

Ressourcen- und Arbeitsplanoptimierung für ein flexibles Fertigungssystem

Eine Unternehmung plant die Anschaffung eines flexiblen Fertigungssystems zur Bearbeitung einer Teilefamilie. In dem FFS sollen zwei Produktarten produziert werden. Die Analyse der Produktionsprozesse hat ergeben, daß verschiedene Bearbeitungszentren (BAZ), Drehmaschinen (DREH), Fahrzeuge (FTS) und Spannplätze (SPANN) benötigt werden. Aufgrund der Flexibilität der Ressourcen wurden für jede Produktart mehrere Arbeitspläne definiert, die sich durch unterschiedliche Belastungen der Ressourcen auszeichnen. Die Arbeitsbelastungen w_{kmr} der Ressourcentypen m durch die Arbeitspläne r der Produktarten k sind in der folgenden Tabelle wiedergegeben.

k	r	SPANN	BAZ-1	BAZ-2	DREH-1	DREH-2	FTS
1	1	10	15	10		10	8
	2	10	10		10		6
2	1	5	5	6		10	8
	2	5	6	5	10		8
	3	5	4	12	8	2	10

Die mittlere Produktionsrate des FFS soll $X_{min} = 0.4$ Stück pro Minute betragen, wobei für Produktart 1 (2) ein Produktionsmengenanteil von 40% (60%) vorgesehen ist. Die Fixkosten C_m der einzelnen Ressourcentypen betragen:

SPANN	BAZ-1	BAZ-2	DREH-1	DREH-2	FTS
200	2000	1800	1300	1500	150

Die variablen Produktionskosten CO_{kr} einer Produktart k an einer Ressource sind für alle Arbeitspläne r gleich Null.

k	r	CO_{kr}
1	1	500
	2	600
2	1	400
	2	400
	3	500

a) Formulieren Sie ein Modell zur Ressourcen- und Arbeitsplanoptimierung unter der Annahme, daß die Anzahl Paletten so groß ist, daß die Engpaßstation des FFS immer zu 100% ausgelastet sein wird. Berücksichtigen Sie in der Modellformulierung auch die variablen Produktionskosten.

b) Implementieren Sie das Modell und lösen Sie das Problem mit Hilfe von AMPL oder OPL .

 INFORMATIONEN, LITERATUR

Tempelmeier und Kuhn (1993a)
Tempelmeier und Kuhn (1993b)

 LÖSUNG

a) Zur Lösung des Problems verwenden wir folgende Symbole:

Daten:

C_m Fixkosten einer Ressource (Maschine, Spannplatz, Transportwagen, etc.) an Station m

CO_{kr} variable Produktionskosten, die entstehen, wenn Produktart k nach Arbeitsplan r produziert wird

k Index der Produktarten ($k = 1, 2, \ldots, K$)

m Index der Stationen ($m = 1, 2, \ldots, M$)

r Index der Arbeitspläne ($r = 1, 2, \ldots, R$)

R_k Anzahl Arbeitspläne für Produktart k

w_{kmr} Arbeitsbelastung der Station m durch den Arbeitsplan r der Produktart k

$X_{\min}$ Mindestproduktionsrate des FFS

α_k Produktionsmengenanteil der Produktart k

Entscheidungsvariablen:

S_m Anzahl der Maschinen, Spannplätze, Transportfahrzeuge etc. an Station m

x_{kr} Produktionsmenge der Produktart k, die nach dem Arbeitsplan r produziert wird

Das Entscheidungsproblem kann wie folgt beschrieben werden:

Minimiere

$$\sum_{m=1}^{M} C_m \cdot S_m + \sum_{k=1}^{K} \sum_{r=1}^{R_k} CO_{kr} \cdot x_{kr}$$

unter den Nebenbedingungen

Kapazität einer Station:

$$\sum_{k=1}^{K} \sum_{r=1}^{R_k} x_{kr} \cdot w_{kmr} \leq S_m \qquad\qquad m = 1, 2, \ldots, M$$

Produktionsmengenanteile der Produktarten:

$$\sum_{r=1}^{R_k} x_{kr} = \alpha_k \cdot \sum_{l=1}^{K} \sum_{r=1}^{R_l} x_{lr} \qquad\qquad k = 1, 2, \ldots, K$$

Produktionsrate:

$$\sum_{k=1}^{K} \sum_{r=1}^{R_k} x_{kr} \geq X_{\min}$$

Nichtnegativität und Ganzzahligkeit:

$$x_{kr} \geq 0 \qquad\qquad k = 1, 2, \ldots, K; r = 1, 2, \ldots, R_k$$

$$S_m \geq 0 \text{ und ganzzahlig} \qquad\qquad m = 1, 2, \ldots, M$$

b)

 {AMPL,OPL}-Modell: www.produktion-und-logistik.de/SCMP-Modelle

Die optimale Anzahl von Maschinen ist in der folgenden Tabelle wiedergegeben.

SPANN	BAZ-1	BAZ-2	DREH-1	DREH-2	FTS
3	3	2	3	1	3

Aus der folgenden Tabelle der optimalen Produktionsmengen ist erkennbar, daß für die Produktart 2 nur der Arbeitsplan 1 verwendet wird, während für Produktart 1 alle Arbeitspläne mit unterschiedlichen Anteilen genutzt werden. Der minimale Zielfunktionswert beträgt 16241 Geldeinheiten.

k	r	x_{kr}
1	1	0.01
	2	0.15
2	1	0.09
	2	0.15
	3	–

A4.3

Leistungsanalyse einer Produktionsinsel

Bei einem Automobilhersteller soll eine Produktionslinie so umgestaltet werden, daß mehrere teilautonome Arbeitsgruppen (Produktionsinseln) linear hintereinander angeordnet werden. Der Systemplaner steht u. a. vor der Frage, die Anzahl der Mitglieder einer Arbeitsgruppe so festzulegen, daß die von der Gruppe geforderte Produktionsmenge in der jeweils von der Produktionsplanung vorgegebenen Zeit erreicht werden kann. Insgesamt hat eine Analyse der Arbeitsaufgaben (Montagevorgänge, Werkzeugbereitstellung, Qualitätskontrolle etc.) ca. 400 verschiedene Typen von Vorgängen ergeben, die im Verlaufe eines Tages durchzuführen sind.

Der Planer hat die Vorgänge zu $L = 5$ Aufgabenklassen zusammengefaßt und für jede Aufgabenklasse eine Bearbeitungszeitverteilung geschätzt und durch ihren Mittelwert b_l ($l = 1, \ldots, L$) und ihren Variationskoeffizienten CV_{bl} beschrieben. Da die konkreten Zeitpunkte der Ausführung der Arbeitsaufgaben von den jeweils zu produzierenden Produktvarianten abhängen, wird ein zufälliger Aufgabenanfall unterstellt. Der Planer geht zwar davon aus, daß die Abstände zwischen dem Aufgabenanfall mit den Mittelwerten $E\{A_l\}$ und den Variationskoeffizienten CV_{al} zufällig verteilt sind. Er hat aber keine konkrete Vorstellung von der Form der Verteilung. Folgende Werte bilden die Grundlage für die weiteren Überlegungen:

Aufgabenklasse l	1	2	3	4	5
Bearbeitungszeiten					
Mittelwert $E\{B_l\}$	1	2	3	2	5
Variationskoeffizient CV_{bl}	0.4	0.8	0.2	0.1	0.5
Zwischenankunftszeiten					
Mittelwert $E\{A_l\}$	4	10	2	1	2
Variationskoeffizient CV_{al}	0.8	0.5	0.1	0.6	1.0

a) Bestimmen Sie die Mindestanzahl von Werkern.

b) Entwickeln Sie ein SIMAN-Simulationsmodell der Arbeitsgruppe.

c) Welches Warteschlangenmodell kann zur Analyse der betrachteten Arbeitsgruppe eingesetzt werden? Versuchen Sie eine analytische Abschätzung des Leistungsverhaltens der Gruppe. Berechnen Sie die mittlere Auslastung, die mittlere Warteschlangenlänge und die mittlere Wartezeit einer Arbeitsaufgabe.

 INFORMATIONEN, LITERATUR

Bitran und Tirupati (1988)
Buzacott und Shanthikumar (1993)
Kelton et al. (2004)
Tempelmeier (1991)
Whitt (1983)

 LÖSUNG

a) Die Anzahl der Werker muß mindestens so groß sein, daß alle anfallenden Arbeitsaufgaben über kurz oder lang erledigt werden können. Dies ist dann gesichert, wenn die mittlere Bedienrate der Arbeitsgruppe größer ist als die mittlere Ankunftsrate von Arbeitsaufgaben. Anders ausgedrückt: die mittlere Auslastung eines Werkers muß kleiner als 1 sein. Bezeichnen wir mit U die Auslastung, mit c die Anzahl der Werker, mit λ die Ankunftsrate von Aufgaben und mit μ die Bedienrate, dann gilt:

$$U = \frac{\lambda}{\mu \cdot c} < 1$$

Das Problem besteht nun zunächst darin, die Größen λ und μ zu ermitteln, wobei zu berücksichtigen ist, daß sich die eintreffenden Arbeitsaufgaben aus mehreren ($L = 5$) Aufgabenklassen zusammensetzen. Es gilt:

$$\lambda = \sum_{l=1}^{5} \lambda_l = \frac{1}{4} + \frac{1}{10} + \frac{1}{2} + \frac{1}{1} + \frac{1}{2} = 2.35$$

Daraus ergibt sich eine mittlere Zwischenankunftszeit von $\frac{1}{2.35} = 0.4255$ Zeiteinheiten. Die mittlere Bedienungszeit einer beliebigen Arbeitsaufgabe ist der mit den Ankunftsraten gewogene Durchschnitt der aufgabengruppenspezifischen Bearbeitungszeiten:

$$E\{B\} = \frac{1}{\lambda} \cdot \sum_{l=1}^{5} \lambda_l \cdot E\{B_l\} = \frac{1}{2.35} \cdot \left(\frac{1}{4} + \frac{2}{10} + \frac{3}{2} + \frac{2}{1} + \frac{5}{2} \right) = 2.7447$$

Die Gesamtbelastung der Arbeitsgruppe beträgt somit $\frac{\lambda}{\mu} = \frac{2.35}{0.3643} = 6.45$. Daher werden mindestens sieben Werker benötigt, deren durchschnittliche Auslastung 92.14% beträgt.

b) Für die Simulation nehmen wir an, daß sowohl die Zwischenankunftszeiten als auch die Bedienungszeiten mit den angegebenen Mittelwerten und Variationskoeffizienten Gamma-verteilt sind, da mit dieser Verteilung ein weites Spektrum von Verteilungsformen dargestellt werden kann. Für jede Aufgabenklasse wird ein separater Auftragsstrom erzeugt. Die Verteilungsparameter werden im experimentellen Rahmen des Simulationsmodells festgelegt.

Modelldefinition:

```
BEGIN;
            CREATE:ED(1):MARK(A_Ankunft);        Aufgabenklasse 1
            ASSIGN:A_Typ=6:NEXT(EIN);
            CREATE:ED(2):MARK(A_Ankunft);        Aufgabenklasse 2
            ASSIGN:A_Typ=7:NEXT(EIN);
            CREATE:ED(3):MARK(A_Ankunft);        Aufgabenklasse 3
            ASSIGN:A_Typ=8:NEXT(EIN);
            CREATE:ED(4):MARK(A_Ankunft);        Aufgabenklasse 4
            ASSIGN:A_Typ=9:NEXT(EIN);
            CREATE:ED(5):MARK(A_Ankunft);        Aufgabenklasse 5
            ASSIGN:A_Typ=10:NEXT(EIN);
EIN         TALLY:ZwiAnkZeit,BET(1);             Zwischenankunftszeit erfassen
            QUEUE,QWART;
            SEIZE:GRUPPE,1;
            TALLY:WarteZeit,INT(A_Ankunft);       Wartezeit erfassen
```

```
        DELAY:ED(A_Typ):MARK(A_Ankunft);
        TALLY:BedienZeit,INT(A_Ankunft);    Bedienungszeit erfassen
        RELEASE:GRUPPE,1;
        TALLY:ZwiAbZeit,BET(2):DISPOSE;    Zwischenabgangszeit erfassen
END;
```

Experimenteller Rahmen:

```
BEGIN;
PROJECT,GRUPPE,HT;
RESOURCES:GRUPPE,7;
QUEUES:QWART;
ATTRIBUTES:A_Ankunft:A_Typ;
DSTATS:1,NR(1)/MR(1):
       2,NQ(QWART);
TALLIES:WarteZeit:ZwiAnkZeit:ZwiAbZeit:BedienZeit;
VARIABLES:EA(5),     4,   10,    2,    1,     2:      ! Ankunftsprozeß
          CVA(5),  0.8,  0.5,  0.1,  0.6,   1.0:
          EB(5),     1,    2,    3,    2,     5:      ! Bedienungsprozeß
          CVB(5),  0.4,  0.8,  0.2,  0.1,   0.5;
DISTRIBUTIONS:
! Verteilungen der Zwischenankunftszeiten
               1,GAMMA(CVA(1)**2*EA(1),1/CVA(1)**2,1):
               2,GAMMA(CVA(2)**2*EA(2),1/CVA(2)**2,1):
               3,GAMMA(CVA(3)**2*EA(3),1/CVA(3)**2,1):
               4,GAMMA(CVA(4)**2*EA(4),1/CVA(4)**2,1):
               5,GAMMA(CVA(5)**2*EA(5),1/CVA(5)**2,1):
! Verteilungen der Bearbeitungszeiten
               6,GAMMA(CVB(1)**2*EB(1),1/CVB(1)**2,2):
               7,GAMMA(CVB(2)**2*EB(2),1/CVB(2)**2,2):
               8,GAMMA(CVB(3)**2*EB(3),1/CVB(3)**2,2):
               9,GAMMA(CVB(4)**2*EB(4),1/CVB(4)**2,2):
              10,GAMMA(CVB(5)**2*EB(5),1/CVB(5)**2,2);
REPLICATE,10,0,10000;
END;
```

Simulationsergebnisse (Mittelwerte für 10 Läufe à 10000 Zeiteinheiten):

Identifier	Average	Variation	Minimum	Maximum	Observations
WarteZeit	1.75149	1.31811	0.00000	15.04740	23550
ZwiAnkZeit	0.42458	0.82561	0.00000	2.28946	23552
ZwiAbZeit	0.42472	0.84788	0.00000	2.99702	23542
BedienZeit	2.74145	0.65297	0.10367	20.45350	23543

Identifier	Average	Variation	Minimum	Maximum
NR(1)/MR(1)	0.92222	0.16259	0.00000	1.00000
NQ(QWART)	4.12642	1.35734	0.00000	36.40000

Die folgende Tabelle stellt einige errechnete Größen den während der Simulation ermittelten Werten gegenüber.

	errechnet	Simulationsergebnis
Zwischenankunftszeit $E\{A\}$	0.4255	0.42458
Bedienungszeit $E\{B\}$	2.7447	2.74145
Auslastung	92.14%	92.22%

c) Da sowohl die Zwischenankunftszeiten als auch die Bedienungszeiten allgemein verteilt sind, eignet sich das $GI/G/c$-Warteschlangenmodell zur Berechnung der interessierenden Kenngrößen. Grundlage der Berechnungen bilden die Mittelwerte und die quadrierten Variationskoeffizienten der Zwischenankunftszeiten und der Bedienungszeiten. Diese Größen müssen aus den auf die Aufgabenklassen bezogenen Angaben ermittelt werden. Die Mittelwerte haben wir bereits unter a) berechnet.

Der quadrierte Variationskoeffizient der Bearbeitungszeit der Aufgabengruppe l ist wie folgt als Quotient aus der Varianz und dem quadrierten Mittelwert der Bearbeitungszeit definiert:

$$CV_{bl}^2 = \frac{\mathrm{Var}\{B_l\}}{E^2\{B_l\}} = \frac{E\{B_l^2\} - E^2\{B_l\}}{E^2\{B_l\}}$$

Lösen wir diese Gleichung nach $E\{B_l^2\}$ auf, dann erhalten wir:

$$E\{B_l^2\} = E^2\{B_l\} \cdot (CV_{bl}^2 + 1)$$

wobei die Größen CV_{bl}^2 als Daten gegeben sind. Für das betrachtete Beispiel ergibt sich:

$$E\{B^2\} = \frac{1}{\lambda} \cdot \sum_{l=1}^{5} \lambda_l \cdot E\{B_l^2\}$$

$$= \frac{1}{2.35} \cdot \left[\frac{1}{4} \cdot 1^2 \cdot (0.4^2 + 1) + \frac{1}{10} \cdot 2^2 \cdot (0.8^2 + 1) + \frac{1}{2} \cdot 3^2 \cdot (0.2^2 + 1) \right.$$

$$\left. + \frac{1}{1} \cdot 2^2 \cdot (0.1^2 + 1) + \frac{1}{2} \cdot 5^2 \cdot (0.5^2 + 1) \right]$$

$$= 10.7621$$

Damit ergibt sich der quadrierte Variationskoeffizient der Bearbeitungszeit einer beliebigen Arbeitsaufgabe wie folgt:

$$CV_b^2 = \frac{E\{B^2\} - E^2\{B\}}{E^2\{B\}} = \frac{10.7621 - 2.7447^2}{2.7447^2} = 0.4286$$

Das Quadrat des während der Simulation ermittelten Variationskoeffizienten der Bedienungszeit (Spalte „Variation") beträgt $0.65297^2 = 0.4264$.

Der quadrierte Variationskoeffizient der Zwischenankunftszeit kann grob wie folgt angenähert werden:

$$
\begin{aligned}
CV_a^2 &= \frac{1}{\lambda} \cdot \sum_{l=1}^{5} \lambda_l \cdot CV_{al}^2 \\
&= \frac{1}{2.35} \cdot \left(\frac{1}{4} \cdot 0.8^2 + \frac{1}{10} \cdot 0.5^2 + \frac{1}{2} \cdot 0.1^2 + \frac{1}{1} \cdot 0.6^2 + \frac{1}{2} \cdot 1.0^2 \right) \\
&= 0.4468
\end{aligned}
$$

In der Simulation ergab sich ein Wert von $0.82561^2 = 0.6816$. Mit den derart berechneten Größen kann dann die mittlere Warteschlangenlänge und die mittlere Durchlaufzeit einer Arbeitsaufgabe mit Hilfe des $GI/G/c$-Warteschlangenmodells bestimmt werden. Da hierfür – anders als z. B. für das $M/M/1$-Warteschlangenmodell – keine exakten Verfahren zur Verfügung stehen, sind verschiedene Approximationsverfahren vorgeschlagen worden. Ein sehr einfaches Verfahren zur Approximation der Wartezeit schlägt Whitt vor. Dabei wird zunächst die mittlere Wartezeit $E\{W_q\}$ für ein $M/M/c$-Warteschlangensystem exakt berechnet und dann mit dem Durchschnitt der beiden quadrierten Variationskoeffizienten multipliziert:

$$
E\{W_q(CV_a^2, CV_b^2, c)\}_{(GI/G/c)} = \frac{CV_a^2 + CV_b^2}{2} \cdot E\{W_q\}_{(M/M/c)}
$$

Folgt man diesem Vorschlag, dann erhält man im betrachteten Fall:

$$
E\{W_q(\lambda = 2.35, \mu = \frac{1}{2.7447}, c = 7)\}_{(M/M/c)} = 3.8805
$$

$$
\begin{aligned}
&E\{W_q(CV_a^2 = 0.4468, CV_b^2 = 0.4286, c = 7)\}_{(GI/G/c)} \\
&= \frac{0.4468 + 0.4286}{2} \cdot 3.8805 = 1.70
\end{aligned}
$$

Die mittlere Warteschlangenlänge beträgt

$$
E\{L_q\} = \lambda \cdot E\{W_q\} = 2.35 \cdot 1.70 = 4.00
$$

In der Simulation ergab sich ein mittlerer Wert von 4.12. Der mittlere Aufgabenbestand in der Produktionsinsel ist dann

$$
E\{L_s\} = E\{L_q\} + \rho \cdot c = 4.00 + 0.9214 \cdot 7 = 10.45
$$

Vergleicht man die analytisch ermittelten Werte mit den Simulationsergebnissen, dann stellt man fest, daß der quadrierte Variationskoeffizient der Zwischenankunftszeiten nur sehr grob approximiert worden ist. Hier sind weitere Verbesserungen wünschenswert. Die geschätzten Werte für die Wartezeit und die Warteschlangenlänge sind dennoch recht gut.

Anmerkung: Da angenommen wird, daß die Zwischenankunftszeiten der einzelnen Auftragsklassen nicht exponentialverteilt sind, ist der aggregierte Ankunftsprozeß kein Poissonprozeß, sondern die Superposition mehrerer Erneuerungsprozesse. Eine solche Superposition mehrerer unabhängiger Ankunftsprozesse konvergiert mit steigender Anzahl zu einem Poissonprozeß. Bei Vergrößerung der Anzahl unterschiedlicher Aufgabenklassen ist daher zu erwarten, daß die im Beispiel unbefriedigende Abschätzung des Variationskoeffizienten der Zwischenankunftszeiten genauer wird.

A4.4

Konfigurierung von Produktionsinseln, Sortierverfahren

Eine Produktionsinsel entsteht durch die räumliche Zusammenfassung von Arbeitssystemen unterschiedlicher Funktionen, die zur Produktion verwandter Erzeugnisse benötigt werden. Der Einrichtung von Produktionsinseln geht die Identifizierung von Erzeugnisfamilien aufgrund ihrer Produktionsähnlichkeit sowie die Bildung von Maschinengruppen (Ressourcengruppierung) voraus. Das Problem der Erzeugnisfamilienbildung und Ressourcengruppierung besteht vor allem darin, möglichst „ähnliche" Erzeugnisse so zu Gruppen zusammenzufassen, daß sie weitgehend komplett durch eine Produktionsinsel bearbeitet werden können.

Die Untersuchung der Arbeitspläne für sechs Erzeugnisse hat folgende Maschinen-Erzeugnis-Matrix ergeben.

Maschinen-	Erzeugnisart					
typ	E1	E2	E3	E4	E5	E6
M1	–	1	–	1	–	–
M2	1	–	1	–	1	1
M3	–	1	1	1	–	1
M4	1	–	–	–	1	1
M5	–	–	–	1	1	–

a) Welche Vorteile verspricht man sich vom Organisationsprinzip der Inselproduktion?

b) Bilden Sie Erzeugnisfamilien und Maschinengruppen durch Sortierung der Zeilen und Spalten der Maschinen-Erzeugnis-Matrix.

 INFORMATIONEN, LITERATUR

Askin und Standridge (1993)
Günther und Tempelmeier (2016)

 LÖSUNG

a) Als mögliche Vorteile der Inselproduktion sind zu nennen:

- kurze Transportwege und -zeiten, geringer Transportkapazitätsbedarf, da die meisten Transporte innerhalb einer Insel stattfinden;

- durch hohe Fertigungsverwandtschaft der Erzeugnisse geringe Umrüstzeiten;

- niedrige Losgrößen, geringe Lagerbestände, kurze Durchlaufzeiten;

- hohe Flexibilität der Anpassung an kurzfristige Änderungen der Produktionsaufgaben;

- einfache Produktionssteuerung aufgrund hoher Übersichtlichkeit des Produktionsgeschehens;

- Identifizierung der Mitarbeiter mit „ihren" Produkten, dadurch höhere Produktionsqualität;

- geringes Investitionsvolumen, da mit bestehender konventioneller Technologie realisierbar.

b) Durch geeignete Sortierung der Zeilen und Spalten der Maschinen/Erzeugnis-Matrix versucht man, eine möglichst perfekte Blockdiagonalstruktur der Matrix zu erreichen. Dazu interpretiert man die einzelnen Zeilen der Matrix als Binärzahlen (z. B. für M1: $010100_2 = 20_{10}$) und sortiert sie in absteigender Reihenfolge. Das Ergebnis ist in der folgenden Tabelle dargestellt.

Maschinen-	Erzeugnisart						
typ	E1	E2	E3	E4	E5	E6	Wert
M2	1	–	1	–	1	1	43
M4	1	–	–	–	1	1	35
M3	–	1	1	1	–	1	29
M1	–	1	–	1	–	–	20
M5	–	–	–	1	1	–	6

Nun interpretiert man die Spalten als Binärzahlen (z. B. für E1: $11000_2 = 24_{10}$) und sortiert sie ebenfalls in absteigender Reihenfolge. Als Ergebnis erhält man die folgende Tabelle.

Maschinen-	Erzeugnisart					
typ	E6	E5	E1	E3	E4	E2
M2	1	1	1	1	–	–
M4	1	1	1	–	–	–
M3	1	–	–	1	1	1
M1	–	–	–	–	1	1
M5	–	1	–	–	1	–
Wert	28	25	24	20	7	6

Im vorliegenden Fall läßt sich aus der sortierten Maschinen/Erzeugnis-Matrix kein eindeutiges Ergebnis ablesen. Die angestrebte idealtypische Blockdiagonalstruktur wird hier verfehlt. Man könnte beispielsweise die Maschinen zu den Gruppen {2, 4} und {3, 1, 5} zusammenfassen. Ebenso ließen sich die Maschinengruppen {2, 4, 3} und {1, 5} bilden. In beiden Fällen können jedoch jeweils nur drei Erzeugnisse innerhalb einer Produktionsinsel komplett bearbeitet werden. Für die übrigen Erzeugnisse wäre die Bearbeitung in beiden Produktionsinseln erforderlich. Falls ein Maschinentyp mehrfach vorhanden ist, können die einzelnen Maschinen auch auf mehrere Produktionsinseln verteilt werden, um so die Komplettbearbeitung weiterer Erzeugnisse zu ermöglichen. In manchen Fällen läßt sich eine Komplettbearbeitung innerhalb einer einzigen Maschinengruppe auch dadurch erreichen, daß man für bestimmte Arbeitsgänge auf eine bereits der Maschinengruppe zugeordnete Maschine ausweicht, sofern dies technisch möglich ist.

A4.5

Konfigurierung von Produktionsinseln, Verfahren von Askin und Standridge

In einem Produktionssegment werden sieben Erzeugnisse auf insgesamt sechs Maschinentypen bearbeitet. Aus den jeweiligen Arbeitsplänen kann entnommen werden, auf welchen Maschinen ein Erzeugnis bearbeitet werden muß und welche Rüst- bzw. Stückbearbeitungszeiten jeweils anfallen. Aufgrund des durchschnittlichen Periodenbedarfs kann somit ermittelt werden, welcher Anteil der Periodenkapazität einer Maschine jeweils für die Bearbeitung eines Erzeugnisses benötigt wird. Die mittleren Arbeitsbelastungen der Maschinentypen durch die Erzeugnisse sind in der folgenden Tabelle zusammengestellt.

Maschinen-	Erzeugnisart							
typ	E1	E2	E3	E4	E5	E6	E7	Summe
M1	0.3	–	–	–	0.6	–	–	0.9
M2	–	0.3	–	0.3	–	–	0.1	0.7
M3	0.4	–	–	0.5	–	0.3	–	1.2
M4	0.2	–	0.4	–	0.3	–	0.5	1.4
M5	–	0.4	–	–	–	0.5	–	0.9
M6	–	0.2	0.3	0.4	–	–	0.2	1.1

Man entnimmt aus der Summenspalte der obigen Tabelle, daß von den Maschinentypen M3, M4 und M6 mindestens je zwei Einzelmaschinen benötigt werden, während von den übrigen Maschinentypen möglicherweise jeweils nur eine einzelne Maschine ausreicht. Es soll angenommen werden, daß höchstens vier Maschinen zu einer Gruppe zusammengefaßt werden dürfen und daß höchstens je eine Maschine eines bestimmten Typs in einer Gruppe enthalten sein darf.

a) Bilden Sie Erzeugnisfamilien und Maschinengruppen mit Hilfe des Verfahrens von Askin und Standridge.

b) Formulieren Sie das zugrundeliegende Zuordnungsproblem als lineares Optimierungsmodell. Die Zielsetzung besteht darin, bei einer vorgegebenen Anzahl von Maschinengruppen die Gesamtzahl der benötigten Einzelmaschinen zu minimieren.

c) Lösen Sie das Optimierungsmodell für die angegebenen Daten mit Hilfe von AMPL oder OPL .

INFORMATIONEN, LITERATUR

Askin und Standridge (1993), Kap. 6.4.3

 LÖSUNG

a) Askin und Standridge beschreiben eine einfache Erweiterung der Gruppenbildung mit Hilfe der binären Sortierung. Ihr Verfahren berücksichtigt gegenüber der einfachen binären Sortierung die folgenden Gesichtspunkte:

- jedes Erzeugnis wird innerhalb einer Maschinengruppe (bzw. Produktionsinsel) komplett bearbeitet;

- die Kapazitätsgrenzen der einzelnen Maschinen werden beachtet, d. h. die Belastung einer Maschine darf nicht größer als 1 sein;

- jede Maschinengruppe nimmt nur eine vorgegebene Anzahl von Maschinen eines Typs auf (im betrachteten Beispiel nur eine einzige Maschine eines Typs);

- die maximale Anzahl von Maschinen innerhalb einer Gruppe ist vorgegeben.

- Ziel ist die Minimierung der Gesamtanzahl von Maschinen

Im ersten Schritt des Verfahrens wird die Maschinen/Erzeugnis-Matrix nach dem in Aufgabe A4.4 beschriebenen Verfahren sortiert, wobei jeder positive Eintrag in der Kapazitätsbedarfsmatrix (siehe Aufgabenstellung) als eine „1" interpretiert wird. Als Ergebnis erhält man die folgende sortierte Maschinen/Erzeugnis-Matrix:

Maschinen-typ	Erzeugnisart						
	E1	E5	E7	E3	E4	E6	E2
M4	0.2	0.3	0.5	0.4	–	–	–
M3	0.4	–	–	–	0.5	0.3	–
M1	0.3	0.6	–	–	–	–	–
M6	–	–	0.2	0.3	0.4	–	0.2
M2	–	–	0.1	–	0.3	–	0.3
M5	–	–	–	–	–	0.5	0.4

Anschließend werden aufgrund der erhaltenen Sortierfolge die Erzeugnisse nach und nach einer Maschinengruppe zugeordnet. Dabei werden gleichzeitig die jeweils benötigten Maschinen in die Maschinengruppe aufgenommen.

Iteration	gewähltes Erzeugnis	Maschinengruppe	zugeordnete Maschinen	Restkapazität
1	E1	1	M4, M3, M1	M4(0.8), M3(0.6), M1(0.7)
2	E5	1	–	M4(0.5), M3(0.6), M1(0.1)
3	E7	2	M4, M6, M2	M4(0.5), M6(0.8), M2(0.9)
4	E3	2	–	M4(0.1), M6(0.5), M2(0.9)
5	E4	2	M3	M4(0.1), M6(0.1), M2(0.6), M3(0.5)
6	E6	3	M3, M5	M3(0.7), M5(0.5)
7	E2	3	M6, M2	M3(0.7), M5(0.1), M6(0.8), M2(0.7)

Dann werden weitere Erzeugnisse in die Maschinengruppe aufgenommen, bis entweder die Kapazitätsgrenze einer Maschine oder die Höchstanzahl von Maschinen in der Maschinengruppe erreicht ist.

In der obigen Tabelle sind die einzelnen Iterationen des Verfahrens zusammengefaßt. In der ersten Iteration beginnt man mit dem in der Sortierfolge an erster Stelle stehenden Erzeugnis E1, eröffnet die erste Maschinengruppe und ordnet ihr die benötigten Maschinen M4, M3 und M1 zu. Die Restkapazität der einzelnen Maschinen ist jeweils in der rechten Randspalte der obigen Tabelle vermerkt. Das Erzeugnis E5 läßt sich mit den drei zugeordneten Maschinen noch innerhalb der verbleibenden Restkapazität bearbeiten. Das nächste Erzeugnis E7 könnte zwar noch innerhalb der verbleibenden Kapazität der Maschine M4 bearbeitet werden. Jedoch wäre mit den beiden weiterhin benötigten Maschinen M6 und M2 die Höchstanzahl von vier Maschinen je Gruppe überschritten. Daher wird in Iteration 3 die zweite Maschinengruppe eröffnet. Dieser Maschinengruppe werden in den nächsten beiden Iterationen die Erzeugnisse E3 und E4 sowie die Maschine M3 zugeordnet. Da nun wieder die Höchstanzahl von vier Maschinen je Gruppe erreicht ist und die verbleibenden Erzeugnisse weitere Maschinen erfordern, muß in Iteration 6 die dritte Maschinengruppe eröffnet werden. Dieser Gruppe werden die Erzeugnisse E6 und E2 sowie die Maschinen M3, M5, M6 und M2 zugeordnet.

Insgesamt werden jeweils eine Maschine des Typs M1 und M5, zwei Maschinen des Typs M2, M4 und M6 sowie drei Maschinen des Typs M3 benötigt. Ein gewisser Nachteil des Verfahrens von Askin und Standridge besteht darin, daß u. U. mehr Maschinen als unbedingt erforderlich eingesetzt werden. Aus dem Vergleich der erhaltenen Ergebnisse mit der theoretischen Mindestanzahl an Maschinen kann geschlossen werden, daß allenfalls je eine Maschine des Typs M3 und M2 eingespart werden könnte, falls es gelingt, mit einer derartig reduzierten Maschinenzahl eine zulässige Konfiguration zu finden.

b) Aus der in der Aufgabenstellung angegebenen Kapazitätsbedarfstabelle kann entnommen werden, daß insgesamt mindestens neun Maschinen erforderlich sind. Da jede Maschinengruppe auf höchstens vier Einzelmaschinen begrenzt ist, sind in jedem Falle drei Maschinengruppen einzurichten. Wir nehmen an, daß jede Maschinengruppe nur eine einzige Maschine eines Typs enthalten darf.

Zur Formulierung des Optimierungsmodells verwenden wir die folgende Notation:

Daten:

a_{jk} Kapazitätsbedarf von Erzeugnisart j bezüglich Maschinentyp k

$i \in \mathcal{I}$ Maschinengruppen bzw. Produktionsinseln

$j \in \mathcal{J}$ Erzeugnisarten

$k \in \mathcal{K}$ Maschinentypen

M Höchstanzahl von Maschinen je Maschinengruppe

Entscheidungsvariablen:

$$x_{ij} = \begin{cases} 1 & \text{falls Erzeugnisart } j \text{ der Maschinengruppe } i \text{ zugeordnet wird,} \\ 0 & \text{sonst.} \end{cases}$$

$$y_{ik} = \begin{cases} 1 & \text{falls eine Maschine des Typs } k \text{ der Maschinengruppe } i \text{ zugeordnet wird,} \\ 0 & \text{sonst.} \end{cases}$$

Das Modell lautet:

Minimiere

$$\sum_{i \in \mathcal{I}} \sum_{k \in \mathcal{K}} y_{ik}$$

unter den Nebenbedingungen

$$\sum_{i \in \mathcal{I}} x_{ij} = 1 \qquad\qquad\qquad j \in \mathcal{J}$$

$$\sum_{j \in \mathcal{J}} a_{jk} \cdot x_{ij} \leq y_{ik} \qquad\qquad i \in \mathcal{I}, k \in \mathcal{K}$$

$$\sum_{k \in \mathcal{K}} y_{ik} \leq M \qquad\qquad\qquad i \in \mathcal{I}$$

$$x_{ij} \in \{0, 1\} \qquad\qquad\qquad i \in \mathcal{I}, j \in \mathcal{J}$$

$$y_{ik} \in \{0, 1\} \qquad\qquad\qquad i \in \mathcal{I}, k \in \mathcal{K}$$

c)

 {AMPL,OPL}-Modell: www.produktion-und-logistik.de/SCMP-Modelle

Für die betrachteten Daten erhält man die folgende optimale Lösung:

Maschinen-gruppe	Erzeug-nisse	Maschinen	Restkapazität
1	E2, E4, E6	M2, M3, M5, M6	M2(0.4), M3(0.2), M5(0.1), M6(0.4)
2	E1, E5	M1, M3, M4	M1(0.1), M3(0.6), M4(0.5)
3	E3, E7	M2, M4, M6	M2(0.9), M4(0.1), M6(0.5)

Die optimale Konfiguration enthält 10 Maschinen, während die Heuristik von Askin und Standridge auf eine Lösung mit 11 Maschinen führte.

A4.6

Vergleich zwischen Werkstattproduktion und Inselproduktion unter stochastischen Bedingungen

Ein Unternehmen der metallverarbeitenden Industrie stellt eine große Anzahl unterschiedlicher Produkte mit stark schwankenden zeitlichen Bearbeitungsanforderungen in zwei Werkstätten her. Jede Werkstatt enthält vier identische Maschinen. Die Produktion vollzieht sich grob in zwei Schritten.

Der erste Bearbeitungsschritt eines Produktionsauftrags geschieht in der Werkstatt A. Im Anschluß daran wird der Auftrag zur Werkstatt B transportiert und dort abschließend bearbeitet.

Der Produktionsleiter hat an einem „Lean Production"-Managementseminar teilgenommen und dort gelernt, daß mit der Umstellung auf Inselproduktion eine Reduktion der Durchlaufzeiten und der Lagerbestände erreicht werden kann. Er fragt sich, welche Bestandsreduktion er erzielen kann, wenn er seine beiden Werkstätten durch vier Produktionsinseln ersetzt, die jeweils eine Maschine des Typs A und eine Maschine des Typs B enthalten. Für eine erste Überschlagsrechnung geht er davon aus, daß die Produktionsaufträge in der Werkstatt A mit exponentialverteilten Zwischenankunftszeiten mit dem Mittelwert $\frac{1}{\lambda} = \frac{1}{32}$ eintreffen. Die Bearbeitungszeiten nimmt er ebenfalls als exponentialverteilt mit dem Mittelwert $\frac{1}{\mu} = \frac{1}{10}$ an. Die Transportzeit zwischen der Werkstatt A und der Werkstatt B soll derministisch $\ell = 1$ betragen. Zunächst soll davon ausgegangen werden, daß diese Zeit auch innerhalb einer Produktionsinsel (für den Transfer von Maschine A zur Maschine B) benötigt wird. Die Zuordnung der Produkte auf die Produktionsinseln soll in der Weise geschehen, daß die Ankunftsrate von Aufträgen an einer Produktionsinsel $\frac{\lambda}{4} = 8$ beträgt.

a) Analysieren Sie beide Systemvarianten mit Hilfe geeigneter Warteschlangenmodelle. Bestimmen Sie die Höhe der Lagerbestände.

b) Wie weit muß die Transportzeit zwischen den Maschinen in jeder Produktionsinsel sinken, damit die Umstellung auf Inselproduktion im Hinblick auf die Durchlaufzeiten vorteilhaft ist?

 INFORMATIONEN, LITERATUR

Helber und Kuhn (2004)
Taha (2003)

 LÖSUNG

a) Die Werkstattproduktion kann mit Hilfe zweier hintereinandergeschalteter $M/M/c$-Warteschlangensysteme modelliert werden (siehe Bild A.23), wobei in der Werkstatt A Aufträge mit der Ankunftsrate $\lambda = 32$ eintreffen und nach der Bearbeitung mit derselben Rate an die Werkstatt B weitergeleitet werden.

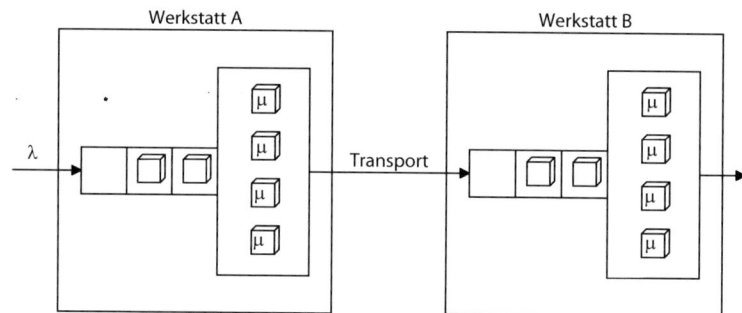

Bild A.23: Werkstattproduktion

Die Produktionsinseln dagegen können durch vier unabhängige Warteschlangennetzwerke mit den Ankunftsrate $\lambda = \frac{32}{4} = 8$ abgebildet werden, die sich jeweils aus zwei hintereinandergeschalteten $M/M/1$-Warteschlangensystemen zusammensetzen (siehe Bild A.24).

Für beide Modellvarianten gilt die von Jackson (vgl. *Jackson* (1957)) formulierte „Produktformeigenschaft", was zur Folge hat, daß man die Warteschlangennetzwerke durch die unabhängige Auswertung der jeweiligen einstufigen $M/M/1$- bzw. $M/M/c$-Warteschlangensysteme exakt analysieren kann. Aus der Literatur (vgl. *Taha* (2003)) kann man folgende Leistungskenngrößen entnehmen:

- *Mittlere Auslastung einer Maschine*:

  Werkstattproduktion   Inselproduktion

  $$U = \frac{\lambda}{c \cdot \mu}$$ $$U = \rho = \frac{\lambda}{\mu}$$

- *Mittlere Wartezeit eines Produktionsauftrags*:

  Werkstattproduktion   Inselproduktion

  $$W_q = \frac{\left(\frac{\lambda}{\mu}\right)^c}{(c-1)! \cdot \left(c - \frac{\lambda}{\mu}\right)^2 \cdot \mu} \cdot p_0 \qquad W_q = \frac{\lambda}{\mu \cdot (\mu - \lambda)}$$

  $$p_0 = \left[\sum_{n=0}^{c-1} \frac{\left(\frac{\lambda}{\mu}\right)^n}{n!} + \frac{\left(\frac{\lambda}{\mu}\right)^c}{c! \cdot \left(1 - \frac{\frac{\lambda}{\mu}}{c}\right)}\right]^{-1}$$

- *Mittlerer Bestand an Produktionsaufträgen vor den Maschinen*:

  Werkstattproduktion   Inselproduktion

  $$L_q = \frac{\left(\frac{\lambda}{\mu}\right)^{c+1}}{(c-1)! \cdot \left(c - \frac{\lambda}{\mu}\right)^2} \cdot p_0 \qquad L_q = \frac{\lambda^2}{\mu \cdot (\mu - \lambda)}$$

- *Mittlere Durchlaufzeit eines Produktionsauftrags*:

  Werkstattproduktion   Inselproduktion

  $$\text{DLZ} = 2 \cdot \left(\frac{1}{\mu} + W_q\right) + \ell \qquad \text{DLZ} = 2 \cdot \left(\frac{1}{\mu} + W_q\right) + \ell$$

Für das Beispiel erhält man folgende Ergebnisse:

Werkstattproduktion	Inselproduktion

Auslastung:

$$U = \frac{\lambda}{4 \cdot \mu_{\mathrm{WP}}} = \frac{32}{40} = 0.8 \qquad\qquad U = \frac{\lambda}{\mu_{\mathrm{IP}}} = \frac{8}{10} = 0.8$$

Lagerbestand:

$$L_q = 2.386 \qquad\qquad\qquad L_q = 3.2$$

$$\text{Bestand} = 2 \cdot L_q = 4.77 \qquad\qquad \text{Bestand} = 8 \cdot L_q = 25.6$$

Durchlaufzeit:

$$\mathrm{DLZ} = 2 \cdot (0.1 + 0.075) + 1 = 1.35 \qquad\qquad \mathrm{DLZ} = 2 \cdot (0.1 + 0.4) + 1 = 2.00$$

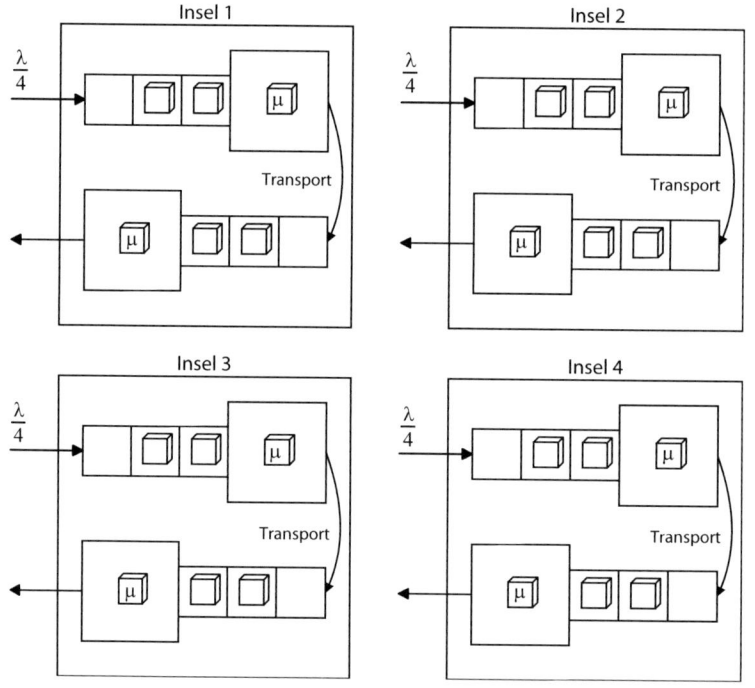

Bild A.24: Inselproduktion

Es zeigt sich, daß durch die Umstellung von einer werkstattorientierten Produktion auf Inselproduktion die Durchlaufzeit und der mittlere Lagerbestand ansteigen. Ohne eine Veränderung der wesentlichen Parameter des Produktionssystems (Bearbeitungszeiten, Transportzeiten, Rüstzeiten etc.) wäre demnach eine Umstellung der Produktion ökonomisch nicht sinnvoll.

b) Üblicherweise verspricht man sich von der Einführung der Inselproduktion eine Verringerung des Transportaufkommens. Da bei Inselproduktion die an der Produktion eines Auftrags beteiligten Maschinen räumlich nahe beieinander plaziert werden, werden auch die Transportzeiten wesentlich geringer sein. Dies muß einen Einfluß auf die Durchlaufzeit und den Lagerbestand haben. Damit im obigen Beispiel die Inselproduktion im Hinblick auf die Durchlaufzeit günstiger ist als die Werkstattproduktion, muß die Transportzeit unter die kritische Schwelle $\ell_{max} = 0.35$, d. h. um mehr als 65% sinken.

5 Instandhaltung

Verständnis- und Wiederholungsfragen

1. Stellen Sie die verschiedenen Formen der Instandhaltung strukturiert dar.

2. Welche Beziehungen bestehen zwischen der Instandhaltung und der Dimensionierung von Fließproduktionssystemen?

3. Wie wirkt sich die Kapazität einer Instandhaltungsabteilung auf die Verfügbarkeit einer Maschine aus?

Übungsaufgaben

A5.1

Vorbeugende Instandhaltung

An einer Abfüllanlage für Sonnenblumenöl wurde das Störungsverhalten über einen längeren Zeitraum protokolliert und folgende empirische Wahrscheinlichkeitsverteilung der störungsfreien Zeiten ermittelt:

Störungsfreie Zeit	1	2	3	4	5	6
Wahrscheinlichkeit	0.25	0.35	0.18	0.12	0.07	0.03

Der Produktionsleiter steht vor der Frage, ob die bisher verfolgte Ausfallreparaturstrategie durch eine vorbeugende Instandhaltungsstrategie ersetzt werden soll. Die mit einem Ausfall verbundenen Kosten (Kosten für einen betriebsfremden Wartungstechniker und zusätzliche Lohnkosten für das Aufholen des Produktionsausfalls mit Hilfe von Überstunden) werden auf 400 Geldeinheiten geschätzt. Bei vorbeugender Instandhaltung, die jeweils am Ende eines Arbeitstages durchgeführt wird, entstehen Kosten von 60 Geldeinheiten.

a) Bestimmen Sie die erwarteten Kosten der Ausfallreparaturstrategie pro Periode.

b) Bestimmen Sie für jedes sinnvolle Instandhaltungsintervall die erwarteten Kosten. Ist die optimale vorbeugende Instandhaltung günstiger als die Ausfallreparaturstrategie?

INFORMATIONEN, LITERATUR

Heizer und Render (2005)
Nahmias und Olson (2015)

 LÖSUNG

a) Die erwarteten Kosten der Ausfallreparaturstrategie pro Periode ergeben sich durch Multiplikation der erwarteten Anzahl von Ausfällen pro Periode, $E\{B\}$, mit dem Reparaturkostensatz. Die Größe $E\{B\}$ ist gleich dem Quotienten aus der Anzahl Aggregate $N(=1)$ und der durchschnittlichen störungsfreien Zeit $E\{T_b\}$. Aus der gegebenen Wahrscheinlichkeitsverteilung der störungsfreien Zeiten ergibt sich:

$$E\{B\} = \frac{N}{E\{T_b\}}$$
$$= \frac{1}{1 \cdot 0.25 + 2 \cdot 0.35 + 3 \cdot 0.18 + 4 \cdot 0.12 + 5 \cdot 0.07 + 6 \cdot 0.03} = 0.4$$

Damit betragen die durchschnittlichen Kosten der Ausfallreparaturstrategie pro Periode $0.4 \cdot 400 = 160$ Geldeinheiten.

b) Die erwarteten Kosten der vorbeugenden Instandhaltungsstrategie pro Periode hängen von der Länge des Instandhaltungsintervalls t ab, die zunächst zu bestimmen ist. Dabei ist zu berücksichtigen, daß trotz der vorbeugenden Instandhaltung auch noch Ausfälle der Anlage auftreten können. Für jeden sinnvollen Wert des Instandhaltungsintervalls sind somit die Gesamtkosten als Summe aus den Instandhaltungskosten $C_v(t)$ und den erwarteten Reparaturkosten $E\{C_r(t)\}$ zu bestimmen:

$$E\{C(t)\} = C_v(t) + E\{C_r(t)\}$$

Zur Ermittlung des kostenminimalen Instandhaltungsintervalls enumeriert man alle sinnvollen Werte für t, bestimmt jeweils die erwartete Anzahl von Ausfällen, $E\{B_t\}$, und erhält daraus die Kosten der Ausfallreparaturen. Addiert man dazu die Kosten der periodischen Instandhaltung, dann erhält man die gesuchten Gesamtkosten pro Periode, $E\{C(t)\}$.

Die erwartete Anzahl von Ausfällen in der Zeitspanne t kann durch folgende Gleichung ermittelt werden, in der jeweils die Summe aus den zu erwartenden ersten, zweiten, dritten, usw. Ausfällen gebildet wird:

$$E\{B_t\} = N \cdot \sum_{i=1}^{t} p_i + E\{B_{t-1}\} \cdot p_1 + E\{B_{t-2}\} \cdot p_2 + \ldots + E\{B_1\} \cdot p_{t-1}$$
$$= N \cdot \sum_{i=1}^{t} p_i + \sum_{i=1}^{t-1} E\{B_i\} \cdot p_{t-i}$$

Zur Veranschaulichung sind in der folgenden Tabelle für t=3 alle Bestandteile der obigen Gleichung zusammengefaßt.

	Periode 1	Periode 2	Periode 3
1. Ausfall	$(N \cdot p_1)$	$(N \cdot p_2)$	$(N \cdot p_3)$
2. Ausfall			
a)		$\longmapsto$	$(N \cdot p_2) \cdot p_1$
b)	$\longmapsto$		$(N \cdot p_1) \cdot p_2$
c)	$\longmapsto$	$(N \cdot p_1) \cdot p_1$	
3. Ausfall		$\longmapsto$	$[(N \cdot p_1) \cdot p_1] \cdot p_1$

Durch Zusammenfassung aller Komponenten der Tabelle erhält man:

$$E\{B_3\} = N \cdot (p_1 + p_2 + p_3)$$
$$+ (N \cdot p_1) \cdot p_1 + (N \cdot p_2) \cdot p_1 + [(N \cdot p_1) \cdot p_1] \cdot p_1$$
$$+ (N \cdot p_1) \cdot p_2$$
$$= N \cdot (p_1 + p_2 + p_3)$$
$$+ \underbrace{\{N \cdot p_1 + N \cdot p_2 + [(N \cdot p_1) \cdot p_1]\}}_{E\{B_2\}} \cdot p_1$$
$$+ \underbrace{(N \cdot p_1)}_{E\{B_1\}} \cdot p_2$$
$$= N \cdot (p_1 + p_2 + p_3) + E\{B_2\} \cdot p_1 + E\{B_1\} \cdot p_2$$

Es werden nun folgende Berechnungen durchgeführt.

Instandhaltungsintervall $t = 1$:

$$E\{B_1\} = 1 \cdot 0.25 = 0.25$$

$$E\{C(1)\} = \frac{1 \cdot 60}{1} + \frac{0.25 \cdot 400}{1} = 160.00$$

Instandhaltungsintervall $t = 2$:

$$E\{B_2\} \quad = 1 \cdot (0.25 + 0.35) + 0.25 \cdot 0.25 = 0.6625$$

$$E\{C(2)\} = \frac{1 \cdot 60}{2} + \frac{0.6625 \cdot 400}{2} = 162.50$$

Instandhaltungsintervall $t = 3$:

$$E\{B_3\} \quad = 1 \cdot (0.25 + 0.35 + 0.18) + 0.25 \cdot 0.35 + 0.6625 \cdot 0.25 = 1.0331$$

$$E\{C(3)\} = \frac{1 \cdot 60}{3} + \frac{1.0331 \cdot 400}{3} = 157.75$$

Instandhaltungsintervall $t = 4$:

$$E\{B_4\} \quad = 1 \cdot (0.25 + 0.35 + 0.18 + 0.12)$$
$$+0.25 \cdot 0.18 + 0.6625 \cdot 0.35 + 1.0331 \cdot 0.25 = 1.4352$$

$$E\{C(4)\} = \frac{1 \cdot 60}{4} + \frac{1.4352 \cdot 400}{4} = 158.52$$

Instandhaltungsintervall $t = 5$:

$$E\{B_5\} \quad = 1 \cdot (0.25 + 0.35 + 0.18 + 0.12 + 0.07)$$
$$+0.25 \cdot 0.12 + 0.6625 \cdot 0.18 + 1.0331 \cdot 0.35 + 1.4352 \cdot 0.25 = 1.8396$$

$$E\{C(5)\} = \frac{1 \cdot 60}{5} + \frac{1.8396 \cdot 400}{5} = 159.17$$

Instandhaltungsintervall $t = 6$:

$$E\{B_6\} \quad = 1 \cdot (0.25 + 0.35 + 0.18 + 0.12 + 0.07 + 0.03)$$
$$+0.25 \cdot 0.07 + 0.6625 \cdot 0.12 + 1.0331 \cdot 0.18 + 1.4352 \cdot 0.35$$
$$+1.8396 \cdot 0.25 = 2.2452$$

$$E\{C(6)\} = \frac{1 \cdot 60}{6} + \frac{2.2452 \cdot 400}{6} = 159.68$$

Das günstigste Instandhaltungsintervall beträgt $t = 3$ Perioden. Die damit verbundenen Kosten sind mit 157.75 Geldeinheiten niedriger als die Kosten der Ausfallreparaturstrategie (160 Geldeinheiten). Daher empfiehlt sich die vorbeugende Instandhaltung. Der

Verlauf der Kosten als Funktion des Instandhaltungsintervalls ist in Bild A.25. dargestellt.

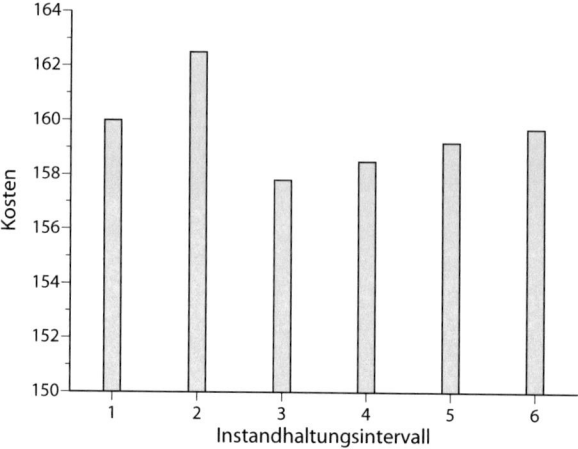

Bild A.25: Gesamtkosten als Funktion des Instandhaltungsintervalls

Teil B

Operative Produktionsplanung

Gegenstand dieses Kapitels sind die Probleme der operativen Produktionsplanung. Es geht nun für einen mittel- bis kurzfristigen Planungszeitraum darum, die konkreten Prozesse der Wertschöpfung zu planen, auszulösen und zu steuern. Dabei ist festzulegen, welche Produkte in welchen Mengen durch welche Ressourcen hergestellt werden sollen und wie dies im Einzelnen zu geschehen hat. Im Zentrum der Überlegungen stehen dabei Fragen der optimalen Allokation knapper Ressourcen.

Verständnis- und Wiederholungsfragen

1. Stellen Sie die Grundstruktur eines hierarchischen Systems zur operativen Produktionsplanung und -steuerung dar.

2. Welche Auswirkungen haben ungenaue Nachfrageprognosen auf die operative Produktionsplanung?

3. Diskutieren Sie mögliche Zielkonflikte zwischen Produktion, Beschaffung, Logistik, Vertrieb.

 INFORMATIONEN, LITERATUR

Drexl et al. (1994)
Tempelmeier (2005)

1 Produktionsprogrammplanung, Master Planning

Mit dem Begriff „Master Planning" erfaßt man einerseits die aggregierte Produktionsplanung (Beschäftigungsglättung). Deren Aufgabe ist es, bei im Jahresverlauf auftretenden Nachfrageschwankungen und daraus abgeleiteten Kapazitätsbedarfen ein geeignetes Kapazitätsangebot entgegenzustellen. Andererseits beinhaltet das „Master Planning" die Hauptproduktionsprogrammplanung, die festlegt, welche konkreten Endprodukte in den einzelnen Perioden des unmittelbar anstehenden Planungszeitraums produziert werden sollen.

Verständnis- und Wiederholungsfragen

1. Nennen Sie Gründe dafür, daß in manchen Produktionsbetrieben auf die Glättung von Auslastungsschwankungen durch Lagerproduktion verzichtet wird.

2. In welcher Weise könnte man versuchen, die Nachfrage der hergestellten Endprodukte zu beeinflussen, um einen besseren Ausgleich von Beschäftigungsschwankungen in der Produktion zu erzielen?

3. Welche Schwierigkeiten ergeben sich bei der Ermittlung der relevanten Kosten für die Beschäftigungsglättung?

4. Erklären Sie, warum Entscheidungsmodelle zur Beschäftigungsglättung und zur Hauptproduktionsprogrammplanung eine ähnliche Formalstruktur, aber unterschiedliche Sachinhalte aufweisen.

5. Erläutern Sie die Schnittstellen zwischen der Hauptproduktionsprogrammplanung und der Beschäftigungsglättung. Wie können Sie sich die Abstimmung zwischen diesen beiden Planungsbereichen innerhalb eines integrierten Planungssystems vorstellen?

Übungsaufgaben

B1.1

Einstellungen, Entlassungen

In der amerikanischen Literatur werden zur Planung der Personalkapazität häufig quantitative Modelle vorgeschlagen, in die als Entscheidungsvariablen die Zahl der einzustellenden bzw. zu entlassenden Arbeitskräfte eingeht. Jede Veränderung der Personalstärke wird dabei durch Einstellungs- bzw. Entlassungskosten ökonomisch bewertet.

a) Was halten Sie von diesen Modellannahmen?

b) Wie könnte man die Verwendung von Einstellungs- und Entlassungskosten innerhalb von quantitativen Entscheidungsmodellen rechtfertigen?

 INFORMATIONEN, LITERATUR

Chopra und Meindl (2016)
Heizer und Render (2005)
Nahmias und Olson (2015)

B1.2

Zulässigkeit im Hinblick auf die Kapazität

Das Kapazitätsangebot und der Kapazitätsbedarf seien für die nächsten T Monate bekannt. Außerdem weiß man, welche Zusatzkapazität in einem Monat höchstens durch Überstunden gewonnen werden kann. (Alle Daten werden in einer einheitlichen Maßgröße, z. B. in Tausend Produktionsstunden gemessen.) Stellen Sie in allgemeiner Form die Bedingungen auf, denen ein zulässiger Produktionsplan genügen muß.

 LÖSUNG

Die Zulässigkeitsbedingungen lauten:

$$\sum_{\tau=1}^{t} (b_\tau + U_\tau) \geq \sum_{\tau=1}^{t} d_\tau \qquad t = 1, 2, \ldots, T$$

wobei b_τ die Normalkapazität, U_τ die Zusatzkapazität und d_τ den Kapazitätsbedarf in Periode τ bezeichnen.

B1.3

Master Planning, lineares Optimierungsmodell, eine Fabrik

Die SnowSurf AG, ein Hersteller von Sportartikeln, betreibt eine Fabrik in München-Pasing. Dort werden drei Produktgruppen (Surfbretter, Snowboards, Ski) produziert. Es ist Ende Juni, kurz nach 18 Uhr. Sandra Schneider-Lützgendorf (28), geschieden, alleinerziehende Mutter von drei Kindern, Sören (6), Kevin (4) und Jazzy Elle (2), die Produktionsleiterin, hat ein Meeting mit Karl-Heinz Nuschenpickel (34), dem Marketingleiter, unverheiratet, keine Kinder, noch bei seiner Mutter wohnend. Dieser hat für die nächsten sechs Monate produktgruppen- und periodenbezogene Nachfragemengen d_{kt} ($k = 1, 2, 3; t = 1, 2, \ldots, 6$) prognostiziert. Diese Mengen sollen spätestens in der jeweiligen Nachfrageperiode verfügbar sein. Plötzlich klingelt Sandra's Mobiltelefon. „Mama! Der Sören …". „Nicht jetzt, Kevin! Ich bin gerade in einer Besprechung. Entschuldigung, Karl-Heinz!"

Die Fabrik verfügt über periodenspezifische technische und personelle Kapazitäten. In Periode t steht eine technische Produktionskapazität in Höhe von $C_t^{\max}$ Einheiten zur Verfügung. Zur Produktion einer Einheit des Produkts k werden b_k Einheiten der technischen Kapazität benötigt. Die personelle Produktionskapazität in Periode t beträgt $N_t^{\max}$ Einheiten. Sie kann durch Überstunden U_t vergrößert werden, allerdings nur bis zu einem Maximalwert von $U_t^{\max}$ Zeiteinheiten. Zur Produktion einer Einheit der Produktgruppe k werden a_k Einheiten der personellen Kapazität benötigt.

Die Nachfrage- und Kapazitätsdaten sind in der folgenden Tabelle zusammengestellt. Die Koeffizienten für die personelle Kapazität sind $a_k = (0.5, 1.0, 0.8)$ während die technische Kapazität mit $b_k = (1.0, 0.5, 0.8)$ pro produzierter Mengeneinheit belastet wird. Für Produktgruppe 1 ist noch ein Lageranfangsbestand in Höhe von 20 Mengeneinheiten vorhanden.

Periode t	1	2	3	4	5	6
d_{1t}	130	100	50	160	150	90
d_{2t}	80	120	210	150	90	110
d_{3t}	60	45	80	90	70	50
$C_t^{\max}$	300	300	300	300	300	300
$N_t^{\max}$	250	250	250	250	250	250
$U_t^{\max}$	100	100	100	100	100	100

Sandra schlägt Karl-Heinz vor, gemeinsam einen Produktionsplan mit Hilfe eines linearen Optimierungsmodells aufzustellen. Dieser ist begeistert. Er muß allerdings noch seiner Mutter Bescheid sagen, daß er später zum Essen nach Hause kommt. Das zu lösende Optimierungsproblem besteht nun darin, simultan für alle Produkte die periodenspezifischen Produktionsmengen X_{kt} festzulegen. Stimmen die Produktionsmengen eines Produkts in einer Periode nicht mit den Nachfragemengen überein, dann kommt es zum

Auf- oder Abbau von Lagerbeständen L_{kt}, für die Lagerkosten entstehen. Die Lagerkostensätze betragen $l_1 = 8, l_2 = 4.5$ und $l_3 = 6$ Geldeinheiten pro Mengeneinheit und Periode. Die Überstundenkosten betragen $u = 10$ Geldeinheiten pro Zeiteinheit.

Alle anderen variablen Kosten der Produktion werden als produkt- und periodenunabhängig angenommen und haben folglich keinen Einfluß auf die Struktur des optimalen Produktionsplans.

a) Formulieren Sie ein lineares Optimierungsmodell zur Bestimmung des optimalen Produktionsprogramms.

b) Bestimmen Sie die optimale Lösung mit Hilfe eines AMPL- oder OPL-Modells .

c) Welcher Produktionsplan ergibt sich, wenn die maximale Lagerkapazität auf 40 Mengeneinheiten begrenzt wird?

d) Nehmen Sie nun an, daß die Herstellung der Produktgruppe 2 aus technischen Gründen nur möglich ist, wenn mindestens in einer Periode 100 Mengeneinheiten produziert werden. Erweitern Sie das lineare Optimierungsmodell um diese Restriktion und bestimmen Sie die optimale Lösung.

e) Gehen Sie jetzt wieder von dem unter a) entwickelten LP-Modell aus und nehmen Sie an, daß die Produktgruppe 3 auch von einem externen Lieferanten, der eine Produktionsstätte auf der finnischen Insel Salonsaari Eli Hiukkolansaari unterhält, beschafft werden kann. Dieser bietet an, beliebige Mengen der Produktgruppe 3 zu einem Preis frei Werk München-Pasing von c_3^B Geldeinheiten über den variablen Produktionskosten der SnowSurf AG zu liefern. Erweitern Sic das Modell um diese Option und bestimmen Sie die optimale Lösung für $c_3^B = \{20, 10, 6\}$.

 INFORMATIONEN, LITERATUR

Günther und Tempelmeier (2016)
Tempelmeier (2017)

 LÖSUNG

a) Das lineare Optimierungsmodell sieht wie folgt aus:

Minimiere

$$Z = \sum_{k \in \mathcal{K}} \sum_{t=1}^{T} l_k \cdot L_{kt} + \sum_{t=1}^{T} u_t \cdot U_t$$

unter den Nebenbedingungen

Lagerbilanzgleichungen:

$$L_{k,t-1} + X_{kt} - L_{kt} = d_{kt} \qquad\qquad k \in \mathcal{K}; t = 1, 2, \ldots, T$$

Produktionsmengenbeschränkungen für die technische Kapazität:

$$\sum_{k \in \mathcal{K}} b_k \cdot X_{kt} \leqslant C_t^{\max} \qquad\qquad t = 1, 2, \ldots, T$$

Produktionsmengenbeschränkungen für die personelle Kapazität:

$$\sum_{k \in \mathcal{K}} a_k \cdot X_{kt} - U_t \leqslant N_t^{\max} \qquad\qquad t = 1, 2, \ldots, T$$

maximale Überstunden:

$$U_t \leqslant U_t^{\max} \qquad\qquad t = 1, 2, \ldots, T$$

Wertebereiche:

$$X_{kt}, L_{kt}, U_t \geq 0 \qquad\qquad k \in \mathcal{K}; t = 1, 2, \ldots, T$$

Die Symbole haben folgende Bedeutung:

Daten:

a_k	Produktionskoeffizient für Produkttyp k in bezug auf die personelle Kapazität
b_k	Produktionskoeffizient für Produkttyp k in bezug auf die technische Kapazität
$C_t^{\max}$	technische Kapazität in Periode t
d_{kt}	Nachfrage für Produkttyp k in Periode t
l_k	Lagerkostensatz für Produkttyp k pro Mengeneinheit und Periode
$N_t^{\max}$	personelle Kapazität in Periode t
$U_t^{\max}$	maximale personelle Zusatzkapazität in Periode t
u	Kosten für eine Einheit zusätzlicher personeller Kapazität

Entscheidungsvariablen:

L_{kt}	Lagerbestand für Produkttyp k am Ende von Periode t
U_t	genutzte personelle Zusatzkapazität am Standort s in Periode t
X_{kt}	Produktionsmenge von Produkttyp k in Periode t

b)

 {AMPL,OPL}-Modell: www.produktion-und-logistik.de/SCMP-Modelle

Die optimale Lösung mit dem Zielwert 808.50 ist in der folgenden Tabelle zusammen-gestellt:

t	d_{1t}	d_{2t}	d_{3t}	X_{1t}	X_{2t}	X_{3t}	L_{1t}	L_{2t}	L_{3t}	$\sum\limits_{k\in\mathcal{K}} b_k \cdot X_{kt}$	$\sum\limits_{k\in\mathcal{K}} a_k \cdot X_{kt} - U_t$	U_t
0						20	–	–			
1	130	80	60	130	92	60	–	12	–	204	195	–
2	100	120	45	100	164	45	–	56	–	218	250	–
3	50	210	80	50	154	88.75	–	–	8.75	198	250	–
4	160	150	90	160	150	81.25	–	–	–	300	250	45
5	150	90	70	150	90	70	–	–	–	251	221	–
6	90	110	50	90	110	50	–	–	–	185	195	–

Die technische Kapazität ist in Periode 4 und die personelle Kapazität (ohne die Überstunden) ist in den Perioden 2, 3 und 4 voll ausgelastet. In Periode 4 kommt es zu Überstunden. In den Perioden 2 und 3 dagegen nicht. In diesen beiden Perioden wird Lagerbestand für die Produktgruppen 2 und 3 aufgebaut, der in den Perioden 3 bzw. 4 wieder abgebaut wird.

c) Die Beschränkung der maximalen Lagermenge (summiert über alle Produktgruppen) auf $L_t^{\max} = 40$ Mengeneinheiten kann durch folgende zusätzlichen Nebenbedingung erfaßt werden:

Lagerkapazität:

$$\sum_{k\in\mathcal{K}} L_{kt} \leq L_t^{\max} \qquad\qquad t = 1, 2, \dots, T$$

 {AMPL,OPL}-Modell: www.produktion-und-logistik.de/SCMP-Modelle

Für $L_t^{\max} = 40$ erhält man folgende optimale Lösung, deren Zielwert 842.50 beträgt:

t	d_{1t}	d_{2t}	d_{3t}	X_{1t}	X_{2t}	X_{3t}	L_{1t}	L_{2t}	L_{3t}	$\sum_{k\in\mathcal{K}} b_k \cdot X_{kt}$	$\sum_{k\in\mathcal{K}} a_k \cdot X_{kt} - U_t$	U_t
0							20	–	–			
1	130	80	60	110	80	60	–	–	–	198	183	–
2	100	120	45	100	160	45	–	40	–	216	246	–
3	50	210	80	50	170	88.75	–	–	8.75	206	250	16
4	160	150	90	160	150	81.25	–	–	–	300	250	45
5	150	90	70	150	90	70	–	–	–	251	221	–
6	90	110	50	90	110	50	–	–	–	185	195	–

d) Zur Erfassung der Mindestproduktionsmengen führen wir eine Binärvariable γ_{kt} ein, die den Wert 1 annehmen soll, wenn in Periode t die Produktion des Produkts k eingeplant wird. Dies erreichen wir durch folgende Restriktion:

Zusammenhang zwischen Produktionsmenge und γ_{kt}:

$$X_{kt} \leq M \cdot \gamma_{kt} \qquad\qquad k \in \mathcal{K}, t = 1, 2, \ldots, T$$

M ist eine große Zahl. Gibt es auch eine Beschränkung der Produktionsmenge nach oben, dann kann M gleich dieser maximalen Produktionsmenge gesetzt werden. Die Beschränkung der Produktionsmenge nach unten wird nun durch folgende Restriktion erreicht:

Mindestproduktionsmenge:

$$X_{kt} \geq X_k^{\min} \cdot \gamma_{kt} \qquad\qquad k \in \mathcal{K}, t = 1, 2, \ldots, T$$

🔍 **{AMPL, OPL}-Modell: www.produktion-und-logistik.de/SCMP-Modelle**

Fügen wir diese beiden Nebenbedingungen an das obige Optimierungsmodell an, dann erhalten wir folgende optimale Lösung, die einen Zielwert von 860.5 hat:

t	d_{1t}	d_{2t}	d_{3t}	X_{1t}	X_{2t}	X_{3t}	L_{1t}	L_{2t}	L_{3t}	$\sum_{k\in\mathcal{K}} b_k \cdot X_{kt}$	$\sum_{k\in\mathcal{K}} a_k \cdot X_{kt} - U_t$	U_t
0							20	–	–			
1	130	80	60	110	100	60	–	20	–	203	208	–
2	100	120	45	100	164	45	–	64	–	250	218	–
3	50	210	80	50	161	80	–	15	–	250	194.5	–
4	160	150	90	160	135	90	–	–	–	287	299.5	37
5	150	90	70	150	100	70	–	10	–	231	256	–
6	90	110	50	90	100	50	–	–	–	185	180	–

e) Zur Erfassung der externen Beschaffungsmöglichkeit sind folgende Änderungen des Modells erforderlich.

Zielfunktion:

Da der Lieferant nicht umsonst liefert, wird die Differenz zwischen den externen Beschaffungskosten und den variablen Produktionskosten (ohne Lohnkosten) in die Zielfunktion aufgenommen. Mit B_{kt} als Beschaffungsmenge und c_k^B als Beschaffungskostensatz erhalten wir folgende Zielfunktion:

Minimiere

$$Z = \sum_{t=1}^{T} \sum_{k \in \mathcal{K}} l_k \cdot L_{kt} + \sum_{t=1}^{T} u_t \cdot U_t + \sum_{t=1}^{T} \sum_{k \in \mathcal{K}} c_k^B \cdot B_{kt}$$

Die Lagerbilanzgleichung wird um die externen Beschaffungsmengen ergänzt.

Lagerbilanzgleichungen:

$$L_{k,t-1} + X_{kt} - L_{kt} + B_{kt} = d_{kt} \qquad\qquad k \in \mathcal{K}; t = 1, 2, \ldots, T$$

🔍   {AMPL,OPL}-Modell: www.produktion-und-logistik.de/SCMP-Modelle

Für $c_3^B = 20$ ändert sich die Lösung aus a) nicht. Der Lieferant ist zu teuer.

Für $c_3^B = 10$ erhält man folgenden optimalen Produktions- und Beschaffungsplan der einen Zielwert von 780.50 hat.

t	d_{1t}	d_{2t}	d_{3t}	X_{1t}	X_{2t}	X_{3t}	L_{1t}	L_{2t}	L_{3t}	$\sum_{k \in \mathcal{K}} b_k \cdot X_{kt}$	$\sum_{k \in \mathcal{K}} a_k \cdot X_{kt} - U_t$	U_t	B_{3t}
0							20	–	–				
1	130	80	60	110	85	60	–	5	–	188	208	–	–
2	100	120	45	100	164	45	–	49	–	250	218	–	–
3	50	210	80	50	161	80	–	–	–	250	194.5	–	–
4	160	150	90	160	150	81.25	–	–	–	250	299.5	45	8.75
5	150	90	70	150	90	70	–	–	–	221	256	–	–
6	90	110	50	90	110	50	–	–	–	195	180	–	–

Es kommt jetzt zu einer Substitution von Lagerkosten durch externe Beschaffungskosten. Die in Periode 4 benötigten 8.75 Mengeneinheiten werden nun nicht mehr in den Vorperioden auf Lager produziert, sondern vom Lieferanten bezogen.

Für $c_3^B = 6$ erhält man den in der folgenden Tabelle wiedergegebenen optimalen Produktions- und Beschaffungsplan mit einem Zielwert von 625.50. Hier sind jetzt nicht nur Lagerkosten, sondern auch Überstundenkosten durch externe Beschaffungskosten substituiert worden.

t	d_{1t}	d_{2t}	d_{3t}	X_{1t}	X_{2t}	X_{3t}	L_{1t}	L_{2t}	L_{3t}	$\sum_{k \in \mathcal{K}} b_k \cdot X_{kt}$	$\sum_{k \in \mathcal{K}} a_k \cdot X_{kt} - U_t$	U_t	B_{3t}
0							20	–	–				
1	130	80	60	110	80	60	–	–	–	198	183	–	–
2	100	120	45	100	164	45	–	44	–	218	250	–	–
3	50	210	80	50	166	73.75	–	–	–	192	250	–	6.25
4	160	150	90	160	150	25	–	–	–	255	250	–	65
5	150	90	70	150	90	70	–	–	–	251	221	–	–
6	90	110	50	90	110	50	–	–	–	185	195	–	–

B1.4

Master Planning, lineares Optimierungsmodell, zwei Fabriken, Transporte

Ein Hersteller von Süßwaren hat zwei technisch identische Fabriken, die in der Lage sind, dieselben Produkte zu produzieren. Fabrik A befindet sich in Riga (Lettland) an der Jaupnciema Gatve, während die Fabrik B in Italien, unweit der Autostrada del Sole, zwischen Milano und Bologna in der Nähe von Casalpusterlengo, an der Landstraße nach Cascine dei Passerini steht. Jeder Fabrik ist ein regionaler Absatzmarkt exklusiv zugeordnet. D. h. Fabrik A beliefert den Absatzmarkt nördlich des Alpenhauptkamms, einschl. des Kantons Appenzell-Innerrhoden, während Fabrik B den Süden Europas versorgt. In beiden Fabriken werden dieselben drei Produktgruppen produziert. Jeder Fabrik ist ein Lager angeschlossen, von dem aus die Produkte an die Abnehmer geliefert werden. Wie dies geschieht, interessiert uns hier nicht. Die Nachfrage- und Kapazitätsdaten der beiden Fabriken sind in den folgenden Tabellen zusammengestellt.

Periode t	1	2	3	4	5	6	7	8
d_{1t}^A	100	90	80	90	100	110	120	130
d_{2t}^A	100	110	150	90	80	20	90	110
d_{3t}^A	100	20	60	80	90	110	150	90
$C_t^{A,\max}$	300	300	300	300	300	300	300	300
$N_t^{A,\max}$	200	200	200	200	200	200	200	200
$U_t^{A,\max}$	80	80	80	80	80	80	80	80

Periode t	1	2	3	4	5	6	7	8
d_{1t}^B	90	100	80	70	70	70	80	80
d_{2t}^B	100	90	110	100	90	70	100	110
d_{3t}^B	80	110	120	70	80	90	120	100
$C_t^{B,\max}$	280	280	280	280	280	280	280	280
$N_t^{B,\max}$	150	150	150	150	150	150	150	150
$U_t^{B,\max}$	100	100	100	100	100	100	100	100

Die Koeffizienten für die personelle Kapazität sind $a_k^A = \{1.0, 0.5, 0.6\}$ sowie $a_k^B = \{1.1, 0.5, 0.55\}$, während die technische Kapazität mit $b_k^A = \{0.5, 1.0, 0.8\}$ sowie $b_k^B = \{0.5, 1.0, 0.75\}$ pro produzierter Mengeneinheit belastet wird. Die Lagerkostensätze sind $l_k^A = \{3, 4, 5\}$ sowie $l_k^B = \{3, 4, 5\}$. Die Überstundenkostensätze betragen $u^A = 15$ und $u^B = 13$. Da beide Fabriken dieselben Produkte herstellen, können diese sich gegenseitig mit Produktmengen „aushelfen". Allerdings treten dabei Transportkosten auf. Die Kosten pro transportierter Mengeneinheit zwischen den beiden Fabriken betragen $f_k^{AB} = f_k^{BA} = \{1.0, 0.8, 2.0\}$.

a) Formulieren Sie ein lineares Optimierungsmodell zur Bestimmung der optimalen Produktions- und Transportmengen.

b) Implementieren Sie das Optimierungsmodell in AMPL oder OPL .

c) Falls Sie Aufgabe b) gemeistert haben, bestimmen Sie die optimale Lösung.

INFORMATIONEN, LITERATUR

Günther und Tempelmeier (2016)
Tempelmeier (2017)

 LÖSUNG

a) Das lineare Optimierungsmodell hat folgende Struktur:

Minimiere

$$Z = \sum_{t=1}^{T} \sum_{k \in \mathcal{K}} \sum_{s \in \mathcal{S}} l_k^s \cdot L_{kt}^s + \sum_{t=1}^{T} \sum_{s \in \mathcal{S}} u_t^s \cdot U_t^s + \sum_{t=1}^{T} \sum_{k \in \mathcal{K}} \sum_{i \in \mathcal{S}} \sum_{j \in \mathcal{S}} f_k^{ij} \cdot F_{kt}^{ij}$$

unter den Nebenbedingungen

Lagerbilanzgleichungen:

$$L_{k,t-1}^s + \sum_{i \in \mathcal{S}} F_{kt}^{is} - \sum_{j \in \mathcal{S}} F_{kt}^{sj} + X_{kt}^s - L_{kt}^s = d_{kt}^s \qquad s \in \mathcal{S}; k \in \mathcal{K}; t = 1, 2, \ldots, T$$

Produktionsmengenbeschränkungen für die technische Kapazität:

$$\sum_{k \in \mathcal{K}} b_k^s \cdot X_{kt}^s \leqslant C_t^{s,\max} \qquad s \in \mathcal{S}; t = 1, 2, \ldots, T$$

Produktionsmengenbeschränkungen für die personelle Kapazität:

$$\sum_{k \in \mathcal{K}} a_k^s \cdot X_{kt}^s - U_t^s \leqslant N_t^{s,\max} \qquad s \in \mathcal{S}; t = 1, 2, \ldots, T$$

maximale Überstunden:

$$U_t^s \leqslant U_t^{s,\max} \qquad s \in \mathcal{S}; t = 1, 2, \ldots, T$$

Wertebereiche:

$$X_{kt}^s, L_{kt}^s, U_t^s, F_{kt}^{ij} \geq 0 \qquad i, j \in \mathcal{S}; k \in \mathcal{K}; t = 1, 2, \ldots, T$$

Die Symbole haben folgende Bedeutung:

Daten:

a_k^s Produktionskoeffizient für Produkttyp k in bezug auf die personelle Kapazität am Standort s

b_k^s Produktionskoeffizient für Produkttyp k in bezug auf die technische Kapazität am Standort s

$C_t^{s,\max}$ technische Kapazität in Periode t am Standort s

d_{kt}^s Nachfrage für Produkttyp k in Periode t am Standort s

l_k^s Lagerkostensatz für Produkttyp k pro Mengeneinheit und Periode am Standort s

$N_t^{s,\max}$ personelle Kapazität in Periode t am Standort s

$U_t^{s,\max}$ maximale personelle Zusatzkapazität in Periode t am Standort s

u^s Kosten für eine Einheit zusätzlicher personeller Kapazität am Standort s

Entscheidungsvariablen:

L_{kt}^s Lagerbestand für Produkttyp k am Ende von Periode t am Standort s

U_t^s genutzte personelle Zusatzkapazität am Standort s in Periode t am Standort s

X_{kt}^s Produktionsmenge von Produkttyp k in Periode t am Standort s

F_{kt}^{ij} Transportmenge von Produkttyp k in Periode t vom Standort i zum Standort j

b)

 {AMPL, OPL}-Modell: www.produktion-und-logistik.de/SCMP-Modelle

c) Die in der folgenden Tabelle dargestellte optimale Lösung[1] für Fabrik A (Riga) sieht vor, daß ein Teil des überschüssigen Kapazitätsbedarfs durch Überstunden und ein Teil durch Produktion des Produkts 2 in der Fabrik B gedeckt wird. Die dadurch entstehenden zusätzlichen Transportkosten sind geringer als die Nutzung von weiteren Überstunden in Fabrik A.

---

1   Diese Ergebnisse können auch mit einem Modul der Software „Produktions-Management-Trainer" ermittelt werden.

t	d^A_{1t}	d^A_{2t}	d^A_{3t}	X^A_{1t}	X^A_{2t}	X^A_{3t}	L^A_{1t}	L^A_{2t}	L^A_{3t}	F^{BA}_{1t}	F^{BA}_{2t}	F^{BA}_{3t}	U^A_t
1	100	100	100	100	80	100	–	–	–	–	20	–	–
2	90	110	20	133	110	20	–	–	–	–	–	–	–
3	80	150	60	89	150	60	–	–	–	–	–	–	–
4	90	90	80	107	90	80	–	–	–	–	–	–	–
5	100	80	90	106	80	90	–	–	–	–	–	–	–
6	110	20	110	124	20	110	3.55	–	–	–	–	–	–
7	120	90	150	116.45	90	150	–	–	–	–	50	–	26.45
8	130	110	90	130	110	90	–	–	–	–	55	–	11.5

Für Fabrik B (Casalpusterlengo) erhält man folgenden optimalen Produktionsplan.

t	d^B_{1t}	d^B_{2t}	d^B_{3t}	X^B_{1t}	X^B_{2t}	X^B_{3t}	L^B_{1t}	L^B_{2t}	L^B_{3t}	F^{AB}_{1t}	F^{AB}_{2t}	F^{AB}_{3t}	U^B_t
1	90	100	80	90	120	80	–	–	–	–	–	–	53
2	100	90	110	57	90	110	–	–	–	43	–	–	18.2
3	80	110	120	71	110	120	–	–	–	9	–	–	49.1
4	70	100	70	55.91	100	70	2.91	–	–	17	–	–	–
5	70	90	80	61.09	90	80	–	–	–	6	–	–	6.2
6	70	70	90	59.55	70	90	–	–	–	10.45	–	–	–
7	80	100	120	80	150	120	–	–	–	–	–	–	79
8	80	110	100	80	165	100	–	–	–	–	–	–	75.5

Auch hier kommt es zu Überstunden und zu Transporten – allerdings für Produkt 1 – aus der anderen Fabrik. Die Kosten dieser Lösung sind 4427.14.

B1.5

Master Planning, lineares Optimierungsmodell, zwei Produktionsstufen

Eine Unternehmung der Halbleiterindustrie unterhält zwei Fabriken, in Augsburg (Fabrik A) und Berlin (Fabrik B). Fabrik A produziert zwei Endprodukte 1 und 2, die aus drei Vorprodukten 3, 4 und 5 hergestellt werden. Die Vorprodukte werden in Fabrik B produziert. Das Produktprogramm der Fabrik $s \in \mathcal{S} = \{A, B\}$ wird durch die Indexmenge $\mathcal{K}_s$ beschrieben, d. h. $\mathcal{K}_A = \{1, 2\}$ und $\mathcal{K}_B = \{3, 4, 5\}$. Bild B.1 zeigt den Zusammenhang zwischen den Vor- und Endprodukten.

Vorprodukte   Endprodukte

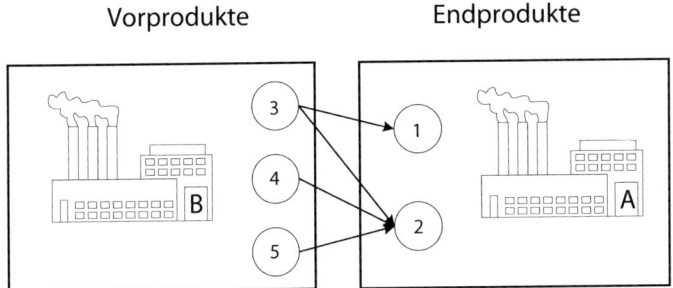

Bild B.1: Erzeugnisstruktur

Für die Produktion einer Einheit des Endprodukts k werden q_{jk} Einheiten des Vorprodukts j benötigt, wobei alle $q_{jk} = 1$ sind. Es wird ein Planungshorizont von $T = 8$ Monaten betrachtet. Für jedes Endprodukt sind periodenbezogene Nachfragemengen d_{kt} prognostiziert worden ($k \in \{1, 2\}; t = 1, 2, \ldots, 8$). Fehlmengen sind nicht erlaubt. Jede Fabrik verfügt über periodenspezifische technische und personelle Kapazitäten. Am Standort s steht in Periode t eine technische Produktionskapazität in Höhe von $C_t^{s,\max}$ Einheiten zur Verfügung. Zur Produktion einer Einheit des Produkts k werden a_k Einheiten der personellen Kapazität b_k Einheiten der technischen Kapazität benötigt. Die personelle Produktionskapazität am Standort s in Periode t beträgt $N_t^{s,\max}$ Einheiten. Die personelle Kapazität kann durch Überstunden U_t^s vergrößert werden, allerdings nur bis zu einem Maximalwert von $U_t^{s,\max}$ Zeiteinheiten. Zur Produktion einer Einheit des Produkts k werden a_k Einheiten der personellen Kapazität benötigt.

Die Nachfrage- und Kapazitätsdaten sind in der folgenden Tabelle zusammengestellt. Die Koeffizienten a_k und b_k seien für alle Produkte gleich 1.

Periode t	1	2	3	4	5	6	7	8
d_{1t}	80	130	100	80	100	140	150	90
d_{2t}	60	80	120	80	60	50	120	100
$C_t^{A,\max}$	300	300	300	300	300	300	300	300
$N_t^{A,\max}$	200	200	200	200	200	200	200	200
$U_t^{A,\max}$	100	100	100	100	100	100	100	100
$C_t^{B,\max}$	440	440	440	440	440	440	440	440
$N_t^{B,\max}$	390	390	390	390	390	390	390	390
$U_t^{B,\max}$	50	50	50	50	50	50	50	50

Das Entscheidungsproblem besteht darin, simultan für alle Produkte in beiden Fabriken die periodenspezifischen Produktionsmengen X_{kt} festzulegen. Während die Nachfragemengen der in Fabrik A hergestellten Endprodukte als Planungsdaten bekannt sind, können die von der Fabrik B an die Fabrik A zu liefernden Mengen der Vorprodukte erst dann bestimmt werden, wenn ein Produktionsplan für Fabrik A festliegt. Wegen der logistischen Verflechtung zwischen beiden Fabriken müssen bei der Aufstellung eines Produktionsplans für Fabrik A allerdings die Liefermöglichkeiten für Vorprodukte aus der Fabrik B berücksichtigt werden, die wiederum von den verfügbaren Kapazitäten in dieser Fabrik abhängen.

Stimmen die Produktionsmengen eines Produkts in einer Periode nicht mit den Nachfragemengen überein, dann kommt es zum Auf- oder Abbau von Lagerbeständen L_{kt}, die mit Lagerkostensätzen l_k belegt werden. Die Lagerkosten betragen $l_1 = 10, l_2 = 15, l_3 = 5, l_4 = 6, l_5 = 7$ Geldeinheiten pro Mengeneinheit und Periode. Müssen zur Realisierung einer geplanten Produktionsmenge Überstunden U_t^s eingesetzt werden, dann führt dies pro zusätzlich eingesetzter Einheit Überstunden zu Kosten in Höhe von u_s. Die Überstundenkosten betragen $u_A = 20$ und $u_B = 8$ Geldeinheiten pro Zeiteinheit.

Alle anderen variablen Kosten der Produktion werden als produkt- und periodenunabhängig angenommen und haben folglich keinen Einfluß auf die Struktur des optimalen Produktionsplans. Transporte zwischen den Fabriken werden der Einfachheit halber ebenso vernachlässigt wie die Möglichkeit der Beschaffung bei einem externen Lieferanten.

a) Formulieren Sie ein lineares Optimierungsmodell zur Bestimmung des optimalen Produktionsprogramms.

b) Nennen Sie mögliche praxisrelevante Erweiterungen der Problemstellung.

c) Bestimmen Sie die optimale Lösung für die obige Problemsituation mit Hilfe eines AMPL- oder OPL-Modells .

d) Bestimmen Sie nacheinander zunächst das optimale Produktionsprogramm für Fabrik A und dann das optimale Produktionsprogramm für Fabrik B.

 INFORMATIONEN, LITERATUR

Tempelmeier (2017)

 LÖSUNG

a) Wir suchen einen Produktionsplan, bei dem die Summe aus Lagerkosten und Überstundenkosten in allen Fabriken und im gesamten Planungszeitraum minimal wird. Das betrachtete Entscheidungsproblem der standortübergreifenden Produktionsplanung kann durch das folgende lineare Optimierungsmodell abgebildet werden:

Minimiere

$$Z = \sum_{k \in \mathcal{K}} \sum_{t=1}^{T} l_k \cdot L_{kt} + \sum_{s \in \mathcal{S}} \sum_{t=1}^{T} u_t^s \cdot U_t^s$$

unter den Nebenbedingungen

Lagerbilanzgleichungen:

$$L_{k,t-1} + X_{kt} - \sum_{j \in \mathcal{K}} q_{kj} \cdot X_{jt} - L_{kt} = d_{kt} \qquad k \in \mathcal{K}; t = 1, 2, \ldots, T$$

Produktionsmengenbeschränkungen für die technische Kapazität:

$$\sum_{k \in \mathcal{K}_s} b_k \cdot X_{kt} \leqslant C_t^{s,\max} \qquad s \in \mathcal{S}; t = 1, 2, \ldots, T$$

Produktionsmengenbeschränkungen für die personelle Kapazität:

$$\sum_{k \in \mathcal{K}_s} a_k \cdot X_{kt} - U_t^s \leqslant N_t^{s,\max} \qquad s \in \mathcal{S}; t = 1, 2, \ldots, T$$

maximale Überstunden:

$$U_t^s \leqslant U_t^{s,\max} \qquad s \in \mathcal{S}; t = 1, 2, \ldots, T$$

Wertebereiche:

$$X_{kt}, L_{kt}, U_t^s \geq 0 \qquad s \in \mathcal{S}; k \in \mathcal{K}; t = 1, 2, \ldots, T$$

Die Symbole haben folgende Bedeutung:

Daten:

a_k	Produktionskoeffizient für Produkttyp k in bezug auf die personelle Kapazität
b_k	Produktionskoeffizient für Produkttyp k in bezug auf die technische Kapazität
$C_t^{s,\max}$	technische Kapazität in Periode t am Standort s
d_{kt}	Nachfrage für Produkttyp k in Periode t
$\mathcal{K}$	Indexmenge aller Produkte
$\mathcal{K}_s$	Indexmenge der am Standort s produzierten Produkte
l_k	Lagerkostensatz für Produkttyp k pro Mengeneinheit und Periode
$N_t^{s,\max}$	personelle Kapazität am Standort s in Periode t
q_{jk}	Menge des Produkttyps j, die zur Produktion einer Einheit des Produkttyps k benötigt wird
$U_t^{s,\max}$	maximale personelle Zusatzkapazität am Standort s in Periode t
u_s	Kosten für eine Einheit zusätzlicher personeller Kapazität am Standort s

Entscheidungsvariablen:

L_{kt}	Lagerbestand für Produkttyp k am Ende von Periode t
U_t^s	genutzte personelle Zusatzkapazität am Standort s in Periode t
X_{kt}	Produktionsmenge von Produkttyp k in Periode t

Die obige Formulierung unterstellt, daß jedes Produkt nur in einer Fabrik hergestellt wird. Ist dies nicht der Falls, dann wird das Modell wesentlich komplizierter, da man dann u. a. produkt- und standortspezifische Lagerbestände einführen muß.

b) Die beschriebene Modellformulierung kann in vielerlei Hinsicht erweitert werden. Anstelle der eindeutigen Zuordnung der Produkte zu den Produktionsstätten kann auch die Situation betrachtet werden, daß einzelne Produkte in mehreren Fabriken hergestellt werden können. Dann sind allerdings Transporte und evtl. vorhandene Unterschiede in den variablen Produktionskosten zu berücksichtigen. Auch die Transporte zu Auslieferungslagern bis hin zu den Abnehmern der Produkte lassen sich in die Modellierung einbeziehen.

Weiterhin kann die Möglichkeit des Rückgriffs auf externe Zulieferer berücksichtigt werden. So fertigt z. B. Porsche die normale Nachfrage des Modells Boxster in seiner eigenen Fabrik, während zur Deckung von Spitzennachfragemengen auf einen finnischen Produzenten zurückgegriffen wird.

Schließlich lassen sich produktbezogene Mindestbestände und Obergrenzen für den gesamten Lagerbestand einer Periode berücksichtigen.

c) Die Aufgabe beschreibt eine zweistufige Produktion, wobei jedes Produkt in genau einer Fabrik produziert wird. Das heißt, der Produktionsplan für die Endprodukte in Fabrik A erzeugt den Sekundärbedarf für die Vorprodukte, die in Fabrik B produziert werden.

🔍 {AMPL,OPL}-Modell: www.produktion-und-logistik.de/SCMP-Modelle

Für die gegebenen Daten erhalten wir die in der folgenden Tabelle zusammengestellte Lösung.[2]

Fabrik A

t	d_{1t}	d_{2t}	X_{1t}	X_{2t}	L_{1t}	L_{2t}	$\sum_{k\in\{1,2\}} b_k \cdot X_{kt}$	$\sum_{k\in\{1,2\}} a_k \cdot X_{kt} - U_t^A$	U_t^A
1	80	60	100	70	20	10	170	170	–
2	130	80	110	90	–	20	200	200	–
3	100	120	100	100	–	–	200	200	–
4	80	80	80	80	–	–	160	160	–
5	100	60	140	60	40	–	200	200	–
6	140	50	115	85	15	35	200	200	–
7	150	120	135	85	–	–	220	200	20
8	90	100	90	100	–	–	190	190	–

Fabrik B

t	d_{3t}	d_{4t}	d_{5t}	X_{3t}	X_{4t}	X_{5t}	L_{3t}	L_{4t}	L_{5t}	$\sum_{k\in\{3,4,5\}} b_k \cdot X_{kt}$	$\sum_{k\in\{3,4,5\}} a_k \cdot X_{kt} - U_t^B$	U_t^B
1	170	70	70	170	70	70	–	–	–	310	310	–
2	200	90	90	210	90	90	10	–	–	390	390	–
3	200	100	100	190	100	100	–	–	–	390	390	–
4	160	80	80	160	80	80	–	–	–	320	320	–
5	200	60	60	200	60	60	–	–	–	320	320	–
6	200	85	85	200	85	85	–	–	–	370	370	–
7	220	85	85	220	85	85	–	–	–	390	390	–
8	190	100	100	190	100	100	–	–	–	390	390	–

Dieser Plan ist mit Gesamtkosten in Höhe von 2175 Geldeinheiten verbunden. Davon entfallen 2125 Geldeinheiten auf die Fabrik A und 50 Geldeinheiten (ausschließlich Lagerkosten) auf die Fabrik B.

d) Bei isolierter Betrachtung der Fabrik A erhält man dagegen den in der folgenden Tabelle angegebenen Produktionsplan.

---

2 Diese Ergebnisse können auch mit einem Modul der Software „Produktions-Management-Trainer" ermittelt werden.

Fabrik A

t	d_{1t}	d_{2t}	X_{1t}	X_{2t}	L_{1t}	L_{2t}	$\sum\limits_{k\in\{1,2\}} b_k \cdot X_{kt}$	$\sum\limits_{k\in\{1,2\}} a_k \cdot X_{kt} - U_t^A$	U_t^A
1	80	60	110	60	30	–	170	170	–
2	130	80	120	80	20	–	200	200	–
3	100	120	80	120	–	–	200	200	–
4	80	80	80	80	–	–	160	160	–
5	100	60	140	60	40	–	200	200	–
6	140	50	150	50	50	–	200	200	–
7	150	120	100	120	–	–	220	200	20
8	90	100	90	100	–	–	190	190	–

Dieser Plan ist aus der Sicht der Fabrik A mit 1800 Geldeinheiten kostengünstiger als der bei werksübergreifender Optimierung ermittelte Produktionsplan für diese Fabrik.

Verwendet man die geplanten Produktionsmengen der Fabrik A nun als externe Nachfrage in der Produktionsplanung für die Fabrik B, dann erhält man den in der folgenden Tabelle angegegebenen Produktionsplan für Fabrik B.

Fabrik B

t	d_{3t}	d_{4t}	d_{5t}	X_{3t}	X_{4t}	X_{5t}	L_{3t}	L_{4t}	L_{5t}	$\sum\limits_{k\in\{3,4,5\}} b_k \cdot X_{kt}$	$\sum\limits_{k\in\{3,4,5\}} a_k \cdot X_{kt} - U_t^B$	U_t^B
1	170	60	60	170	60	60	–	–	–	290	290	–
2	200	80	80	230	80	80	30	–	–	390	390	–
3	200	120	120	170	120	120	–	–	–	410	390	20
4	160	80	80	160	80	80	–	–	–	320	320	–
5	200	60	60	200	60	60	–	–	–	320	320	–
6	200	50	50	270	50	50	70	–	–	370	370	–
7	220	120	120	150	120	120	–	–	–	390	390	–
8	190	100	100	190	100	100	–	–	–	390	390	–

Aufgrund der höheren Lagerbestände und der größeren Anzahl Überstunden entstehen in Fabrik B Kosten in Höhe von 660 Geldeinheiten, so daß die Gesamtkosten für beide Fabriken nun 2460 Geldeinheiten betragen.

Bei sukzessiver Planung der Produktionsprogramme in diesem Produktions- und Logistiksystem – d. h. erst Planung für Fabrik A, dann Weitergabe der geplanten Produktionsmengen als Bedarfe an die Fabrik B und Planung für Fabrik B – werden nur die jeweils auf eine Fabrik bezogenenen Zielgrößen (d. h. Lagerkosten versus Überstundenkosten) einander gegenübergestellt. Im Beispiel zeigt sich jedoch, daß auch ein Zielkonflikt über die Standortgrenzen hinweg besteht. Daher kommt es in der optimalen Lösung als Ergebnis der Simultanplanung zu einer Verschiebung der Lagerbestände zwischen den beiden Standorten und zu einer vollständigen Vermeidung von Überstunden in Fabrik B.

2 Losgrößen- und Ressourceneinsatzplanung bei Sorten- bzw. Fließproduktion

Das Ergebnis des Master Planning bzw. der Produktionsprogrammplanung, d. h. die mengen- und terminmäßig spezifizierten Produktionsmengen der Endprodukte (Primärbedarfsmengen), bildet den Ausgangspunkt für die nachfolgende Ebene der Losgrößen- und Ressourceneinsatzplanung, die für jedes Produktionssegment in Abhängigkeit von dessen spezifischen Gegebenheiten erfolgt. In diesem Abschnitt betrachten wir Probleme der simultanen Losgrößen- und Reihenfolgeplanung. Probleme dieser Art findet man bei Sortenproduktion, wenn ähnliche Produkte oder Varianten eines Grundprodukts nach mehr oder weniger aufwendigen Umrüstvorgängen auf denselben Ressourcen produziert werden.

Bei den Ressourcen kann es sich um eine einzelne Maschine handeln, z. B. eine Blechpresse in der Automobilindustrie, oder auch um eine aus mehreren Stationen bestehende Produktionsanlage, die das Produkt in einem mehrstufigen Produktionsprozeß mit stufenspezifischen Umrüstvorgängen herstellen.

Verständnis- und Wiederholungsfragen

1. Charakterisieren Sie die Probleme der Losgrößenplanung bei Fließ- bzw. Sortenproduktion im Unterschied zur Werkstatt- bzw. Kleinserienproduktion.

2. Welche Bedeutung haben statische Losgrößenmodelle für die operative Losgrößenplanung?

3. Erläutern Sie die Unterschiede zwischen „big bucket"- und „small bucket"-Modellen zur Losgrößenplanung.

4. Finden Sie in der Literatur Beispiele für „small bucket"-Modellformulierungen zur Losgrößen- und Reihenfolgeplanung.

5. Was versteht man unter einer „common cycle"-Politik?

6. Erläutern Sie die Funktionsweise einer „power-of-two"-Politik.

Übungsaufgaben

B2.1

Statische Mehrproduktlosgrößenplanung, ELSP, gemeinsamer Produktionszyklus

---

Im Preßwerk eines Automobilherstellers werden an einer Blechpresse $K = 7$ Fahrzeugteile hergestellt. Der Bedarfsverlauf kann als kontinuierlich und konstant angesehen werden. Die produktbezogenen Daten (k=Produktindex, D_k=Nachfragerate, p_k=Produktionsrate, τ_k= Rüstzeit, s_k= Rüstkostensatz, h_k = Lagerkostensatz) sind in der folgenden Tabelle zusammengestellt.

k	D_k	p_k	τ_k	s_k	h_k
1	10.4	128.5714	2.0000	190	0.000689
2	.8	32.43243	2.0000	210	0.010280
3	3.6	40.44944	2.0000	140	0.021853
4	12.22222	51.42857	2.0000	100	0.005105
5	2.666667	55.38462	2.0000	150	0.005920
6	4	40.90909	2.0000	110	0.004753
7	12.44444	45.56962	2.0000	160	0.003530

a) Bestimmen Sie die isoliert optimalen Losgrößen nach dem klassischen Losgrößenmodell und erzeugen Sie einen Produktionsplan, indem Sie die Produkte in der Reihenfolge ihrer Nummerierung auf der Ressource einlasten. Interpretieren Sie den Produktionsplan.

b) Bestimmen Sie den optimalen zulässigen Produktionsplan unter der Annahme, daß für alle Produkte ein gemeinsamer Produktionszyklus verwendet wird.

 INFORMATIONEN, LITERATUR

Domschke et al. (1997)
Günther und Tempelmeier (2016)

 LÖSUNG

a) Nach der klassischen Losgrößenformel

$$q_k^{\text{opt}} = \sqrt{\frac{2 \cdot D_k \cdot s_k}{h_k \cdot \left(1 - \dfrac{D_k}{p_k}\right)}} \qquad\qquad k = 1, 2, \ldots, K$$

erhält man die in der folgenden Tabelle angegebenen optimalen Losgrößen:

k	q_k^{opt}
1	2498.02
2	183.06
3	225.02
4	792.56
5	376.78
6	453.00
7	1245.81

Lastet man die Produkte mit diesen Losgrößen auf der Ressource ein, dann ergibt sich folgender Produktionsablauf:

k	Vorgang	Start	Ende
1	Rüsten	0.000	2.000
	Produktion	2.000	21.429
2	Rüsten	21.429	23.429
	Produktion	23.429	29.073
3	Rüsten	29.073	31.073
	Produktion	31.073	36.636
4	Rüsten	36.636	38.636
	Produktion	38.636	54.047
5	Rüsten	54.047	56.047
	Produktion	56.047	62.850
6	Rüsten	62.850	64.850
	Produktion	64.850	75.923
7	Rüsten	75.923	77.923
	Produktion	77.923	105.262

Bild B.2 zeigt die Belegung der Presse im Zeitablauf, wobei für jedes Produkt die ersten drei Produktionszyklen – diese wiederholen sich gemäß den Annahmen der statischen Betrachtungsweise über einen längeren Zeitraum – dargestellt sind.

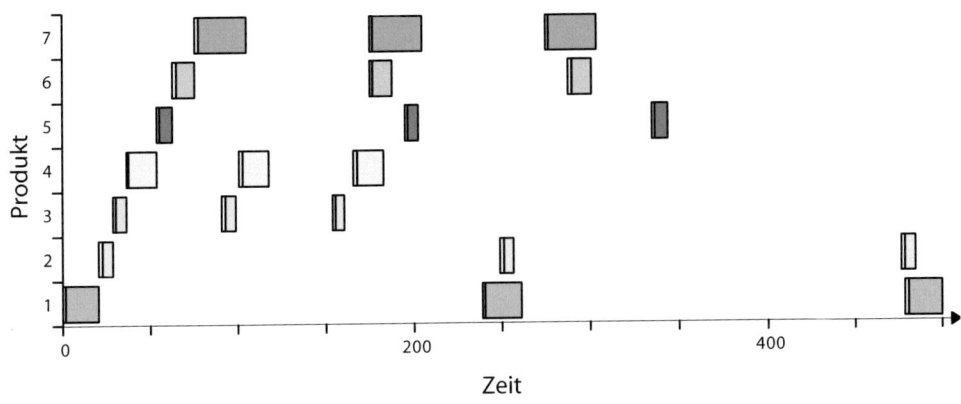

Bild B.2: Unzulässiger Produktionsplan

Man kann leicht erkennen, daß dieser Produktionsplan nicht realisierbar ist, da in verschiedenen Perioden mehrere Produkte gleichzeitig auf der Presse eingeplant sind. Da man immer nur ein Produkt produzieren kann, kann mit der Produktion einzelner Produkte nicht rechtzeitig begonnen werden. Dies führt zu Fehlmengen.

b) Der optimale gemeinsame Produktionszyklus beträgt 103.488 Zeiteinheiten. Er ist zulässig, da er länger ist als der minimale Zyklus (94.1). Die optimalen Losgrößen ($q_k^{\text{opt}} = T_{\text{opt}} \cdot d_k$, $k = 1, 2, \ldots, 7$) betragen dann:

k	$T_{\text{opt}} \cdot d_k$	q_k^{opt}
1	103.488· 10.40	1076.274
2	103.488· 0.80	82.790
3	103.488· 3.60	372.556
4	103.488· 12.22	1264.851
5	103.488· 2.67	275.968
6	103.488· 4.00	413.951
7	103.488· 12.44	1287.849

B2.2

Mehrstufige Produktion, gemeinsamer Produktionszyklus

In der Teilefertigung eines Automobilherstellers werden vier Produkte in einem vierstufigen Produktionsprozeß hergestellt. Die durchschnittlichen Nachfragemengen D_k pro Stunde sind in der folgenden Tabelle angegeben.

k	D_k
1	0.328
2	0.659
3	0.448
4	0.783

An den einzelnen Produktionsstufen ($j = 1, 2, 3, 4$) entstehen Rüstzeiten τ_{kj}, die zusammen mit den Stückbearbeitungszeiten tb_{kj} in der folgenden Übersicht zusammengefaßt sind.

j	k	tb_{kj}	τ_{kj}
1	1	0.1660	0.2580
	2	0.1970	0.1760
	3	0.1840	0.2370
	4	0.1740	0.0370
2	1	0.0200	0.0810
	2	0.0830	0.5830
	3	0.0790	0.5550
	4	0.1640	0.3390
3	1	0.0950	0.0940
	2	0.0810	0.4480
	3	0.0600	0.2840
	4	0.0640	0.0110
4	1	0.1100	0.1430
	2	0.0420	0.1120
	3	0.1750	0.3200
	4	0.0630	0.4270

Auf allen Produktionsstufen werden die Produkte in der Reihenfolge $\{1,2,3,4\}$ produziert. Eine überlappte Produktion eines Produkts auf zwei aufeinanderfolgenden Produktionsstufen (offene Produktweitergabe) ist nicht erlaubt. Der Produktionsplaner möchte für alle Produkte und Produktionsstufen einen gemeinsamen Produktionszyklus der Länge $T = 2.2$ verwenden.

Setzen Sie das lineare Optimierungsmodell von *El-Najdawi und Kleindorfer* (1993) ein, um zu prüfen ob der resultierende Produktionsplan zulässig ist.

 ## INFORMATIONEN, LITERATUR

El-Najdawi und Kleindorfer (1993)
Pinto und Rao (1992)

 ## LÖSUNG

El-Najdawi und Kleindorfer (1993) schlagen ein lineares Optimierungsmodell zur Bestimmung der optimalen Produktionstermine für einen gegebenen Produktionszyklus vor. Die Nebenbedingungen dieses Modells können zur Überprüfung der Zulässigkeit eines gegebenen Produktionszyklus eingesetzt werden. Dabei wird berücksichtigt, daß der Produktionszyklus auf jeder Produktionsstufe eingehalten wird. Außerdem werden die Vorgänger-Nachfolger-Beziehungen zwischen den Produkten und Produktionsstufen berücksichtigt.

Symbole:

k	Index der Produkte ($k = 1, 2, \ldots, K$)
j	Index der Produktionsstufen ($j = 1, 2, \ldots, J$)
W_{kj}	Startzeitpunkt Produkt k an Stufe j
F_{kj}	Endzeitpunkt Produkt k an Stufe j
tb_{kj}	Stückbearbeitungszeit Produkt k an Stufe j
τ_{kj}	Rüstzeit Produkte k an Stufe j
D_k	Nachfragerate für Produkte k
T	Produktionszyklus (identisch für alle Produkte)

Damit der Produktionszyklus T zulässig ist, müssen folgenden Bedingungen erfüllt sein

1. Produkt k kann auf Stufe j erst beginnen, wenn seine Produktion auf Stufe $j-1$ beendet ist:

$$W_{kj} \geq F_{k,j-1} \qquad\qquad k = 1, 2, \ldots, K; j = 1, 2, \ldots, J$$

2. Stufe j kann mit Produkt k erst beginnen, wenn die Produktion des Produkts $k-1$ auf dieser Stufe abgeschlossen ist:

$$W_{kj} \geq F_{k-1,j} \qquad\qquad k = 1, 2, \ldots, K; j = 1, 2, \ldots, J$$

3. Das Bearbeitungsende des Produkts k auf Stufe j ergibt sich aus dem Bearbeitungsbeginn zuzüglich der Rüstzeit und der Bearbeitungszeit:

$$F_{kj} = W_{k,j} + \tau_{kj} + T \cdot D_k \cdot tb_{kj} \qquad k = 1, 2, \ldots, K; j = 1, 2, \ldots, J$$

4. Die Zeitspanne zwischen dem Beginn des ersten Auftrags und dem Ende des letzten Auftrags auf jeder Stufe darf nicht länger als der vorgegebene Produktionszyklus sein:

$$F_{Kj} - W_{1,j} \leq T \qquad\qquad j = 1, 2, \ldots, J$$

5. Die Zeitspanne zwischen dem Bearbeitungsbeginn eines Produkts auf Stufe 1 und dem Bearbeitungsende des Produkts auf der letzten Stufe J darf nicht länger als der Produktionszyklus T sein, da andernfalls das Produktionsmuster nicht wiederholt werden kann:

$$F_{kJ} - W_{k,1} \leq T \qquad\qquad k = 1, 2, \ldots, K$$

6. Anfangsbedingungen:

$$F_{0j} = 0 \qquad\qquad j = 1, 2, \ldots, J$$
$$F_{k0} = 0 \qquad\qquad k = 1, 2, \ldots, K$$

Für den Produktionszyklus $T = 2.2$ betragen die Losgrößen:

k	q_k
1	$0.328 \cdot 2.2 = 0.72$
2	$0.659 \cdot 2.2 = 1.45$
3	$0.448 \cdot 2.2 = 0.99$
4	$0.783 \cdot 2.2 = 1.72$

Setzt man die obigen Gleichungen in ein LP-Modell um, dann erhält man den in der folgenden Tabelle angegebenen Produktionsablauf. Zusätzlich zu den Nebenbedingungen wurde hier eine Zielfunktion verwendet, die dazu führt, daß sämtliche Produktionsvorgänge so spät wie möglich begonnen werden.

k	j	Start	Ende	Dauer
1	1	0.00	0.38	0.3778
1	2	0.74	0.84	0.0954
1	3	1.18	1.35	0.1626
1	4	1.35	1.57	0.2224
2	1	0.38	0.84	0.4616
2	2	0.84	1.54	0.7033
2	3	1.54	2.11	0.5654
2	4	2.11	2.28	0.1729
3	1	1.12	1.54	0.4184
3	2	1.54	2.18	0.6329
3	3	2.18	2.52	0.3431
3	4	2.52	3.01	0.4925
4	1	1.86	2.2	0.3367
4	2	2.27	2.89	0.6215
4	3	2.89	3.01	0.1212
4	4	3.01	3.55	0.5355

Die folgende Tabelle zeigt, daß der Produktionszyklus zulässig ist.

Zulässigkeit – Produktionsstufen	Start	Ende	Zyklus
$j = 1$	0	2.2	2.2
$j = 2$	0.74	2.89	2.146
$j = 3$	1.18	3.01	1.827
$j = 4$	1.35	3.55	2.2
Zulässigkeit – Produkte	Start	Ende	Zyklus
$k = 1$	0	1.57	1.5691
$k = 2$	0.38	2.28	1.9033
$k = 3$	1.12	3.01	1.8868
$k = 4$	1.86	3.55	1.6835

In Bild B.3 sind zwei Produktionszyklen hintereinander dargestellt.

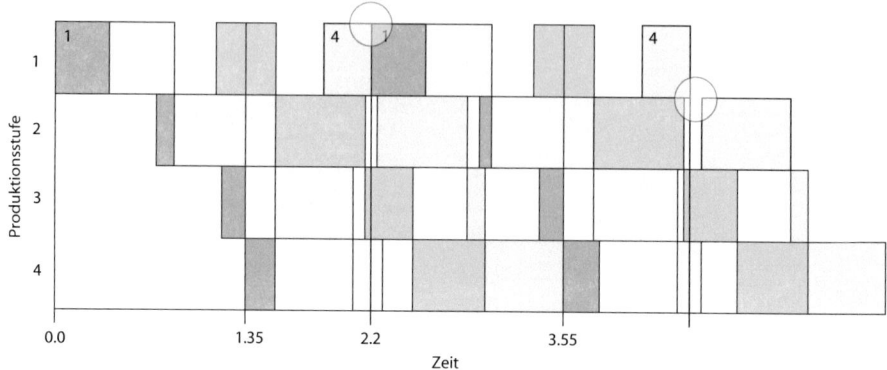

Bild B.3: Gantt-Diagramm für zwei Produktionszyklen

Produkt 4 wird auf Stufe 1 so weit nach hinten geschoben, daß die Produktion exakt zum Zeitpunkt $T = 2.2$ endet. Im zweiten Zyklus fällt die Lücke zwischen dem Ende der Produktion des Produkts 4 auf Stufe 1 und dem Beginn der Produktion desselben Produkts auf Stufe 2 auf.

B2.3

Dynamische Losgrößen- und Reihenfolgeplanung, PLSP

Ein Automobilzulieferer hat ein Lieferabkommen mit mehreren Kunden über die Lieferung von sieben Produkten abgeschlossen, die alle auf derselben Produktionsanlage hergestellt werden. Die Anlage hat eine Periodenkapazität in Höhe von 150 Zeiteinheiten. Für die nächsten neun Perioden liegen folgende produkt- und periodenspezifische Bedarfsmengen vor:

$k \backslash t$	1	2	3	4	5	6	7	8	9
1	0	0	0	0	120	0	0	0	0
2	0	0	30	40	0	0	0	0	0
3	0	0	0	0	0	0	110	0	200
4	60	100	0	50	0	0	10	0	0
5	0	0	0	0	0	100	0	0	0
6	0	100	60	0	0	0	20	10	0
7	0	0	0	0	0	0	0	40	0

Die Rüstzeiten sind für alle Produkte identisch $tr_k = 10$ ($k = 1, 2, \dots, 7$). Die Stückbearbeitungszeiten sind ebenfalls für alle Produkte identisch $tb_k = 1$ ($k = 1, 2, \ldots, 7$). Der Lagerkostensatz für Produkt 1 (2, 3, 4, 5, 6, 7) ist 4 (3, 2, 2, 2, 1, 3). Der Produktionsplaner ist der Meinung, durch die Berücksichtigung von Rüstzeiten bei der Aufstellung des Produktionsplanes auf Rüstkosten verzichten zu können. Zur Losgrößenplanung soll das „Proportional Lotsizing and Scheduling Problem" (PLSP) eingesetzt werden.

a) Schreiben Sie die mathematische Formulierung des betrachteten Problems auf.

b) Entwickeln Sie ein AMPL- oder OPL-Modell des PLSP für die vorliegenden Daten und bestimmen Sie die optimale Lösung.

 ## INFORMATIONEN, LITERATUR

Drexl und Haase (1995)
Haase (1994)
Suerie (2006)

 ## LÖSUNG

a) Das „Proportional Lotsizing and Scheduling Problem" tritt bei der simultanen Losgrößen- und Reihenfolgeplanung auf. Dabei wird neben der Bestimmung der Losgrößen für alle Produkte auch ein vollständiger Ablaufplan definiert, aus dem die genauen Start- und Endtermine der Produktion abgeleitet werden können. Das PLSP geht von sehr kurzen Perioden aus („small-bucket"-Modell) und ermöglicht, falls die Kapazität einer Periode nicht voll durch die Produktion eines Produktes verbraucht wird, die Produktion eines zweiten Produktes. Die *Grundannahme* des PLSP lautet: *In jeder Periode darf höchstens ein Produktwechsel erfolgen.*

Das PLSP eignet sich für den Fall, daß mit einer feinen Periodeneinteilung geplant wird und daher ein Produkt in mehreren Perioden hintereinander produziert wird. Rüstkosten fallen nur einmal zu Beginn der Produktion mit der Vorbereitung der Ressource für die Produktion an. Das muß nicht die Produktionsperiode sein, in der mit der Produktion begonnen wird, sondern kann u. U. auch schon vorher geschehen.

Damit überflüssiges Rüsten vermieden wird, muß der Rüstzustand der Ressource verwaltet werden. Hier wird im PLSP eine binäre Variable z_{kt} verwendet, die den Rüstzustand der Ressource für Produkt k am *Ende* der Periode t beschreibt. Ist $z_{kt} = 1$, dann kann das Produkt k am Ende der Periode t und damit auch zu Beginn der Periode $t + 1$ produziert werden. Der eigentliche *Rüstvorgang* wird wie in anderen Losgrößenmodellen durch die Rüstvariable γ_{kt} abgebildet.

Das Modell PLSP sieht wie folgt aus:

Minimiere

$$Z = \sum_{k=1}^{K} \sum_{t=1}^{T} \left(s_k \cdot \gamma_{kt} + h_k \cdot y_{kt} \right)$$

u. B. d. R.

Lagerbilanzgleichungen:

$$y_{k,t-1} + q_{kt} - y_{kt} = d_{kt} \qquad\qquad k = 1, 2, \ldots, K; \; t = 1, 2, \ldots, T$$

Kapazitätsrestriktionen:

$$\sum_{k=1}^{K} (tb_k \cdot q_{kt} + tr_k \cdot \gamma_{kt}) \leq b_t \qquad\qquad t = 1, 2, \ldots, T$$

An jedem Periodenende darf höchstens ein Rüstzustand vorhanden sein:

$$\sum_{k=1}^{K} z_{kt} \leq 1 \qquad\qquad t = 1, 2, \ldots, T$$

Ein Rüstvorgang tritt auf, wenn sich der Rüstzustand für Produkt k von „nicht gerüstet" am Ende der Periode $(t-1)$ auf „gerüstet" am Ende der Periode t ändert:

$$\gamma_{kt} \geq z_{kt} - z_{k,t-1} \qquad\qquad k = 1, 2, \ldots, K; \; t = 1, 2, \ldots, T$$

Es kann nur produziert werden, wenn der Rüstzustand am Anfang der Periode t (Ende Vorperiode $(t-1)$) (Produktion am Periodenanfang) oder am Ende der Periode t (Produktion am Periodenende) zum Produkt k paßt:

$$q_{kt} \leq G \cdot (z_{k,t-1} + z_{kt}) \qquad\qquad k = 1, 2, \ldots, K; \; t = 1, 2, \ldots, T$$

$$\gamma_{kt} \in \{0, 1\} \qquad\qquad k = 1, 2, \ldots, K; \; t = 1, 2, \ldots, T$$

$$z_{kt} \in \{0, 1\} \qquad\qquad k = 1, 2, \ldots, K; \; t = 1, 2, \ldots, T$$

Dabei bedeuten:

Daten:

G	eine sehr große Zahl
d_{kt}	Bedarfsmenge für Produkt k in Periode t
h_k	Lagerkostensatz für Produkt k
k	Index der Produkte $(k = 1, 2, \ldots, K)$
t	Index der Perioden $(t = 1, 2, \ldots, T)$
s_k	Rüstkostensatz für Produkt k
tb_k	Stückbearbeitungszeit Produkt k
tr_k	Rüstzeit für Produkt k

Entscheidungsvariablen:

y_{kt} Lagerbestand für Produkt k am Ende der Periode t

$$z_{kt} = \begin{cases} 1 & \text{wenn die Anlage am Ende der Periode } t \text{ für Produkt } k \text{ gerüstet ist,} \\ 0 & \text{sonst.} \end{cases}$$

$$\gamma_{kt} = \begin{cases} 1 & \text{wenn in Periode } t \text{ für Produkt } k \text{ gerüstet wird,} \\ 0 & \text{sonst.} \end{cases}$$

b)

🔍   **{AMPL,OPL}-Modell: www.produktion-und-logistik.de/SCMP-Modelle**

Die optimale Lösung (Minimale Kosten = 410) zeigt Bild B.4.

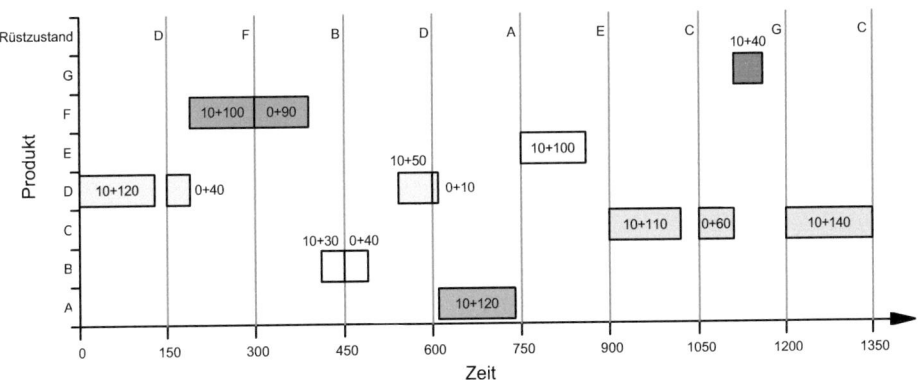

Bild B.4: Optimale Lösung des PLSP

Die Zahlen in den Balken geben jeweils die Rüstzeit und die Gesamtbearbeitungszeit an. Man erkennt, daß der Rüstzustand in mehreren Fällen zur Fortsetzung der Produktion eines Produkts genutzt werden kann.

B2.4

Dynamische Losgrößen- und Reihenfolgeplanung, PLSP, parallele Maschinen

In einer Fabrik für Kosmetikprodukte stehen zwei identische Produktionsanlagen zur Herstellung verschiedener Sorten von Hair-Styling-Schleim. Für drei derartige Produkte sind die folgenden Nachfragemengen gegeben.

$k\backslash t$	1	2	3	4	5	6	7	8	9	10
1	30	0	80	0	40	0	10	0	0	10
2	0	0	30	0	70	0	0	0	0	20
3	0	0	40	0	60	0	50	0	0	100

Die Lagerkostensätze der Produkte betragen $h_1 = 4$, $h_2 = 3$ und $h_3 = 2$. Es wird mit Rüstkosten (Kosten für Reinigungsmaterial etc.) in Höhe von $s_1 = 400$, $s_2 = 150$ sowie $s_3 = 100$ Geldeinheiten gerechnet. Die eine Produktionsanlage hat eine Periodenkapazität von $b_1 = 75$ Zeiteinheiten pro Periode, während die andere Anlage nur mit einer Kapazität von $b_2 = 25$ pro Periode zur Verfügung steht. Die Rüstzeiten betragen auf beiden Anlagen für alle Produkte einheitlich 3 Zeiteinheiten. Die Stückbearbeitungszeiten sind für alle Produkte gleich 1.

Erweitern Sie das „Proportional Lotsizing and Scheduling Problem" (PLSP) für den hier vorliegenden Fall paralleler Ressourcen.

 INFORMATIONEN, LITERATUR

Drexl und Haase (1995)
Haase (1994)
Suerie (2006)

 LÖSUNG

Das Modell PLSP kann sehr einfach für die Losgrößen- und Reihenfolgeplanung mit mehreren parallelen Ressourcen modifiziert werden. Man erweitert jede Variable um einen Ressourcenindex und modifiziert die Lagerbilanzgleichung dahingehend, daß der Lagerzugang eines Produkts nun aus der Produktion auf mehreren Ressourcen kommen kann. Es entsteht das folgende Modell:

$$\text{Minimiere } Z = \sum_{m=1}^{M} \sum_{k=1}^{K} \sum_{t=1}^{T} s_k \cdot \gamma_{mkt} + \sum_{k=1}^{K} \sum_{t=1}^{T} h_k \cdot y_{kt}$$

u. B. d. R.

$$y_{k,t-1} + \sum_{m=1}^{M} q_{mkt} - y_{kt} = d_{kt} \qquad k = 1, 2, \ldots, K;\ t = 1, 2, \ldots, T$$

$$\sum_{k=1}^{K} (tb_{mk} \cdot q_{mkt} + tr_{mk} \cdot \gamma_{mkt}) \leq b_{mt} \quad m = 1, 2, \ldots, M; t = 1, 2, \ldots, T$$

$$\sum_{k=1}^{K} z_{mkt} \leq 1 \qquad m = 1, 2, \ldots, M; t = 1, 2, \ldots, T$$

$$\gamma_{mkt} \geq z_{mkt} - z_{mk,t-1} \qquad m = 1, 2, \ldots, M; k = 1, 2, \ldots, K;\ t = 1, 2, \ldots, T$$

$$q_{mkt} \leq G \cdot (z_{mk,t-1} + z_{mkt}) \qquad m = 1, 2, \ldots, M; k = 1, 2, \ldots, K;\ t = 1, 2, \ldots, T$$

$$\gamma_{mkt} \in \{0, 1\} \qquad m = 1, 2, \ldots, M; k = 1, 2, \ldots, K;\ t = 1, 2, \ldots, T$$

$$z_{mkt} \in \{0, 1\} \qquad m = 1, 2, \ldots, M; k = 1, 2, \ldots, K;\ t = 1, 2, \ldots, T$$

Dabei bedeuten:

Daten:

G	eine sehr große Zahl
d_{kt}	Bedarfsmenge für Produkt k in Periode t
h_k	Lagerkostensatz für Produkt k
k	Index der Produkte ($k = 1, 2, \ldots, K$)
m	Index der Ressourcen ($m = 1, 2, \ldots, M$)
s_k	Rüstkostensatz für Produkt k
t	Index der Perioden ($t = 1, 2, \ldots, T$)
tb_{mk}	Stückbearbeitungszeit Produkt k auf Maschine m
tr_{mk}	Rüstzeit für Produkt k an Maschine m

Entscheidungsvariablen:

y_{kt} Lagerbestand für Produkt k am Ende der Periode t

$$z_{mkt} = \begin{cases} 1 & \text{wenn die Maschine } m \text{ am Ende der Periode } t \text{ für Produkt } k \text{ gerüstet ist,} \\ 0 & \text{sonst.} \end{cases}$$

$$\gamma_{mkt} = \begin{cases} 1 & \text{wenn die Maschine } m \text{ in Periode } t \text{ für Produkt } k \text{ gerüstet wird,} \\ 0 & \text{sonst.} \end{cases}$$

 {AMPL,OPL}-Modell: www.produktion-und-logistik.de/SCMP-Modelle

Die optimalen Produktionspläne für beide Anlagen sind in die Bild B.5 dargestellt. Man erkennt sehr deutlich, daß die Produkte so auf die Ressourcen zugeordnet werden, daß es häufig möglich ist, die Rüstzustände aus vergangenen Perioden auszunutzen. Auf der Anlage 1 wird in Periode 3 die in dieser Periode zu erfüllende Nachfrage (30) des Produkts 2 produziert. Der Rüstzustand wird in der nächsten Periode 4 genutzt, um gerade soviel (58) zu produzieren, daß zusammen mit der Produktionsmenge aus Periode 5 (12) die Nachfrage für Produkt 2 in Periode 5 (70) gedeckt wird. Interessant ist auch, daß auf der Anlage 1 der Rüstzustand für Produkt 3 über mehrere Perioden ohne Produktionsaktivität fortgeschrieben wird.

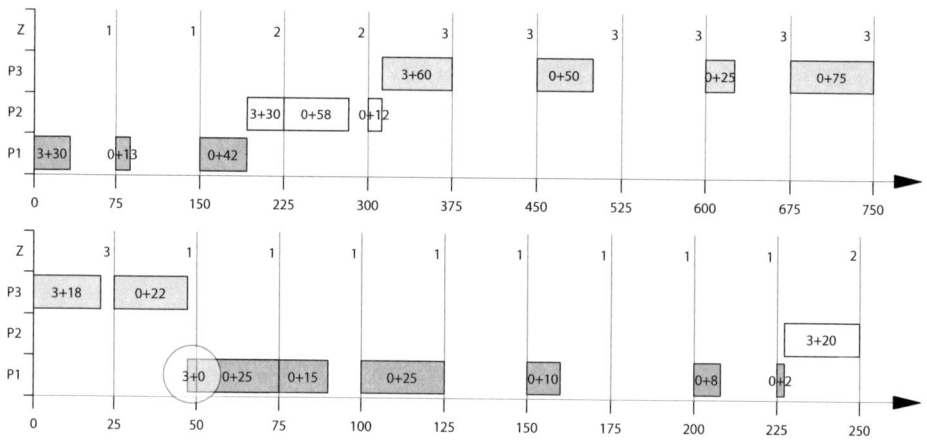

Bild B.5: Optimale Lösung

Beachtenswert ist, daß auf der Anlage 2 bereits in Periode 2 für Produkt 1 gerüstet wird, obwohl die Produktion erst in Periode 3 beginnt.

B2.5

Belegungsplanung für Verpackungslinien

Eine Unternehmung der Konsumgüter-Industrie stellt flüssige Produkte her, die auf Abfüll- und Verpackungslinien in spezielle Behälter gefüllt werden. Diese werden mit Schraubverschlüssen versehen, in Faltschachteln verpackt und schließlich versandfertig gemacht. Ein typischer Prozeß besteht aus den Schritten:

1. Füllen
2. Verschluß aufschrauben
3. Kappe auf Verschluß setzen
4. Abfülldatum aufdrucken
5. Etikettierung anbringen
6. Behälter in Faltschachtel verpacken
7. Faltschachteln zu Verkaufseinheiten zusammenfassen
8. Verkaufseinheit cellophanieren
9. Verkaufseinheiten palettieren

Insgesamt sind neun Aufträge für drei Produkte zu erledigen. Dazu stehen drei Verpackungslinien zur Verfügung. Jede Verpackungslinie kann jedes Produkt abfüllen. Die Verpackungslinien bestehen aus teilautomatisierten Stationen und dazwischen angeordneten Handarbeitsplätzen. Wegen ihres unterschiedlichen Automatisierungsgrades benötigen die Verpackungslinien auftrags- bzw. produktbezogen unterschiedlich viel Personal.

Die Belegungsdauer der Linie j durch den Auftrag i errechnet sich aus der produktbezogenen Rüstzeit plus der mit der Auftragsgröße multiplizierten ebenfalls produktbezogenen Stückbearbeitungszeit. Die folgende Tabelle gibt die Belegungsdauern (in Stunden) der Linien für die neun Aufträge wieder.

$i\backslash j$	A	B	C
1	57	98	66
2	57	98	66
3	57	98	66
4	57	92	74
5	57	92	74
6	57	92	74
7	96	156	125
8	96	156	125
9	96	156	125

Außer hinsichtlich der Rüstzeiten und der Produktionsgeschwindigkeiten unterscheiden sich die Linien durch ihren Automatisierungsgrad und damit auch im Hinblick auf den Personalbedarf. Dabei ist zu berücksichtigen, daß Personal von Fall zu Fall von einem externen Leiharbeit-Unternehmer zur Verfügung gestellt und nach Bedarf bereitgestellt wird. Die Personalstunden, die insgesamt zur Bewältigung des Produktionsprogramms benötigt werden, bilden die zu minimierende Zielgröße. Jede eingesparte Stunde führt unmittelbar zu einer nachweisbaren Gewinnsteigerung. Den Personalbedarf (in Stunden) bei Bearbeitung des Auftrags i durch Linie j zeigt die folgende Tabelle.

$i\backslash j$	A	B	C
1	244	864	704
2	244	864	704
3	244	864	704
4	190	412	792
5	190	412	792
6	190	412	792
7	327	1544	1358
8	327	1544	1358
9	327	1544	1358

Jede Verpackungslinie steht im betrachteten Planungszeitraum mit der Kapazität $b_j = 400$ Stunden zur Verfügung.

Bestimmen Sie die optimale Zuordnung der Aufträge zu den Verpackungslinien.

 INFORMATIONEN, LITERATUR

Villa (1995)

 LÖSUNG

Das Problem hat die Struktur des verallgemeinerten Zuordnungsproblems. Dieses lautet formal:

Minimiere

$$Z = \sum_{i=1}^{I} \sum_{j=1}^{J} c_{ij} \cdot x_{ij}$$

unter den Nebenbedingungen

$$\sum_{j=1}^{J} x_{ij} = 1 \qquad\qquad i = 1, 2, \ldots, I$$

$$\sum_{i=1}^{I} a_{ij} \cdot x_{ij} \leq b_j \qquad\qquad j = 1, 2, \ldots, J$$

$$x_{ij} \in \{0, 1\} \qquad\qquad i = 1, 2, \ldots, I; j = 1, 2, \ldots, J$$

Dabei bedeuten:

Daten:

b_j Kapazität der Linie j

c_{ij} Personalstunden bei Zuordnung des Auftrags i zur Linie j

a_{ij} Belegungsdauer der Linie j durch Auftrag i

Entscheidungsvariablen:

$$x_{ij} = \begin{cases} 1 & \text{wenn Auftrag } i \text{ der Linie } j \text{ zugeordnet wird,} \\ 0 & \text{sonst.} \end{cases}$$

Die Nebenbedingungen fordern, daß (1) jeder Auftrag genau einer Linie zugeordnet wird und (2) die Gesamtbelegung einer Linie durch die zugeordneten Aufträge die Kapazität der Linie nicht überschreitet.

`Q`   **{AMPL,OPL}-Modell: www.produktion-und-logistik.de/SCMP-Modelle**

Die optimalen Zuordnungen der Aufträge zu den Verpackungslinien gibt die folgende Tabelle wieder. Die Kosten dieser Lösung betragen 3869.

Linie	Aufträge			
A	2	7	8	9
B	4	5	6	
C	1	3		

Im konkreten Anwendungsfall waren ca. 500 Produkte auf 11 Linien abzufüllen und zu verpacken. Insgesamt existierten 2300 Arbeitspläne (teilweise mehrere Arbeitspläne für ein Produkt, abhängig von der Auftragsgröße), aus denen man produktbezogene Belegungsdauern der Linien generieren konnte. Die Anzahl der pro Monat einzuplanenden Aufträge betrug ca. 200. Zur Lösung des verallgemeinerten Zuordnungsproblems wurde ein heuristisches Verfahren eingesetzt. Durch die Anwendung des Modells zur Linien-belegungsplanung konnte das Unternehmen jährliche Einsparungen von ca. 75000 € realisieren.

3 Losgrößenplanung bei Kleinserien- bzw. Werkstattproduktion

Dieser Abschnitt behandelt Probleme der Losgrößenplanung bei Kleinserien- bzw. Werkstattproduktion. Hier geht es vor allem darum, die Auftragsgrößen für Produkte mit dynamischem Bedarf unter Berücksichtigung ihrer Erzeugnisstruktur festzulegen. Die Perioden sind so lang, daß i. d. R. mehrere Produkte innerhalb einer Periode produziert werden können („big bucket"-Probleme).

Darüberhinaus werden auch auf der Warteschlangentheorie basierende Konzepte zur Losgrößenplanung dargestellt, die in der Literatur als Alternative zum häufig kritisierten Sukzessivplanungskonzept der Losgrößenplanung, das in der betrieblichen Praxis nur mit mäßigem Erfolg eingesetzt wird, vorgeschlagen werden.

3.1 Grundlagen, allgemeine Fragen

Verständnis- und Wiederholungsfragen

1. Stellen Sie den Zusammenhang zwischen den verschiedenen Planungsebenen der operativen Produktionsplanung dar.

2. Welche Vor- und Nachteile bietet die Verwendung von Standarddatenbanksystemen für die Speicherung der Erzeugnisstrukturen?

3. Warum wird für manche Vorprodukte ein Teil des Bedarfs programmorientiert und ein anderer Teil verbrauchsorientiert disponiert?

4. Läßt sich die These rechtfertigen, daß der Materialbedarf für wichtige Teile (A-Teile im Sinne der ABC-Analyse) eher programmorientiert und der Materialbedarf für unwichtige Teile (B- und C-Teile) eher verbrauchsorientiert ermittelt werden sollte?

5. Suchen Sie nach Beispielen für unterschiedlich komplexe Erzeugnisstrukturen.

6. Systematisieren Sie die verschiedenen Arten von Losgrößenproblemen.

7. Erklären Sie, warum die Anwendung dynamischer Losgrößenverfahren häufig zu starken Schwankungen des Kapazitätsbedarfs in einzelnen Arbeitsstationen führt? Wie beurteilen Sie diese Auswirkungen im Hinblick auf den Kapazitätsabgleich innerhalb von PPS-Systemen?

8. Diskutieren Sie den Opportunitätskostencharakter von Rüstzeiten.

9. Warum darf man bei dynamisch schwankendem Bedarf keine konstanten Rüstkosten bei der Losgrößenplanung verwenden? Warum muß das betriebliche Rechnungswesen bei der Bestimmung der Rüstkosten versagen?

10. Beschreiben Sie den Unterschied zwischen einer Erzeugnisstruktur und einer Erzeugnis- und Prozeßstruktur.

10. Warum werden die Probleme der dynamischen Losgrößenplanung in der amerikanischen oder amerikanisch geprägten Literatur unter dem Stichwort „Material Requirements Planning" behandelt?

11. Vergleichen Sie MRP und MRP II im Hinblick auf die Behandlung der Losgrößenprobleme.

 INFORMATIONEN, LITERATUR

Günther und Tempelmeier (2016)
Tempelmeier (2017)

Übungsaufgaben

B3.1

Zusammenhang zwischen Losgröße und Durchlaufzeit bei Einproduktproduktion

---

An einer Maschine treffen Produktionsaufträge für eine Produktart in zufälliger Reihenfolge ein und werden nach dem First-Come-First-Served-Prinzip bearbeitet. Die mittlere Ankunftsrate von zu bearbeitenden Werkstücken ist 1.5 Stück pro Stunde. Die Produktionsrate der Maschine beträgt zwei Stück pro Stunde. Für jeden Auftrag fällt eine Rüstzeit in Höhe von einer Stunde an.

a) Modellieren Sie die Maschine als ein $M/M/1$-Warteschlangensystem. Wie hoch ist die mittlere Ankunftsrate von Losen? Wie hoch ist die mittlere Abfertigungsrate von Losen? Wie groß ist die Verkehrsintensität?

b) Leiten Sie mit Hilfe der Verkehrsintensität eine Untergrenze für die Losgröße ab.

c) Stellen Sie die mittlere Durchlaufzeit als Funktion der Losgröße dar.

d) Entwickeln Sie ein SIMAN- bzw. Arena-Simulationsmodell, das die beschriebene Maschine abbildet.

e) Stellen Sie sich einen Werkstattmeister vor, in dessen Eingangskorb in unregelmäßigen Abständen Bedarfsmeldungen für jeweils ein Stück des an der Maschine hergestellten Produkts ankommen. Der Meister faßt jeweils $q = 12$ Bedarfsmeldungen zu einem Produktionsauftrag (Los) zusammen und gibt dieses zur Bearbeitung frei. Entwickeln Sie für diese Situation ein SIMAN-Simulationsmodell und vergleichen Sie die Ergebnisse mit den Ergebnissen aus d).

 INFORMATIONEN, LITERATUR

Karmarkar (1993)
Kelton et al. (2004)
Tempelmeier (1991)

 LÖSUNG

a) Bei Verwendung des M/M/1-Warteschlangenmodells wird von folgenden Annahmen ausgegangen:

- exponentialverteilte Zwischenankunftszeiten von Aufträgen;

- exponentialverteilte Bearbeitungszeiten der Aufträge;

- eine Bedienungseinrichtung (Maschine);

- Warteschlangendisziplin vom Typ „First Come, First Served";

- unbegrenzter Warteraum vor der Maschine.

Wir verwenden folgende Symbole:

d mittlere Ankunftsrate von Einzelbedarfen (Stück pro Stunde)
p mittlere Produktionsrate (Stück pro Stunde)
q Losgröße
λ mittlere Ankunftsrate von Losen an der Maschine
μ mittlere Bedienrate von Losen an der Maschine
τ Rüstzeit

Zunächst werden die Eingabedaten für das $M/M/1$-Warteschlangenmodell aufbereitet:

mittlere Ankunftsrate von Aufträgen: $\quad \lambda = \dfrac{d}{q}$

mittlere Bearbeitungszeit eines Auftrags: $\tau + \dfrac{q}{p}$

mittlere Bedienrate von Aufträgen: $\quad \mu = \dfrac{1}{\tau + \dfrac{q}{p}}$

Die Verkehrsintensität ρ ist dann

$$\rho = \lambda/\mu = \frac{d}{p} + \tau \cdot \frac{d}{q}$$

b) Damit die Maschine nicht überlastet wird, muß die Ankunftsrate von Losen kleiner als die Bedienrate sein. Es gilt also:

$$\rho = \frac{d}{p} + \tau \cdot \frac{d}{q} < 1$$

Daraus folgt für die Losgröße

$$q > \frac{d \cdot \tau}{1 - \dfrac{d}{p}}$$

Für $d = 1.5$, $\tau = 1$ und $p = 2$ erhalten wir

$$q > \frac{1.5 \cdot 1}{1 - \dfrac{1.5}{2}} = 6$$

c) Nach dem $M/M/1$-Warteschlangenmodell beträgt die mittlere Durchlaufzeit eines Auftrags unter Rückgriff auf die oben erläuterten Zusammenhänge:

$$W_s = \frac{1}{\mu - \lambda} = \frac{\tau + \dfrac{q}{p}}{1 - \dfrac{d}{p} - \tau \cdot \dfrac{d}{q}}$$

Lassen wir in dieser Gleichung die Losgröße q gegen ihren Minimalwert q_{min} streben, dann strebt die Durchlaufzeit gegen ∞. Erhöht man die Losgröße, dann nähert sich die

Funktion der Durchlaufzeit einer Geraden mit der Steigung $\left(1 - \dfrac{d}{p}\right)$ an. Der Verlauf der Funktion $W_s(q)$ ist in Bild B.6 dargestellt.

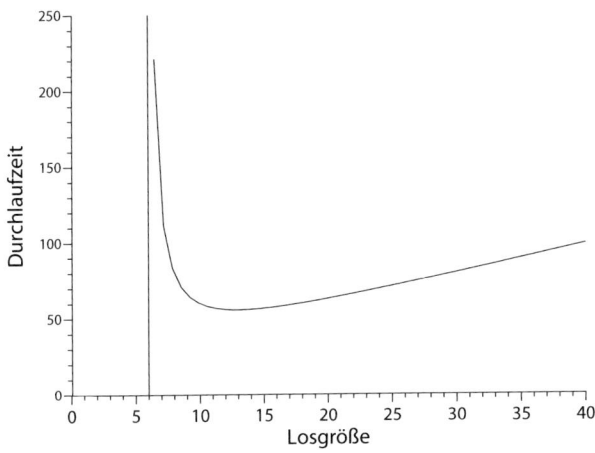

Bild B.6: Zusammenhang zwischen Losgröße und Durchlaufzeit

d) Die betrachtete Maschine kann, wie in Bild B.7 dargestellt, als Warteschlangensystem modelliert werden:

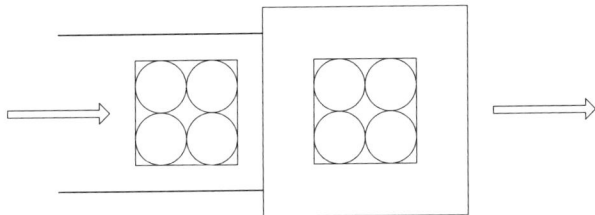

Bild B.7: Modellierung der Maschine als Warteschlangensystem

Das SIMAN-Modell sieht wie folgt aus:

Modelldefinition:

```
BEGIN;
        CREATE:EX(1,1):MARK(1);      Ein Auftrag kommt an
        QUEUE,1;
        SEIZE:MASCHINE;
        DELAY:EX(2,2);               Bearbeitung
```

```
          RELEASE:MASCHINE;
          TALLY:1,INT(1):DISPOSE;     Durchlaufzeit erfassen
END;
```

Experimenteller Rahmen:

```
BEGIN;
PROJECT,Maschine,HT;
DISCRETE,200,2,2,0;
PARAMETERS:1,8.:                 ! 1/(Ankunftsrate der Aufträge)
           2,7.;                 ! 1/(Produktionsrate der Aufträge)
RESOURCES:1,MASCHINE;
TALLIES:1,DURCHLAUFZEIT;
REPLICATE,5,0,51000,YES,YES,1000;
END;
```

Die Ergebnisse aus fünf Simulationsläufen sind in der folgenden Übersicht zusammengestellt. Wegen der großen Schwankungen müssen zur statistischen Absicherung der Aussagen weitere Simulationsläufe durchgeführt werden.

Simulationslauf	mittlere Durchlaufzeit eines Auftrags
1	42.848
2	62.630
3	62.028
4	54.109
5	46.833
Durchschnitt	53.690

e) In dem obigen Simulationsmodell wurde angenommen, daß in der Werkstatt Produktionsaufträge (Lose) mit exponentialverteilten Zwischenankunftszeiten ankommen. Wir betrachten nun den Ankunftsprozeß der einzelnen Bedarfsmeldungen, die von dem Meister zu Losen zusammengefaßt werden. Dabei wird unterstellt, daß die Zwischenankunftszeiten der einzelnen Bedarfsmeldungen exponentialverteilt sind. Da die Lose als geschlossene Posten ($q = 124$) vom Meister zur Bearbeitung freigegeben werden, ergeben sich die Zwischenankunftszeiten der Lose nun als Summe von q exponentialverteilten Zufallsvariablen. Eine derartige Summe ist aber Erlang-verteilt mit dem Mittelwert $\frac{d}{q} = \frac{1.5}{12} = 0.125$. Der quadrierte Variationskoeffizient beträgt $\frac{1}{q} = \frac{1}{12} = 0.0833$. Der Ablauf der Zusammenfassung von Einzelbedarfsmeldungen zu Produktionsaufträgen und der Bearbeitung der Aufträge an der Maschine wird durch Bild B.8 wiedergegeben:

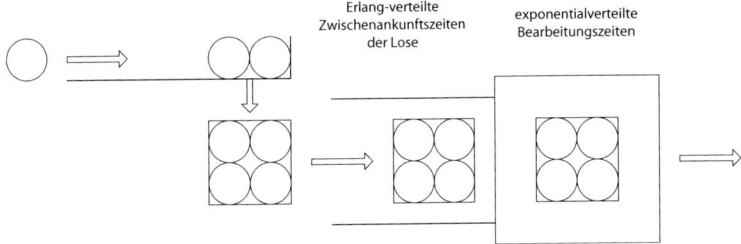

Bild B.8: Prozeß der Auftragsbildung

Der Einlastungsprozeß der Lose kann durch Einfügen eines COMBINE-Blocks in die Modelldefinition des SIMAN-Simulationsmodells abgebildet werden.

Modelldefinition:

```
BEGIN;
        CREATE:EX(1,1);              Eine Bedarfsanmeldung kommt an
        QUEUE,BedarfWart;
        COMBINE:12;                  Losbildung
        TALLY:2,BET(1);              Zwischenankunftszeit von Losen
                                     erfassen
        QUEUE,LosWart:Mark(1);       Beginn Durchlaufzeit eines Loses
        SEIZE:MASCHINE;
        DELAY:EX(2,2);               Bearbeitungszeit
        RELEASE:MASCHINE;
        TALLY:1,INT(1):DISPOSE;      Durchlaufzeit eines Loses erfassen
END;
```

Experimenteller Rahmen:

```
BEGIN;
PROJECT,KARM00G,HT;
DISCRETE,400,2,2,0;
QUEUES:BedarfWart:LosWart;
PARAMETERS:1,0.667:              ! IA-Zeit Bedarfsanmeldungen
           2,7.;                 ! Los-Bearbeitungszeit
RESOURCES:1,MASCHINE;
TALLIES:1,Durchlaufzeit:2,IA_Zeit,1;
REPLICATE,5,0,51000,YES,YES,1000;
END;
```

Im ersten Simulationslauf ergab sich die in Bild B.9 dargestellte Häufigkeitsverteilung der Zwischenankunftszeiten der Lose an der Maschine.

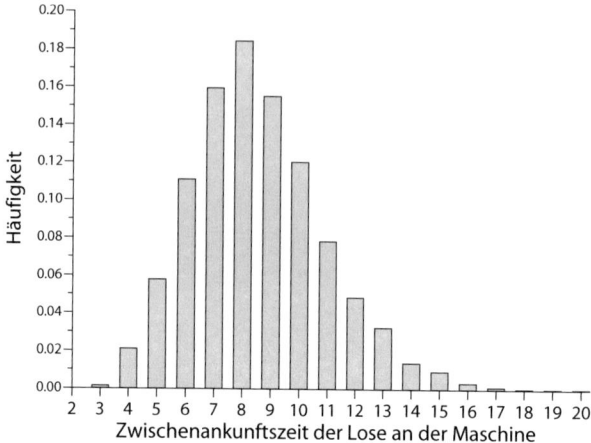

Bild B.9: Zwischenankunftszeiten der Lose

Der in der Simulation beobachtete quadrierte Variationskoeffizient beträgt 0.085. Die Abschätzung der mittleren Durchlaufzeit eines Loses nach dem $M/M/1$-Modell würde daher zu einer erheblichen Überschätzung der tatsächlich zu erwartenden Werte führen.

Die mittleren Durchlaufzeiten der Lose (einschließlich der Wartezeiten der Bedarfsmeldungen bis zur Auftragsfreigabe) betrugen in diesem Fall:

Simulationslauf	mittlere Durchlaufzeit eines Loses
1	24.152
2	34.299
3	36.196
4	30.918
5	28.120
Durchschnitt	30.737

B3.2

Zusammenhang zwischen Losgröße und Durchlaufzeit bei mehrstufiger Mehrproduktproduktion

In einer Produktionsinsel mit vier unterschiedlichen Maschinen treffen Produktionsaufträge für drei Produktarten in zufälliger Reihenfolge ein. Die Aufträge werden mit deterministischen Rüst- und Bearbeitungszeiten bearbeitet. Die Bearbeitungsreihenfolge der Aufträge an den Maschinen entspricht dem First-Come-First-Served-Prinzip. Die produktartbezogenen Daten sind in der folgenden Tabelle zusammengestellt. Dabei wird der Einfachheit halber angenommen, daß die Rüst- und Bearbeitungszeiten einer Produktart an allen Maschinen identisch sind.

Produktart	Ankunfts-rate	Produktions-rate	Rüstzeit	Losgröße
1	1.0	10.0	1.0	30
2	2.0	12.0	2.0	50
3	2.0	8.0	1.0	40

a) Entwickeln Sie ein Simulationsmodell, das die beschriebene Produktionsinsel abbildet. Messen Sie die Variationskoeffizienten der Abstände zwischen den Fertigstellungszeitpunkten der Lose an den einzelnen Maschinen. Nehmen Sie an, daß ein Los nach Verlassen einer Maschine mit gleicher Wahrscheinlichkeit zu einer der Maschinen 1 bis 4 oder zum Systemausgang weitergeleitet wird.

b) Wie verändert sich die mittlere Durchlaufzeit, wenn Sie anstelle der zufälligen Übergänge zwischen den Maschinen deterministische Arbeitspläne mit der technologischen Reihenfolge 1–2–3–4 vorsehen.

 INFORMATIONEN, LITERATUR

Karmarkar (1993)
Kelton et al. (2004)
Tempelmeier (1991)

 LÖSUNG

a) Das Simulationsmodell sieht wie folgt aus:

Modelldefinition:

```
BEGIN;
        CREATE:EX(1,1);                              Ein Los kommt an
        ASSIGN:A_PROD=DP(2,2):MARK(A_ANKUNFT);
        ASSIGN:NS=A_PROD;                            Nur für Aufgabe b)
        ROUTE:0,DP(3,3);
        STATION,1-4;                                 Maschinen
        ASSIGN:A_LFDAG=A_LFDAG+1;
        QUEUE,M;
```

```
            SEIZE:MASCH(M);
            DELAY:V_RUEST(M,A_PROD);
            DELAY:V_LOSGR(M,A_PROD)/V_PRATE(M,A_PROD);
            RELEASE:MASCH(M);
            BRANCH,1:
               IF,M.EQ.1,TAL1:
               IF,M.EQ.2,TAL2:
               IF,M.EQ.3,TAL3:
               IF,M.EQ.4,TAL4;
TAL1        TALLY:M,BET(1):NEXT(WEITER);
TAL2        TALLY:M,BET(2):NEXT(WEITER);
TAL3        TALLY:M,BET(3):NEXT(WEITER);
TAL4        TALLY:M,BET(4):NEXT(WEITER);
WEITER      ROUTE:0,DP(3,3);
            STATION,5;                              Ausgang
            TALLY:6,A_LFDAG;
            TALLY:5,INT(A_ANKUNFT):DISPOSE;
END;
```

Experimenteller Rahmen:

```
BEGIN;
PROJECT,INSEL_M_G_1,Ich;
DISCRETE,1000,2,2,5;
RESOURCES:MASCH(4);
; Produktart                 1    2    3        Maschine
VARIABLES: V_LOSGR(4,3),    30,  50,  40,    ! 1
                            30,  50,  40,    ! 2
                            30,  50,  40,    ! 3
                            30,  50,  40:    ! 4
            V_RUEST(4,3), 1.0, 2.0, 1.0,
                          1.0, 2.0, 1.0,
                          1.0, 2.0, 1.0,
                          1.0, 2.0, 1.0:
            V_PRATE(4,3),10.0,12.0, 8.0,
                         10.0,12.0, 8.0,
                         10.0,12.0, 8.0,
                         10.0,12.0, 8.0;
ATTRIBUTES:A_PROD:A_ANKUNFT:A_LFDAG;
QUEUES:4;
PARAMETERS:1,8.108:                       ! Zwischenankunftszeiten
           2,0.25,1,0.5,2,1.0,3:          ! Produktarten
           3,0.2,1,0.4,2,0.6,3,0.8,4,1.0,5; ! nächste Station
TALLIES:1,IA 1:2,IA 2:3,IA 3:4,IA 4:
        5,Durchlaufzeit:
        6,Anzahl AG;
DSTATS:1,NQ(1),# Ws Maschine 1:
       2,NQ(2),# Ws Maschine 2:
       3,NQ(3),# Ws Maschine 3:
       4,NQ(4),# Ws Maschine 4:
       5,NR(1),Auslastung 1:
       6,NR(2),Auslastung 2:
       7,NR(3),Auslastung 3:
```

```
        8,NR(4),Auslastung 4;
REPLICATE,1,0,500000;
END;
```

Simulationsergebnisse:

Identifier	Average	Variation	Minimum	Maximum	Observations
IA 1	8.1673	.89800	4.0000	193.53	61214
IA 2	8.2024	.92968	3.9999	178.09	60956
IA 3	8.1411	.90407	4.0000	127.47	61412
IA 4	8.1924	.90187	4.0000	170.22	61029
Durchlaufzeit	48.230	1.2857	.00000	926.41	61267
Anzahl AG	3.9916	1.1230	.00000	49.000	61267

Identifier	Average	Variation	Minimum	Maximum	Final Value
# Ws Maschine 1	.87284	1.7865	.00000	17.000	.00000
# Ws Maschine 2	.67306	1.8694	.00000	13.000	4.0000
# Ws Maschine 3	.84100	1.8269	.00000	16.000	1.0000
# Ws Maschine 4	.87233	1.7605	.00000	16.000	4.0000
Auslastung 1	.67639	.69169	.00000	1.0000	1.0000
Auslastung 2	.63775	.75366	.00000	1.0000	1.0000
Auslastung 3	.66455	.71047	.00000	1.0000	1.0000
Auslastung 4	.67413	.69526	.00000	1.0000	1.0000

b) In diesem Fall muß die Beschreibung der technologischen Reihenfolgen im experimentellen Rahmen mit Hilfe des SEQUENCES-Elements angegeben werden. In der Modelldefinition sind nur die beiden ROUTE-Blöcke zu ändern. Sie lauten jeweils „ROUTE:0,SEQ;". Das SEQUENCES-Element lautet:

```
SEQUENCES:1,1&2&3&4&5:
         2,1&2&3&4&5:
         3,1&2&3&4&5;
```

Simulationsergebnisse:

Identifier	Average	Variation	Minimum	Maximum	Observations
IA 1	8.1596	.74019	3.9999	77.156	61277
IA 2	8.1593	.72179	4.0000	79.156	61276
IA 3	8.1595	.69200	4.0000	78.188	61275
IA 4	8.1594	.68644	4.0000	77.156	61274
Durchlaufzeit	29.772	.31956	20.156	114.41	61275
Anzahl AG	4.0000	.00000	4.0000	4.0000	61275

Identifier	Average	Variation	Minimum	Maximum	Final Value
# Ws Maschine 1	.73217	1.7459	.00000	15.000	1.0000
# Ws Maschine 2	.10049	3.2231	.00000	4.0000	.00000
# Ws Maschine 3	.09581	3.3168	.00000	4.0000	.00000
# Ws Maschine 4	.06249	4.0427	.00000	3.0000	.00000
Auslastung 1	.67698	.69076	.00000	1.0000	1.0000
Auslastung 2	.64069	.74887	.00000	1.0000	1.0000

```
Auslastung 3    .66314    .71273    .00000    1.0000    1.0000
Auslastung 4    .67694    .69082    .00000    1.0000    1.0000
```

Während die Auslastungen gleichgeblieben sind, hat sich durch die Veränderung der Übergänge die mittlere Durchlaufzeit erheblich verringert. Dies ist – wie eine Analyse der mittleren Warteschlangenlängen an den Maschinen zeigt – auf die geringeren Wartezeiten an den Maschinen zurückzuführen.

Ein weiterer Versuch mit einer anderen technologischen Reihenfolge belegt die Bedeutung der Übergänge:

```
SEQUENCES:1,1&2&3&4&5:
          2,2&4&1&3&5:
          3,4&3&2&1&5;
```

Simulationsergebnisse:

Identifier	Average	Variation	Minimum	Maximum	Observations
IA 1	8.1600	.69988	4.0000	71.313	61273
IA 2	8.1596	.71600	4.0000	74.063	61275
IA 3	8.1597	.69155	4.0000	88.313	61274
IA 4	8.1594	.69297	4.0000	82.875	61276
Durchlaufzeit	37.640	.36442	20.156	152.41	61273
Anzahl AG	4.0000	.00000	4.0000	4.0000	61273

Identifier	Average	Variation	Minimum	Maximum	Final Value
# Ws Maschine 1	.48834	1.7512	.00000	7.0000	1.0000
# Ws Maschine 2	.49151	1.9024	.00000	11.000	.00000
# Ws Maschine 3	.40642	1.7800	.00000	7.0000	1.0000
# Ws Maschine 4	.56893	1.7965	.00000	11.000	1.0000
Auslastung 1	.67694	.69082	.00000	1.0000	1.0000
Auslastung 2	.64069	.74887	.00000	1.0000	1.0000
Auslastung 3	.66314	.71273	.00000	1.0000	1.0000
Auslastung 4	.67697	.69077	.00000	1.0000	1.0000

Die Unterschiede in den Durchlaufzeiten sind auf die Unterschiede in den technologischen Reihenfolgen zurückzuführen. In allen Fällen werden im Durchschnitt vier Arbeitsgänge an einem Werkstück durchgeführt. Aufgrund der stochastischen Auswahl der nächsten Maschine in der ersten Modellvariante kommt es aber zu erheblichen Schwankungen der tatsächlich an einem Werkstück durchgeführten Arbeitsgänge.

3.2   Einstufige dynamische Losgrößenmodelle

Verständnis- und Wiederholungsfragen

1. Eigentlich müßte die Losgrößenplanung die Mehrstufigkeit des Produktionsprozes-

ses, die Mehrteiligkeit der Erzeugnisse, die Vernetzung des Materialflusses, Kapazitätsbeschränkungen und das Auftreten von Rüstzeiten berücksichtigen. Wie erklären Sie sich die weite Verbreitung von Losgrößenverfahren, die sämtliche dieser Gesichtspunkte vernachlässigen?

2. Nehmen Sie Stellung zu der Behauptung, die exakte Lösung des Wagner-Whitin-Problems sei zu rechenaufwendig.

3. Beschreiben Sie Planungssituationen in der Praxis, in denen das dynamische Wagner-Whitin-Problem zu lösen ist.

4. Wodurch unterscheidet sich das Wagner-Whitin-Modell vom klassischen Losgrößenmodell?

Übungsaufgaben

B3.3

Dynamische Losgrößenplanung, Planungshorizont

In der folgenden Tabelle ist der Bedarf eines Produktes während der nächsten 12 Wochen angegeben. Die Rüst- und die Lagerkosten werden mit $s = 70$ Geldeinheiten bzw. $h = 1$ Geldeinheit pro Stück und Periode angesetzt.

Periode	1	2	3	4	5	6	7	8	9	10	11	12
Bedarf	10	20	30	25	10	5	20	30	15	40	20	30

Bis zu welcher Periode muß man die Bedarfszeitreihe mindestens betrachten, um die optimale Losgröße der ersten Periode zu bestimmen?

 INFORMATIONEN, LITERATUR

Tempelmeier (2018)

 LÖSUNG

Man kann die Einbeziehung eines Bedarfswertes d_{t+k} in das Los der Periode t von vornherein ausschließen, wenn die anfallenden Lagerkosten $[d_{t+k} \cdot k \cdot h]$ größer sind als die Rüstkosten s. Im obigen Beispiel wird man zur Bestimmung der Losgröße für die erste Periode daher nur den Bedarf bis zur dritten Periode betrachten. Insgesamt sind für die ersten drei Perioden folgende Produktionspläne zu betrachten:

$$
\begin{array}{ll}
q_1 = 10; \quad q_2 = 20; \quad q_3 = 30; & \text{Kosten} = 70 + 70 + 70 = 210 \\
q_1 = 30; \qquad\qquad\qquad q_3 = 30; & \text{Kosten} = 90 + 70 = 160 \\
q_1 = 10; \quad q_2 = 50; & \text{Kosten} = 70 + 100 = 170 \\
q_1 = 60; & \text{Kosten} = 70 + 20 + 60 = 150
\end{array}
$$

B3.4

Dynamische Losgrößenplanung, Heuristiken

Folgende Bedarfsmengen für ein Produkt sind prognostiziert worden:

Periode	1	2	3	4	5	6	7	8	9	10
Bedarf	35	30	40	0	10	40	30	0	30	55

Die Lagerkosten pro Mengeneinheit und Periode sind $h = 1$ und die Rüstkosten werden mit $s = 100$ angesetzt. Bei der Produktion entstehen Rüstzeiten $tr = 10$ und Stückbearbeitungszeiten $tb = 1$. Die geplante Vorlaufzeit beträgt eine Periode. Zu Beginn der Periode 1 ist noch ein Lagerbestand in Höhe von 35 Mengeneinheiten vorhanden.

a) Bestimmen Sie einen Produktionsplan, der dem Just-in-time-Konzept entspricht. Ermitteln Sie die Belastung der Ressourcen im Zeitablauf.

b) Bestimmen Sie einen Produktionsplan nach dem Silver-Meal-Verfahren.

c) Bestimmen Sie einen Produktionsplan mit einer konstanten Losreichweite von zwei Perioden.

 INFORMATIONEN, LITERATUR

Nahmias und Olson (2015)
Silver et al. (1998)
Tempelmeier (2017)

 LÖSUNG

a) Das Just-in-time-Prinzip wird realisiert, wenn in jeder Periode der aktuelle Perioden-bedarf produziert wird. Der Produktionsplan sieht wie folgt aus:

Periode	1	2	3	4	5	6	7	8	9	10
Bruttobedarf	35	30	40	0	10	40	30	0	30	55
Nettobedarf	–	30	40	–	10	40	30	–	30	55
Losgrößen	30	40	–	10	40	30	–	30	55	–
Ressourcenbelastung	40	50	0	20	50	40	0	40	65	0

Die Kosten dieses Produktionsplans betragen 700.

b) Beginnend mit Periode 2 erhält man bei Einsatz des Silver-Meal-Verfahrens die fol-genden Zwischenergebnisse:

τ		d_t	t	$c_{\tau t}^{\text{per}}$
2		30	1	100.000
3		40	2	70.000
4		0	3	46.667
5		10	4	42.500
Losgröße in Periode 1:				80
6		40	5	100.00
7		30	6	65.000
8		0	7	43.333
Losgröße in Periode 5:				70
9		30	8	100.00
10		55	9	77.500
Losgröße in Periode 8:				85

Periode	1	2	3	4	5	6	7	8	9	10
Bruttobedarf	35	30	40	0	10	40	30	0	30	55
Nettobedarf	–	30	40	–	10	40	30	–	30	55
Losgrößen	80	–	–	–	70	–	–	85	–	–
Ressourcenbelastung	90	0	0	0	80	0	0	95	0	0

Die Kosten dieses Produktionsplans betragen 455. Dies ist das globale Optimum.

c) Bei Verwendung einer konstanten Losreichweite erhält man den folgenden Produktionsplan:

Periode	1	2	3	4	5	6	7	8	9	10
Bruttobedarf	35	30	40	0	10	40	30	0	30	55
Nettobedarf	–	30	40	–	10	40	30	–	30	55
Losgrößen	70	–	–	50	–	60	–	–	55	–
Ressourcenbelastung	80	0	0	60	0	70	0	0	65	0

Die Kosten dieses Produktionsplans betragen 540.

B3.5

Dynamische Losgrößenplanung, Kürzeste-Wege-Modell

Folgende Bedarfsmengen für ein Produkt sind prognostiziert worden:

Periode	1	2	3	4	5	6
Bedarf	18	32	42	8	20	16

Die Lagerkosten pro Mengeneinheit und Periode sind $h = 2$ und die Rüstkosten werden mit $s = 80$ angesetzt.

a) Interpretieren Sie das dynamische Einprodukt-Losgrößenproblem als Kürzeste-Wege-Problem und schreiben Sie das mathematische Modell auf.

b) Bestimmen Sie die optimale Lösung mit Hilfe eins AMPL- oder OPL-Modells .

 INFORMATIONEN, LITERATUR

Tempelmeier (2017), Abschnitt C.1

 LÖSUNG

a) Die mathematische Modellformulierung lautet (Modell SRP aus *Tempelmeier* (2017), Abschnitt C.1):

$$\text{Minimiere } Z = \sum_{\tau=0}^{T-1} \sum_{t=\tau+1}^{T} w_{\tau t} \cdot \theta_{\tau t}$$

unter den Nebenbedingungen

$$\sum_{t=1}^{T} \theta_{0t} = 1$$

$$-\sum_{l=0}^{\tau} \theta_{l\tau} + \sum_{t=\tau}^{T} \theta_{\tau t} = 0 \qquad\qquad \tau = 1, 2, ..., T-1$$

$$\theta_{\tau t} \geq 0 \qquad\qquad \tau = 0, 1, ..., T-1; t = 1, 2, ..., T$$

Dabei bedeuten:

$w_{\tau t}$ Summe aus den Rüstkosten am Ende der Periode τ bzw. zu Beginn der Periode $\tau + 1$ und den Kosten für die Lagerung der kumulierten Bedarfsmengen der Perioden $\tau + 2$ bis t, falls sie bereits in Periode $\tau + 1$ produziert werden

T Länge des Planungszeitraums

$\theta_{\tau t}$ binäre Variable, die den Wert 1 annimmt, wenn der gesamte Bedarf der Perioden $\tau + 1$ bis t durch Produktion zu Beginn der Periode $\tau + 1$ (am Ende der Periode τ) gedeckt wird

b)

🔍   **{AMPL,OPL}-Modell: www.produktion-und-logistik.de/SCMP-Modelle**

Dir folgende Tabelle zeigt die Pfeilbewertungen und die optimale Lösung für das betrachtete Problem:

Pfeilbewertungen							Optimale Lösung $\theta_{\tau t}$						
$\tau \setminus t$	1	2	3	4	5	6	$\tau \setminus t$	1	2	3	4	5	6
0	80	144	312	360	520	680	0	0	1	0	0	0	0
1	–	80	164	196	316	444	1	–	0	0	0	0	0
2	–	–	80	96	176	272	2	–	–	0	1	0	0
3	–	–	–	80	120	184	3	–	–	–	0	0	0
4	–	–	–	–	80	112	4	–	–	–	–	0	1
5	–	–	–	–	–	80	5	–	–	–	–	–	0

Die daraus abgeleiteten optimalen Losgrößen sind: $q_1 = 50$, $q_3 = 50$ und $q_5 = 36$. Die Kosten betragen 352.

B3.6

Dynamische Losgrößenplanung mit Kapazitätsbeschränkungen, CLSP, ABC-Heuristik

---

In einer Werkstatt sind drei Produkte mit folgenden Bedarfsmengen für einen Zeitraum von 6 Perioden zu produzieren:

$k \backslash t$	1	2	3	4	5	6
1	10	20	20	0	40	65
2	20	0	3	20	15	70
3	2	10	12	30	0	0

Die Rüstkostensätze s_k, die Lagerkostensätze h_k, sowie die Stückbearbeitungszeiten tb_k sind wie folgt:

k	s_k	h_k	tb_k
1	100	3	1
2	120	2	1
3	110	1	1

Die Periodenkapazitäten b_t betragen 60, 50, 60, 50, 60 und 60.

Bestimmen Sie einen Produktionsplan nach dem ABC-Verfahren von Maes.

 ## INFORMATIONEN, LITERATUR

Maes und Van Wassenhove (1986)
Tempelmeier (2017)

 ## LÖSUNG

Wir bauen den Produktionsplan von links (Westen) nach rechts (Osten) auf und verwenden zur Produktauswahl das Silver-Meal-Kriterium.

Vorarbeiten:

Zunächst analysieren wir die Belastung der Werkstatt in den einzelnen Perioden bei einer Just-in-Time-Produktion ($q_{kt} = d_{kt}, k = 1, 2, \ldots, K; t = 1, 2, \ldots, T$).

q_{kt}	1	2	3	4	5	6
1	10	20	20	0	40	65
2	20	0	3	20	15	70
3	2	10	12	30	0	0
W_t	32	30	35	50	55	135
b_t	60	50	60	50	60	60

Die Kapazität ist 340. Der gesamte Kapazitätsbedarf ist 337. Auch für jedes Teilintervall von Periode 1 bis t ($t = 1, 2, \ldots, 6$) ist die kumulierte Kapazität größer als der kumulierte Kapazitätsbedarf. Das Problem hat folglich eine zulässige Lösung.

Für die Darstellung der einzelnen Rechenschritte werden folgende Symbole verwendet:

CF_t Hilfsgröße

$c_{\tau j}^{\text{Per}}$ Durchschnittliche Kosten pro Periode für ein Los, das in Periode τ produziert wird und den Bedarf bis zur Periode j deckt

I_t freie Kapazität in Periode t

q_{kt} (vorläufige) Losgröße für Produkt k in Periode t

Die Größe CF_t ist eine Hilfsgröße, die im Laufe der Berechnungen verändert wird. Falls für die Perioden 1 bis $t-1$ ein zulässiger Produktionsplan existiert, dann beschreibt CF_t den Kapazitätsbedarf aus den Perioden $t+1$ bis T, der noch durch Produktion in Periode t gedeckt werden muß.

Periode $\tau = 1$

t	1	2	3	4	5	6
I_t	28	20	25	0	5	-75
CF_t	25	45	70	70	75	0

Produkt $k = 1$

Losgröße q_{11}	10					

$I_1 = 28 > q_{12} = 20$

c_{11}^{Per}	100					
c_{12}^{Per}		80				
Vorziehen von q_{12}	20	$\leftarrow$ 20				

Neuer Produktionsplan	$k \backslash t$	1	2	3	4	5	6
	1	30	0	20	0	40	65
	2	20	0	3	20	15	70
	3	2	10	12	30	0	0

I_t	8	40	25	0	5	-75
CF_t	5	45	70	70	75	0

$I_1 = 8 < q_{13} = 20$: unzulässig

Produkt $k = 2$

Losgröße q_{21}		20				
$I_1 = 8 > q_{22} = 0$						
c_{11}^{Per}		120				
c_{12}^{Per}			60			
Vorziehen von q_{22}		0	←0			

Neuer Produktionsplan	$k\backslash t$	1	2	3	4	5	6
	1	30	0	20	0	40	65
	2	<u>20</u>	<u>0</u>	3	20	15	70
	3	2	10	12	30	0	0
I_t		8	40	25	0	5	-75
CF_t		5	45	70	70	75	0

$I_1 = 8 > q_{23} = 3$

c_{12}^{Per}			60				
c_{13}^{Per}				44			
Vorziehen von q_{23}		3		←3			

Neuer Produktionsplan	$k\backslash t$	1	2	3	4	5	6
	1	30	0	20	0	40	65
	2	<u>23</u>	0	<u>0</u>	20	15	70
	3	2	10	12	30	0	0
I_t		5	40	28	0	5	-75
CF_t		2	42	70	70	75	0

$I_1 = 5 < q_{24} = 20$: unzulässig

Produkt $k = 3$

Losgröße q_{31}	2

$I_1 = 5 < q_{32} = 10$: unzulässig

Bevor zur nächsten Planungsperiode $\tau = 2$ übergegangen wird, muß die noch nicht erreichte Zulässigkeit ($CF_1 = 2$!) des Produktionsplans für Periode $\tau = 1$ im Hinblick auf die Kapazitätsbeschränkungen in den zukünftigen Perioden hergestellt werden.

$CF_1 = 2$

Alter Produktionsplan	$k\backslash t$	1	2	3	4	5	6
	1	30	0	20	0	40	65
	2	23	0	0	20	15	70
	3	2	10	12	30	0	0
I_t		5	40	28	0	5	-75

Produkt $k = 3$

Vorziehen ohne Rüsten $\qquad$ 2 $\qquad$ ←2

Neuer Produktionsplan	$k \backslash t$	1	2	3	4	5	6
	1	30	0	20	0	40	65
	2	23	0	0	20	15	70
	3	4	8	12	30	0	0

Periode $\tau = 2$

I_t	3	42	28	0	5	-75
CF_t	0	42	70	70	75	0

Produkt $k = 1$ $\qquad$ keine Produktion in $\tau = 2$

Produkt $k = 2$ $\qquad$ keine Produktion in $\tau = 2$

Produkt $k = 3$

Losgröße q_{32} $\qquad$ 8

$I_2 = 42 < q_{33} = 12$ $\qquad$ 12

c_{22}^{Per} $\qquad$ 110

c_{23}^{Per} $\qquad$ 61

Vorziehen von q_{33}

Neuer Produktionsplan	$k \backslash t$	1	2	3	4	5	6
	1	30	0	20	0	40	65
	2	23	0	0	20	15	70
	3	4	20	0	30	0	0

I_t	3	30	40	0	5	-75
CF_t	0	30	70	70	75	0

c_{23}^{Per} $\qquad$ 61

c_{24}^{Per} $\qquad$ 60.67

Vorziehen von q_{34}

Neuer Produktionsplan	$k \backslash t$	1	2	3	4	5	6
	1	30	0	20	0	40	65
	2	23	0	0	20	15	70
	3	4	50	0	0	0	0

Periode $\tau = 3$

I_t	3	0	40	30	5	-75
CF_t	0	0	40	70	75	0

Produkt $k = 1$

Losgröße q_{13} $\qquad$ 20

$I_3 = 40 < q_{14} = 0$

c_{33}^{Per} $\qquad$ 100

c_{34}^{Per} $\qquad$ 50

Vorziehen von q_{14} $\qquad$ 0 $\qquad$ ←0

Neuer Produktionsplan	$k \backslash t$	1	2	3	4	5	6
	1	30	0	20	0	40	65
	2	23	0	0	20	15	70
	3	4	50	0	0	0	0
I_t		3	0	40	30	5	-75
CF_t		0	0	40	70	75	0

$I_3 = 40 \leq q_{15} = 40$

c_{34}^{Per}					50		
c_{35}^{Per}						113.33	
Produkt $k = 2$	keine Produktion in $\tau = 3$
Produkt $k = 3$	keine Produktion in $\tau = 3$

Bevor zur nächsten Planungsperiode $\tau = 4$ übergegangen wird, muß Zulässigkeit des Produktionsplans für Periode $\tau = 3$ hergestellt werden ($CF_3 = 40$!).

$CF_3 = 40$

Alter Produktionsplan	$k \backslash t$	1	2	3	4	5	6
	1	30	0	20	0	40	65
	2	23	0	0	20	15	70
	3	4	50	0	0	0	0
I_t		3	0	40	30	5	-75
Produkt $k = 2$							
Vorziehen mit Rüsten				20	←20		
Produkt $k = 2$							
Vorziehen ohne Rüsten				15		←15	
Produkt $k = 1$							
Vorziehen ohne Rüsten				5		←5	
Neuer Produktionsplan	$k \backslash t$	1	2	3	4	5	6
	1	30	0	25	0	35	65
	2	23	0	35	0	0	70
	3	4	50	0	0	0	0

Periode $\tau = 4$

I_t		3	0	0	50	25	-75
CF_t		0	0	0	50	75	0
Produkt $k = 1$	keine Produktion in $\tau = 4$
Produkt $k = 2$	keine Produktion in $\tau = 4$
Produkt $k = 3$	keine Produktion in $\tau = 4$

Vor dem Übergang zur nächsten Planungsperiode $\tau = 5$ wird wieder die Zulässigkeit der Losgrößen in Periode 4 geprüft.

$CF_4 = 50$

Alter Produktionsplan	$k\backslash t$	1	2	3	4	5	6
	1	30	0	25	0	35	65
	2	23	0	35	0	0	70
	3	4	50	0	0	0	0
Schlupf I_t		3	0	0	50	25	-75

Produkt $k = 1$
Vorziehen mit Rüsten

						5	6
						35	←35

Produkt $k = 1$
Vorziehen ohne Rüsten

						5	6
						15	←15

Neuer Produktionsplan	$k\backslash t$	1	2	3	4	5	6
	1	30	0	25	<u>50</u>	<u>0</u>	<u>50</u>
	2	23	0	35	0	0	70
	3	4	50	0	0	0	0

Periode $\tau = 5$

		1	2	3	4	5	6
I_t		3	0	0	0	60	-60
CF_t		0	0	0	0	60	0

Produkt $k = 1$ keine Produktion in $\tau = 5$
Produkt $k = 2$ keine Produktion in $\tau = 5$
Produkt $k = 3$ keine Produktion in $\tau = 5$

Vor dem Übergang zur nächsten Planungsperiode $\tau = 6$ wird die Zulässigkeit der Losgrößen in Periode 5 geprüft.

$CF_5 = 60$

Alter Produktionsplan	$k\backslash t$	1	2	3	4	5	6
	1	30	0	25	50	0	50
	2	23	0	35	0	0	70
	3	4	50	0	0	0	0
I_t		3	0	0	0	60	-60

Produkt $k = 2$
Vorziehen mit Rüsten

		1	2	3	4	5	6
						60	←60
I_t		3	0	0	0	0	0
CF_t		0	0	0	0	0	0

Neuer Produktionsplan $k\backslash t$	1	2	3	4	5	6
1	30	0	25	50	0	50
2	23	0	35	0	60	10
3	4	50	0	0	0	0

Damit ist das Verfahren abgeschlossen. Die mit dem gefundenen Produktionsplan verbundenen Kosten betragen 1691.

B3.7

Dynamische Losgrößenplanung, Set Partitioning Modell

Für zwei Produkte hat der Absatzplaner Wilson Gonzalez P. (34), ein begeisterter Anhänger des Spiel- und Sportvereins SUS 1920 Holzhausen, folgende Nachfragemengen für die nächsten 6 Wochen prognostiziert.

Periode	1	2	3	4	5
Bedarf 1	110	49	25	82	40
Bedarf 2	48	75	150	60	125

Die Rüstkostensätze betragen $s_1 = 150$, $s_2 = 150$ und die Lagerkostensätze sind $h_1 = 4$ bzw. $h_2 = 3$.

a) Enumerieren Sie für beide Produkte alle Produktionspläne, die die Wagner-Whitin-Eigenschaft haben.

b) Formulieren Sie ein Set Partioning Modell zur Bestimmung des optimalen Produktionsplans. Formulieren Sie dieses Modell so, daß Sie später auch in der Lage sind, mehrere Produkte sowie Kapazitätsbeschränkungen zu erfassen.

c) Implementieren Sie das Set Partioning Modell in AMPL oder OPL mit den unter a) ermittelten Produktionsplänen und bestimmen Sie für jedes Produkt die optimalen Losgrößen.

d) Nehmen Sie nun an, daß die Produktionsmenge pro Periode auf 160 Mengeneinheiten beschränkt ist. Bestimmen Sie den optimalen Produktionsplan.

 INFORMATIONEN, LITERATUR

Tempelmeier (2017), Abschnitt C.2.1.1.3

 LÖSUNG

a) Da (zunächst) keine Kapazitätsbeschränkungen bestehen, sind nur solche Produktionspläne zu berücksichtigen, die aus einer Folge von Losgrößen zusammengesetzt sind, die jeweils eine ganzzahlige Anzahl von Periodenbedarfen abdecken. Es gibt dann für jedes Produkt $2^{T-1} = 16$ alternative Produktionspläne mit der Wagner-Whitin-Eigenschaft. Wir erhalten folgende Pläne für die beiden Produkte:

$k = 1$	Rüstmuster Periode					Produktionsmengen Periode					Kosten
Nr.	1	2	3	4	5	1	2	3	4	5	
1	1	0	0	0	0	306	0	0	0	0	2170
2	1	0	0	0	1	266	0	0	0	40	1680
3	1	0	0	1	0	184	0	0	122	0	856
4	1	0	0	1	1	184	0	0	82	40	846
5	1	0	1	0	0	159	0	147	0	0	1144
6	1	0	1	0	1	159	0	107	0	40	974
7	1	0	1	1	0	159	0	25	122	0	806
8	1	0	1	1	1	159	0	25	82	40	796
9	1	1	0	0	0	110	196	0	0	0	1536
10	1	1	0	0	1	110	156	0	0	40	1206
11	1	1	0	1	0	110	74	0	122	0	710
12	1	1	0	1	1	110	74	0	82	40	700
13	1	1	1	0	0	110	49	147	0	0	1098
14	1	1	1	0	1	110	49	107	0	40	928
15	1	1	1	1	0	110	49	25	122	0	760
16	1	1	1	1	1	110	49	25	82	40	750

$k = 2$	Rüstmuster Periode					Produktionsmengen Periode					Kosten
Nr.	1	2	3	4	5	1	2	3	4	5	
1	1	0	0	0	0	458	0	0	0	0	2260
2	1	0	0	0	1	333	0	0	0	125	1410
3	1	0	0	1	0	273	0	0	185	0	1300
4	1	0	0	1	1	273	0	0	60	125	1200
5	1	0	1	0	0	123	0	335	0	0	1070
6	1	0	1	0	1	123	0	210	0	125	720
7	1	0	1	1	0	123	0	150	185	0	850
8	1	0	1	1	1	123	0	150	60	125	750
9	1	1	0	0	0	48	410	0	0	0	1590
10	1	1	0	0	1	48	285	0	0	125	990
11	1	1	0	1	0	48	225	0	185	0	1000
12	1	1	0	1	1	48	225	0	60	125	900
13	1	1	1	0	0	48	75	335	0	0	1070
14	1	1	1	0	1	48	75	210	0	125	720
15	1	1	1	1	0	48	75	150	185	0	850
16	1	1	1	1	1	48	75	150	60	125	750

b) Das Set Partioning Modell sieht wie folgt aus:

$$\text{Minimiere } Z = \sum_{k=1}^{K} \sum_{i \in \mathcal{P}_k} c_i \cdot \gamma_i \tag{B.1}$$

unter den Nebenbedingungen

$$\sum_{k=1}^{K} \sum_{i \in \mathcal{P}_k} \kappa_{ijt} \cdot \gamma_i \leq b_{jt} \qquad j = 1, 2, ..., J; \ t = 1, 2, ..., T \tag{B.2}$$

$$\sum_{i \in \mathcal{P}_k} \gamma_i = 1 \qquad k = 1, 2, ..., K \tag{B.3}$$

$$\gamma_i \in \{0, 1\} \qquad i \in \mathcal{P}_k; \ k = 1, 2, ..., K \tag{B.4}$$

Dabei bedeuten:

c_i Kosten des Produktionsplans i (dieser ist eindeutig einem Produkt k zugeordnet)

κ_{ijt} Kapazitätsbelastung der Ressource j in Periode t durch den Produktionsplan i

$\mathcal{P}_k$ Menge der für Produkt k betrachteten Produktionsplanalternativen

γ_i binäre Variable, die den Wert 1 annimmt, wenn Produktionsplan i (für Produkt k) gewählt wird

c)

🔍   {AMPL,OPL}-Modell: www.produktion-und-logistik.de/SCMP-Modelle

Die optimale Lösung dieses Problems ist $q_{11} = 110$, $q_{12} = 74$, $q_{14} = 82$ und $q_{15} = 40$ (Plan 12) sowie $q_{21} = 110$, $q_{22} = 75$, $q_{23} = 210$ und $q_{25} = 125$ (Plan 6) mit Kosten von 700 bzw. 720.

d) Die Lösung des Problems mit den vordefinierten Plänen, die die Wagner-Whitin-Eigenschaft haben, führt zu keinem Ergebnis (keine zulässige Lösung). Wir müssen daher noch weitere Pläne ohne diese Eigenschaft definieren. So kann man z. B. für Produkt 2 die Produktionsmenge in der Periode 5 um zehn Einheiten verringern und diese in die Periode 4 schieben. Der zusätzliche Produktionsplan sieht so aus:

	Rüstmuster Periode					Produktionsmengen Periode					Kosten
Nr.	1	2	3	4	5	1	2	3	4	5	
17	1	1	1	1	1	48	75	150	70	115	770

Die Lösung des Set Partitioning Problems mit einer Kapazitätsbeschränkung ist in der folgenden Tabelle wiedergegeben. Es handelt sich um die Pläne 12 für Produkt 1 und 17 für Produkt 2. Die Kosten betragen 1470.

Periode	1	2	3	4	5
Bedarf 1	110	74	0	82	40
Bedarf 2	48	75	150	70	115

Diese Lösung ist zwar zulässig, aber nicht optimal. Optimal ist es, wenn man für Produkt 2 in Periode 4 65 und in Periode 5 120 Mengeneinheiten produziert. Die Kosten sind dann 1460. Diese Lösung kann durch den Algorithmus zur Lösung des Set Partioning Modells aber nicht gefunden werden, da wir sie nicht in die Menge der vordefinierten Produktionspläne aufgenommen haben.

Es ist zu erwarten, daß bei sehr vielen Produkten die resultierende Abweichung vom Optimum nicht sehr groß ist, auch wenn man nur Pläne mit der Wagner-Whitin-Eigenschaft verwendet. Problematischer ist die ungeheure Anzahl von Produktionsplanalternativen, die für die Anwendung des Modells vorab definiert werden müssen. Bei $T = 16$ sind das bereits $2^{15} = 32768$ Produktionspläne. Einen Ausweg bietet hier das Konzept der **Column Generation**, nach dem die Pläne während des Lösungsverfahrens bei Bedarf erzeugt werden.

B3.8

Dynamische Losgrößenplanung, CLSP-L, Übertragung des Rüstzustands

Die Nixon Kontroll AG beliefert verschiedene Automobilhersteller mit Fahrzeugkomponenten aus Kunststoff. Mit einer Spritzgießmaschine werden fünf Produkte (A, B, C, D, E) hergestellt, für die in den nächsten sechs Wochen folgende Bedarfsmengen vorliegen:

Periode	1	2	3	4	5	6
Bedarf A	30	0	80	0	40	30
Bedarf B	50	90	30	0	70	10
Bedarf C	0	10	40	0	60	70
Bedarf D	10	0	20	0	0	10
Bedarf E	0	0	60	20	50	0

Die Rüstzeiten betragen einheitlich 10 Zeiteinheiten. Rüstkosten fallen nicht an. Die Lagerkosten betragen 4, 3, 4, 2 und 1 Geldeinheiten pro Mengeneinheit und Periode. Die Periodenkapazität der Maschine beträgt 200 Zeiteinheiten. Anfangsbestände sind nicht vorhanden.

Der Werksplaner hat seiner Tochter (diese studiert in Köln Betriebswirtschaftslehre – zunächst im Studiengang „Knappe", später mit dem Ziel „Ritter") sein Planungsproblem geschildert und erfahren, daß es ein als CLSP-L bezeichnetes dynamisches Losgrößenmodell auf der Basis von Makroperioden gibt, mit dem auch die Übertragung des Rüstzustands der Maschine über die Periodengrenzen hinweg modelliert werden kann.

a) Entwickeln Sie ein AMPL- oder OPL-Modell für das CLSP-L$_{SPL}$.

b) Bestimmen Sie den optimalen Produktionsplan.

 INFORMATIONEN, LITERATUR

Tempelmeier (2017), Abschnitt C.2.1.1.1.1

 LÖSUNG

a) Die genaue Definition und Erläuterung des Losgrößenmodells vom Typ CLSP-L$_{SPL}$ findet sich in *Tempelmeier* (2017), Abschnitt C.2.1.1.1.1.

 {AMPL,OPL}-Modell: www.produktion-und-logistik.de/SCMP-Modelle

Der optimale Produktionsplan ist in Bild B.10 dargestellt.

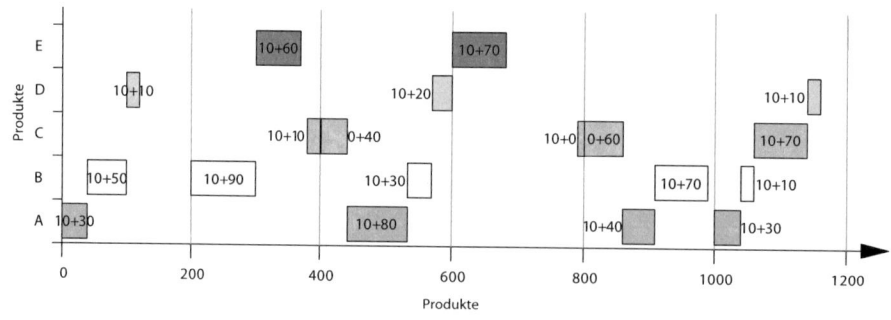

Bild B.10: Optimaler Produktionsplan

Die Zahlenpaare an den Balken bezeichnen die Rüstzeit und die Produktionszeit. Die

Kosten dieser Lösung betragen 110. Man erkennt, daß am Ende der Periode 2 die Produktion des Produkts C unterbrochen und ohne einen neuen Rüstvorgang in der Periode 3 fortgesetzt wird. Am Ende der Periode 4 wird die freie Kapazität der Maschine genutzt, um die Produktion des Produkts C in Periode 5 vorzubereiten (Rüsten ohne Produktion).

3.3 Mehrstufige dynamische Losgrößenmodelle

Verständnis- und Wiederholungsfragen

1. Nennen Sie Argumente für die These, daß Losgrößen für Produkte, die durch eine mehrstufige Erzeugnisstruktur miteinander verbunden sind, simultan geplant werden müssen.

2. Welche weiteren Interdependenzen können zwischen Produkten bestehen?

3. Welches sind die grundsätzlichen Schwächen der Mengenplanung in einem MRP-System bzw. PPS-System?

4. Suchen Sie im Internet nach Anbietern von Advanced Planning-Systemen und finden Sie heraus, in wieweit diese Systeme die Lösung von dynamischen Losgrößenproblemen unterstützen.

5. Warum ist es so schwierig, in einem mehrstufigen Losgrößenproblem mit Kapazitätsbeschränkungen eine zulässige Lösung zu finden?

 INFORMATIONEN, LITERATUR

Quadt (2004)
Tempelmeier (2017)

Übungsaufgaben

B3.9

Losgrößenplanung bei mehrstufiger Produktion, synchronisierte Produktion

Für die Herstellung eines Endproduktes 1, dessen Rüstkosten 500 und dessen Lagerkosten pro Einheit und Woche acht Geldeinheiten betragen, wird jeweils eine Einheit des

Vorproduktes 2 benötigt, dessen Rüstkosten 3000 und dessen Lagerkosten pro Einheit und Woche sieben Geldeinheiten betragen. Der Nettobedarf des Endproduktes beträgt während der nächsten sechs Wochen jeweils 100 Mengeneinheiten.

Bestimmen Sie für beide Produkte zunächst isoliert die Losgrößen mit Hilfe des Modells SIULSP. Versuchen Sie anschließend eine Lösung zu finden, bei der die Synchronisierung der Produktionsperioden beider Produkte zu einer Verbesserung der Lösung führt.

 INFORMATIONEN, LITERATUR

Tempelmeier (2017), Abschnitt C.1.1

 LÖSUNG

Nach dem in der Praxis üblichen erzeugnisbezogenen Sukzessivplanungskonzept wird zunächst für das Endprodukt der optimale Produktionsplan bestimmt. Da der Lagerkostensatz relativ hoch ist, wird in jeder Periode ein Los aufgelegt, das gerade zur Deckung des Periodenbedarfs ausreicht. Die Losgrößen werden als Periodenbedarfsmengen für das Vorprodukt übernommen (Annahme: Vorlaufzeit=0, kein Primärbedarf des Vorproduktes). Da die Rüstkosten für das Vorprodukt vergleichsweise hoch sind, wird hier nur in zwei Perioden produziert. Die Gesamtkosten dieser in der folgenden Tabelle wiedergegebenen Lösung betragen $3000 + 10200 = 13200$.

Problem 1: Endprodukt 1							
Periode t	0	1	2	3	4	5	6
Nettobedarf d_{1t}		100	100	100	100	100	100
Losgrößen q_{1t}		100	100	100	100	100	100
Lagerbestand y_{1t}	0	–	–	–	–	–	–
Problem 2: Vorprodukt 2							
Periode t	0	1	2	3	4	5	6
Nettobedarf d_{2t}		100	100	100	100	100	100
Losgrößen q_{2t}		300	–	–	300	–	–
Lagerbestand y_{2t}	0	200	100	–	200	100	–

Werden die Produktionsperioden beider Produkte synchronisiert, dann führt die Entscheidung, in einer Periode zu produzieren, zu Rüstkosten von $3000 + 500 = 3500$. Da jede hergestellte Einheit des Vorproduktes noch in derselben Periode in das Endprodukt eingebaut wird und damit aus dem lokalen Lagerbestand verschwindet, fallen Lagerkosten nur für das Endprodukt an (= acht Geldeinheiten pro Mengeneinheit und Woche).

Löst man das resultierende Problem, dann ergibt sich folgender optimaler Produktionsplan, der Kosten in Höhe von 11800 verursacht:

Periode t	0	1	2	3	4	5	6
Nettobedarf d_{1t}		100	100	100	100	100	100
Losgrößen q_{1t}		300	–	–	300	–	–
Lagerbestand y_{1t}	0	200	100	–	200	100	–
Nettobedarf d_{2t}		300	–	–	300	–	–
Losgrößen q_{2t}		300	–	–	300	–	–
Lagerbestand y_{2t}	0	–	–	–	–	–	–

Die mit der simultanen Bestimmung der Losgrößen beider Produkte verbundene Lösungsverbesserung wird durch die Vergrößerung der Lose des Endproduktes und damit durch ein Abweichen vom – isoliert betrachtet – optimalen Produktionsplan des Endproduktes erreicht.

B3.10

Losgrößenplanung bei mehrstufiger Produktion

Gegeben sei ein Vorprodukt 3 mit Rüstkosten von 1000 und Lagerkosten von fünf Geldeinheiten je Mengeneinheit und Periode. Der Nettobedarf zweier Endprodukte 1 und 2 beträgt während der nächsten sechs Perioden jeweils 100 Mengeneinheiten. Zur Herstellung der Endprodukte 1 und 2 wird jeweils eine Einheit des Vorproduktes 3 benötigt. Die Rüstkosten der Endprodukte betragen 1000 bzw. 2000, die Lagerkosten je Mengeneinheit und Periode acht bzw. sechs Geldeinheiten. Bestimmen Sie für alle Produkte zunächst isoliert die Losgrößen nach dem Modell SIULSP. Versuchen Sie anschließend eine Lösung zu finden, bei der die Synchronisierung der Auflegungszeitpunkte der Produkte zu einer Verbesserung der Lösung führt.

 INFORMATIONEN, LITERATUR

Tempelmeier (2017)

 LÖSUNG

Nach dem erzeugnisbezogenen Sukzessivplanungskonzept werden die Produkte entsprechend ihrer Dispositionsstufenzuordnung in der Reihenfolge 1–2–3 betrachtet. Wir erhalten bei Anwendung eines exakten Lösungsverfahrens den folgenden Produktionsplan, der mit Gesamtkosten von 17000 verbunden ist:

Problem 1: Endprodukt 1							
Periode t	0	1	2	3	4	5	6
Nettobedarf d_{1t}		100	100	100	100	100	100
Losgrößen q_{1t}		200	–	200	–	200	–
Lagerbestand y_{1t}	0	100	–	100	–	100	–
Problem 2: Endprodukt 2							
Nettobedarf d_{2t}		100	100	100	100	100	100
Losgrößen q_{2t}		300	–	–	300	–	–
Lagerbestand y_{2t}	0	200	100	–	200	100	–
Problem 3: Vorprodukt 3							
Nettobedarf d_{3t}		500	–	200	300	200	–
Losgrößen q_{3t}		500	–	200	300	200	–
Lagerbestand y_{3t}	0	–	–	–	–	–	–

Ein möglicher Produktionsplan mit synchronisierten Produktionsperioden sieht wie folgt aus:

Periode t	0	1	2	3	4	5	6
Nettobedarf d_{1t}		100	100	100	100	100	100
Losgrößen q_{1t}		200	–	200	–	200	–
Lagerbestand y_{1t}	0	100	–	100	–	100	–
Nettobedarf d_{2t}		100	100	100	100	100	100
Losgrößen q_{2t}		200	–	200	–	200	–
Lagerbestand y_{2t}	0	100	–	100	–	100	–
Nettobedarf d_{3t}		400	–	400	–	400	–
Losgrößen q_{3t}		400	–	400	–	400	–
Lagerbestand y_{3t}	0	–	–	–	–	–	–

Die Kosten dieses Produktionsplanes betragen 16200. Dieser Plan ist optimal. Das gilt auch dann, wenn man die Bedingung, daß die Produktionsperioden aller Produkte synchronisert werden sollen, fallenläßt. Die Verbesserung der Lösungsqualität wird hier durch teilweise *Verkleinerung der Lose* und durch *Abstimmung der Produktionsperioden* erreicht.

B3.11

Losgrößenplanung bei Werkstattproduktion, MLCLSP

Diese Aufgabe soll die Unterschiede zwischen den verschiedenen Möglichkeiten der Modellierung des dynamischen mehrstufigen Mehrprodukt-Losgrößenproblems bei beschränkten Kapazitäten und genereller Erzeugnisstruktur aufzeigen.

Betrachten Sie die in Bild B.11 wiedergegebene Erzeugnis- und Prozeßstruktur.

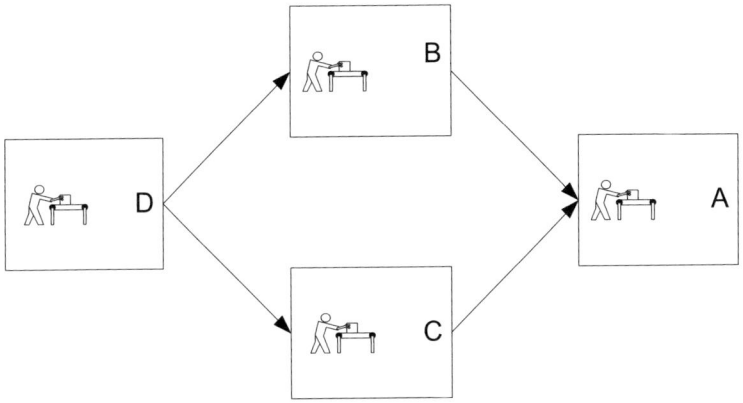

Bild B.11: Erzeugnis- und Prozeßstruktur

Die Rechtecke bezeichnen die Erzeugnisse. Die Symbole innerhalb der Rechtecke sollen die in der Materialbedarfsplanung üblicherweise nicht berücksichtigten Arbeitsgänge und die dazu benötigten Ressourcen kennzeichnen. Aus Gründen der Übersichtlichkeit ist für jedes Erzeugnis nur ein Arbeitsgang vorgesehen. Alle Erzeugnisse werden – ebenfalls stark vereinfachend – auf derselben Ressource bearbeitet. Die Rüstkosten mögen einheitlich 100 betragen. Die Lagerkosten für das Erzeugnis D (B, C, A) betragen 1 (1.1, 1.1, 4). Die Stückbearbeitungszeiten betragen einheitlich eine Zeiteinheit pro Mengeneinheit. Vorlaufzeiten sind nicht zu berücksichtigen. Die Primärbedarfsmengen des Endproduktes A für acht Perioden des angenommenen Planungszeitraums seien 10, 10, 25, 5, 20, 5, 25 und 20.

a) Bestimmen Sie die optimalen Losgrößen für alle Produkte nach dem erzeugnisbezogenen Sukzessivplanungskonzept, wie es in einem herkömmlichen PPS-System eingesetzt wird. Verwenden Sie das heuristische Silver-Meal-Verfahren. Ermitteln Sie die Belastung der Ressource im Zeitablauf.

b) Bestimmen Sie die optimalen Losgrößen für alle Produkte nach dem erzeugnisbezogenen Sukzessivplanungskonzept. Verwenden Sie nun im Unterschied zu a) ein exaktes Verfahren zur Lösung der jeweils entstehenden Einprodukt-Losgrößenprobleme. Ermitteln Sie die Belastung der Ressource im Zeitablauf.

c) Formulieren Sie ein mathematisches Modell zur Losgrößenoptimierung unter Berücksichtigung der Mehrstufigkeit der Erzeugnis- und Prozeßstruktur. Vernachlässigen Sie zunächst die Kapazität der Ressource. Entwickeln Sie das zugehörige AMPL- oder OPL-Modell und bestimmen Sie die optimale Lösung. Ermitteln Sie die Belastung der Ressource.

d) Erweitern Sie das unter c) aufgestellte Modell um vereinfachte Kapazitätsrestriktionen (ohne Rüstzeiten). Bestimmen Sie die optimale Lösung mit Hilfe des entsprechend angepaßten AMPL- oder OPL-Modells unter der Annahme, daß die Kapazität in jeder Periode 110 Zeiteinheiten beträgt. Ermitteln Sie die Belastung der Ressource.

e) Erweitern Sie das unter d) aufgestellte Modell um die Berücksichtigung von Rüstzeiten, wobei für jedes Erzeugnis pro Rüstvorgang 10 Zeiteinheiten angenommen werden. Setzen Sie die Rüstkosten gleich Null und bestimmen Sie die optimale Lösung. Ermitteln Sie die Belastung der Ressource.

 INFORMATIONEN, LITERATUR

Tempelmeier (2017)

 LÖSUNG

a) Nach dem erzeugnisbezogenen Sukzessivplanungskonzept werden für jedes Produkt jeweils zunächst die Nettobedarfsmengen und unmittelbar daran anschließend die Losgrößen bestimmt. Da die Produkte entsprechend ihrer Zuordnung zu Dispositionsstufen nacheinander betrachtet werden, ergibt sich folgende Sequenz von unkapazitierten Einprodukt-Losgrößenproblemen, die mit dem Silver-Meal-Verfahren heuristisch gelöst werden.

Problem 1: Endprodukt A									
Periode t	0	1	2	3	4	5	6	7	8
Nettobedarf d_{At}		10	10	25	5	20	5	25	20
Losgrößen q_{At}		20	–	30	–	25	–	45	–
Lagerbestand y_{At}	0	10	–	5	–	5	–	20	–

Problem 2: Erzeugnis B									
Periode t	0	1	2	3	4	5	6	7	8
Nettobedarf d_{Bt}		20	–	30	–	25	–	45	–
Losgrößen q_{Bt}		20	–	30	–	25	–	45	–
Lagerbestand y_{Bt}	0	–	–	–	–	–	–	–	–

Problem 3: Erzeugnis C									
Periode t	0	1	2	3	4	5	6	7	8
Nettobedarf d_{Ct}		20	–	30	–	25	–	45	–
Losgrößen q_{Ct}		20	–	30	–	25	–	45	–
Lagerbestand y_{Ct}	0	–	–	–	–	–	–	–	–

Problem 4: Erzeugnis D									
Periode t	0	1	2	3	4	5	6	7	8
Nettobedarf d_{Dt}		40	–	60	–	50	–	90	–
Losgrößen q_{Dt}		40	–	60	–	50	–	90	–
Lagerbestand y_{Dt}	0	–	–	–	–	–	–	–	–

Die Kosten dieser Lösung betragen 1760. Die Belastung der bei der Losgrößenplanung nicht berücksichtigten Ressource im Zeitablauf ist in der folgenden Tabelle dargestellt. Die Zusammenfassung von Periodenbedarfen zu Losen führt zu stark schwankenden Ressourcenbedarfen.

Periode t	1	2	3	4	5	6	7	8
Ressourcenbedarf	100	–	150	–	125	–	225	–

b) Löst man jedes Einprodukt-Losgrößenproblem exakt, dann erhält man folgende Lösungen.

Problem 1: Endprodukt A									
Periode t	0	1	2	3	4	5	6	7	8
Nettobedarf d_{At}		10	10	25	5	20	5	25	20
Losgrößen q_{At}		20	–	30	–	25	–	45	–
Lagerbestand y_{At}	0	10	–	5	–	5	–	20	–

Problem 2: Erzeugnis B									
Periode t	0	1	2	3	4	5	6	7	8
Nettobedarf d_{Bt}		20	–	30	–	25	–	45	–
Losgrößen q_{Bt}		20	–	55	–	–	–	45	–
Lagerbestand y_{Bt}	0	–	–	25	25	–	–	–	–

Problem 3: Erzeugnis C									
Periode t	0	1	2	3	4	5	6	7	8
Nettobedarf d_{Ct}		20	–	30	–	25	–	45	–
Losgrößen q_{Ct}		20	–	55	–	–	–	45	–
Lagerbestand y_{Ct}	0	–	–	25	25	–	–	–	–

Problem 4: Erzeugnis D									
Periode t	0	1	2	3	4	5	6	7	8
Nettobedarf d_{Dt}		40	–	110	–	–	–	90	–
Losgrößen q_{Dt}		40	–	110	–	–	–	90	–
Lagerbestand y_{Dt}	0	–	–	–	–	–	–	–	–

Durch den Verzicht auf die Produktion in der Periode 5 sind die Kosten auf 1570 gesunken. Allerdings ist die Belastung der Ressource – wie die folgende Tabelle zeigt – nun noch größeren Schwankungen als bei Einsatz des Silver-Meal-Verfahrens unterworfen.

Periode t	1	2	3	4	5	6	7	8
Ressourcenbedarf	100	–	250	–	25	–	225	–

c) Zur Formulierung des Modells zur dynamischen mehrstufigen Losgrößenplanung ohne Kapazitätsbeschränkungen (MLULSP, Multi-Level Uncapacitated Lotsizing Problem) verwenden wir folgende Symbole:

Daten:

a_{ki}	Direktbedarfskoeffizient bezüglich Produkt k und i
d_{kt}	Primärbedarf für Produkt k in Periode t
h_k	Lagerkostensatz des Produkts k
j	Index der Ressourcen ($j = 1, 2, \ldots, J$)
k	Index der Produkte bzw. Arbeitsgänge ($k = 1, 2, \ldots, K$)
M	große Zahl

N_k Menge der Nachfolger des Produkts k (direkt übergeordnete Produkte bzw. nachfolgende Arbeitsgänge)

s_k Rüstkostensatz des Produkts k (dieser kann auch periodenabhängig definiert werden)

T Länge des Planungszeitraums in Perioden ($t = 1, 2, \ldots, T$)

Entscheidungsvariablen:

q_{kt} Losgröße für Arbeitsgang k in Periode t

y_{kt} Lagerbestand für Produkt k am Ende der Periode t

γ_{kt} binäre Rüstvariable für Arbeitsgang bzw. Produkt k in Periode t

Das Modell lautet:

Minimiere

$$\sum_{t=1}^{T} \sum_{k=1}^{K} \left(h_k \cdot y_{kt} + s_k \cdot \gamma_{kt} \right)$$

unter den Nebenbedingungen

Lagerbilanzgleichungen:

$$y_{k,t-1} + q_{kt} - \sum_{i \in N_k} a_{ki} \cdot q_{it} - y_{kt} = d_{kt} \qquad k = 1, 2, \ldots, K; t = 1, 2, \ldots, T$$

Zusammenhang zwischen Rüstvariablen und Losgrößen:

$$q_{kt} - M \cdot \gamma_{kt} \leq 0 \qquad k = 1, 2, \ldots, K; t = 1, 2, \ldots, T$$

Wertebereiche:

$$q_{kt} \geq 0 \qquad k = 1, 2, \ldots, K; t = 1, 2, \ldots, T$$

$$y_{kt} \geq 0 \qquad k = 1, 2, \ldots, K; t = 1, 2, \ldots, T$$

$$\gamma_{kt} \in \{0, 1\} \qquad k = 1, 2, \ldots, K; t = 1, 2, \ldots, T$$

`{AMPL,OPL}-Modell: www.produktion-und-logistik.de/SCMP-Modelle`

Die optimale Lösung dieses Modells für die angegebenen Daten (noch ohne Berücksichtigung von Kapazitätsbeschränkungen) ist in der folgenden Tabelle wiedergegeben:

Periode t	0	1	2	3	4	5	6	7	8
Nettobedarf d_{At}		10	10	25	5	20	5	25	20
Losgrößen q_{At}		20	–	30	–	25	–	45	–
Lagerbestand y_{At}	0	10	–	5	–	5	–	20	–
Nettobedarf d_{Bt}		20	–	30	–	25	–	45	–
Losgrößen q_{Bt}		50	–	–	–	70	–	–	–
Lagerbestand y_{Bt}	0	30	30	–	–	45	45	–	–
Nettobedarf d_{Ct}		20	–	30	–	25	–	45	–
Losgrößen q_{Ct}		50	–	–	–	70	–	–	–
Lagerbestand y_{Ct}	0	30	30	–	–	45	45	–	–
Nettobedarf d_{Dt}		100	–	–	–	140	–	–	–
Losgrößen q_{dt}		100	–	–	–	140	–	–	–
Lagerbestand y_{Dt}	0	–	–	–	–	–	–	–	–

Diese Lösung berücksichtigt die kostenmäßigen Interdependenzen zwischen den Losgrößenentscheidungen für die Erzeugnisse. Insbesondere wird aufgrund des simultanen Planungsansatzes bereits bei der Losbildung für ein übergeordnetes Erzeugnis unmittelbar berücksichtigt, welche Konsequenzen dies für die untergeordneten Erzeugnisse hat. Die Gesamtkosten dieser Lösung betragen nur noch 1490. Mit dem erzeugnisbezogenen Sukzessivplanungskonzept entsteht daher für das betrachtete Beispiel bei Anwendung des Silver-Meal-Verfahrens eine Kostenerhöhung von 18.12%, während die exakte Lösung der Einprodukt-Losgrößenprobleme in diesem Planungsansatz zu einem Kostenanstieg von 5.37% führt.

Der zeitliche Verlauf der Ressourcenbelastung ist in der folgenden Tabelle dargestellt.

Periode t	1	2	3	4	5	6	7	8
Ressourcenbedarf	220	–	30	–	305	–	45	–

d) Zur Einbeziehung der Kapazitätsbeschränkungen werden folgende weitere Größen benötigt:

b_{jt} verfügbare Kapazität der Ressource j in Periode t

$\mathcal{K}_j$ Menge der Arbeitsgänge, die durch die Ressource j ausgeführt werden

tb_k Stückbearbeitungszeit für Arbeitsgang k

Vernachlässigt man die Rüstzeiten, dann lauten die Kapazitätsbeschränkungen:

$$\sum_{k \in \mathcal{K}_j} tb_k \cdot q_{kt} \leq b_{jt} \qquad\qquad j = 1, 2, \ldots, J; t = 1, 2, \ldots, T$$

Die optimale Lösung des um diese vereinfachten Kapazitätsrestriktionen erweiterten Losgrößenmodells sieht wie folgt aus:

Periode t	0	1	2	3	4	5	6	7	8
Nettobedarf d_{At}		10	10	25	5	20	5	25	20
Losgrößen q_{At}		20	–	30	–	25	–	45	–
Lagerbestand y_{At}	0	10	–	5	–	5	–	20	–
Nettobedarf d_{Bt}		20	–	30	–	25	–	45	–
Losgrößen q_{Bt}		22.5	27.5	–	–	37.5	32.5	–	–
Lagerbestand y_{Bt}	0	2.5	30	–	–	12.5	45	–	–
Nettobedarf d_{Ct}		20	–	30	–	25	–	45	–
Losgrößen q_{Ct}		20	–	55	–	–	–	45	–
Lagerbestand y_{Ct}	0	–	–	25	25	–	–	–	–
Nettobedarf d_{Dt}		42.5	27.5	55	–	37.5	32.5	45	–
Losgrößen q_{Dt}		42.5	82.5	–	–	37.5	77.5	–	–
Lagerbestand y_{Dt}	0	–	55	–	–	–	45	–	–

Die Kosten dieser Lösung betragen 1914. Sehen wir uns nun die Ressourcenbelastung im Zeitablauf an, dann stellen wir fest, daß die verfügbare Kapazität von 110 Zeiteinheiten in keiner Periode überschritten worden ist. Allerdings muß sichergestellt sein, daß zur Durchführung der Rüstvorgänge noch genügend Zeit außerhalb dieser 110 Zeiteinheiten zur Verfügung steht.

Periode t	1	2	3	4	5	6	7	8
Ressourcenbedarf	105	110	85	–	100	110	90	–

e) Die Rüstzeit kann durch Erweiterung der Kapazitätsrestriktion wie folgt berücksichtigt werden:

$$\sum_{k \in \mathcal{K}_j} (tb_k \cdot q_{kt} + tr_k \cdot \gamma_{kt}) \le b_{jt} \qquad j = 1, 2, \ldots, J; t = 1, 2, \ldots, T$$

mit

tr_k Rüstzeit für Arbeitsgang k

Die optimale Lösung des Problems zeigt die folgende Tabelle:

Periode t	0	1	2	3	4	5	6	7	8
Nettobedarf d_{At}		10	10	25	5	20	5	25	20
Losgrößen q_{At}		10	10	25	5	20	5	25	20
Lagerbestand y_{At}	–	–	–	–	–	–	–	–	–
Nettobedarf d_{Bt}		10	10	25	5	20	5	25	20
Losgrößen q_{Bt}		20	–	25	5	30	–	27.5	12.5
Lagerbestand y_{Bt}	–	10	–	–	–	10	5	7.5	–
Nettobedarf d_{Ct}		10	10	25	5	20	5	25	20
Losgrößen q_{Ct}		10	35	–	25	–	37.5	–	12.5
Lagerbestand y_{Ct}	–	–	25	–	20	–	32.5	7.5	–
Nettobedarf d_{Dt}		30	35	25	30	30	37.5	27.5	25
Losgrößen q_{Dt}		30	35	25	30	30	37.5	27.5	25
Lagerbestand y_{Dt}	–	–	–	–	–	–	–	–	–

Die Kosten dieser Lösung betragen 129.25. Die tatsächliche Belastung der Ressource im Zeitablauf ist in der folgenden Tabelle wiedergegeben.

Periode t	1	2	3	4	5	6	7	8
Ressourcenbedarf	110	110	105	105	110	110	110	110

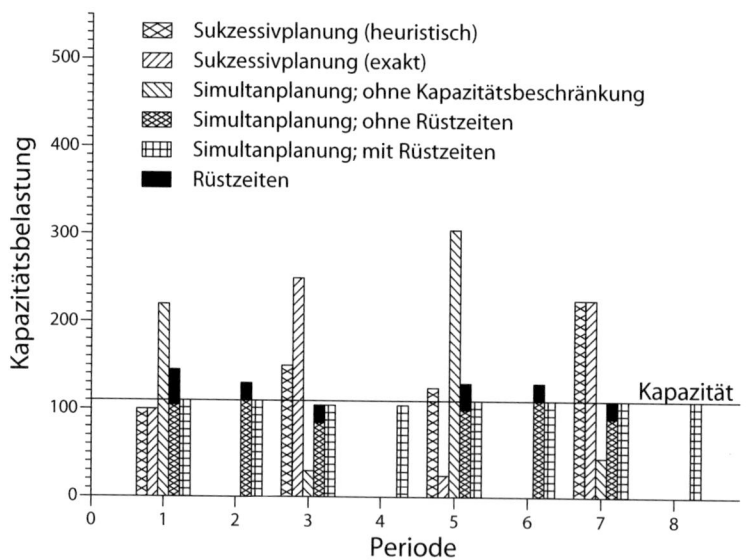

Bild B.12: Ressourcenbelastungen

Zwischen den aus den verschiedenen betrachteten Modellierungsalternativen resultierenden Ressourcenbelastungen (siehe Bild B.12) bestehen sehr große Unterschiede. Nur die Modellierung, in der die Rüstzeiten direkt erfaßt werden, führt im Beispiel zu einem Produktionsplan, der mit der verfügbaren Kapazität der Ressource realisierbar ist. In den anderen Fällen wird die Nachfrage nicht termingerecht erfüllt. Dies ist eine grundlegende Schwäche des MRP-Sukzessivplanungskonzepts, die auch nicht durch das sog. „MRP-II"-Planungskonzept beseitigt wird.

B3.12

Mehrstufige Losgrößenplanung, MLULSP, Verfahren von Simpson und Erenguc

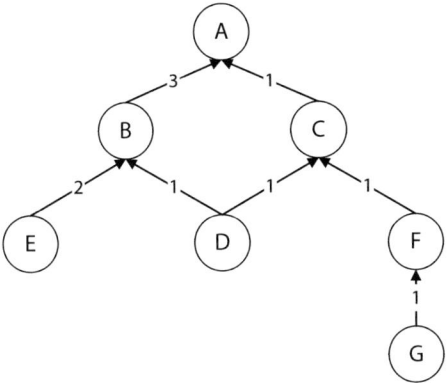

Bild B.13: Erzeugnisstruktur

Die Erzeugnisstruktur des Produkts A ist in Bild B.13 dargestellt. Die marginalen Lagerkostensätze aller Produkte betragen $e_k = 1$ ($k = \{A, B, C, D, E, F, G\}$). Die Rüstkosten sind $s_k = 50$ ($k = \{A, B, C, D, E, F, G\}$). Kapazitäten werden vernachlässigt. Für das Produkt A ist die folgende Nachfrageentwicklung prognostiziert worden:

Periode	1	2	3	4	5	6	7	8	9	10
d_{At}	50	10	20	5	30	10	10	20	40	30

a) Bestimmen Sie die optimalen Losgrößen nach dem MRP-Sukzessivplanungskonzept. Setzen Sie als Losgrößenverfahren die Heuristik von Silver und Meal ein.

b) Bestimmen Sie die optimalen Losgrößen nach dem Verfahren von Simpson und Erenguc.

INFORMATIONEN, LITERATUR

Simpson und Erenguc (1998)
Tempelmeier (2017)

 LÖSUNG

a) Zunächst werden aus den marginalen Lagerkostensätzen und der Erzeugnisstruktur die vollen Lagerkostensätze abgeleitet.

Produkt k	A	B	C	D	E	F	G
h_k	17.00	4.00	4.00	1.00	1.00	2.00	1.00

Die Anwendung des MRP-Sukzessivplanungskonzepts ergibt folgenden Produktionsplan, der mit Kosten in Höhe von 2975 verbunden ist. Diese Lösung erhält man auch, wenn man anstelle des Silver-Meal-Verfahrens ein exaktes Verfahren zur Lösung der Wagner-Whitin-Probleme einsetzt.

A	Periode	1	2	3	4	5	6	7	8	9	10
	Nettobedarf	50	10	20	5	30	10	10	20	40	30
	Losgrößen	50	10	20	5	30	10	10	20	40	30

B	Periode	1	2	3	4	5	6	7	8	9	10
	Nettobedarf	150	30	60	15	90	30	30	60	120	90
	Losgrößen	150	30	60	15	90	30	30	60	120	90

B	Periode	1	2	3	4	5	6	7	8	9	10
	Nettobedarf	50	10	20	5	30	10	10	20	40	30
	Losgrößen	60	-	25	-	40	-	10	20	40	30

D	Periode	1	2	3	4	5	6	7	8	9	10
	Nettobedarf	210	30	85	15	130	30	40	80	160	120
	Losgrößen	240	-	100	-	160	-	40	80	160	120

E	Periode	1	2	3	4	5	6	7	8	9	10
	Nettobedarf	300	60	120	30	180	60	60	120	240	180
	Losgrößen	300	60	150	-	180	60	60	120	240	180

F	Periode	1	2	3	4	5	6	7	8	9	10
	Nettobedarf	60	-	25	-	40	-	10	20	40	30
	Losgrößen	60	-	25	-	40	-	30	-	40	30

G	Periode	1	2	3	4	5	6	7	8	9	10
	Nettobedarf	60	-	25	-	40	-	30	-	40	30
	Losgrößen	60	-	25	-	40	-	30	-	70	-

b) Das Verfahren startet mit einer Just-in-time-Lösung, bei der in jeder Periode für jedes Produkt die Nettobedarfsmenge produziert wird. Dann werden benachbarte Produktionsmengen schrittweise zu größeren Losen zusammengefaßt. Als Auswahlkriterium wird das Verhältnis der Lagerkostenerhöhung zur Rüstkosteneinsparung verwendet, wobei jeweils *alle betroffenen Vorgängerprodukte* berücksichtigt werden.

Das Verfahren endet nach 15 Iterationen. Die folgende Tabelle zeigt die Entwicklung der Zwischenlösungen und der Kosten.

Iteration	Minimum ρ_{kt}	k	t	Kosten
0				3500
1	0.100	F	4	3410
2	0.200	C	4	3370
3	0.200	F	2	3290
4	0.200	F	6	3210
5	0.300	D	4	3175
6	0.333	A	4	3075
7	0.400	C	2	3045
8	0.400	C	6	3015
9	0.400	F	7	2955
10	0.600	D	2	2935
11	0.600	D	6	2915
12	0.600	F	10	2875
13	0.667	A	2	2825
14	0.667	A	6	2775
15	0.800	C	7	2765

Die Ergebnisse der ersten beiden einzelnen Iterationen sind in den folgenden Tabellen wiedergegeben:

Iteration 0: Losgrößen

q_{kt}	1	2	3	4	5	6	7	8	9	10
A	50	10	20	5	30	10	10	20	40	30
B	150	30	60	15	90	30	30	60	120	90
C	50	10	20	5	30	10	10	20	40	30
D	200	40	80	20	120	40	40	80	160	120
E	300	60	120	30	180	60	60	120	240	180
F	50	10	20	5	30	10	10	20	40	30
G	50	10	20	5	30	10	10	20	40	30

Iteration 1: Prioritäten

ρ_{kt}	1	2	3	4	5	6	7	8	9	10
A	—	0.486	0.971	0.243	1.457	0.486	0.486	0.971	1.943	1.457
B	—	1.200	2.400	0.600	3.600	1.200	1.200	2.400	4.800	3.600
C	—	0.267	0.533	0.133	0.800	0.267	0.267	0.533	1.067	0.800
D	—	0.800	1.600	0.400	2.400	0.800	0.800	1.600	3.200	2.400
E	—	1.200	2.400	0.600	3.600	1.200	1.200	2.400	4.800	3.600
F	—	0.200	0.400	<u>0.100</u>	0.600	0.200	0.200	0.400	0.800	0.600
G	—	0.200	0.400	0.100	0.600	0.200	0.200	0.400	0.800	0.600

Iteration 1: Losgrößen

q_{kt}	1	2	3	4	5	6	7	8	9	10
A	50	10	20	5	30	10	10	20	40	30
B	150	30	60	15	90	30	30	60	120	90
C	50	10	20	5	30	10	10	20	40	30
D	200	40	80	20	120	40	40	80	160	120
E	300	60	120	30	180	60	60	120	240	180
F	50	10	25	<u>0</u>	30	10	10	20	40	30
G	50	10	25	<u>0</u>	30	10	10	20	40	30

Iteration 2: Prioritäten

ρ_{kt}	1	2	3	4	5	6	7	8	9	10
A	—	0.486	1.360	0.300	1.629	0.486	0.486	0.971	1.943	1.457
B	—	1.200	2.400	0.600	3.600	1.200	1.200	2.400	4.800	3.600
C	—	0.267	1.600	0.200	1.200	0.267	0.267	0.533	1.067	0.800
D	—	0.800	1.600	0.400	2.400	0.800	0.800	1.600	3.200	2.400
E	—	1.200	2.400	0.600	3.600	1.200	1.200	2.400	4.800	3.600
F	—	0.200	0.500	—	1.200	0.200	0.200	0.400	0.800	0.600
G	—	0.200	0.500	—	1.200	0.200	0.200	0.400	0.800	0.600

Iteration 2: Losgrößen

q_{kt}	1	2	3	4	5	6	7	8	9	10
A	50	10	20	5	30	10	10	20	40	30
B	150	30	60	15	90	30	30	60	120	90
C	50	10	25	0	30	10	10	20	40	30
D	200	40	85	15	120	40	40	80	160	120
E	300	60	120	30	180	60	60	120	240	180
F	50	10	25	0	30	10	10	20	40	30
G	50	10	25	0	30	10	10	20	40	30

Der nach Iteration 15 vorliegende optimale Produktionsplan sieht wie folgt aus:

Iteration 15: Losgrößen

q_{kt}	1	2	3	4	5	6	7	8	9	10
A	60	–	25	–	40	–	10	20	40	30
B	180	–	75	–	120	–	30	60	120	90
C	60	–	25	–	50	–	–	20	40	30
D	240	–	100	–	170	–	30	80	160	120
E	360	–	150	–	240	–	60	120	240	180
F	60	–	25	–	50	–	–	20	70	–
G	60	–	25	–	50	–	–	20	70	–

B3.13

Rollierende Losgrößenplanung

Für die beiden Endprodukte A und B der in Bild B.14 wiedergegebenen Erzeugnis- und Prozeßstruktur wurden folgende Primärbedarfsmengen für einen Planungszeitraum von $T = 8$ Perioden festgelegt.

Periode	1	2	3	4	5	6	7	8
Produkt A	10	10	25	5	20	5	25	20
Produkt B	20	10	40	50	–	35	10	15

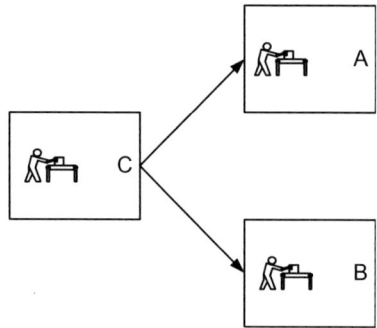

Bild B.14: Erzeugnis- und Prozeßstruktur

Alle Direktbedarfskoeffizienten sind eins. Die Mindestvorlaufzeiten der beiden Endprodukte betragen jeweils eine Periode. Die Mindestvorlaufzeit für das untergeordnete Produkt C beträgt zwei Perioden.

Alle Produkte werden auf derselben Ressource bearbeitet. Die Periodenkapazität der Ressource beträgt 110 Zeiteinheiten. Die Stückbearbeitungszeiten aller Produkte sind eins. Die Rüstzeiten betragen jeweils 10 Zeiteinheiten. Rüstkosten fallen nicht an. Der Lagerkostensatz für Produkt A (B, C) beträgt 4 (1, 1)

a) Welche Daten werden noch benötigt, damit für das beschriebene Problem ein zulässiger Produktionsplan erzeugt werden kann?

b) Modifizieren Sie die Lagerbilanzgleichung des in Aufgabe B3.11 dargestellten mehrstufigen Mehrprodukt-Losgrößenmodells mit beschränkten Ressourcen (einschließlich Rüstzeiten) in der Weise, daß positive Mindestvorlaufzeiten, Anfangsbestände und Bestellbestände berücksichtigt werden können. Entwickeln Sie auch das zugehörige AMPL- oder OPL-Modell und bestimmen Sie den optimalen Produktionsplan für die Perioden 1 bis 8 unter der Annahme, daß für die Produkte A, B bzw. C Anfangsbestände in Höhe von 10, 20 bzw. 40 Mengeneinheiten vorhanden sind und daß 50 Mengeneinheiten des Produktes C zu Beginn der Periode 1 und 10 Mengeneinheiten zu Beginn der Periode 2 eintreffen.

c) Führen Sie am Ende der Periode 3 einen neuen Planungslauf für die Perioden 4 bis 11 durch. Nehmen Sie an, daß die neu hinzugekommenen Primärbedarfe der Perioden 9 bis 11 für das Produkt A 10, 5 und 30 und für das Produkt B 15, 20 und 5 betragen und daß die Bedarfsmengen der Perioden 4 bis 8 unverändert bleiben.

d) Es ist sinnvoll, vor der Durchführung eines neuen Planungslaufes zunächst aktualisierte Primärbedarfsmengen, z. B. aufgrund neuer Bedarfsprognosen, zu bestimmen. Welches Problem kann auftreten, wenn in den ersten Perioden eines neuen Planungszeitraums höhere aktualisierte Primärbedarfsmengen auftreten als beim vorangegangenen Planungslauf?

 INFORMATIONEN, LITERATUR

Tempelmeier (2017)

 LÖSUNG

a) Produktionsentscheidungen für die Produkte A und B in der Periode 1 führen erst in der Periode 2 zu einem Lagerzugang. Alle Bedarfsmengen dieser Produkte in Periode 1 müssen daher durch zu Beginn des Planungszeitraumes vorhandene Lagerbestände gedeckt werden. Entsprechendes gilt für das Produkt C.

b) Die Lagerbilanzgleichungen lauten:

$$y_{k,t-1} + o_{kt} - y_{kt} - \sum_{i \in N_k} a_{ki} \cdot q_{it} = d_{kt} \qquad t = 1, 2, \ldots, z(k)$$

$$y_{k,t-1} + q_{k,t-z(k)} - y_{kt} - \sum_{i \in N_k} a_{ki} \cdot q_{it} = d_{kt} \qquad t = z(k)+1, z(k)+2, \ldots, T$$

Die Größe o_{kt} bezeichnet den Bestellbestand des Produktes k, der zu Beginn der Periode t im Lager zur Verfügung steht. Sie ist sachlich identisch mit einer in der Vergangenheit eingeplanten Produktionsmenge $q_{k,t-z(k)}$. Die Größe $z(k)$ ist die Mindestvorlaufzeit.

🔍 {AMPL,OPL}-Modell: www.produktion-und-logistik.de/SCMP-Modelle

Die optimale Lösung zeigt die folgende Tabelle. Für die Endprodukte wird in der letzten Periode 8 und für das untergeordnete Produkt C sogar in den letzten drei Perioden (6 bis 8) nicht mehr produziert, da die kumulierte Vorlaufzeit drei Perioden beträgt. Spätestens am Ende der Periode 5 müßte daher der nächste Planungslauf stattfinden.

Periode t	−1	0	1	2	3	4	5	6	7	8
Nettobedarf d_{At}			10	10	25	5	20	5	25	20
Nettobedarf d_{Bt}			20	10	40	50	−	35	10	15
Losgrößen q_{At}			10	25	5	20	5	25	20	−
Losgrößen q_{Bt}			30	35	35	−	35	10	15	−
Lagerbestand y_{At}		10	−	−	−	−	−	−	−	−
Lagerbestand y_{Bt}		20	−	20	15	−	−	−	−	−
Nettobedarf d_{Ct}			40	60	40	20	40	35	35	−
Lagerbestand y_{Ct}		40	50	−	−	−	−	−	−	−
Losgrößen q_{Ct}	50	10	40	20	40	35	35	−	−	−
Ressourcenbelastung			110	110	110	75	105	55	55	−

c) Für den nächsten Planungslauf am Ende der Periode 3 wird der aktuelle Systemzustand (Lagerbestände am Ende der Periode 3, Bestellbestände für die Endprodukte $o_{A4} = q_{A3} = 5, o_{B4} = q_{B3} = 35$, Bestellbestände für Produkt C, d. h. Produktionsmengen $o_{C4} = q_{C2} = 20$ und $o_{C5} = q_{C3} = 40$) aus dem ersten Planungslauf übernommen.

 {AMPL, OPL}-Modell: www.produktion-und-logistik.de/SCMP-Modelle

Die optimale Lösung lautet:

t_{alt}	2	3	4	5	6	7	8	9	10	11
t_{neu}	−1	0	1	2	3	4	5	6	7	8
Nettobedarf d_{At}			5	20	5	25	20	10	5	30
Nettobedarf d_{Bt}			50	−	35	10	15	15	20	5
Losgrößen q_{At}		5	20	5	25	20	10	5	30	−
Losgrößen q_{Bt}		35	−	35	10	15	15	20	5	−
Lagerbestand y_{At}		0	−	−	−	−	−	−	−	−
Lagerbestand y_{Bt}		15	−	−	−	−	−	−	−	−
Nettobedarf d_{Ct}			20	40	35	35	25	25	35	−
Lagerbestand y_{Ct}		0	−	−	−	−	−	−	−	−
Losgrößen q_{Ct}	20	40	35	35	25	25	35	−	−	−
Ressourcenbelastung			75	105	90	90	90	45	55	−

d) Steigen die Primärbedarfsmengen über die Menge hinaus, für die durch die vorhandenen Lageranfangsbestände und die im letzten Planungslauf eingeplanten Bestellbestände Vorsorge getroffen worden ist, dann kann kein zulässiger Produktionsplan mehr gefunden werden. In diesem Fall muß u. U. auf einen für derartige Fälle bereitstehenden Sicherheitsbestand zurückgegriffen werden. Im Beispiel würde bereits die Erhöhung der Primärbedarfsmenge des Produktes A in Periode 4 von 10 auf 11 dazu führen, daß keine zulässige Lösung des Problems mehr besteht.

Sind die Primärbedarfsmengen dagegen niedriger als im vorangegangenen Planungslauf, dann kann das aufgrund der geänderten Bedarfszeitreihe zu einem völlig anderen Produktionsplan führen, in dem auch die Produktionsmengen in den ersten Perioden des Planungszeitraums von den im vorangegangenen Planungslauf festgelegten Mengen erheblich abweichen (Nervosität des Planungssystems).

4 Ressourceneinsatzplanung bei Kleinserien- bzw. Werkstattproduktion

Bei Werkstattproduktion werden Arbeitssysteme, die gleichartige Arbeitsverrichtungen durchführen können, räumlich zu einer Werkstatt zusammengefaßt. Mehrere Werkstätten wirken arbeitsteilig an der Herstellung der Produkte mit. Die Produktionsaufträge mit relativ kleinen Auftragsgrößen werden ihren Arbeitsplänen entsprechend von Werkstatt zu Werkstatt transportiert. Bei Werkstattproduktion gelingt es i. d. R. nicht, die Arbeits- und Transportvorgänge zeitlich so aufeinander abzustimmen, daß alle Aufträge ohne Wartezeiten durch die Produktion geschleust werden können. Für die operative Planung der Produktionsabläufe geht man üblicherweise von einer Teilung der Planung in eine Phase der (dynamischen) Losgrößenplanung und eine Phase der Ressourceneinsatzplanung aus. Die Probleme der Losgrößenplanung werden in Teil C (Material-Logistik) behandelt. Im Folgenden gehen wir davon aus, daß die Auftragsgrößen bereits festgelegt worden sind und wir behandeln nun die Terminplanung für die Arbeitsgänge, die zur Herstellung der Produkte erforderlich sind. Diese Probleme stellen sich vor allem dann, wenn die Losgrößenplanung – wie in der betrieblichen Praxis üblich – auf Produktebene unter Vernachlässigung der Kapazitäten erfolgt ist.

Verständnis- und Wiederholungsfragen

1. In welche Bestandteile läßt sich die Durchlaufzeit eines Produktionsauftrages durch den Produktionsprozeß aufgliedern?

2. Erläutern Sie, inwieweit sich die für die Anwendung der Netzplantechnik benötigten Daten aus den Stammdaten von PPS-Systemen ableiten lassen.

3. Warum gestaltet sich die Auftragsterminierung und Ressourceneinsatzplanung bei einer nach dem Werkstattprinzip organisierten Kleinserienproduktion besonders schwierig?

4. Welchen Sinn macht es, innerhalb eines PPS-Systems zunächst eine Grob- und anschließend eine Feinterminierung vorzunehmen?

5. Nennen Sie Ursachen dafür, daß sich ein detaillierter Produktionsablauf- und Maschinenbelegungsplan in der betrieblichen Praxis nur selten minutengenau realisieren läßt.

 INFORMATIONEN, LITERATUR

Tempelmeier (2017)

Übungsaufgaben

B4.1

Auftragsterminierung in PPS-Systemen

Im Handbuch eines PPS-Systems findet sich im Kapitel Auftragsterminierung die folgende Ausführung: „Wenn bei der Terminierung eines Produktionsauftrages ein Start- und ein Endtermin vorgegeben wurden, dann prüft das System nach abgeschlossener Vorwärts- und Rückwärtsterminierung, ob diese Termine eingehalten werden können. Wenn das nicht möglich ist, dann versucht das System den Produktionsauftrag mit gleichmäßig verkürzten Durchführungszeiten für alle Arbeitsvorgänge erneut zu terminieren. Dazu ermittelt das System einen prozentualen Reduzierungsfaktor. Mit diesem Reduzierungsfaktor wird die Differenz zwischen normaler und minimaler Vorgangsdauer solange verkürzt, bis entweder die Start- und Endtermine eingehalten werden können oder alle Reduzierungsstufen ausgeschöpft sind. Die Reduzierungsstufen werden in Schrittweiten von 1% fortlaufend erhöht."

a) Nehmen Sie zu dieser Art der Durchlaufzeitverkürzung kritisch Stellung.

b) Beschreiben Sie verbal eine Vorgehensweise, die Ihrer Meinung nach sinnvoller ist.

B4.2

Terminplanung, überlappte Produktion

Zur Erfüllung eines Kundenauftrages sind die in Bild B.15 gezeigten Arbeitsgänge mit den in den Knoten angegebenen Vorgangsdauern durchzuführen. Der Kunde erwartet eine Lieferung in Periode 75. Ressourcen zur Durchführung der Arbeitsgänge sind ausreichend vorhanden.

a) Berechnen Sie den kritischen Weg dieses Projekts und bestimmen Sie den frühestmöglichen Liefertermin des Auftrags.

b) Da der vom Kunden gewünschte Liefertermin nicht eingehalten werden kann, soll eine überlappte Durchführung zweier Arbeitsgänge auf dem kritischen Weg erfolgen. Bestimmen Sie den frühestmöglichen Liefertermin unter der Annahme, daß die Vorgänge B und D sich zeitlich um 2 Perioden überlappen dürfen.

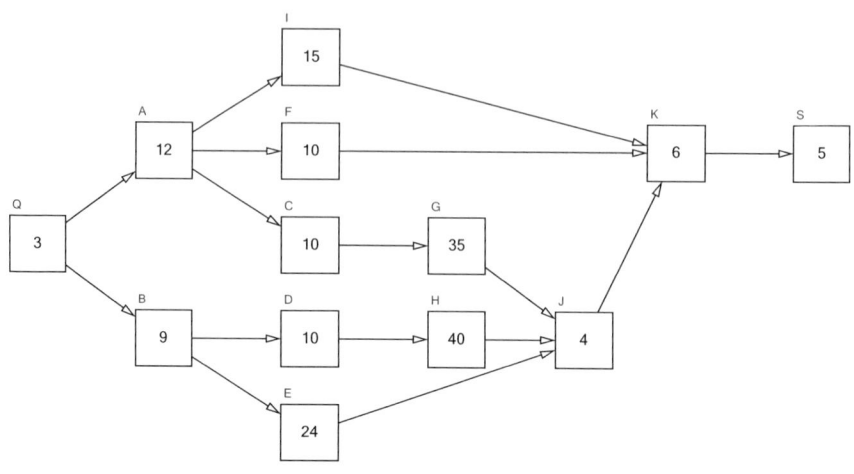

Bild B.15: Struktur des Kundenauftrags

 INFORMATIONEN, LITERATUR

Günther und Tempelmeier (2016)

 LÖSUNG

a) Die Ergebnisse der Vorwärts- und Rückwärtsterminierung sind in der folgenden Tabelle dargestellt.

Vorgang i	FAZ_i	FEZ_i	SAZ_i	SEZ_i	GP_i
Q	0	3	0	3	0
A	3	15	5	17	2
B	3	12	3	12	0
C	15	25	17	27	2
D	12	22	12	22	0
E	12	36	38	62	26
F	15	25	56	66	41
G	25	60	27	62	2
H	22	62	22	62	0
I	15	30	51	66	36
J	62	66	62	66	0
K	66	72	66	72	0
S	72	77	72	77	0

Der frühestmögliche Liefertermin ist 77. Damit kann der vom Kunden gewünschte Liefertermin nicht ohne Weiteres eingehalten werden. Das in Bild B.16 dargestellte Gantt-Diagramm zeigt die zeitliche Lage der Vorgänge bei frühestmöglicher Einplanung. Die dunklen Balken markieren die kritischen Vorgänge.

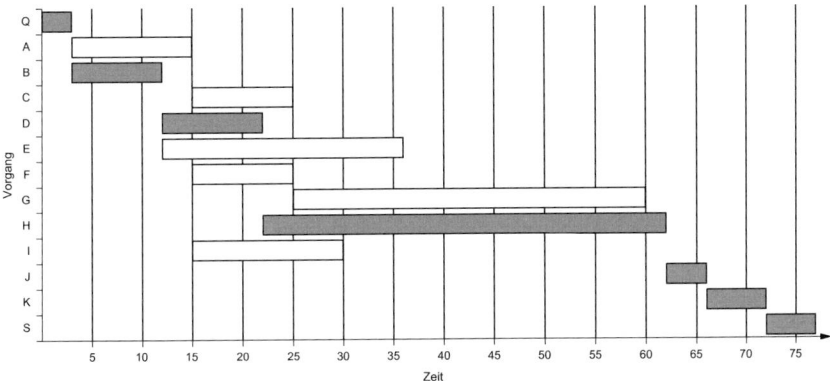

Bild B.16: Produktionsablauf bei frühestmöglicher Einplanung

b) Die Überlappung wird durch Einführung eines **negativen Mindestabstands** zwischen dem Ende des Vorgangs B und dem Start des Vorgangs D erfaßt. Es ergeben sich folgende Termine:

Vorgang i	FAZ_i	FEZ_i	SAZ_i	SEZ_i	GP_i
Q	0	3	0	3	0
A	3	15	3	15	0
B	3	12	3	12	0
C	15	25	15	25	0
D	10	20	10	20	0
E	12	36	36	60	24
F	15	25	54	64	39
G	25	60	25	60	0
H	20	60	20	60	0
I	15	30	49	64	34
J	60	64	60	64	0
K	64	70	64	70	0
S	70	75	70	75	0

Der Wunschtermin des Kunden kann nun eingehalten werden. Allerdings sind nun auch die Vorgänge A, C und G kritisch geworden. Das in Bild B.17 dargestellte Gantt-Diagramm zeigt wieder die zeitliche Lage der Vorgänge.

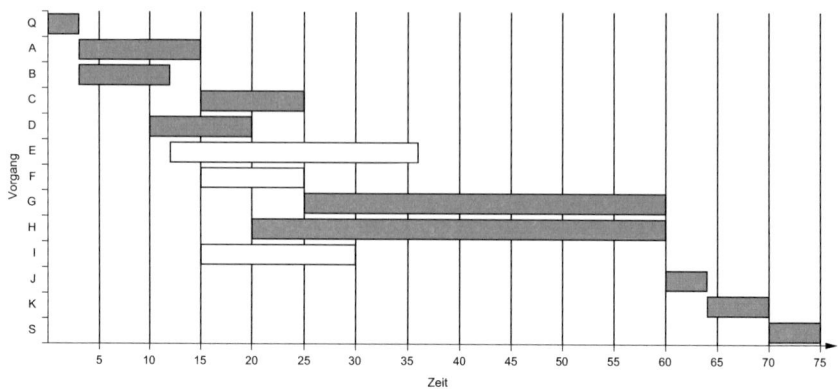

Bild B.17: Produktionsablauf bei frühestmöglicher Einplanung mit Überlappung der Vorgänge B und D

B4.3

Kapazitätsorientierte Terminplanung, RCPSP, exakte Lösung

Für die Herstellung eines Produkts müssen die in Bild B.18 dargestellten Arbeitsgänge durchgeführt werden.

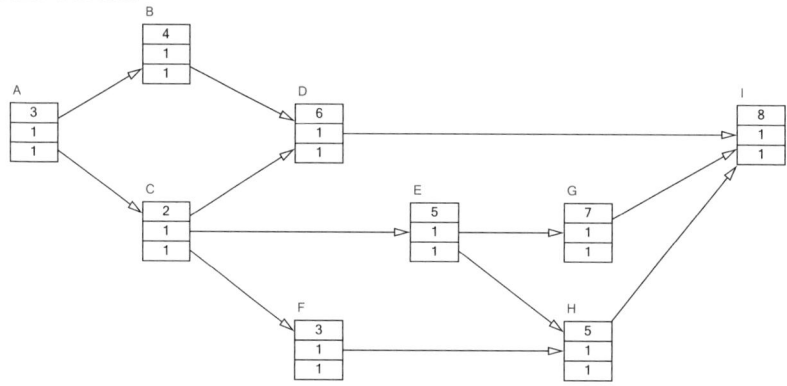

Bild B.18: Arbeitsgänge

Die Angaben in den Knoten haben folgende Bedeutung: Zeile 1 = Vorgangsdauer, Zeile 2

= Nr. der benötigten Ressource, Zeile 3 = Kapazitätsbedarf. Alle Arbeitsgänge benötigen dieselbe Ressource, von der zwei Einheiten verfügbar sind.

a) Schreiben Sie das mathematische Modell des Resource Constrained Project Scheduling Problems (RCPSP) auf.

b) Entwickeln Sie ein AMPL- oder OPL-Modell des RCPSP und bestimmen Sie die optimale Lösung für die angegebenen Daten.

 INFORMATIONEN, LITERATUR

Domschke und Drexl (2007)
Günther und Tempelmeier (2016)

 LÖSUNG

a) Das RCPSP kann formal wie folgt beschrieben werden:

Minimiere

$$Z = \sum_{t=\text{FEZ}_J}^{\text{SEZ}_J} t \cdot x_{Jt}$$

unter den Nebenbedingungen

Jeder Arbeitsgang muß in genau einer Periode beendet werden:

$$\sum_{t=\text{FEZ}_j}^{\text{SEZ}_j} x_{jt} = 1 \qquad\qquad j = 1, 2, \ldots, J$$

Abstimmung der Fertigstellungstermine aufeinanderfolgender Arbeitsgänge:

$$\sum_{t=\text{FEZ}_h}^{\text{SEZ}_h} t \cdot x_{ht} \leq \sum_{t=\text{FEZ}_j}^{\text{SEZ}_j} (t - d_j) \cdot x_{jt} \qquad\qquad j = 1, 2, \ldots, J;\; h \in \mathcal{V}_j$$

Kapazitätsbeschränkungen:

$$\sum_{j=1}^{J} k_{jr} \cdot \sum_{q=t}^{t+d_j-1} x_{jq} \leq K_r \qquad\qquad r = 1, 2, \ldots, R;\; t = 1, 2, \ldots, T$$

$$x_{jt} \in \{0, 1\} \qquad\qquad j = 1, 2, \ldots, J;\; t = 1, 2, \ldots, T$$

Dabei bedeuten:

Daten:

d_j	Dauer des Arbeitsgangs j
FEZ_j	frühestmöglicher Endtermin des Arbeitsgangs j
J	Anzahl der Arbeitsgänge $(j = 1, 2, \ldots, J)$
k_{jr}	Kapazitätsbedarf des Arbeitsgangs j bezüglich der Ressource r je Periode
K_r	Periodenkapazität der Ressource r
R	Anzahl der Ressourcen $(r = 1, 2, \ldots, R)$
SEZ_j	spätestzulässiger Endtermin des Arbeitsgangs j
T	maximale angenommene Projektdauer
$\mathcal{V}_j$	Indexmenge der Vorgängerknoten des Knotens j im Netzplan

Entscheidungsvariablen:

x_{jt}	Binärvariable, die den Wert 1 annimmt, wenn der Arbeitsgang j am Ende der Periode t beendet wird

Als Vorbereitung der Lösung des Problems sind zunächst die frühestmöglichen und spätestzulässigen Endtermine der Arbeitsgänge zu berechnen. Bei unbeschränkten Kapazitäten ist der frühestmögliche Endzeitpunkt des Arbeitsgangs I (Zykluszeit des Projekts) gleich 25 (siehe Bild B.19).

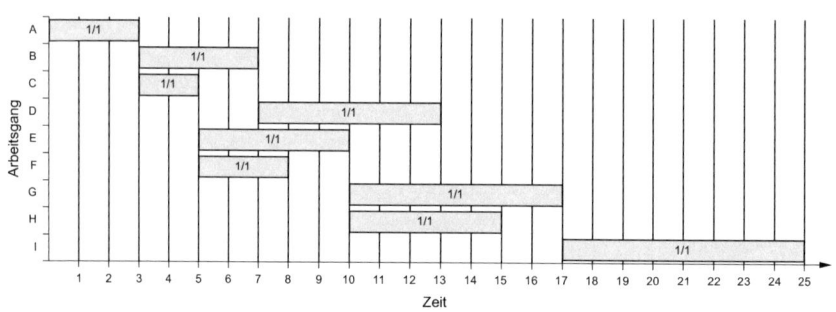

Bild B.19: Terminplanung bei unbeschränkten Kapazitäten, frühestmögliche Einplanung

Da anzunehmen ist, daß die Kapazitätsbeschränkungen zu einer Verschiebung dieses Termins in die Zukunft führen, nehmen wir als realistische Vorgabe für den spätestzulässigen Endtermin des Auftrags I 30 an. Dadurch erhöht sich die Gesamtpufferzeit GP_i für jeden Arbeitsgang um 5 Perioden.

Vorgang i	FAZ_i	FEZ_i	SAZ_i	SEZ_i	GP_i
A		3	5	8	5
B	3	7	12	16	9
C	3	5	8	10	5
D	7	13	16	22	9
E	5	10	10	15	5
F	5	8	14	17	9
G	10	17	15	22	5
H	10	15	17	22	7
I	17	25	22	30	5

b)

{AMPL,OPL}-Modell: www.produktion-und-logistik.de/SCMP-Modelle

Die optimale Lösung ist graphisch in Bild B.20 dargestellt.

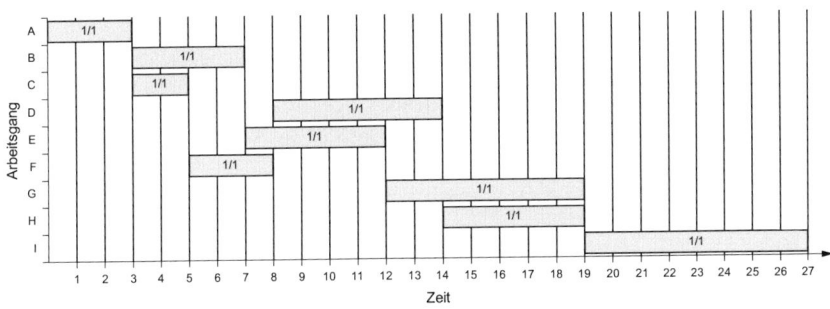

Bild B.20: Optimale Lösung

Die Zykluszeit ist von 25 auf 27 gestiegen. Während in der Lösung mit unbegrenzter Kapazität der Ressource diese in mehreren Perioden drei Vorgänge gleichzeitig bearbeitet, wird die Kapazität der Ressourwe nun nicht mehr überschritten.

B4.4

Kapazitätsorientierte Terminplanung, RCPSP, kumulative Ressource

In einer Fleischwarenfabrik werden Würste in einem dreistufigen Produktionsprozeß, bestehend aus den Stufen Abfüllen, Räuchern, und Verpacken, produziert. In der Abfüllerei werden die Würste auf fahrbare Gestelle (Räucherwagen) gehängt und anschließend zu den Räucherkammern transportiert. Nach dem Räuchern werden die Würste in der Verpackungsabteilung von den Räucherwagen entnommen und verpackt. Ein Räucherwagen ist durchgehend vom Beginn der Abfüllung bis zum Ende der Verpackung, also auch während der Wartezeit zwischen zwei Produktionsstufen, belegt. Es steht eine begrenzte Anzahl von Räucherwagen zur Verfügung. Die Abfüllerei besteht aus vier Abfüllanlagen. Es gibt vier Räucherkammern und zwei Verpackungsanlagen. Für einen betrachteten Planungszeitraum liegen fünf Aufträge vor, deren Bearbeitungszeiten (Zeiteinheit = 10 Minuten) in the folgenden Tabelle dargestellt sind:

Auftrag	Abfüllen	Räuchern	Verpacken
1	2	3	1
2	4	3	2
3	4	3	1
4	2	3	1
5	5	3	1

a) Bilden Sie das Problem mit einem MPM-Netzplan ab.

b) Erweitern Sie das Standardmodell des RCPSP (siehe Aufgabe B4.3) um den Aspekt der begrenzten Anzahl von Räucherwagen und lösen Sie das Problem für unterschiedliche Anzahlen (2,3,4,5,10) von Räucherwagen.

 INFORMATIONEN, LITERATUR

Koné et al. (2013)

 LÖSUNG

a) Wir führen für jeden Auftrag und jede Produktionsstufe einen Vorgang ein. Die Struktur des MPM-Netzplans zeigt Bild B.21.

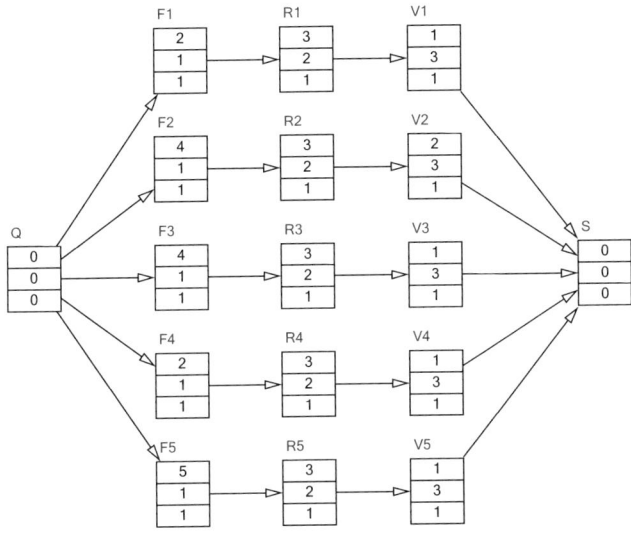

Bild B.21: MPM-Netzplan für fünf Aufträge

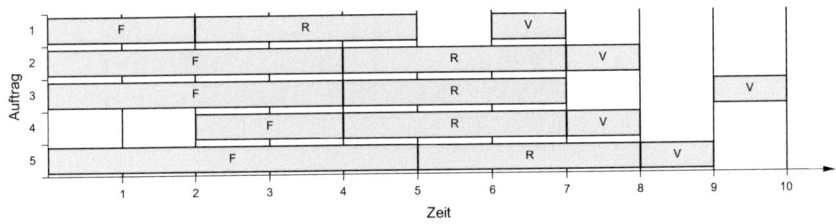

Bild B.22: Produktionsablauf bei unbegrenzter Anzahl von Räucherwagen

Die Angaben in den Knoten haben folgende Bedeutung: Außen = Bezeichnung, Zeile 1 = Vorgangsdauer, Zeile 2 = Nr. der benötigten Ressource, Zeile 3 = Kapazitätsbedarf. Alle Vorgänge eines Auftrags sind linear miteinander verknüpft. Die Vorgänge Q und S sind Dummy-Vorgänge mit der Vorgangsdauer 0, mit denen erreicht wird, daß der Netzplan genau einen Startknoten und genau einen Endknoten hat. Der Start- bzw. Endzeitpunkt des Vorgangs S beschreibt die Zykluszeit des Projekts bzw. die Periode, in der die Produktion aller Aufträge abgeschlossen ist. Zwischen den Vorgängen einer Produktionsstufe besteht Konkurrenz um die Ressourcen. Nimmt man zunächst eine unbegrenzte Anzahl von Räucherwagen an, dann ergibt sich der in Bild B.22 wiedergegebene Ablauf mit einer Zykluszeit von 10 Perioden.

b) In Aufgabe a) wurden die Räucherwagen noch nicht betrachtet. Sie unterscheiden sich von den anderen Ressourcen dadurch, daß sie *nicht nach jedem Vorgang freigegeben* werden, sondern daß sie zu Beginn der ersten Produktionsstufe (Abfüllen) für ein Produkt belegt und erst am Ende des letzten Produktionsstufe (Verpacken) wieder freigegeben werden. Derartige Ressourcen werden als *kumulative Ressourcen* bezeichnet. Als kumulative Ressource kann z. B. der Lagerbestand eines Rohstoffs, ein Werkstückträger (z. B. Palette) oder auch eine CONWIP-Karte abgebildet werden, die einen Auftrag von der ersten bis zur letzten Produktionsstufe begleitet.

Im betrachteten Fall modellieren wir die Räucherwagen als kumulative Ressource, indem wir Variablen $s_t \geq 0$ $(t = 0, 1, \ldots, T)$ einführen, welche die *Anzahl nicht belegter Räucherwagen* am Periodenende beschreiben. Um die Belegung und die Freigabe der kumulativen Ressource zu modellieren, führen wir für jeden Vorgang Parameter b_j^- und b_j^+ ein. b_j^- gibt die Anzahl Räucherwagen an, die bei Beginn des Vorgangs j belegt werden. Entsprechend bezeichnet b_j^+ die Anzahl Räucherwagen, die nach Abschluß des Vorgangs j wieder freigegeben werden. Belegt im betrachteten Fall jeder Auftrag einen Räucherwagen, dann ist b_j^- (b_j^+) für alle mit F (V) bezeichneten Vorgänge gleich 1. Alle anderen Werte sind Null.

Das Modell aus Aufgabe B4.3 wird nun um einige Nebenbedingungen ergänzt. Die Anzahl nicht belegter Räucherwagen zu Beginn des Planungszeitraums, nachdem die in Periode 1 zu startenden Vorgänge eingeplant wurden, ist:

$$s_0 = S - \sum_{j=1}^{J} b_j^- \cdot x_{jd_j}$$

Der Bestand an Räucherwagen ist S. Zu Beginn eines Vorgangs j werden b_j^- Räucherwagen belegt. Der Bestand s_0 an freien Räucherwagen wird durch den Vorgang j nur dann um b_j^- Einheiten reduziert, wenn der Vorgang j in Periode 1 begonnen und in Periode d_j beendet wird, d. h. wenn $x_{jd_j} = 1$. Vor Periode d_j kann er nicht beendet werden. Wird er nach Periode d_j beendet, dann ist s_0 nicht mehr betroffen.

Die Anzahl nicht belegter Räucherwagen s_t für die Perioden $t > 0$ wird wie folgt fortgeschrieben. Man geht aus vom Bestand am Ende der Vorperiode, s_{t-1}. Dieser wird in Periode t genau dann um b_j^- Einheiten reduziert, wenn der Vorgang j in Periode $t + d_j$ beendet bzw. in Periode t begonnen wird. Beispiel: $d_j = 3$, $x_{j5} = 1$, also Bearbeitung in den Perioden 3, 4 und 5. Daher wird ein Räucherwagen am Ende der Periode $5 - 3 = 2$ (Beginn von Periode 3) belegt und $s_3 = s_2 - 1$.

Entsprechend erhöht sich die Anzahl freier Räucherwagen in Periode t um b_j^+ Einheiten, wenn der Vorgang j am Ende der Periode t beendet wird. Somit gilt:

$$s_t = s_{t-1} - \sum_{j=1}^{J} b_j^- \cdot x_{j,t+d_j} + \sum_{j=1}^{J} b_j^+ \cdot x_{j,t} \qquad t = 1, 2, \ldots, T$$

Zur korrekten Verwaltung des Bestands an Räucherwagen werden alle x_{jt}-Variablen, die außerhalb der Fenster FEZ_j bis SEZ_j liegen, auf Null gesetzt, also

$$x_{jt} = 0 \qquad j = 1, 2, \ldots, J; t = 1, 2, \ldots, FEZ_j$$

und

$$x_{jt} = 0 \qquad j = 1, 2, \ldots, J; t = SEZ_j + 1, SEZ_j + 2, \ldots, T$$

Wir wenden das Modell RCPSP mit kumulativen Ressourcen jetzt auf das betrachtete Problem an. Bei 5 Räucherwagen ändert sich der Ablauf, aber die Zykluszeit ist dieselbe wie bei unbegrenzter Anzahl von Räucherwagen.

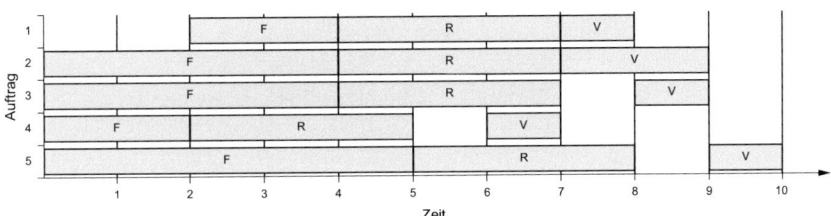

Bild B.23: Produktionsablauf mit 5 Räucherwagen

Stehen nur 4 Räucherwagen zur Verfügung, dann ergibt sich der in Bild B.24 wiedergegebene Ablauf. Hier sieht man, daß zu keinem Zeitpunkt mehr als vier Vorgänge durchgeführt werden. Die Zykluszeit hat sich auf 12 erhöht.

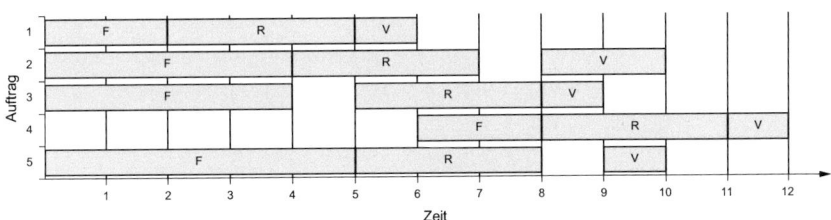

Bild B.24: Produktionsablauf mit 4 Räucherwagen

Reduziert man die Anzahl Räucherwagen auf 3, dann ergibt sich der in Bild B.25 abgebildete Ablauf mit einer Zykluszeit von 15.

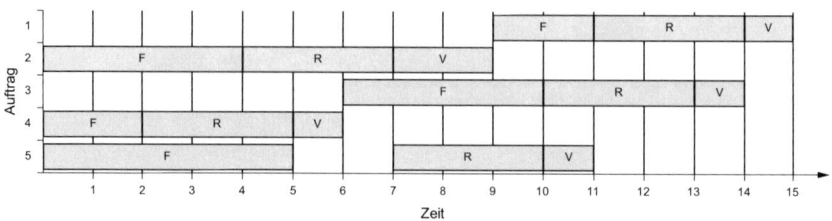

Bild B.25: Produktionsablauf mit 3 Räucherwagen

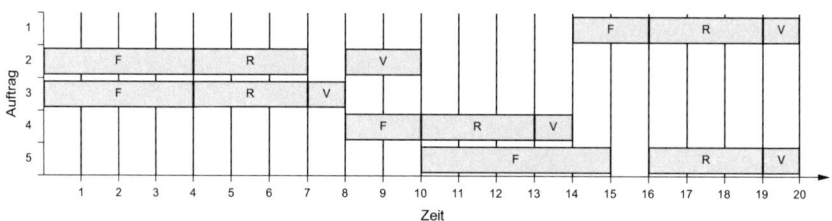

Bild B.26: Produktionsablauf mit 2 Räucherwagen

Schließlich erhält man den in Bild B.26 dargestellten Ablauf mit einer Zykluszeit von 20, falls nur 2 Räucherwagen eingesetzt werden. Man erkennt deutlich, daß die Zykluszeit mit sinkender Anzahl von Räucherwagen ansteigt.

B4.5

Kapazitätsorientierte Terminplanung, RCPSP, Prioritätsregelverfahren

Betrachten Sie das in Bild B.27 wiedergegebene Auftragsnetz, das in einen Dummy-Startknoten (Q) und einen Dummy-Endknoten (S) eingebettet ist. Die Angaben in den Knoten haben folgende Bedeutung: Zeile 1 = Vorgangsdauer, Zeile 2 = Nr. der benötigten Ressource, Zeile 3 = Kapazitätsbedarf.

a) Führen Sie eine Terminplanung unter Vernachlässigung der Kapazität der Ressource (Durchlaufterminierung) durch.

b) Nehmen Sie an, die Ressource sei eine Gruppe von vier Mitarbeitern. Erzeugen Sie einen zulässigen Terminplan mit Hilfe eines Prioritätsregelverfahrens.

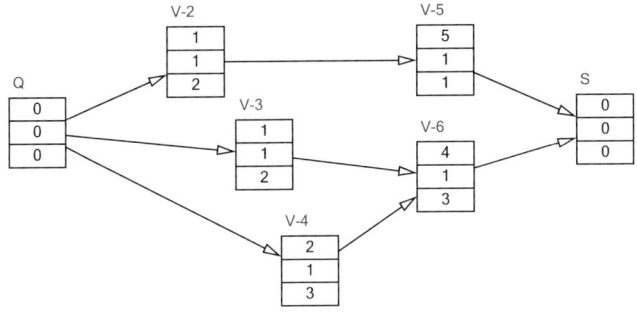

Bild B.27: Auftragsnetz

 INFORMATIONEN, LITERATUR

Drexl und Kolisch (1993)

 LÖSUNG

a) Die Ergebnisse der Vorwärts- und Rückwärtsterminierung sind in der folgenden Tabelle wiedergegeben.

Vorgang	FAZ(i)	FEZ(i)	SAZ(i)	SEZ(i)	GP(i)
Q	0	0	0	0	0
V2	0	1	0	1	0
V3	0	1	1	2	1
V4	0	2	0	2	0
V5	1	6	1	6	0
V6	2	6	2	6	0
S	6	6	6	6	0

Bild B.28 zeigt das entsprechende Gantt-Diagramm bei frühestmöglicher Einplanung aller Vorgänge. Die Zahlkombinationen in den Balken bezeichnen die Nummer der für den Arbeitsgang benötigten Ressource und den jeweiligen Kapazitätsbedarf.

Nach dem vorliegenden Terminplan werden in der ersten Periode sieben Mitarbeiter benötigt. Da nur vier Mitarbeiter vorhanden sind, ist dieser Plan nicht zulässig.

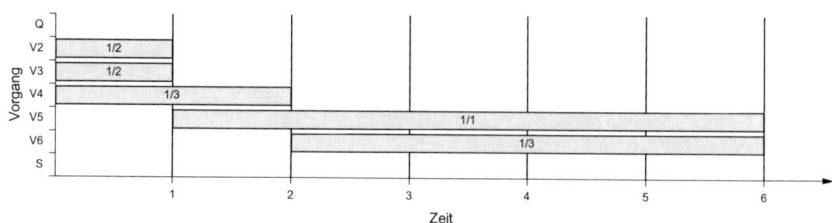

Bild B.28: Terminplan ohne Beachtung der Kapazitäten

b) Ein einfaches heuristisches Verfahren zur Erzeugung eines zulässigen Terminplans geht im Prinzip in der Weise vor, daß beginnend mit Periode 0 die Zeit schrittweise fortgeschrieben wird und daß dann jeweils die Vorgänge frühestmöglich auf den Ressourcen eingeplant werden. Können zu einem bestimmten Zeitpunkt mehrere Vorgänge gleichzeitig eingeplant werden, dann wird eine Prioritätsregel angewandt. Die Wahl der geeigneten Prioritätsregel ist dabei ausschlaggebend für die Qualität des Verfahrens. Der Verfahrensablauf ist in Bild B.29 beschrieben. Dabei bedeuten:

t Einplanungszeitpunkt

A Menge der in einem Planungsschritt bereits begonnenen Arbeitsgänge (AG)

C Menge der in einem Planungsschritt bereits abgeschlossenen AG

D Menge der in einem Planungsschritt einplanbaren AG

F_r In einem Planungsschritt noch vorhandene Restkapazität der Ressource r

Für das Beispiel erhält man bei Anwendung der *KOZ-Regel* folgende Ergebnisse:

```
Aktuelle Mengen für t = 0
Menge A = {}
Menge C = {}
Menge D = {Q}
Einplanung von AG Q auf Ressource 0
Start 0 Ende 0
AG Q in Menge A einfügen
```

Aktualisiere die Mengen und ermittle die einplanbaren Arbeitsgänge.

```
Schritt 1: Periode t = 0
Prüfe AG Q: Kein Vorgänger vorhanden
AG Q: ist bereits in Menge A (begonnen)
Prüfe AG V2: Menge C = {}
Prüfe AG V3: Menge C = {}
Prüfe AG V4: Menge C = {}
Prüfe AG V5: Menge C = {}
Prüfe AG V6: Menge C = {}
Prüfe AG S: Menge C = {}
```

Initialisierung
Mengen: A (begonnen) = {}, C (fertig) = {}, D (einplanbar) = {} $F_r = K_r (r = 1, 2, \ldots, R)$ $t := 0$
Schritt 1: Einplanung aller zum Zeitpunkt t einplanbaren AG
a) Ermittle die aktuell einplanbaren Vorgänge unter Beachtung der Projektstruktur und der Kapazitäten der Ressourcen. Falls die Menge D leer ist, gehe zu Schritt 2. b) Lege Prioritätswerte der einplanbaren AG fest c) Auswahl des nächsten AG j gemäß Prioritäten d) Einplanung des AG j: Starttermin$(j) = t$ Endtermin$(j) = t + d(j)$ Restkapazität der Ressource r: $F_r = F_r - k_{jr}$ Menge der begonnenen AG: $A = A + j$ Gehe zu Schritt 1a
Schritt 2: Nächster Einplanungszeitpunkt
a) Falls A und C alle Aufträge enthalten, Stop. b) Falls A = {}, Stop, keine zulässige Lösung. c) Bestimme den Termin t, an dem der nächste AG aus der Menge A fertig wird. Entferne alle AG mit Fertigstellungstermin t aus der Menge A, füge sie in die Menge C ein und erhöhe die Restkapazität der jeweils betroffenen Ressource um die freigebenen Kapazitätseinheiten. Gehe zu Schritt 1a

Bild B.29: Paralleles Prioritätsregelverfahren

```
Aktuelle Mengen für t = 0
Menge A = {Q}
Menge C = {}
Menge D = {}
```

Da die Menge D leer ist, weiter bei Schritt 2. Jetzt wird die Zeit fortgeschrieben, d. h. der früheste Zeitpunkt wird ermittelt, an dem ein angefangener, aber noch nicht abgeschlossener Arbeitsgang beendet wird.

```
Schritt 2:
AG Q Ende 0
AG Q in Menge C einfügen
```

Aktualisiere die Mengen und ermittle die einplanbaren Arbeitsgänge.

```
Schritt 1: Periode t = 0
Prüfe AG Q: Kein Vorgänger vorhanden
AG Q: ist bereits in Menge C (beendet)
Prüfe AG V2: Alle Vorgänger beendet
AG V2 wird in Menge D eingefügt
Prüfe AG V3: Alle Vorgänger beendet
AG V3 wird in Menge D eingefügt
Prüfe AG V4: Alle Vorgänger beendet
AG V4 wird in Menge D eingefügt
Prüfe AG V5: Noch nicht alle Vorgänger beendet
Prüfe AG V6: Noch nicht alle Vorgänger beendet
Prüfe AG S: Noch nicht alle Vorgänger beendet

Aktuelle Mengen für t = 0
Menge A = {}
Menge C ={Q}
Menge D ={V2,V3,V4}
Einplanung von AG V2 auf Ressource 1
Start 0 Ende 1
AG V2 in Menge A einfügen
```

Nachdem der Arbeitsgang V2 entsprechend der KOZ-Regel ausgewählt und eingeplant worden ist, werden die Mengen aktualisiert.

```
Schritt 1: Periode t = 0
Prüfe AG Q: Ist bereits in Menge C (beendet)
Prüfe AG V2: Alle Vorgänger beendet
AG V2: ist bereits in Menge A (begonnen)
Prüfe AG V3: Alle Vorgänger beendet
AG V3 wird in Menge D eingefügt
Prüfe AG V4: Alle Vorgänger beendet
AG V4: Restkapazität 2 der Ress. 1 zu klein
Prüfe AG V5: Noch nicht alle Vorgänger beendet
Prüfe AG V6: Noch nicht alle Vorgänger beendet
Prüfe AG S: Noch nicht alle Vorgänger beendet

Aktuelle Mengen für t = 0
Menge A ={V2}
Menge C ={Q}
Menge D ={V3}
Einplanung von AG V3 auf Ressource 1
Start 0 Ende 1
AG V3 in Menge A einfügen
```

Nachdem der Arbeitsgang V3 eingeplant worden ist, werden die Mengen erneut aktualisiert.

```
Schritt 1: Periode t = 0
Prüfe AG Q: Ist bereits in Menge C (beendet)
Prüfe AG V2: Alle Vorgänger beendet
AG V2: ist bereits in Menge A (begonnen)
```

```
Prüfe AG V3: Alle Vorgänger beendet
AG V3: ist bereits in Menge A (begonnen)
Prüfe AG V4: Alle Vorgänger beendet
AG V4: Restkapazität 0 der Ress.  1 zu klein
Prüfe AG V5: Noch nicht alle Vorgänger beendet
Prüfe AG V6: Noch nicht alle Vorgänger beendet
Prüfe AG S: Noch nicht alle Vorgänger beendet

Aktuelle Mengen für t = 0
Menge A ={V2,V3}
Menge C ={Q}
Menge D = {}
Schritt 2:
AG V2 Ende 1
AG V3 Ende 1
AG V2 in Menge C einfügen
AG V3 in Menge C einfügen
```

In Periode 1 werden beide angefangenen Arbeitsgänge V2 und V3 gleichzeitig abge-schlossen.

```
Schritt 1: Periode t = 1
Prüfe AG Q: Ist bereits in Menge C (beendet)
Prüfe AG V2: Alle Vorgänger beendet
AG V2: Ist bereits in Menge C (beendet)
Prüfe AG V3: Alle Vorgänger beendet
AG V3: Ist bereits in Menge C (beendet)
Prüfe AG V4: Alle Vorgänger beendet
AG V4 wird in Menge D eingefügt
Prüfe AG V5: Alle Vorgänger beendet
AG V5 wird in Menge D eingefügt
Prüfe AG V6: Noch nicht alle Vorgänger beendet
Prüfe AG S: Noch nicht alle Vorgänger beendet

Aktuelle Mengen für t = 1
Menge A = {}
Menge C ={Q,V2,V3}
Menge D ={V4,V5}
Einplanung von AG V4 auf Ressource 1
Start 1 Ende 3
AG V4 in Menge A einfügen
```

Nach Beendigung von V2 und V3 und der Freigabe der Kapazität können jetzt V4 und V5 eingeplant werden.

```
Schritt 1: Periode t = 1
Prüfe AG Q: Ist bereits in Menge C (beendet)
Prüfe AG V2: Alle Vorgänger beendet
AG V2: Ist bereits in Menge C (beendet)
Prüfe AG V3: Alle Vorgänger beendet
AG V3: Ist bereits in Menge C (beendet)
Prüfe AG V4: Alle Vorgänger beendet
AG V4: Ist bereits in Menge A (begonnen)
```

```
Prüfe AG V5: Alle Vorgänger beendet
AG V5 wird in Menge D eingefügt
Prüfe AG V6: Noch nicht alle Vorgänger beendet
Prüfe AG S: Noch nicht alle Vorgänger beendet

Aktuelle Mengen für t = 1
Menge A ={V4}
Menge C ={Q,V2,V3}
Menge D ={V5}
Einplanung von AG V5 auf Ressource 1
Start 1 Ende 6
AG V5 in Menge A einfügen

Schritt 1: Periode t = 1
Prüfe AG Q: Ist bereits in Menge C (beendet)
Prüfe AG V2: Alle Vorgänger beendet
AG V2: Ist bereits in Menge C (beendet)
Prüfe AG V3: Alle Vorgänger beendet
AG V3: Ist bereits in Menge C (beendet)
Prüfe AG V4: Alle Vorgänger beendet
AG V4: Ist bereits in Menge A (begonnen)
Prüfe AG V5: Alle Vorgänger beendet
AG V5: Ist bereits in Menge A (begonnen)
Prüfe AG V6: Noch nicht alle Vorgänger beendet
Prüfe AG S: Noch nicht alle Vorgänger beendet

Aktuelle Mengen für t = 1
Menge A ={V4,V5}
Menge C ={Q,V2,V3}
Menge D = {}
```

Da die Menge *D* leer ist, weiter bei Schritt 2.

```
Schritt 2:
AG V4 Ende 3
AG V4 in Menge C einfügen
```

Aktualisiere die Mengen und ermittle die einplanbaren Arbeitsgänge.

```
Schritt 1: Periode t = 3
Prüfe AG Q: Ist bereits in Menge C (beendet)
Prüfe AG V2: Alle Vorgänger beendet
AG V2: Ist bereits in Menge C (beendet)
Prüfe AG V3: Alle Vorgänger beendet
AG V3: Ist bereits in Menge C (beendet)
Prüfe AG V4: Alle Vorgänger beendet
AG V4: Ist bereits in Menge C (beendet)
Prüfe AG V5: Alle Vorgänger beendet
AG V5: Ist bereits in Menge A (begonnen)
Prüfe AG V6: Alle Vorgänger beendet
AG V6 wird in Menge D eingefügt
Prüfe AG S: Noch nicht alle Vorgänger beendet
```

```
Aktuelle Mengen für t = 3
Menge A ={V5}
Menge C ={Q,V2,V3,V4}
Menge D ={V6}
Einplanung von AG V6 auf Ressource 1
Start 3 Ende 7
AG V6 in Menge A einfügen
```

Die weiteren Schritte wollen wir uns aus Platzgründen ersparen.

Als Ergebnis erhält man folgende zulässige Start- und Endtermine der Arbeitsgänge.

Arbeitsgang	Q	V2	V3	V4	V5	V6	S
Start	0	0	0	1	1	3	7
Ende	0	1	1	3	6	7	7

Aus dem in Bild B.30 dargestellten Gantt-Diagramm kann man entnehmen, daß nun in keiner Periode mehr als vier Mitarbeiter benötigt werden. Die Zykluszeit ist von 6 auf 7 Perioden angestiegen.

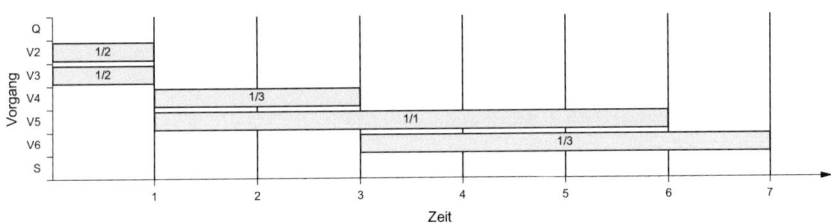

Bild B.30: Terminplan mit Beachtung der Kapazitäten

Verwendet man anstelle der KOZ-Regel die LOZ-Regel, dann ergibt sich eine Zykluszeit von 8 Perioden.

B4.6

Ablaufplanung an einer Maschine bei reihenfolgeabhängigen Umrüstzeiten, TSP

In der Lebensmittelproduktion treten an einer Produktionsanlage die in der nachfolgenden Tabelle angegebenen Umrüstzeiten zwischen 14 Produkten auf, für die jeweils ein Auftrag einzuplanen ist.

Zum Planungszeitpunkt ist die Maschine für die Produktion des Produkts 1 gerüstet. Der Rüstzustand nach Abschluß der Produktion kann beliebig sein.

a) Bestimmen Sie die optimale Produktionsreihenfolge nach dem Verfahren des besten Nachfolgers.

b) Bestimmen Sie die optimale Produktionsreihenfolge nach dem Verfahren der sukzessiven Einbeziehung (Variante „Farthest Insertion").

 INFORMATIONEN, LITERATUR

Askin und Standridge (1993)

von\nach	1	2	3	4	5	6	7	8	9	10	11	12	13	14
1	0	33	33	34	481	33	33	481	481	33	0	33	34	481
2	32	0	5	34	481	4	5	481	481	6	32	0	34	481
3	32	2	0	34	481	4	5	481	481	0	32	3	34	481
4	32	33	33	0	481	33	33	481	481	33	32	33	0	481
5	32	33	33	34	0	33	33	2	3	33	32	33	34	0
6	32	7	5	34	481	0	0	481	481	6	32	8	34	481
7	32	7	5	34	481	0	0	481	481	6	32	8	34	481
8	32	33	33	34	3	33	33	0	3	33	32	33	34	4
9	32	33	33	34	3	33	33	5	0	33	32	33	34	4
10	32	2	0	34	481	4	5	481	481	0	32	3	34	481
11	0	33	33	34	481	33	33	481	481	33	0	33	34	481
12	32	0	5	34	481	4	5	481	481	6	32	0	34	481
13	32	33	33	0	481	33	33	481	481	33	32	33	0	481
14	32	33	33	34	0	33	33	2	3	33	32	33	34	0

 LÖSUNG

Das Problem kann als asymmetrisches Rundreise-Problem (Traveling-Salesman-Problem) modelliert werden, bei dem die Reise an einem beliebigen Ort enden darf.

a) Wir beginnen mit dem Ausgangszustand der Maschine (Produkt 1) und suchen dasjenige bisher noch nicht bearbeitete Produkt (den besten Nachfolger), zu dem die Umrüstzeit am kürzesten ist. Dies ist Produkt 11 mit einer Umrüstzeit von 0 Minuten. Von Produkt 11 gehen wir weiter zu Produkt 2 (33 Minuten), dann folgen die Produkte 12 (0 Minuten), 6 (4 Minuten), 7 (0 Minuten), 3 (5 Minuten), 10 (0 Minuten), 4 (34 Minuten), 13 (0 Minuten), 5 (481 Minuten), 14 (0 Minuten), 8 (2 Minuten) und schließlich Produkt 9 (3 Minuten). Die gesamte Umrüstzeit beträgt damit 562 Minuten.

b) Bei dem Verfahren der sukzessiven Einbeziehung wird die Lösung schrittweise nach folgendem Schema aufgebaut:

- Man beginnt mit dem gegebenen Ausgangsort (falls ein solcher nicht gegeben ist, mit einem beliebigen Ausgangsort).

- Ein zweiter Ort wird dem ersten hinzugefügt. Hier kann man nach dem Prinzip der „Farthest Insertion" vorgehen und denjenigen Ort wählen, der von dem ersten am weitesten entfernt liegt, oder aber nach dem Prinzip der „Closest Insertion" denjenigen Ort hinzufügen, der zu dem ersten am nächsten liegt.

- Für alle noch nicht in der Rundreise enthaltenen Orte wird die kürzeste Entfernung von bzw. zu den bereits in der Rundreise enthaltenen Orten bestimmt. Dabei ist zu beachten, daß die Entfernungen (bzw. Umrüstzeiten) auch asymmetrisch sein können (z. B. zwischen den Produkten 2 und 3).

Man wählt nun, sofern man dem Prinzip der „Farthest Insertion" folgt, denjenigen Ort, der die größte dieser kürzesten Entfernungen aufweist. Das Prinzip der „Farthest Insertion" läßt sich dadurch begründen, daß zunächst das Grundgerüst einer Rundreise mit den eher abseits gelegenen Orten aufgebaut wird, während dann im weiteren Verlauf des Verfahrens die Orte in der unmittelbaren Nachbarschaft nach und nach eingefügt werden.

- Es wird nun die zusätzlich zurückzulegende Wegstrecke berechnet, die entsteht, wenn der ausgewählte Ort an unterschiedlichen Stellen in der Rundreise eingefügt wird. Endgültig wird der ausgewählte Ort an derjenigen Position in die Rundreise einbezogen, bei der die zusätzliche Strecke am geringsten ist.

- Das Verfahren wird fortgesetzt, bis alle Orte in die Rundreise aufgenommen wurden.

Unter Verwendung der gegebenen Daten wird die Produktionsreihenfolge der Produkte wie folgt bestimmt, wobei die Verfahrensvariante der „Farthest Insertion" eingesetzt wird:

Schritt 1:

```
Weitestentfernter noch nicht einbezogener Ort ist:  5  mit Entfernung:   481
Einfügemöglichkeiten von 5 testen:
von 1 über 5 nach 1, Umweg:  481+ 32- 0= 513
Neue kürzeste Entfernungen der noch nicht einbezogenen Knoten:
 1-xxx;  2- 33;  3- 33;  4- 34 5-xxx;  6- 33;  7- 33;  8- 2;
 9- 3;  10- 33;  11- 0;  12- 33;  13- 34;  14- 0
```

Aktuelle partielle Rundreise mit Gesamtweglänge 513
1-> 5-> 1

Schritt 2:

Weitestentfernter noch nicht einbezogener Ort ist: 4 mit Entfernung: 34
Einfügemöglichkeiten von 4 testen:
von 1 über 4 nach 5, Umweg: 34+ 481- 481= 34
von 5 über 4 nach 1, Umweg: 34+ 32- 32= 34
Neue kürzeste Entfernungen der noch nicht einbezogenen Knoten:
 1-xxx; 2- 33; 3- 33 4-xxx 5-xxx; 6- 33; 7- 33; 8- 2; 9- 3;
 10- 33; 11- 0; 12- 33; 13- 0; 14- 0
Aktuelle partielle Rundreise mit Gesamtweglänge 547
1-> 4-> 5-> 1

Schritt 3:

Weitestentfernter noch nicht einbezogener Ort ist: 2 mit Entfernung: 33
Einfügemöglichkeiten von 2 testen:
von 1 über 2 nach 4, Umweg: 33+ 34- 34= 33
von 4 über 2 nach 5, Umweg: 33+ 481- 481= 33
von 5 über 2 nach 1, Umweg: 33+ 32- 32= 33
Neue kürzeste Entfernungen der noch nicht einbezogenen Knoten:
 1-xxx 2-xxx; 3- 2 4-xxx 5-xxx; 6- 4; 7- 5; 8- 2; 9- 3; 10- 2; 11- 0;
 12- 0; 13- 0; 14- 0
Aktuelle partielle Rundreise mit Gesamtweglänge 580
1-> 2-> 4-> 5-> 1

Schritt 4:

Weitestentfernter noch nicht einbezogener Ort ist: 7 mit Entfernung: 5
Einfügemöglichkeiten von 7 testen:
von 1 über 7 nach 2, Umweg: 33+ 7- 33= 7
von 2 über 7 nach 4, Umweg: 5+ 34- 34= 5
von 4 über 7 nach 5, Umweg: 33+ 481- 481= 33
von 5 über 7 nach 1, Umweg: 33+ 32- 32= 33
Neue kürzeste Entfernungen der noch nicht einbezogenen Knoten:
 1-xxx 2-xxx; 3- 2 4-xxx 5-xxx; 6- 0 7-xxx; 8- 2; 9- 3; 10- 2; 11- 0;
 12- 0; 13- 0; 14- 0
Aktuelle partielle Rundreise mit Gesamtweglänge 585
1-> 2-> 7-> 4-> 5-> 1

Schritt 5:

Weitestentfernter noch nicht einbezogener Ort ist: 9 mit Entfernung: 3
Einfügemöglichkeiten von 9 testen:
von 1 über 9 nach 2, Umweg: 481+ 33- 33= 481
von 2 über 9 nach 7, Umweg: 481+ 33- 5= 509
von 7 über 9 nach 4, Umweg: 481+ 34- 34= 481
von 4 über 9 nach 5, Umweg: 481+ 3- 481= 3
von 5 über 9 nach 1, Umweg: 3+ 32- 32= 3
Neue kürzeste Entfernungen der noch nicht einbezogenen Knoten:
 1-xxx 2-xxx; 3- 2 4-xxx 5-xxx; 6- 0 7-xxx; 8- 2 9-xxx; 10- 2; 11- 0;
 12- 0; 13- 0; 14- 0
Aktuelle partielle Rundreise mit Gesamtweglänge 588
1-> 2-> 7-> 4-> 9-> 5-> 1

Schritt 6:

```
Weitestentfernter noch nicht einbezogener Ort ist:  3  mit Entfernung:  2
Einfügemöglichkeiten von 3 testen:
von 1 über 3 nach 2, Umweg:  33+ 2- 33= 2
von 2 über 3 nach 7, Umweg:  5+ 5- 5= 5
von 7 über 3 nach 4, Umweg:  5+ 34- 34= 5
von 4 über 3 nach 9, Umweg:  33+ 481- 481= 33
von 9 über 3 nach 5, Umweg:  33+ 481- 3= 511
von 5 über 3 nach 1, Umweg:  33+ 32- 32= 33
Neue kürzeste Entfernungen der noch nicht einbezogenen Knoten:
 1-xxx 2-xxx 3-xxx 4-xxx 5-xxx;  6- 0 7-xxx;  8- 2 9-xxx;  10- 0;   11- 0;
 12- 0;  13- 0;  14- 0
Aktuelle partielle Rundreise mit Gesamtweglänge 590
 1-> 3-> 2-> 7-> 4-> 9-> 5-> 1
```

Schritt 7:

```
Weitestentfernter noch nicht einbezogener Ort ist:  8  mit Entfernung:  2
Einfügemöglichkeiten von 8 testen:
von 1 über 8 nach 3, Umweg:  481+ 33- 33= 481
von 3 über 8 nach 2, Umweg:  481+ 33- 2= 512
von 2 über 8 nach 7, Umweg:  481+ 33- 5= 509
von 7 über 8 nach 4, Umweg:  481+ 34- 34= 481
von 4 über 8 nach 9, Umweg:  481+ 3- 481= 3
von 9 über 8 nach 5, Umweg:  5+ 3- 3= 5
von 5 über 8 nach 1, Umweg:  2+ 32- 32= 2
Neue kürzeste Entfernungen der noch nicht einbezogenen Knoten:
 1-xxx 2-xxx 3-xxx 4-xxx 5-xxx;  6- 0 7-xxx 8-xxx 9-xxx;  10- 0;  11- 0;
 12- 0;  13- 0;  14- 0
Aktuelle partielle Rundreise mit Gesamtweglänge 592
 1-> 3-> 2-> 7-> 4-> 9-> 5-> 8-> 1
```

Schritt 8:

```
Weitestentfernter noch nicht einbezogener Ort ist:  6  mit Entfernung:  0
Einfügemöglichkeiten von 6 testen:
von 1 über 6 nach 3, Umweg:  33+ 5- 33= 5
von 3 über 6 nach 2, Umweg:  4+ 7- 2= 9
von 2 über 6 nach 7, Umweg:  4+ 0- 5=-1
von 7 über 6 nach 4, Umweg:  0+ 34- 34= 0
von 4 über 6 nach 9, Umweg:  33+ 481- 481= 33
von 9 über 6 nach 5, Umweg:  33+ 481- 3= 511
von 5 über 6 nach 8, Umweg:  33+ 481- 2= 512
von 8 über 6 nach 1, Umweg:  33+ 32- 32= 33
Neue kürzeste Entfernungen der noch nicht einbezogenen Knoten:
 1-xxx 2-xxx 3-xxx 4-xxx 5-xxx 6-xxx 7-xxx 8-xxx 9-xxx;  10- 0;  11- 0;
 12- 0;  13- 0;  14- 0
Aktuelle partielle Rundreise mit Gesamtweglänge 591
 1-> 3-> 2-> 6-> 7-> 4-> 9-> 5-> 8-> 1
```

Schritt 9:

```
Weitestentfernter noch nicht einbezogener Ort ist:  10  mit Entfernung:  0
Einfügemöglichkeiten von 10 testen:
von 1 über 10 nach 3, Umweg:  33+ 0- 33= 0
```

```
von 3 über 10 nach 2, Umweg:  0+ 2- 2= 0
von 2 über 10 nach 6, Umweg:  6+ 4- 4= 6
von 6 über 10 nach 7, Umweg:  6+ 5- 0= 11
von 7 über 10 nach 4, Umweg:  6+ 34- 34= 6
von 4 über 10 nach 9, Umweg:  33+ 481- 481= 33
von 9 über 10 nach 5, Umweg:  33+ 481- 3= 511
von 5 über 10 nach 8, Umweg:  33+ 481- 2= 512
von 8 über 10 nach 1, Umweg:  33+ 32- 32= 33
```
Neue kürzeste Entfernungen der noch nicht einbezogenen Knoten:
```
 1-xxx 2-xxx 3-xxx 4-xxx 5-xxx 6-xxx 7-xxx 8-xxx 9-xxx 10-xxx;  11- 0;
 12- 0;  13- 0;  14- 0
```
Aktuelle partielle Rundreise mit Gesamtweglänge 591
```
 1-> 10-> 3-> 2-> 6-> 7-> 4-> 9-> 5-> 8-> 1
```

Schritt 10:

Weitestentfernter noch nicht einbezogener Ort ist: 11 mit Entfernung: 0
Einfügemöglichkeiten von 11 testen:
```
von 1 über 11 nach 10, Umweg:  0+ 33- 33= 0
von 10 über 11 nach 3, Umweg:  32+ 33- 0= 65
von 3 über 11 nach 2, Umweg:  32+ 33- 2= 63
von 2 über 11 nach 6, Umweg:  32+ 33- 4= 61
von 6 über 11 nach 7, Umweg:  32+ 33- 0= 65
von 7 über 11 nach 4, Umweg:  32+ 34- 34= 32
von 4 über 11 nach 9, Umweg:  32+ 481- 481= 32
von 9 über 11 nach 5, Umweg:  32+ 481- 3= 510
von 5 über 11 nach 8, Umweg:  32+ 481- 2= 511
von 8 über 11 nach 1, Umweg:  32+ 0- 32= 0
```
Neue kürzeste Entfernungen der noch nicht einbezogenen Knoten:
```
 1-xxx 2-xxx 3-xxx 4-xxx 5-xxx 6-xxx 7-xxx 8-xxx 9-xxx 10-xxx 11-xxx;
 12- 0;  13- 0;  14- 0
```
Aktuelle partielle Rundreise mit Gesamtweglänge 591
```
 1-> 11-> 10-> 3-> 2-> 6-> 7-> 4-> 9-> 5-> 8-> 1
```

Schritt 11:

Weitestentfernter noch nicht einbezogener Ort ist: 12 mit Entfernung: 0
Einfügemöglichkeiten von 12 testen:
```
von 1 über 12 nach 11, Umweg:  33+ 32- 0= 65
von 11 über 12 nach 10, Umweg:  33+ 6- 33= 6
von 10 über 12 nach 3, Umweg:  3+ 5- 0= 8
von 3 über 12 nach 2, Umweg:  3+ 0- 2= 1
von 2 über 12 nach 6, Umweg:  0+ 4- 4= 0
von 6 über 12 nach 7, Umweg:  8+ 5- 0= 13
von 7 über 12 nach 4, Umweg:  8+ 34- 34= 8
von 4 über 12 nach 9, Umweg:  33+ 481- 481= 33
von 9 über 12 nach 5, Umweg:  33+ 481- 3= 511
von 5 über 12 nach 8, Umweg:  33+ 481- 2= 512
von 8 über 12 nach 1, Umweg:  33+ 32- 32= 33
```
Neue kürzeste Entfernungen der noch nicht einbezogenen Knoten:
```
 1-xxx 2-xxx 3-xxx 4-xxx 5-xxx 6-xxx 7-xxx 8-xxx 9-xxx 10-xxx 11-xxx 12-xxx;
 13- 0;  14- 0
```
Aktuelle partielle Rundreise mit Gesamtweglänge 591
```
 1-> 11-> 10-> 3-> 2-> 12-> 6-> 7-> 4-> 9-> 5-> 8-> 1
```

Schritt 12:

```
Weitestentfernter noch nicht einbezogener Ort ist:  13  mit Entfernung:  0
Einfügemöglichkeiten von 13 testen:
von 1 über 13 nach 11, Umweg:   34+ 32-  0= 66
von 11 über 13 nach 10, Umweg:   34+ 33- 33= 34
von 10 über 13 nach 3, Umweg:   34+ 33-  0= 67
von 3 über 13 nach 2, Umweg:   34+ 33-  2= 65
von 2 über 13 nach 12, Umweg:   34+ 33-  0= 67
von 12 über 13 nach 6, Umweg:   34+ 33-  4= 63
von 6 über 13 nach 7, Umweg:   34+ 33-  0= 67
von 7 über 13 nach 4, Umweg:   34+  0- 34= 0
von 4 über 13 nach 9, Umweg:    0+ 481- 481= 0
von 9 über 13 nach 5, Umweg:   34+ 481-  3= 512
von 5 über 13 nach 8, Umweg:   34+ 481-  2= 513
von 8 über 13 nach 1, Umweg:   34+ 32- 32= 34
Neue kürzeste Entfernungen der noch nicht einbezogenen Knoten:
 1-xxx 2-xxx 3-xxx 4-xxx 5-xxx 6-xxx 7-xxx 8-xxx 9-xxx 10-xxx 11-xxx
 12-xxx 13-xxx;  14- 0
Aktuelle partielle Rundreise mit Gesamtweglänge 591
 1-> 11-> 10-> 3-> 2-> 12-> 6-> 7-> 13-> 4-> 9-> 5-> 8-> 1
```

Schritt 13:

```
Weitestentfernter noch nicht einbezogener Ort ist:  14  mit Entfernung:  0
Einfügemöglichkeiten von 14 testen:
von 1 über 14 nach 11, Umweg:   481+ 32-  0= 513
von 11 über 14 nach 10, Umweg:   481+ 33- 33= 481
von 10 über 14 nach 3, Umweg:   481+ 33-  0= 514
von 3 über 14 nach 2, Umweg:   481+ 33-  2= 512
von 2 über 14 nach 12, Umweg:   481+ 33-  0= 514
von 12 über 14 nach 6, Umweg:   481+ 33-  4= 510
von 6 über 14 nach 7, Umweg:   481+ 33-  0= 514
von 7 über 14 nach 13, Umweg:   481+ 34- 34= 481
von 13 über 14 nach 4, Umweg:   481+ 34-  0= 515
von 4 über 14 nach 9, Umweg:   481+  3- 481= 3
von 9 über 14 nach 5, Umweg:    4+  0-  3= 1
von 5 über 14 nach 8, Umweg:    0+  2-  2= 0
von 8 über 14 nach 1, Umweg:    4+ 32- 32= 4
Neue kürzeste Entfernungen der noch nicht einbezogenen Knoten:
 1-xxx 2-xxx 3-xxx 4-xxx 5-xxx 6-xxx 7-xxx 8-xxx 9-xxx 10-xxx 11-xxx
 12-xxx 13-xxx 14-xxx
Aktuelle partielle Rundreise mit Gesamtweglänge 591
 1-> 11-> 10-> 3-> 2-> 12-> 6-> 7-> 13-> 4-> 9-> 5-> 14-> 8-> 1
```

Lösung:

```
Ausgangszustand:  1
nächster Auftrag:  11 ... Umrüsten:  0
nächster Auftrag:  10 ... Umrüsten:  33
nächster Auftrag:   3 ... Umrüsten:  0
nächster Auftrag:   2 ... Umrüsten:  2
nächster Auftrag:  12 ... Umrüsten:  0
nächster Auftrag:   6 ... Umrüsten:  4
nächster Auftrag:   7 ... Umrüsten:  0
nächster Auftrag:  13 ... Umrüsten:  34
```

```
nächster Auftrag:    4 ... Umrüsten:   0
nächster Auftrag:    9 ... Umrüsten:   481
nächster Auftrag:    5 ... Umrüsten:   3
nächster Auftrag:   14 ... Umrüsten:   0
nächster Auftrag:    8 ... Umrüsten:   2
Summe Umrüstkosten/-zeiten: 559
```

Bei Anwendung der „Closest Insertion"-Regel ist die Summe der Umrüstzeiten mit 592 Minuten wesentlich länger.

B4.7

Ablaufplanung bei zweistufiger Produktion, Johnson-Verfahren

Ein Hersteller von Metallprodukten hat von einem Kunden einen Auftrag mit fünf produktspezifischen Auftragspositionen erhalten, die gemeinsam zum frühestmöglichen Termin ausgeliefert werden sollen. Alle Produkte werden in einem zweistufigen Produktionsprozeß hergestellt. Im ersten Arbeitsschritt werden Metallteile an einer Schneidemaschine produktspezifisch zugeschnitten. Im zweiten Arbeitsschritt werden diese Teile galvanisiert. Die Bearbeitungszeiten zeigt die folgende Tabelle.

Auftrag	1	2	3	4	5
Zuschneiden	3	6	9	4	7
Galvanisieren	2	3	8	6	4

Bestimmen Sie die Reihenfolge mit der minimalen Zykluszeit. Dies ist die Zeitspanne vom Bearbeitungsbeginn der ersten Auftrags auf der ersten bis zum Bearbeitungsende des letzten Auftrags auf der letzten Produktionsstufe. Sie enthält das Warten eines Auftrags vor der Bearbeitung an der ersten Maschine ebenso wie das Warten nach der Bearbeitung an der zweiten Maschine.

 INFORMATIONEN, LITERATUR

Domschke et al. (1997)
Heizer und Render (2005)

 LÖSUNG

Zur Lösung dieses Problems eignet sich das **Verfahren von Johnson**. Beim Johnson-Verfahren wird – wie in der Problemstellung beschrieben – eine gegebene Anzahl von Aufträgen betrachtet, die nacheinander auf zwei Ressourcen bearbeitet werden müssen.

Alle Aufträge durchlaufen beide Ressourcen in derselben Reihenfolge. Die Bearbeitung eines Auftrags auf der zweiten Ressourcen kann erst beginnen, wenn seine Bearbeitung auf der ersten Ressource vollständig abgeschlossen wurde. Der Ablauf des Verfahrens von Johnson ist in Bild B.31 dargestellt.

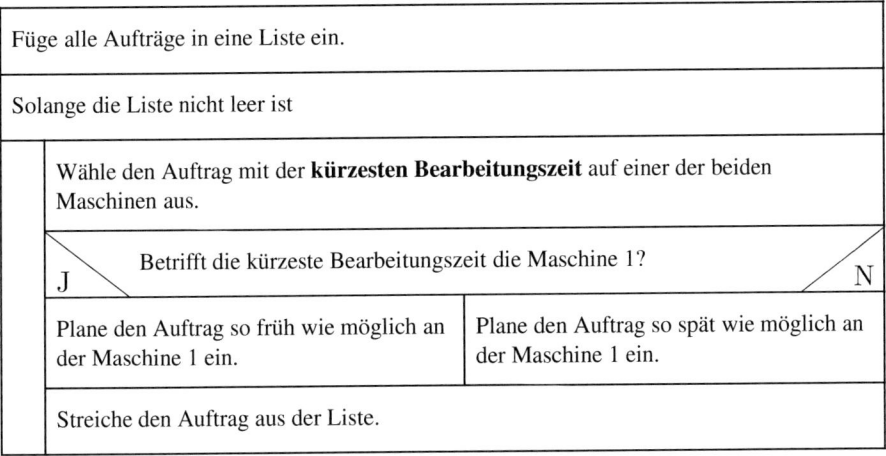

Bild B.31: Verfahren von Johnson

Für die obigen Daten ergibt sich folgender Verfahrensablauf:

Schritt	1	2	3	4	5
1	-	-	-	-	*1*
2	-	-	-	*2*	1
3	*4*	-	-	2	1
4	4	-	*5*	2	1
5	4	*3*	5	2	1

In Bild B.32 ist der optimale Produktionsablauf graphisch dargestellt.

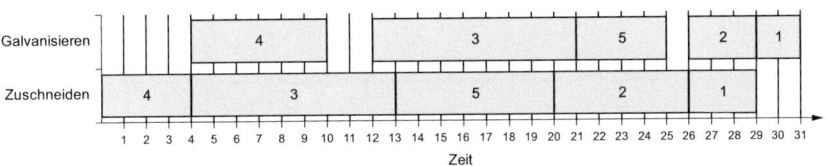

Bild B.32: Zykluszeitminimaler Produktionsablauf

Die Produkte können nach einer Zykluszeit von 31 Zeiteinheiten an den Kunden ausgeliefert werden.

B4.8

Lieferterminzusage bei auftragsorientierter Produktion

In einem Unternehmen werden Produkte nach den individuellen Anforderungen der Kunden konstruiert und hergestellt. Zur Termin- und Ressourceneinsatzplanung wird die Netzplantechnik genutzt. Derzeit sind zwei Großaufträge für die Produktion eingeplant bzw. bereits begonnen. Um diese Aufträge fertigzustellen, müssen noch die folgenden Vorgänge ausgeführt werden.

Auftrag 1: Vorgang	Dauer	Nachfolger	Ressourcen- bedarf	Auftrag 2: Vorgang	Dauer	Nachfolger	Ressourcen- bedarf
A	3	B, C	7	A	5	C, D	3
B	4	D	2	B	3	D, E	2
C	6	D, E	1	C	4	F	4
D	2	F	3	D	7	G	5
E	5	F	3	E	5	G	4
F	6	–	5	F	8	G	3
				G	6	–	2

Die Produktionskapazität in den einzelnen Einheiten des Betriebes sowie die sonstigen benötigten Produktionsfaktoren werden vereinfacht als eine einzige einheitliche Ressource betrachtet, von der pro Zeiteinheit jeweils 10 Einheiten zur Verfügung stehen. Nun trifft ein Kunde ein, der den Auftrag 3 mit folgenden Vorgängen erteilen will:

Auftrag 3: Vorgang	Dauer	Nachfolger	Ressourcen- bedarf
A	4	B	6
B	6	C, D	3
C	6	E	4
D	7	E	2
E	3	–	1

a) Zu welchen Terminen können die beiden Aufträge an ihre Kunden ausgeliefert werden?

b) Welcher Liefertermin kann dem neuen Kunden für den Auftrag 3 zugesagt werden?

 INFORMATIONEN, LITERATUR

Drexl und Kolisch (1993)

 LÖSUNG

a) Um die hinsichtlich der Kapazitäten zulässigen Liefertermine der bereits begonnenen Aufträge bzw. Projekte bestimmen zu können, betten wir die beiden Netzpläne in zwei Dummy-Knoten mit den Vorgangsdauern 0 ein und erhalten das in Bild B.33 dargestellte Auftragsnetz.

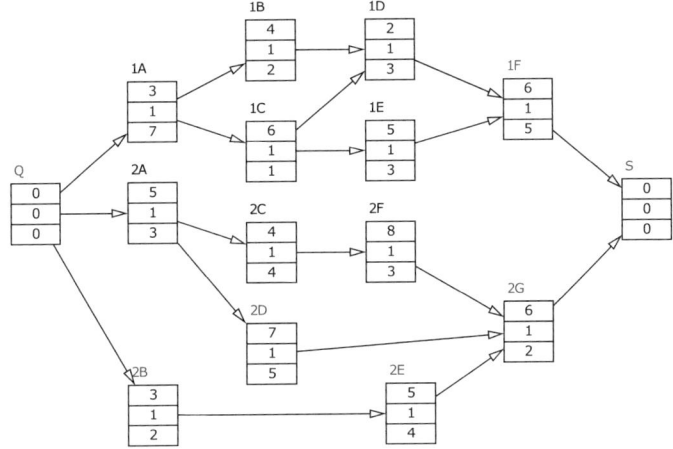

Bild B.33: Auftragsnetz, Aufträge 1 und 2

Die Angaben in den Knoten bedeuten wieder: Zeile 1 = Vorgangsdauer; Zeile 2 = Ressourcennummer; Zeile 3 = Ressourcenbedarf. Setzt man ein heuristisches Verfahren zur Auftragsterminierung unter Berücksichtigung der Kapazität ein (vgl. Aufgabe B4.5), dann erhält man das in Bild B.34 dargestellte Gantt-Diagramm, aus dem für den Auftrag 1 der Liefertermin 25 und für Auftrag 2 der Liefertermin 29 erkennbar ist. Bei Vernachlässigung der Ressourcen wäre der Auftrag 1 bereits in Periode 20 und der Auftrag 2 in Periode 23 fertiggestellt.

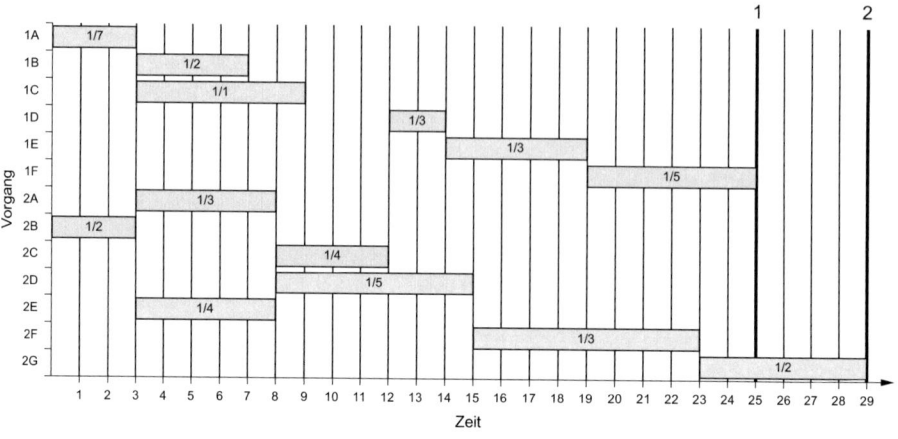

Bild B.34: Produktionsplan für die Aufträge 1 und 2

b) Durch die zusätzliche Einplanung des Auftrags 3 vergrößert sich das Auftragsnetz (siehe Bild B.35).

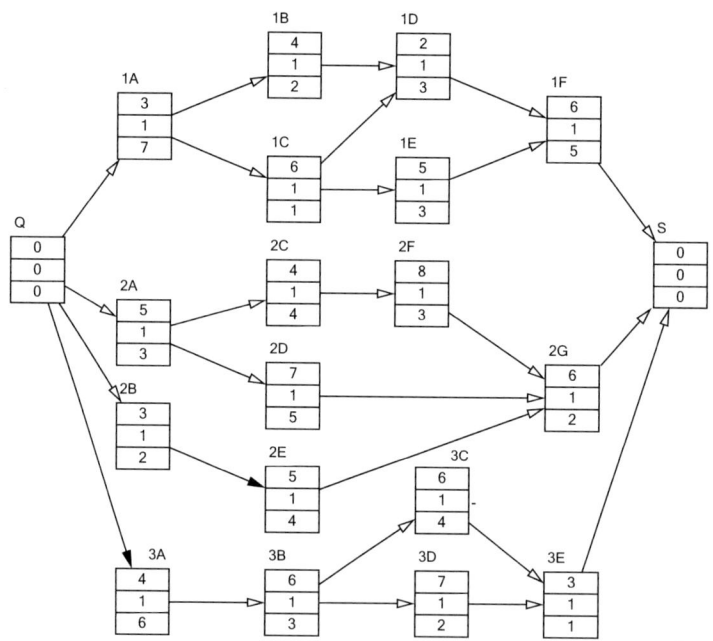

Bild B.35: Auftragsnetz, Aufträge 1, 2 und 3

Setzt man wieder ein heuristisches Verfahren zur Auftragsterminierung ein, dann erhält man den in Bild B.36 dargestellten Produktionsplan.

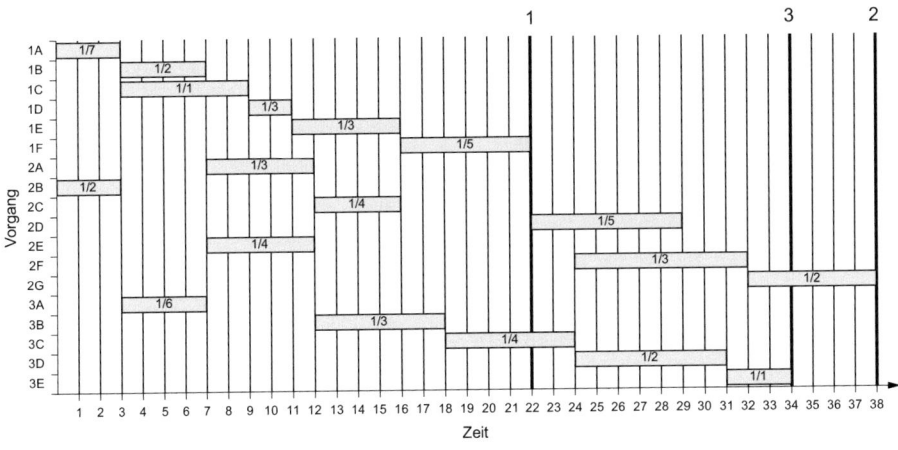

Bild B.36: Produktionsplan für die Aufträge 1, 2 und 3

Dem neuen Kunden kann eine Terminzusage für Periode 34 gemacht werden. Allerdings hat der neue Auftrag Auswirkungen auf die möglichen Liefertermine der Aufträge 1 und 2. Nach dem ermittelten Plan ergibt sich für Auftrag 1 der (spätere) Liefertermin 22 und für Auftrag 2 der (spätere) Liefertermin 38. Ist dies nicht akzeptabel, dann muß z. B. durch andere Einplanungsregeln gesichert werden, daß die bereits gemachten Lieferterminzusagen für die Aufträge 1 und 2 nicht beeinträchtigt werden.

5 Bestellmengenplanung unter Berücksichtigung von Mengenrabatten

Verständnis- und Wiederholungsfragen

1. Finden Sie praktische Beispiele für Blockrabatte (incremental discounts) und für Stufenrabatte (all-unit discounts).

2. Erläutern Sie die Unterschiede zwischen statischen und dynamischen Bestellmengen-Modellen mit Mengenrabatten.

 INFORMATIONEN, LITERATUR

Chopra und Meindl (2016)
Nahmias und Olson (2015)
Reith-Ahlemeier (2002)
Silver et al. (1998)

Übungsaufgaben

B5.1

Dynamische Bestellmengenplanung bei Blockrabatten

In der folgenden Tabelle ist der Bedarf eines Produktes für die nächsten 6 Wochen angegeben.

Periode	1	2	3	4	5	6
Bedarf	5	8	2	4	10	7

Das Produkt wird extern von einem Lieferanten beschafft, wobei dieser folgende Rabattstruktur mit Blockrabatten verwendet:

Klasse r	Obergrenze g_t^{lr}	Preis p_t^{lr}
1	1	41
2	5	33
3	10	28
4	15	24
5	20	22
6	25	18
7	∞	15

Die fixen Bestellkosten betragen $s = 20$ Geldeinheiten. Der Lagerzinssatz beträgt $h = 0.25$. Bestimmen Sie den optimalen Bestellplan.

 INFORMATIONEN, LITERATUR

Tempelmeier (2008)

 LÖSUNG

Bei Gültigkeit von Blockrabatten kann das dynamische Bestellmengenproblem als Kürzeste-Wege-Problem modelliert und exakt gelöst werden. Dazu müssen zunächst für jeden Pfeil des Kürzeste-Wege-Problems die Kosten (Summe aus bestellfixen Kosten, Beschaffungskosten und Lagerkosten) berechnet werden. Das Ergebnis ist in der folgenden Tabelle dargestellt. Die Lagerkosten werden als Produkt aus Beschaffungswert, Lagerzinssatz und Lagerdauer berechnet.

Bestell-periode	Bedarfs-periode	Bestell-menge	Bestell-wert	Lager-kosten	Fix-kosten	Gesamt-kosten
1	1	5	173	0	20	193
1	2	13	385	59.23077	20	464.2308
1	3	15	433	86.6	20	539.6
1	4	19	521	164.5263	20	705.5263
1	5	29	693	382.3448	20	1095.345
1	6	36	798	548.625	20	1366.625
2	2	8	257	0	20	277
2	3	10	313	15.65	20	348.65

Bestell-periode	Bedarfs-periode	Bestell-menge	Bestell-wert	Lager-kosten	Fix-kosten	Gesamt-kosten
2	4	14	409	73.03571	20	502.0357
2	5	24	615	256.25	20	891.25
2	6	31	723	396.4839	20	1139.484
3	3	2	74	0	20	94
3	4	6	201	33.5	20	254.5
3	5	16	455	170.625	20	645.625
3	6	23	597	292.0109	20	909.0109
4	4	4	140	0	20	160
4	5	14	409	73.03571	20	502.0357
4	6	21	561	160.2857	20	741.2857
5	5	10	313	0	20	333
5	6	17	477	49.10294	20	546.103
6	6	7	229	0	20	249

Die optimale Lösung dieses Problems lautet: $q_1 = 5$, $q_2 = 14$, und $q_5 = 17$. Die Kosten betragen 1241.14.

B5.2

Statische Bestellmengenplanung bei Stufenrabatten

Der jährliche Bedarf für ein von einem Lieferanten bezogenes Vorprodukt beträgt $D = 2000$ Mengeneinheiten. Der fixe Bestellkostensatz beträgt $s = 10$ Geldeinheiten. Es wird mit einem Lagerkostenfaktor von $v = 25\%$ gerechnet. Der Lieferant offeriert drei mögliche Preise. Bis zu 800 Stück beträgt der Preis $p_3 = 2.00$ Geldeinheiten. Bei Bestellmengen zwischen 801 und 1400 sinkt der Preis auf $p_2 = 1.90$ Geldeinheiten, und bei Bestellmengen ab 1401 vermindert sich der Preis auf $p_1 = 1.85$ Geldeinheiten. Der jeweilige Preis bezieht sich immer auf die gesamte Bedarfsmenge. Bestimmen Sie für dieses Produkt die optimale Bestellmenge.

 INFORMATIONEN, LITERATUR

Thonemann (2010)

 LÖSUNG

Die zu minimierende Kostenfunktion lautet:

$$Z = p_i \cdot D + \frac{q \cdot p_i \cdot v}{2} + \frac{s \cdot D}{q}$$

mit

$$p_i = \begin{cases} 1.85, & 1400 < q, \\ 1.90, & 800 < q \leq 1400 \\ 2.00, & q < 800 \end{cases}$$

Für die Rabattklasse $i = 1$ lautet die Zielfunktion:

$$Z = 1.85 \cdot 2000 + \frac{q \cdot 1.85 \cdot 0.25}{2} + \frac{10 \cdot 2000}{q}$$

Bei Gültigkeit des Beschaffungspreises von 1.85 Geldeinheiten ergibt sich als optimale Bestellmenge:

$$q_{\text{opt}}^1 = \sqrt{\frac{2 \cdot 10 \cdot 2000}{1.85 \cdot 0.25}} = 294.09$$

mit Gesamtkosten von $Z = 3836.01$ Geldeinheiten. Diese Bestellmenge liegt außerhalb der Rabattklasse und ist daher nicht zulässig. Die beste zulässige Bestellmenge für diese Rabattklasse ($q = 1401$) führt zu Gesamtkosten von $Z = 4038.26$ Geldeinheiten.

Für die Rabattklasse $i = 2$ lautet die Zielfunktion:

$$Z = 1.90 \cdot 2000 + \frac{q \cdot 1.90 \cdot 0.25}{2} + \frac{10 \cdot 2000}{q}$$

Bei Gültigkeit des Beschaffungspreises von 1.90 Geldeinheiten beträgt die optimale Bestellmenge:

$$q_{\text{opt}}^2 = \sqrt{\frac{2 \cdot 10 \cdot 2000}{1.90 \cdot 0.25}} = 290.19$$

mit Gesamtkosten von $Z = 3937.844$ Geldeinheiten. Diese Bestellmenge liegt außerhalb der Rabattklasse und ist daher nicht zulässig. Die beste zulässige Bestellmenge für diese Rabattklasse ($q = 801$) führt zu Gesamtkosten von $Z = 4015.21$ Geldeinheiten.

Für die Rabattklasse $i = 3$ lautet die Zielfunktion:

$$Z = 2.00 \cdot 2000 + \frac{q \cdot 2.00 \cdot 0.25}{2} + \frac{10 \cdot 2000}{q}$$

Bei Gültigkeit des Beschaffungspreises von 2.00 Geldeinheiten beträgt die optimale Bestellmenge:

$$q_{opt}^3 = \sqrt{\frac{2 \cdot 10 \cdot 2000}{2.00 \cdot 0.25}} = 282.84$$

mit Gesamtkosten von $Z = 4141.42$ Geldeinheiten. Diese Bestellmenge liegt innerhalb der Rabattklasse und ist daher zulässig.

Vergleichen wir nun die kostengünstigsten Bestellmengen der einzelnen Rabattklassen, dann ergibt sich als optimale Bestellmenge $q_{opt} = 801$ mit Gesamtkosten von 4015.21 Geldeinheiten. Der Beschaffungspreis beträgt 1.90 Geldeinheiten. Der Verlauf der drei Kostenfunktionen ist in Bild B.37 wiedergegeben.

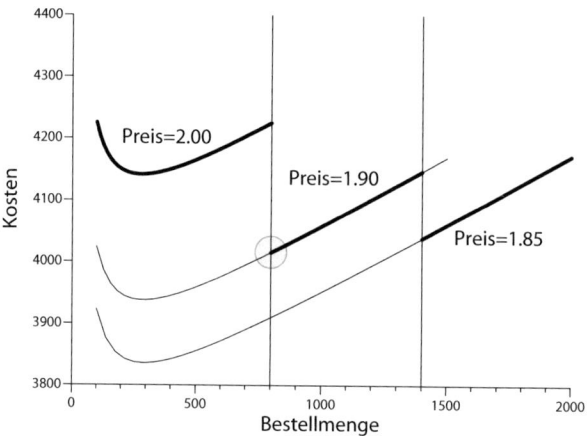

Bild B.37: Rabattabhängige Kostenfunktionen

B5.3

Statische Bestellmengenplanung mit Lagerflächenrestriktion

In einem Lager werden drei Produkte bevorratet, für die jeweils ein kontinuierlicher Bedarf auftritt. Die Bedarfsraten D_k, die bestellfixen Kosten s_k, die Lagerkostensätze h_k und die Lagerflächenbedarfe w_k (m^2/ Mengeneinheit) der Produkte sind in der folgenden Tabelle angegeben:

Produkt	Bestellfixe Kosten	Bedarfs- rate	Lager- kosten	Flächen- bedarf
1	80	3	0.22	25
2	50	5	0.15	18
3	110	2	0.28	32

a) Wie hoch sind die optimalen Bestellmengen der drei Produkte, wenn die durch die Produkte durchschnittlich in Anspruch genommene Lagerfläche W 1000 m^2 nicht überschreiten darf?

b) Wie beeinflussen die Annahmen über den zeitlichen Verlauf des Lagerbestandes die Berechnung der Beanspruchung der Lagerfläche in dem Mehr-Produkt-Bestellmengenmodell mit beschränkter Kapazität?

 INFORMATIONEN, LITERATUR

Nahmias und Olson (2015)

 LÖSUNG

a) Wird für jedes Produkt die optimale klassische Bestellmenge ermittelt, dann ergibt sich eine Überschreitung der Lagerflächenrestriktion um 737.75 m^2; denn die optimalen Bestellmengen betragen nach der klassischen Bestellmengenformel 46.71, 57.74 und 39.64 Mengeneinheiten. Multipliziert man die mittleren Lagerbestände mit den Flächenbedarfen w_k, dann erhält einen mittleren Lagerplatzbedarf von $\frac{3475}{2} = 1737.5$ m^2.

Zur Lösung des Problems setzen wir das Mehrprodukt-Bestellmengenmodell unter Berücksichtigung einer Kapazitätsbeschränkung ein. Dabei verwenden wir folgende Symbole:

Daten:

D_k mittlere Bedarfsrate für Produkt k ($k = 1, 2, ..., K$)

h_k Lagerkostensatz für Produkt k

s_k fixer Bestellkostensatz für Produkt k

w_k durchschnittlicher Lagerflächenbedarf pro Mengeneinheit des Produkts k

W verfügbare Lagerfläche

Entscheidungsvariablen:

q_k Bestellmenge für Produkt k

Das Entscheidungsmodell lautet dann:

Minimiere

$$\sum_{k=1}^{K} \left[\frac{h_k \cdot q_k}{2} + \frac{s_k \cdot D_k}{q_k} \right]$$

unter der Nebenbedingung

$$\sum_{k=1}^{K} w_k \cdot q_k \leq W$$

Die Größe w_k beschreibt den linearen Zusammenhang zwischen der Bestellmenge des Produktes k und dem resultierenden Flächenbedarf. Es wird angenommen, daß der in der Nebenbedingung anzurechnende Flächenbedarf eines Produktes durchschnittlich der halben Bestellmenge entspricht. Für Produkt 1 ergibt sich z. B. $w_1 = 12.5$.

Die Lösung des Modells erfolgt mit dem Verfahren der Lagrange'schen Optimierung. Für das Produkt k beträgt die optimale Bestellmenge:

$$q_{\text{opt}}^k = \sqrt{\frac{2 \cdot s_k \cdot D_k}{h_k + 2 \cdot \lambda_{\text{opt}} \cdot w_k}} \qquad k = 1, 2, \ldots, K$$

wobei λ der Lagrange-Multiplikator ist, den wir noch bestimmen müssen. Ist der optimale Wert λ_{opt} des Lagrange-Multiplikators bekannt, dann können die optimalen Bestellmengen berechnet werden.

Der optimale Lagrange-Multiplikator kann mit einem Standard-Verfahren zur Bestimmung der Nullstelle einer Funktion gefunden werden. Die folgende Tabelle zeigt die Zwischenergebnisse, die man erhält, wenn man die Suche manuell durchführt:

	Bestellmengen			
λ	q_1	q_2	q_3	Abweichung
0	46.71	57.74	39.64	737.75
0.01	25.82	31.81	21.87	-41.04
0.009	26.77	32.48	22.67	-10.34
0.0085	27.28	33.11	23.11	8.75
0.00875	27.07	32.85	22.93	0.91
0.008725	27.05	32.83	22.91	0.2

Bei einem Wert von $\lambda = 0.008725$ stellen wir die Berechnungen ein. Hätte man den optimalen λ-Wert bereits am Anfang des Verfahrens gekannt, dann hätte man diesen in die Lösungsgleichungen für die Bestellmengen einsetzen und die optimalen Bestellmengen direkt bestimmen können. Der Lagrange-Multiplikator wirkt formal wie eine Erhöhung der Lagerkostensätze der Produkte.

b) Die genaue Belegung der Lagerfläche hängt von der zeitlichen Verteilung der Bestellungen ab. Dies zeigt die folgende Tabelle, in der die nächstgelegenen ganzzahligen, durch den Periodenbedarf teilbaren Werte der optimalen Bestellmengen (27, 30 und 22) sowie Lageranfangsbestände von 27, 20 und 10 verwendet wurden.

| | | Lagerbestand | | |
Periode	b_{1t}	b_{2t}	b_{3t}	gesamt
1	27	20	10	1355
2	24	15	8	1126
3	21	10	6	897
4	18	5	4	668
5	15	0	2	439
6	12	30	0	840
7	9	25	22	1379
8	6	20	20	1150
9	3	15	18	921
10	0	10	16	692
11	27	5	14	1213
12	24	0	12	984
13	21	30	10	1385
14	18	25	8	1156
15	15	20	6	927

Man erkennt ausgeprägte Schwankungen der produktbezogenen Lagerbestände. Die resultierende Flächenbelegung des Lagers ist in Bild B.38 dargestellt. Die unterschiedlichen produktspezifischen Bestellmengen führen dazu, daß sich der Lagerbestand eines jeden Produktes unabhängig von den Beständen der anderen Produkte entwickelt.

Die verfügbare Lagerfläche wird in einigen Perioden erheblich überschritten, da die Restriktion sich auf die *durchschnittlich* belegte Lagerfläche bezieht. Die praktische Anwendung des Modells ist z. B. dann sinnvoll, wenn für diejenigen Mengeneinheiten, deren Flächenbedarf die vorhandene Lagerfläche überschreitet, kurzfristig Lagerraum angemietet werden kann.

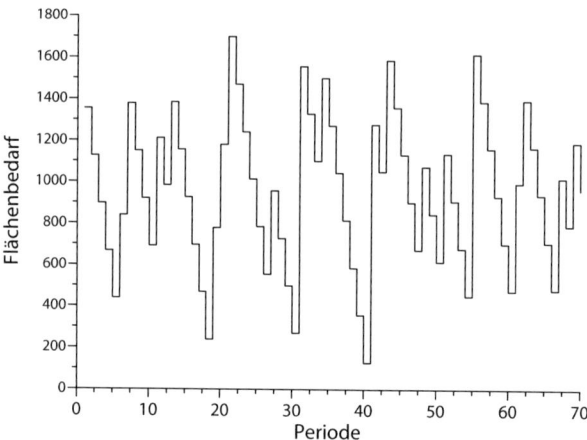

Bild B.38: Entwicklung des Flächenbedarfs im Zeitablauf

Die Überlagerung der produktbezogenen Bestellzyklen führt tendenziell zu einer Verringerung der Schwankungen des Lagerflächenbedarfs. Es ist zu erwarten, daß das Problem der Nicht-Einhaltung der Lagerflächenrestriktion mit zunehmender Anzahl von Produkten geringer wird.

6 Dynamische Losgrößenplanung unter stochastischen Bedingungen

Verständnis- und Wiederholungsfragen

1. Erläutern Sie die drei Strategien zur Berücksichtigung der Nachfrageunsicherheit in der dynamischen Losgrößenplanung.

2. Vergleichen Sie den β-Servicegrad unter stationären Bedingungen mit dem β-Servicegrad bezogen auf einen endlichen Zeitraum. Warum ist letzterer eine Zufallsvariable?

3. Erläutern Sie die Beziehung zwischen dem Fehlbestand am Ende einer Periode und der in dieser Periode neu aufgetretenen Fehlmenge.

 INFORMATIONEN, LITERATUR

Tempelmeier (2017)

Übungsaufgaben

> ### B6.1
> ### „Static Uncertainty Strategy": Silver-Meal-Kriterium

Die Nachfrage nach einem Produkt ist mit den in der folgenden Tabelle angegebenen Erwartungswerten und einem periodenunabhängigen Variationskoeffizienten $CV = 0.3$ normalverteilt.

t	1	2	3	4	5
$E\{D_t\}$	60	50	30	80	10

a) Bestimmen Sie die Entwicklung des physischen Lagerbestands und des Fehlbestands am Periodenende für den Fall, daß in Periode 1 $q_1 = 140$ ME und in Periode 4 $q_4 = 180$ ME produziert werden.

b) Bestimmen Sie die optimalen Losgrößen nach der modifizierten Silver-Meal-Heuristik. Gehen Sie von Rüstkosten $s = 200$ und Lagerkosten $h = 1$ sowie einem Servicegrad $\beta_c = 0.95$ aus.

INFORMATIONEN, LITERATUR

Tempelmeier (2017), Abschnitt D.3.1.2

 LÖSUNG

a) Die Entwicklungen des Fehlbestands am Periodenende, $E\{I_t^{f,\text{End}}\}$, und des physischen Lagerbestands $E\{I_t^p\}$ sind in der folgenden Tabelle wiedergegeben:

t	$Q^{(t)}$	$v = \frac{Q^{(t)} - E\{Y^{(t)}\}}{\sigma_{Y(t)}}$	$E\{I_t^{f,\text{End}}\} = \Phi^1(v) \cdot \sigma_{Y(t)}$	$E\{I_t^p\}$
1	140	4.4444	$0.000 \cdot 18 = 0.00$	80.00
2	140	1.2804	$0.047 \cdot 23.43 = 1.11$	31.11
3	140	0.0000	$0.399 \cdot 25.1 = 10.01$	10.01
4	320	2.8794	$0.001 \cdot 34.73 = 0.02$	100.02
5	320	2.5818	$0.002 \cdot 34.86 = 0.05$	90.05

b) Bei Einsatz der modifizierten Silver-Meal-Heuristik erhält man folgende Ergebnisse:

$\tau = 1, t = 1:$

$E\{Y^{(1)}\} = 60; \sigma\{Y^{(1)}\} = 18$

$Q^{(1)}(\beta_c = 0.95) = 70.93$ kumulierte Produktionsmenge

$q_{11}^{\text{opt}} = 70.93$ Losgröße

$E\{I_1^{f,\text{Prod}}\} = 0$ Fehlbestand am Anfang der Periode 1

$E\{I_1^{f,\text{End}}\} = \Phi^1(v = \frac{70.93 - 60}{10}) \cdot 18 = 3.00$ Fehlbestand am Ende der Periode 1

$E\{I_1^p\} = 70.93 - 60.00 + 3.00 = 13.93$ physischer Lagerbestand am Ende der Periode 1

$C_{11} = \frac{200 + 13.93}{1} = 213.93$ erwartete Kosten pro Periode für $t = 1$

$\tau = 1, t = 2:$

$E\{Y^{(2)}\} = 110; \sigma\{Y^{(2)}\} = 23.43$

$Q^{(2)}(\beta_c = 0.95) = 119.08$ kumulierte Produktionsmenge

$q_{12}^{\text{opt}} = 119.08$ Losgröße

$E\{I_1^{f,\text{Prod}}\} = 0$ Fehlbestand am Anfang der Periode 1

$E\{I_1^{f,\text{End}}\} = \Phi^1(v = \frac{119.08 - 60}{18}) \cdot 18 = 0$ Fehlbestand am Ende der Periode 1

$E\{I_1^p\} = 119.08 - 60.00 + 0.00 = 59.08$ physischer Lagerbestand am Ende der Periode 1

$E\{I_2^{\text{f,End}}\} = \Phi^1(v = \frac{119.08-110}{24.74}) \cdot 24.74 = 0.2348$ Fehlbestand am Ende der Periode 2

$E\{I_2^p\} = 119.08 - 110.00 + 5.50 = 14.58$ physischer Lagerbestand am Ende der Periode 2

$C_{12} = \frac{200+(59.08+14.58)}{2} = 136.83$ erwartete Kosten pro Periode für $t = 2$

$\underline{\tau = 1, t = 3:}$

$E\{Y^{(3)}\} = 140; \sigma\{Y^{(3)}\} = 25.10$

$Q^{(3)}(\beta_c = 0.95) = 146.74$ kumulierte Produktionsmenge

$q_{13}^{\text{opt}} = 146.74$

$E\{I_1^{\text{f,Prod}}\} = 0$ Fehlbestand am Anfang der Periode 1

$E\{I_1^{\text{f,End}}\} = \Phi^1(v = \frac{146.74-60}{18}) \cdot 18 = 0$ Fehlbestand am Ende der Periode 1

$E\{I_1^p\} = 146.74 - 60 + 0 = 86.74$ physischer Lagerbestand am Ende der Periode 1

$E\{I_2^{\text{f,Prod}}\} = \Phi^1(v = \frac{146.74-60}{18}) \cdot 18 = 0$ Fehlbestand am Anfang der Periode 2

$E\{I_2^{\text{f,End}}\} = \Phi^1(v = \frac{146.74-110}{23.43}) \cdot 23.43 = 0.59$ Fehlbestand am Ende der Periode 2

$E\{I_2^p\} = 146.74 - 110.00 + 0.59 = 37.33$ physischer Lagerbestand am Ende der Periode 2

$E\{I_3^{\text{f,Prod}}\} = \Phi^1(v = \frac{146.74-110}{23.43}) \cdot 23.43 = 0.59$ Fehlbestand am Anfang der Periode 3

$E\{I_3^{\text{f,End}}\} = \Phi^1(v = \frac{146.74-140}{25.10}) \cdot 25.10 = 0.2789$ Fehlbestand am Ende der Periode 3

$E\{I_3^p\} = 146.74 - 140.00 + 7.00 = 13.74$ physischer Lagerbestand am Ende der Periode 3

$C_{12} = \frac{200+(86.74+37.33+13.74)}{3} = 112.61$ erwartete Kosten pro Periode für $t = 3$

$\underline{\tau = 1, t = 4:}$

$E\{Y^{(4)}\} = 220; \sigma\{Y^{(4)}\} = 34.73$

$Q^{(4)}(\beta_c = 0.95) = 226.14$ kumulierte Produktionsmenge

$q_{14}^{\text{opt}} = 226.14$

$E\{I_1^{\text{f,Prod}}\} = 0$ Fehlbestand am Anfang der Periode 1

$E\{I_1^{\text{f,End}}\} = \Phi^1(v = \frac{226.14-60}{18}) \cdot 18 = 0$ Fehlbestand am Ende der Periode 1

$E\{I_1^p\} = 226.14 - 60.00 + 0 = 166.14$ physischer Lagerbestand am Ende der Periode 1

$E\{I_2^{\text{f,Prod}}\} = \Phi^1(v = \frac{226.14-60}{18}) \cdot 18 = 0$ Fehlbestand am Anfang der Periode 2

$E\{I_2^{\text{f,End}}\} = \Phi^1(v = \frac{226.14-110}{23.43}) \cdot 23.43 = 0$ Fehlbestand am Ende der Periode 2

$E\{I_2^p\} = 226.14 - 110.00 + 0 = 116.14$ physischer Lagerbestand am Ende der Periode 2

$$E\{I_3^{f,Prod}\} = \Phi^1(v = \tfrac{226.14-110}{23.43}) \cdot 23.43 = 0 \qquad \text{Fehlbestand am Anfang der Periode 3}$$

$$E\{I_3^{f,End}\} = \Phi^1(v = \tfrac{226.14-140}{25.10}) \cdot 25.10 = 0 \qquad \text{Fehlbestand am Ende der Periode 3}$$

$$E\{I_3^p\} = 226.14 - 140.00 + 7.00 = 86.14 \qquad \text{physischer Lagerbestand am Ende der Periode 3}$$

$$E\{I_4^{f,Prod}\} = \Phi^1(v = \tfrac{226.14-140}{25.10}) \cdot 25.10 = 0 \qquad \text{Fehlbestand am Anfang der Periode 4}$$

$$E\{I_4^{f,End}\} = \Phi^1(v = \tfrac{226.14-220}{34.73}) \cdot 34.73 = 11.00 \qquad \text{Fehlbestand am Ende der Periode 4}$$

$$E\{I_4^p\} = 226.14 - 220.00 + 11.00 = 17.14 \qquad \text{physischer Lagerbestand am Ende der Periode 4}$$

$$C_{14} = \tfrac{200+(166.14+116.14+86.14+17.14)}{4} = 146.39 \qquad \text{erwartete Kosten pro Periode für } t = 3$$

Da die Kosten pro Periode gestiegen sind, wird das Los der Periode 1 mit $q_1 = 146.74$ fixiert und in Periode 4 ein neues Los aufgelegt.

$\underline{\tau = 4, t = 4:}$

$$E\{Y^{(4)}\} = 220; \sigma\{Y^{(4)}\} = 34.73$$

$$Q^{(4)}(\beta_c = 0.95) = 248.62 \qquad \text{kumulierte Produktionsmenge}$$

$$q_{14}^{opt} = 248.62 - 146.74 = 101.87$$

$$E\{I_4^{f,Prod}\} = 0 \qquad \text{Fehlbestand am Anfang der Periode 4}$$

$$E\{I_4^{f,End}\} = \Phi^1(v = \tfrac{248.62-220}{34.73}) \cdot 34.73 = 4.00 \qquad \text{Fehlbestand am Ende der Periode 4}$$

$$E\{I_4^p\} = 248.62 - 220.00 + 4.00 = 32.62 \qquad \text{physischer Lagerbestand am Ende der Periode 4}$$

$$C_{44} = \tfrac{200+(32.62)}{1} = 232.62 \qquad \text{erwartete Kosten pro Periode für } t = 4$$

$\underline{\tau = 4, t = 5:}$

$$E\{Y^{(5)}\} = 230; \sigma\{Y^{(4)}\} = 34.86$$

$$Q^{(5)}(\beta_c = 0.95) = 256.46 \qquad \text{kumulierte Produktionsmenge}$$

$$q_{15}^{opt} = 256.46 - 146.74 = 109.72$$

$$E\{I_4^{f,Prod}\} = 0 \qquad \text{Fehlbestand am Anfang der Periode 4}$$

$$E\{I_4^{f,End}\} = \Phi^1(v = \tfrac{256.46-220}{34.73}) \cdot 34.73 = 2.63 \qquad \text{Fehlbestand am Ende der Periode 4}$$

$$E\{I_4^p\} = 256.46 - 220.00 + 2.63 = 39.09 \qquad \text{physischer Lagerbestand am Ende der Periode 4}$$

$$E\{I_5^{f,Prod}\} = \Phi^1(v = \tfrac{256.46-220}{34.73}) \cdot 34.73 = 2.63 \qquad \text{Fehlbestand am Anfang der Periode 5}$$

$$E\{I_5^{f,End}\} = \Phi^1(v = \tfrac{256.46-230}{34.86}) \cdot 34.86 = 4.50 \qquad \text{Fehlbestand am Ende der Periode 5}$$

$$E\{I_5^p\} = 256.46 - 230.00 + 4.50 = 30.96 \qquad \text{physischer Lagerbestand am Ende der Periode 5}$$

$$C_{45} = \tfrac{200+(39.09+30.96)}{2} = 135.02 \qquad \text{erwartete Kosten pro Periode für } t = 5$$

B6.2

„Static-Dynamic Uncertainty Strategy"

Aufgrund der Prognose des Nachfrageverlaufs für ein Produkt wird mit der in der folgenden Tabelle dargestellten Nachfrageentwicklung gerechnet.

t	1	2	3	4	5	6
$E\{D_t\}$	100	50	80	110	130	90

Neben den in der Tabelle angegebenen erwarteten Periodennachfragemengen wird angenommen, daß zufällige Einflüsse auftreten, die dazu führen, daß die tatsächlichen Nachfragemengen normalverteilt um die obigen Prognosewerte schwanken. Dabei wird für alle Perioden von einem Variationskoeffizienten $CV\{D_t\} = 0.3$ ausgegangen. Es wird mit einem Rüstkostensatz $s = 100$ und einem Lagerkostensatz $h = 1$ gerechnet. Kapazitätsbeschränkungen existieren nicht. Gesucht wird ein Produktionsplan, der die erwartete Summe aus Rüst- und Lagerkosten minimiert. Weiterhin wird vereinfachend angenommen, daß die Produktionsdauer vernachlässigt werden kann. Es soll die „Static-Dynamic Uncertainty Strategy" verfolgt werden, bei der die Produktionsperioden ex-ante festgelegt werden und die Produktionsmenge in Abhängigkeit von der bis zu einer Produktionsperiode beobachteten Nachfragemenge bestimmt wird.

a) Beschreiben Sie das dynamische Losgrößenproblem als ein Kürzeste-Wege-Problem unter der Bedingung, daß es nur in 5% aller Perioden zu einem Fehlbestand kommen darf und bestimmen Sie die optimalen Losgrößen.

b) Beschreiben Sie das dynamische Losgrößenproblem als ein Kürzeste-Wege-Problem unter der Bedingung, daß in jedem Produktionszyklus ein β-Servicegrad von 95% erreicht werden soll und bestimmen Sie die optimalen Ziel-Lagerbestände (Bestellniveaus).

 INFORMATIONEN, LITERATUR

Tempelmeier (2017), Abschnitt D.3.2

 LÖSUNG

a) Da das dynamische Losgrößenproblem auch unter stochastischen Bedingungen die Optimalitätseigenschaft hat, daß jedes Los eine ganzzahlige Anzahl von Nachfrageperioden abdeckt, kann das Problem auf das Kürzeste-Wege-Problem zurückgeführt werden. Für einen Planungszeitraum von $T = 4$ Perioden ist dies im folgenden Bild dargestellt.

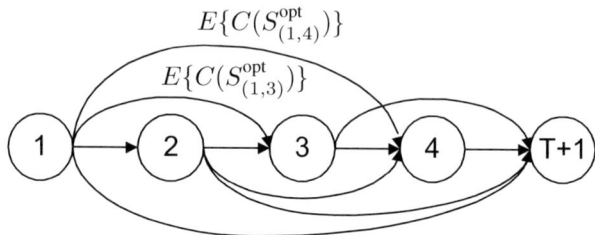

Für jede Periode wird ein Knoten eingeführt. Ein Pfeil vom Knoten i zum Knoten j bezeichnet die Auffüllung des Lagers in Periode i mit einer Menge, die ausreicht, um den Risikozeitraum bis einschl. der Periode $(j-1)$ abzudecken. Die Pfeilbewertungen entsprechen den erwarteten Kosten (Rüst- und Lagerkosten). Diese hängen von dem Ziellagerbestand in einer Produktionsperiode i und der Entwicklung der Nachfrage bis zur Periode $(j-1)$ ab.

Der Aufgabenstellung zufolge sollen Losgrößen derart bestimmt werden, daß es nur in 5% aller Perioden zu einem Fehlbestand kommt (α_p-Servicegrad). Das bedeutet, der Ziellagerbestand S, auf das das Lager durch die Produktion aufgefüllt wird, muß so groß sein, daß die Nachfrage in den Perioden bis zur nächsten Bestandsauffüllung (nächster Produktionstermin) nur mit einer Wahrscheinlichkeit von 5% größer als S ist. Bezeichnen wir mit i die Periode, an deren Anfang der Lagerbestand aufgefüllt wird, und mit j die Periode der nächsten Bestandsauffüllung, dann ist der Risikozeitraum $(j-i)$ Perioden lang. Wird z. B. in den Perioden $i = 1$ und $j = 2$ produziert, dann muß der Ziellagerbestand in Periode 1 lediglich zur Deckung der stochastischen Nachfrage in Periode 1 ausreichen, wobei $Y^{(\ell)}$ die Nachfragemenge aus ℓ Perioden, beginnend mit Periode i bezeichnet:

$$S_{(1,2)}^{\text{opt}} = \min \left\{ S_{(1,2)} | P\{Y^{(1)} \leq S_{(1,2)}\} \geq 0.95 \right\}$$

Unter der Annahme der Normalverteilung erhält man mit dem Sicherheitsfaktor $v(0.95) = 1.6449$ folgenden Ziellagerbestand:

$$S_{(1,2)}^{\text{opt}} = 100 + 1.6449 \cdot 30 = 149.4$$

Findet der nächste Lagerzugang erst in Periode $j = 3$ statt, dann verlängert sich der Risikozeitraum, und es gilt:

$$S_{(1,3)}^{\text{opt}} = \min \left\{ S_{(1,3)} | \left[P\{Y^{(1)} \leq S_{(1,3)}\} + P\{Y^{(2)} \leq S_{(1,3)}\} \right] \geq 2 \cdot 0.95 \right\}$$

Die *numerische Bestimmung* des Ziellagerbestands $S_{(1,3)}$ in Periode 1, der den Risikozeitraum von Periode 1 bis 2 abdeckt, kann durch ein Suchverfahren erfolgen. Für den betrachteten Fall erhalten wir:

$$S_{(1,3)}^{\text{opt}} :$$

$$\begin{aligned}
&\left[P\{Y^{(1)} \le 193.2\} = 0.9991\right] && Y^{(1)} \sim N(100,30) \\
&+ \left[P\{Y^{(2)} \le 193.2\} = 0.9011\right] = 1.9002 && Y^{(2)} \sim N(150,34)
\end{aligned}$$

und für den Ziellagerbestands $S_{(1,4)}$ ergibt sich:

$$S_{(1,4)}^{\text{opt}} :$$

$$\begin{aligned}
&\left[P\{Y^{(1)} \le 272.91\} = 1.0000\right] && Y^{(1)} \sim N(100,30) \\
&+ \left[P\{Y^{(2)} \le 272.91\} = 0.9999\right] && Y^{(2)} \sim N(150,34) \\
&+ \left[P\{Y^{(3)} \le 272.91\} = 0.8509\right] = 2.8508 && Y^{(3)} \sim N(230,41)
\end{aligned}$$

Die **Ziellagerbestände** für alle anderen denkbaren Kombinationen aus aufeinanderfolgenden Lagerauffüllungen (Pfeile im Kürzeste-Wege-Netzwerk) sind in der folgenden Tabelle zusammengefaßt.

$i \setminus j$	2	3	4	5	6	7
1	149.40	193.20	272.91	384.61	514.52	602.00
2		74.70	166.40	285.11	419.22	505.62
3			119.60	242.41	378.61	464.02
4				164.40	305.61	390.41
5					194.20	280.91
6						134.50

Da nun für jede mögliche Kombination aufeinanderfolgender Lagerauffüllperioden der optimale Ziellagerbestand im Hinblick auf die vorgegebene Servicegrad-Restriktion bekannt ist, können zunächst alle Pfeile mit dem jeweiligen erwarteten Kosten bewertet und anschließend die optimalen Losgrößen mit einem Kürzeste-Wege-Algorithmus berechnet werden. Die zu den einzelnen Pfeilen gehörenden **physischen Lagerbestände** betragen:

$i \setminus j$	2	3	4	5	6	7
1	50.02	138.00	341.88	724.27	1292.31	1774.62
2		25.01	154.12	438.68	893.33	1287.32
3			40.10	216.71	550.19	862.86
4				55.09	263.60	495.64
5					65.01	214.04
6						45.06

Beispiele zur Berechnung:

$$
\begin{aligned}
I^p(S_{(1,2)}^{\text{opt}}) &= S_{(1,2)}^{\text{opt}} - E\{Y^{(1)}\} + G^1(S_{(1,2)}^{\text{opt}}, Y^{(1)}) \\
&= 149.40 - 100 + 0.624 = 50.02
\end{aligned}
$$

$$
\begin{aligned}
I^p(S_{(1,3)}^{\text{opt}}) &= S_{(1,3)}^{\text{opt}} - E\{Y^{(1)}\} + G^1(S_{(1,2)}^{\text{opt}}, Y^{(1)}) \\
&+ S_{(1,3)}^{\text{opt}} - E\{Y^{(2)}\} + G^1(S_{(1,3)}^{\text{opt}}, Y^{(2)}) \\
&= 193.20 - 100 + 0.0078 + 193.20 - 150 + 1.567 = 138.00
\end{aligned}
$$

Bewertet man die erwarteten Lagerbestände pro Periode mit dem Lagerkostensatz $h = 1$ und addiert man die Rüstkosten $s = 100$ hinzu, dann erhält man die Pfeilbewertungen. Die optimale Lösung des resultierenden Kürzeste-Wege-Modells lautet: $S_1 = 193.20$, $S_3 = 119.60$, $S_4 = 164.40$, $S_5 = 280.91$. Die Gesamtkosten betragen 855.51.

b) Bei Anwendung der β-Servicegrad-Restriktion ergeben sich folgende Ziellagerbestände.

$i \setminus j$	2	3	4	5	6	7
1	118.22	164.09	241.09	348.73	475.59	560.66
2		59.11	141.39	252.01	380.33	465.54
3			94.58	206.04	334.52	419.51
4				130.04	259.78	344.57
5					153.68	238.78
6						106.40

Die physischen Lagerbestände betragen:

$i \setminus j$	2	3	4	5	6	7
1	23.22	85.85	254.79	591.88	1111.45	1544.41
2		11.61	109.26	348.00	749.80	1101.91
3			18.57	151.57	429.56	699.38
4				25.54	181.55	370.55
5					30.18	138.57
6						20.90

Die optimale Lösung lautet: $S_1 = 164.09$, $S_3 = 94.58$, $S_4 = 130.04$ und $S_5 = 238.78$ mit Gesamtkosten in Höhe von 668.53. Im Vergleich zum Aufgabenteil a) sind die Kosten erheblich gesunken. Dies liegt daran, daß wegen der geänderten Servicegrad-Definition ein geringerer Lagerbestand benötigt wird. Bedenkt man, daß für beide Varianten des Servicegrades (α_p und β) in der Praxis z. T. der Begriff Lieferbereitshaft verwendet wird, dann wird deutlich, welchen Einfluß eine präzise Begriffswahl auf die Logistikkosten haben kann.

7 Qualitätskontrolle

Verständnis- und Wiederholungsfragen

1. Was versteht man unter „Total Quality Management" (TQM)?

2. Beschreiben Sie die beiden grundsätzlichen Vorgehensweisen der Qualitätskontrolle.

3. Was versteht man unter Produzentenrisiko, was unter Abnehmerrisiko?

4. Wie kann man Qualität messen?

Übungsaufgaben

B7.1

Abnahmeprüfung, Bestimmung der Prüfplanparameter

An einer Poliermaschine werden die Bügel von verchromten Ringbuchmechaniken gereinigt und poliert. Die Werkstücke werden in Gitterboxpaletten mit einem Inhalt von jeweils 1000 Stück an der Poliermaschine angeliefert, dort bearbeitet und im Anschluß daran in einer anderen Abteilung mit einem Kunststoffdeckel zu einem Ringbuch verbunden. Im Anschluß an den Poliervorgang erfolgt eine Qualitätskontrolle, bei der eine Stichprobe von n Ringbuchmechaniken aus dem Los entnommen und hinsichtlich ihrer Qualität (Sauberkeit, Glanz) überprüft wird. Falls sich an mehr als c Werkstücken noch unsaubere Stellen auf dem Chrom finden, wird das ganze Los als unakzeptabel abgelehnt und aufgearbeitet. Als Vorgaben für die Qualitätskontrolle sind folgende Werte festgelegt worden: annehmbare Qualitätslage, acceptable quality level, $AQL = 1\%$; Produzentenrisiko $\alpha = 5\%$; zurückzuweisende Qualitätslage, rejectable quality level, $RQL = 6\%$; Konsumentenrisiko $\beta = 10\%$. Bestimmen Sie die Werte der Annahmegrenze c und des Stichprobenumfangs n, mit denen die angegebenen Kenngrößen des Stichprobenprüfplans erreicht werden. Schauen Sie nicht in einer Tabelle nach, sondern bestimmen Sie die Größen numerisch, z. B. mit einem PC.

 INFORMATIONEN, LITERATUR

Nahmias und Olson (2015)
Rinne und Mittag (1991), Kap. 3.2.3.

 LÖSUNG

Die Fragestellung läuft darauf hinaus, die Annahmekennlinie zu finden, auf der die beiden Punkte (AQL, $1 - \alpha$) und (RQL, β) liegen. Da die Lose sehr groß sind, kann zur Bestimmung der Annahmekennlinie auf die Poissonverteilung mit dem Parameter $\lambda = p \cdot n$ zurückgegriffen werden, wobei p den Anteil fehlerhafter Werkstücke in dem Los bezeichnet. Gibt man nun einen Wert für c vor, dann kann man durch Variation des Stichprobenumfangs n beliebige Parameter λ definieren und die gesuchte Annahmekennlinie mit Hilfe der Poissonverteilung erzeugen.

Man beginnt mit $c = 0$ und sucht nach dem Wert von $\lambda = p \cdot n$, bei dem an der Stelle $p = AQL$ die Annahmewahrscheinlichkeit so nahe wie möglich bei $(1 - \alpha)$ liegt. Wegen der Ganzzahligkeit von c und n wird man das Produzentenrisiko im allgemeinen nicht ganz genau, sondern nur angenähert erreichen. Dann erhöht man c auf 1 und bestimmt erneut den Stichprobenumfang n, usw. Für jede Kombination der Parameter c und n bestimmt man jeweils auch die Annahmewahrscheinlichkeit an der Stelle RQL, d. h. das tatsächliche Konsumentenrisiko β^*. Dabei wird man feststellen, daß das angestrebte Konsumentenrisiko β zunächst erheblich überschritten wird und daß β^* mit weiterer Erhöhung von c und n unter den angestrebten Wert β sinkt. Zur Beantwortung der Frage, wie nahe die gefundene Annahmekennlinie an den vorgegebenen Punkten liegt, kann man die Summe der relativen prozentualen Abweichungen zwischen angestrebtem (α) und erreichtem (α^*) Produzentenrisiko und angestrebtem (β) und erreichtem (β^*) Konsumentenrisiko wie folgt ermitteln:

$$\text{Fehler} = \frac{|\alpha - \alpha^*|}{\alpha} + \frac{|\beta - \beta^*|}{\beta}$$

Die folgende Tabelle zeigt die bisherigen Ergebnisse. Der zunächst beste Prüfplan hat die Parameter $c = 2$ und $n = 82$. Der vollständige Verlauf der bisher betrachteten Annahmekennlinien ist in Bild B.39 dargestellt.

c	n	$1 - \alpha^*$	β^*	Fehler
0	5	0.9512	0.7408	6.4320
1	36	0.9488	0.3644	2.6680
2	82	0.9497	0.1316	0.3220
3	137	0.9496	0.0365	0.6430

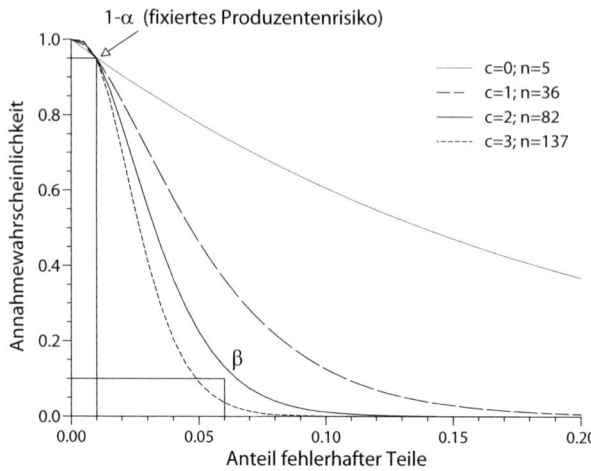

Bild B.39: Annahmekennlinien bei fixiertem Produzentenrisiko

Im nächsten Schritt wiederholt man die Berechnungen, sucht jedoch nach dem Wert von $\lambda = p \cdot n$, bei dem an der Stelle $p = RQL$ die Wahrscheinlichkeit so nahe wie möglich bei β liegt. Die Ergebnisse sind in der folgenden Tabelle zusammengefaßt.

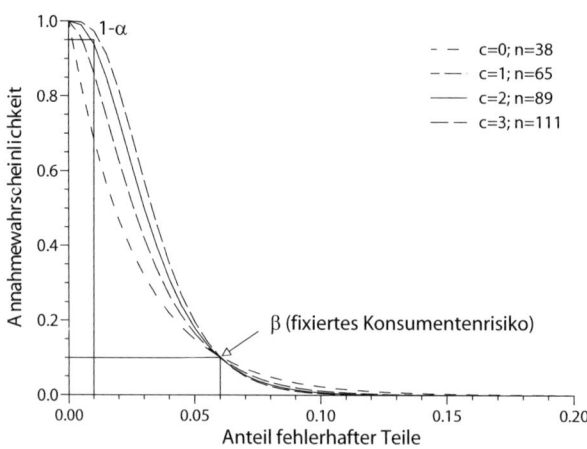

Bild B.40: Annahmekennlinien bei fixiertem Konsumentenrisiko

Bild B.40 veranschaulicht den Verlauf der verschiedenen Annahmekennlinien.

c	n	$1-\alpha^*$	β^*	Fehler
0	38	0.6839	0.1013	5.3350
1	65	0.8614	0.0992	1.7800
2	89	0.9388	0.0988	0.2360
3	111	0.9735	0.1013	0.4830

Der Prüfplan mit den Parametern $c=2$ und $n=89$ ist mit dem geringsten Anpassungs-fehler verbunden und stellt die gesuchte Lösung dar. Ist man mit der Genauigkeit der Anpassung noch nicht zufrieden, dann kann man noch alle Stichprobenumfänge zwischen $n=82$ und $n=89$ untersuchen. Obwohl das angewendete Verfahren mehrfache Auswertungen der Poisson-Wahrscheinlichkeiten verlangt, kann es mit einem PC problemlos realisiert werden.

B7.2

Statistische Qualitätskontrolle, $\bar{x}$-Karte, bekannte Prozeßparameter

Die Abfüllmaschine für ein flüssiges Medikament ist so eingestellt, daß die Füllmenge im Durchschnitt 75 ml bei einer Standardabweichung von 1.95 ml beträgt. Es werden in regelmäßigen Abständen Stichproben der Größe $n=10$ gezogen und analysiert. Bestimmen Sie die obere und untere Kontrollgrenze für eine $\bar{x}$-Karte mit $z=3$.

 INFORMATIONEN, LITERATUR

Heizer und Render (2005)
Nahmias und Olson (2015)

 LÖSUNG

Die Parameter μ und σ des Prozesses sind gegeben und müssen daher nicht mehr geschätzt werden. Der Stichprobenmittelwert $\bar{x}_j$ ist nach dem zentralen Grenzwert-satz normalverteilt mit dem Erwartungswert $E\{\bar{x}\}=\mu$ und der Standardabweichung $\sigma_{\bar{x}}=\frac{\sigma}{\sqrt{n}}$. Für $z=3$ – dies bedeutet, daß 99.74 % aller gemessenen Stichprobenmittel-werte im Bereich von $\pm 3\sigma$ um den Mittelwert μ liegen sollten – erhält man:

$$\text{Obere Kontrollgrenze (UCL)} = 75 + 3\cdot\frac{1.95}{\sqrt{10}} = 76.85$$

und

$$\text{Untere Kontrollgrenze (LCL)} = 75 - 3\cdot\frac{1.95}{\sqrt{10}} = 73.15$$

B7.3

Statistische Qualitätskontrolle, $\bar{x}$-Karte, unbekannte Prozeßparameter

Aus einem laufenden Produktionsprozeß wurden $J = 10$ Stichproben mit jeweils $n = 5$ Produkteinheiten entnommen und es wurden folgende Werte gemessen:

Beob.	Stichprobe									
	1	2	3	4	5	6	7	8	9	10
1	74.030	73.995	73.988	74.002	73.992	74.009	73.995	73.985	74.008	73.998
2	74.002	73.992	74.024	73.996	74.007	73.994	74.006	74.003	73.995	74.000
3	74.019	74.001	74.021	73.993	74.015	73.997	73.994	73.993	74.009	73.990
4	73.992	74.011	74.005	74.015	73.989	73.985	74.000	74.015	74.005	74.007
5	74.002	74.004	74.002	74.009	74.014	73.993	74.005	73.988	74.004	73.995

Verwenden Sie diese Werte zur Berechnung der oberen und unteren Kontrollgrenze für eine $\bar{x}$-Karte.

 INFORMATIONEN, LITERATUR

Heizer und Render (2005)
Nahmias und Olson (2015)
Neumann (1996)

 LÖSUNG

Zur Schätzung des unbekannten Mittelwertes des Prozesses greifen wir auf die Stichprobenmittelwerte zurück:

$$\bar{\bar{x}} = \frac{\bar{x}_1 + \bar{x}_2 + \cdots + \bar{x}_J}{J}$$

Diese Größe kann als zentrale Linie der Kontrollkarte verwendet werden. Zur Bestimmung der Kontrollgrenzen muß die unbekannte Standardabweichung σ des Prozesses geschätzt werden. Hierzu greift man i. d. R. auf die Spannweiten R_j der Stichproben zurück. Diese sind wie folgt definiert:

$$R_j = \left| x_j^{\max} - x_j^{\min} \right| \qquad\qquad j = 1, 2, \ldots$$

Zwischen dem Mittelwert der Stichprobenspannweiten, $\bar{R}$,

$$\bar{R} = \frac{R_1 + R_2 + \cdots + R_J}{J}$$

und der unbekannten Standardabweichung des Prozesses, σ, besteht folgender Zusammenhang:

$$\bar{R} = a_n \cdot \sigma$$

wobei a_n ein Faktor ist, der wie folgt vom Stichprobenumfang n abhängt.

n	a_n
2	1.128
3	1.693
4	2.059
5	2.326
6	2.534
7	2.704
8	2.847
9	2.970
10	3.078

Setzt man

$$\sigma = \frac{\bar{R}}{a_n}$$

in

$$\sigma_{\bar{x}} = \frac{\sigma}{\sqrt{n}}$$

ein, dann erhält man

$$\sigma_{\bar{x}} = \frac{\bar{R}}{a_n \cdot \sqrt{n}}$$

Damit können die Kontrollgrenzen wie folgt bestimmt werden:

$$\text{Obere Kontrollgrenze (UCL)} = \bar{\bar{x}} + 3 \cdot \frac{\bar{R}}{a_n \cdot \sqrt{n}}$$

und

$$\text{Untere Kontrollgrenze (LCL)} = \bar{\bar{x}} - 3 \cdot \frac{\bar{R}}{a_n \cdot \sqrt{n}}$$

Die Größe $A_n = \dfrac{3}{a \cdot \sqrt{n}}$ ist in vielen Lehrbüchern tabelliert. Einige praxisrelevante Werte sind:

n	A_n
2	1.880
3	1.023
4	0.729
5	0.577
6	0.483
7	0.419
8	0.373
9	0.337

Für die obigen Stichproben erhalten wir folgende Ergebnisse:

j	$\bar{x}_j$	R_j
1	74.0090	0.03800201
2	74.0006	0.01900482
3	74.0080	0.03600311
4	74.0030	0.02200317
5	74.0034	0.02600098
6	73.9956	0.02400208
7	74.0000	0.01199341
8	73.9968	0.02999878
9	74.0042	0.01399994
10	73.9980	0.01700592
Mittelwerte:	$\bar{\bar{x}} = 74.00186$	$\bar{R} = 0.02380142$

Mit $A_5 = 0.577$ erhält man die Kontrollgrenzen

$$
\begin{aligned}
\text{UCL} \;&=\; 74.00186 + 0.577 \cdot 0.0238 \\
&=\; 74.00186 + 0.0137326 \\
&=\; 74.015593
\end{aligned}
$$

und

$$
\begin{aligned}
\text{LCL} \;&=\; 74.00186 - 0.577 \cdot 0.0238 \\
&=\; 74.00186 - 0.0137326 \\
&=\; 73.988127
\end{aligned}
$$

Teil **C**

Bestandsmanagement

Im vorliegenden Teil D werden Probleme des Bestandsmanagements behandelt. Hier geht es vor allem um die Festlegung der Höhe und der Plazierung von Sicherheitsbeständen. Diese werden an vielen Stellen in einer Supply Chain benötigt, um den regulären, geplanten Ablauf der Wertschöpfungsprozesse gegen stochastische Einflüsse zu schützen. So kann es z. B. erforderlich sein, in einem Beschaffungslager einen Sicherheitsbestand zu bevorraten, um den Materialnachschub für den nachfolgenden Produktionsprozeß auch dann noch zu gewährleisten, wenn ein Lieferant mit Verspätung liefert. In einem regionalen Auslieferungslager für Fertigprodukte dagegen ermöglicht der Sicherheitsbestand die Erreichung eines angestrebten Servicegrades gegenüber den Endkunden.

1 Einführung

Verständnis- und Wiederholungsfragen

1. Finden Sie Beispiele für Supply Chains in der Praxis.

2. Nennen Sie Motive und Ursachen für die Bevorratung von Lagerbeständen.

3. Welche Schwierigkeiten ergeben sich bei der ökonomischen Bewertung von Fehlmengen?

4. Erläutern Sie die Unterschiede zwischen dem α-, dem β- und dem γ-Servicegrad.

Warum werden diese Servicegrade auch als lieferantenorientierte Leistungskriterien bezeichnet?

5. Erläutern Sie die Beziehung zwischen der Lieferunfähigkeitsdauer eines Lagers und der Lieferzeit eines Auftrags.

6. Lagerbestände und -bewegungen können mit Hilfe von computergestützten Systemen nicht nur in der Produktion, sondern auch in einer weit verzweigten Supply Chain online überwacht werden. Welche Konsequenzen ergeben sich daraus für das Bestandsmanagement?

7. Welche Auswirkungen hat RFID (Radio Frequency Identification) auf das Bestandsmanagement?

8. Welche Beziehungen bestehen zwischen dem Bestandsmanagement und der Produktion?

9. Diskutieren Sie die verschiedenen Einflußgrößen der Unsicherheit in einer Supply Chain.

10. Welche Möglichkeiten hat ein Lagerdisponent, kundenklassenspezifischen Servicegrad-Anforderungen zu entsprechen?

11. Erläutern Sie die von vielen Analysten zur Charakterisierung der Performance eines Logistik-Systems verwendete Kennziffer „Bestandsreichweite".

12. Erläutern Sie den Unterschied zwischen „Fehlmenge" und „Defizit" (bzw. „undershoot").

 INFORMATIONEN, LITERATUR

Tempelmeier (2018)

Übungsaufgaben

C1.1

Grundbegriffe

Erläutern Sie die Begriffe „physischer Bestand", „Bestellbestand", „Fehlbestand", „Fehlmenge", „Nettobestand" und „disponibler Bestand" mit Hilfe eines Zahlenbeispiels.

Informationen, Literatur

Tempelmeier (2018), Abschnitt B.3.1

C1.2

Beobachtete Bestandsentwicklung in der Praxis

Nehmen Sie Stellung zu dem in Bild C.1 dargestellten, in der betrieblichen Praxis beobachteten Verlauf des Lagerbestands für ein Produkt. Die senkrechten Striche stellen die werktäglichen Nachfragemengen dar. Die Lücken dazwischen sind die Wochenenden ohne Nachfrage.

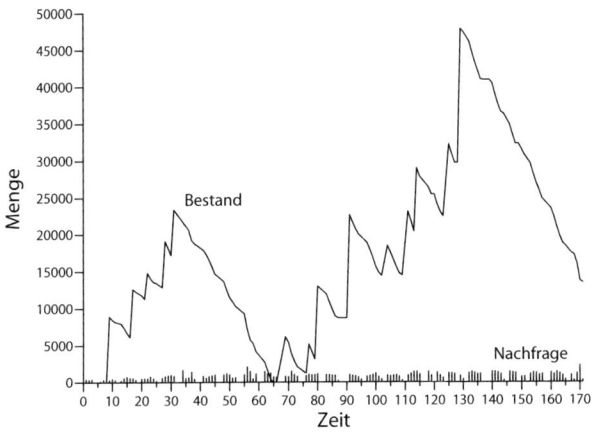

Bild C.1: Lagerbestandsentwicklung

C1.3

Nachfragemenge in der Wiederbeschaffungszeit

Die Periodennachfragemenge D eines Produkts ist wie folgt verteilt:

d	$P\{D = d\}$
1	0.6
2	0.3
3	0.1

Berechnen Sie die Wahrscheinlichkeitsverteilung der Nachfragemenge in der Wiederbeschaffungszeit, Y, für unterschiedliche deterministische Wiederbeschaffungszeiten $L = \{1, 2, 5, 10, 20\}$.

 INFORMATIONEN, LITERATUR

Tempelmeier (2018), Abschnitt A.4.5

 LÖSUNG

$L = 1$		$L = 2$		$L = 5$		$L = 10$		$L = 20$	
y	$P\{Y = y\}$	y	$P\{Y = y\}$	y	$P\{Y = y\}$	y	$P\{Y = y\}$	y	$P\{Y = y\}$
1	0.6	2	0.36	5	0.07776	10	0.00605	20	0.00004
2	0.3	3	0.36	6	0.19440	11	0.03023	21	0.00037
3	0.1	4	0.21	7	0.25920	12	0.07810	22	0.00186
		5	0.06	8	0.22680	13	0.13605	23	0.00637
		6	0.01	9	0.14310	14	0.17762	24	0.01647
				10	0.06723	15	0.18367	25	0.03421
				11	0.02385	16	0.15547	26	0.05924
				12	0.00630	17	0.11001	27	0.08775
				13	0.00120	18	0.06597	28	0.11326
				14	0.00015	19	0.03382	29	0.12913
				15	0.00001	20	0.01489	30	0.13143
						21	0.00564	31	0.12039
						22	0.00183	32	0.09991
						23	0.00051	33	0.07550
						24	0.00012	34	0.05218
						25	0.00002	35	0.03309
								36	0.01930
								37	0.01038
								38	0.00515
								39	0.00237
								40	0.00100
								41	0.00039
								42	0.00014
								43	0.00005
								44	0.00001

Die obige Tabelle zeigt die Wahrscheinlichkeitsverteilungen der Nachfragemenge in der

Wiederbeschaffungszeit. Man kann diese Verteilungen entweder durch numerische Faltung oder mit Hilfe eines Simulationsmodells ermitteln.

Bild C.2 zeigt, daß die in der Praxis oft unterstellte Normalverteilung erst bei einer längeren Wiederbeschaffungszeit als vernünftige Annäherung der tatsächlichen Wahrscheinlichkeitsverteilung der Nachfragemenge angesehen werden kann.

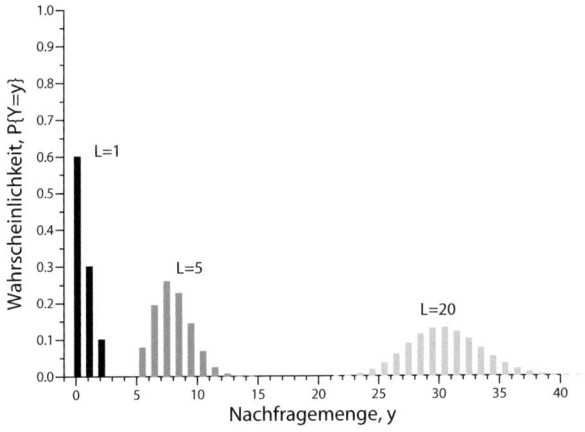

Bild C.2: Wahrscheinlichkeitsverteilungen der Nachfragemenge in der Wiederbeschaffungszeit

---

C1.4

Nachfragemenge in der Wiederbeschaffungszeit, Fehlmengenwahrscheinlichkeit

Anni (4), ein Entlebucher Sennenhund, wohnhaft in Bitburg (Anschrift der Redaktion bekannt), frißt täglich – in Abhängigkeit von ihrem Laufpensum – unterschiedliche Mengen eines Hundefutters der Marke *Snoop Dog*. Martina L. (42), seine Besitzerin, ebenfalls wohnhaft in Bitburg, hat in ihrem BWL-Studium auch einen Statistik-Kurs belegt (und bestanden) und folgende Wahrscheinlichkeit der täglichen Verbrauchsmenge ermittelt (Mengenangaben in Gramm) $P\{D = 600\} = 0.8$, $P\{D = 700\} = 0.15$ und $P\{D = 800\} = 0.05$. Martina bestellt das Futter bei einem Händler im Internet. Die Lieferzeit ist stochastisch mit der Verteilung $P\{L = 2\} = 0.6$ und $P\{L = 3\} = 0.4$ (Tage).

a) Berechnen Sie die Wahrscheinlichkeitsverteilung der Futtermenge, die Anni in der Wiederbeschaffungszeit vertilgt.

b) Martina zu Anni: „Annegret, wir haben zwar noch einen Vorrat, aber demnächst müssen wir wieder Futter bestellen." Anni nickt mit dem Kopf. Bei welchem Futtervorrat soll Martina mindestens bestellen, damit die Wahrscheinlichkeit dafür, daß Anni während der Wiederbeschaffungszeit auf das Hundefutter verzichten muß, weniger als 2% beträgt?

INFORMATIONEN, LITERATUR

Tempelmeier (2018)

LÖSUNG

a) Die Wahrscheinlichkeitverteilung der Verbrauchsmenge Y in der Wiederbeschaffungszeit, erhält man, indem man für jede Lieferzeit des Internet-Händlers die Wahrscheinlichkeitsverteilung der täglichen Verbrauchsmenge faltet und die jeweiligen Ergebnisse mit den Eintrittswahrscheinlichkeiten der Lieferzeiten gewichtet. Es ergeben sich folgende Werte:

Y	$P\{Y = y\}$	$P\{Y > y\}$
1200	0.38400	0.61600
1300	0.14400	0.47200
1400	0.06150	0.41050
1500	0.00900	0.40150
1600	0.00150	0.40000
1800	0.20480	0.19520
1900	0.11520	0.08000
2000	0.06000	0.02000
2100	0.01575	0.00425
2200	0.00375	0.00050
2300	0.00045	0.00005
2400	0.00005	0.00000

b) Aus der obigen Tabelle kann abgelesen werden, daß spätestens bei einem Bestand von 2000 Gramm eine Bestellung ausgelöst werden muß, damit Anni in der nächsten Wiederbeschaffungszeit mit einer Wahrscheinlichkeit von 98% genug Futter hat.

C1.5

Nachfragemenge in einer stochastischen Wiederbeschaffungszeit

Die tägliche Nachfragemenge nach einem Produkt folgt einer diskreten Wahrscheinlichkeitsverteilung mit folgenden Stützstellen:

d	0	1	2
$P\{D=d\}$	0.1	0.4	0.5

Das Produkt wird von einem Lieferanten bezogen, der zwar billig, aber sehr unzuverlässig liefert. Mit einer Wahrscheinlichkeit von 0.6 beträgt die Wiederbeschaffungszeit 2 Tage, während in 40% der Fälle mit einer Wiederbeschaffungszeit von 5 Tagen zu rechnen ist.

a) Bestimmen Sie die Wahrscheinlichkeitsverteilung der Nachfragemenge in der Wiederbeschaffungszeit.

b) Bestimmen Sie die Wahrscheinlichkeitsverteilung des Defizits, das entsteht, wenn eine (s, q)-Politik mit periodischer Lagerüberwachung verfolgt wird.

 INFORMATIONEN, LITERATUR

Tempelmeier (2018), Abschnitte A.4.5.2 und C.1.1.2

 LÖSUNG

a) Die minimale Nachfragemenge in der Wiederbeschaffungszeit L beträgt 0. Diese Situation tritt auf, wenn bei $L = 2$ in beiden Perioden und bei $L = 5$ in allen fünf Perioden keine Nachfrage auftritt. Man erhält dann

$$P\{Y = 0\} = 0.6 \cdot (0.1^2) + 0.4 \cdot (0.1^5) = 0.006$$

Die maximale Nachfragemenge beträgt 10. Sie ergibt sich, wenn bei $L = 5$ Perioden in jeder Periode eine Nachfrage der Höhe zwei auftritt. Die geschieht mit der Wahrscheinlichkeit $P\{Y = 10\} = 0.4 \cdot 0.5^5$. Alle dazwischenliegenden Werte müssen durch Auswertung der zufälligen Summen ermittelt werden. Die gesamte Wahrscheinlichkeitsverteilung der Nachfragemenge in der Wiederbeschaffungszeit, Y, ist in der folgenden Tabelle wiedergegeben:

y	$P\{Y = y\}$
0	0.00600
1	0.04808
2	0.15674
3	0.24416
4	0.16572
5	0.04170
6	0.07860
7	0.10400
8	0.09250
9	0.05000
10	0.01250

Bild C.3 zeigt, daß die Normalverteilung bei stochastischen Wiederbeschaffungszeiten im betrachteten Beispiel keine vernünftige Annäherung der tatsächlichen Wahrscheinlichkeitsverteilung der Nachfragemenge ist.

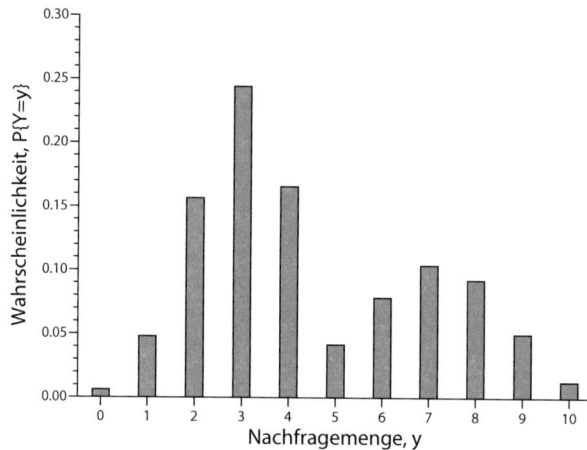

Bild C.3: Wahrscheinlichkeitsverteilung der Nachfragemenge in der Wiederbeschaffungszeit

b) Die Wahrscheinlichkeitsverteilung des Defizits U kann für große Bestellmengen wie folgt approximiert werden (D bezeichnet die Periodennachfragemenge):

$$P\{U = u\} = \frac{1 - P\{D \leq u\}}{E\{D\}}$$

Mit $E\{D\} = 0.4 \cdot 1 + 0.5 \cdot 2 = 1.4$ erhält man $P\{U = 0\} = \dfrac{1 - 0.1}{1.4} = 0.6429$ und

$P\{U = 0\} = \dfrac{1 - 0.5}{1.4} = 0.3571$. Damit ergibt sich folgende Wahrscheinlichkeitsverteilung für das Defizit:

u	$P\{U = u\}$
0	0.6429
1	0.3571
2	0.0000

C1.6

Nachfrageprozeß als zusammengesetzter Poissonprozeß

In einem Kiosk kommen Kunden in exponentialveteilten Abständen mit der Ankunftsrate $\lambda = 1$ an. Die Zeitachse ist kontinuierlich. 50% der Kunden kaufen eine Flasche Bier, während die restlichen 50% der Kunden dringend zwei Flaschen Gerstensaft benötigen. Bestimmen Sie die Wahrscheinlichkeitsverteilung der Nachfragemenge.

 INFORMATIONEN, LITERATUR

Axsäter (2000)
Tempelmeier (2018), Abschnitt B.3.2

 LÖSUNG

Die Nachfrage entwickelt sich gemäß einem zusammengesetzten Poissonprozeß. Ihre Wahrscheinlichkeitsverteilung sieht wie folgt aus:

d	$P\{D = d\}$	d	$P\{D = d\}$
0	0.3679	6	0.0139
1	0.1839	7	0.0048
2	0.2299	8	0.0020
3	0.0996	9	0.0007
4	0.0699	10	0.0002
5	0.0269	11	0.0001

C1.7

Bestandsmanagement und Auslieferung

Ein Logistik-Dienstleister betreibt ein Endproduktlager für die Fridge AG, einen Hersteller von Küchengeräten. Das Bestandsmanagement erfolgt durch den Hersteller. Dieser trägt auch die Kosten für den Lagerbestand. Der Logistik-Dienstleister stellt lediglich das Lagerhaus (ein Hochregallager) zur Verfügung und erledigt die Kommissionierung und den Versand der Aufträge an die Kunden. Vertraglich wurde vereinbart, daß der Logistik-Dienstleister dem Hersteller sämtliche entstehenden Istkosten berechnen kann. Der Hersteller ist daher an einer wirtschaftlichen Gestaltung der Handlingprozesse interessiert.

Aufgrund der stochastischen Nachfrage und der verfolgten Lagerpolitik kommt es regelmäßig zu Rückstandsaufträgen, die erst nach einer Lieferung aus der Fabrik des Herstellers, d. h. der Wiederherstellung der Lieferfähigkeit des Lagers, an die Kunden ausgeliefert werden. Eine Simulation hat ergeben, daß die Wahrscheinlichkeitsverteilung der Anzahl von aufgelaufenen Rückstandsaufträgen, O, wie folgt aussieht:

o	$P\{O = o\}$	o	$P\{O = o\}$
0	0.520	5	0.075
1	0.090	6	0.050
2	0.070	7	0.025
3	0.080	8	0.010
4	0.075	9	0.005

Der Logistik-Dienstleister verfügt über fest angestellte Mitarbeiter. Er bietet der Fridge AG an, eine bestimmte Anzahl Mitarbeiter für die Kommissionierung der Produkte der Fridge AG fest zu reservieren. Pro Einheit reservierter Kommissionierkapazität (gemessen in der Dimension Anzahl Rückstandsaufträge) müßte die Fridge AG eine Pauschale von $c_v = 2$ Geldeinheiten bezahlen. Darüber hinausgehender Kapazitätsbedarf würde $c_e = 6$ Geldeinheiten pro Kapazitätseinheit kosten.

Wie viele Kapazitätseinheiten Handlingkapazität soll die Fridge AG fest reservieren?

 INFORMATIONEN, LITERATUR

Tempelmeier (2018), Abschnitt C.5

 LÖSUNG

Die einzelnen Rechenschritte zur Bestimmung der optimalen Anzahl zu reservierender Kapazitätseinheiten sind in der folgenden Tabelle zusammengestellt:

v	$P\{o = v\}$	$P\{O \leq v\}$	$c_e \cdot E\{[(O - v)]^+\}$	$c_v \cdot v$	$C(v)$
0	0.520	0.520	10.47	0	10.47
1	0.090	0.610	7.59	2	9.59
2	0.070	0.680	5.25	4	9.25
3	0.080	0.760	3.33	6	9.33
4	0.075	0.835	1.89	8	9.89
5	0.075	0.910	0.9	10	10.90
6	0.050	0.960	0.36	12	12.36
7	0.025	0.985	0.12	14	14.12
8	0.010	0.995	0.03	16	16.03
9	0.005	1.000	0	18	18

Die optimale Lösung ist $v_{\text{opt}} = 2$, denn

$$v_{\text{opt}} = \max_v \left[P\{O \leq v\} \leq 1 - \frac{c_v}{c_e} \right] + 1$$

$$= \max_v \left[P\{O \leq v\} \leq 1 - \frac{2}{6} \right] + 1 = 2$$

2 Prognoseverfahren

Verständnis- und Wiederholungsfragen

1. Beschreiben Sie das grundsätzliche Verfahrensprinzip der exponentiellen Glättung.

2. Stellen Sie eine Liste von Zeitreihenverläufen auf und ordnen Sie den jeweiligen Zeitreihentypen geeignete Prognoseverfahren zu.

3. Stellen Sie die Ihnen bekannte Prognoseverfahren im Überblick dar.

4. Recherchieren Sie in den Produktbroschüren von Softwareherstellern nach dem Begriff „Demand Planning".

5. Finden Sie heraus, welche Prognoseverfahren von den bekannten Advanced Planning-Systemen unterstützt werden.

2.1 Klassifizierung von Verbrauchsfaktoren nach ihrem Bedarfsverlauf

Verständnis- und Wiederholungsfragen

1. Welchen Sinn hat die Klassifikation von Produkten nach ihrer wertmäßigen Bedeutung?

2. Erläutern Sie den Begriff X/Y/Z-Analyse.

Übungsaufgaben

C2.1

Zeitreihenanalyse

Untersuchen Sie die folgende Zeitreihe anhand der Kriterien Störpegel und Autokorrelationsfunktion.

t	1	2	3	4	5	6	7	8	9	10	11	12	13	14	15	16	17	18	19	20
y_t	10	2	1	15	7	0	9	10	10	12	6	0	1	8	4	6	5	4	14	5

INFORMATIONEN, LITERATUR

Tempelmeier (2018)

 LÖSUNG

Zur Berechnung des Störpegels benötigt man den Mittelwert und die mittlere absolute Abweichung. Man erhält:

Mittelwert $= 6.45$

Mittlere absolute Abweichung $= 3.70$

Störpegel $= \dfrac{3.70}{6.45} = 0.5729$

Die Autokorrelationfunktion sieht wie folgt aus:

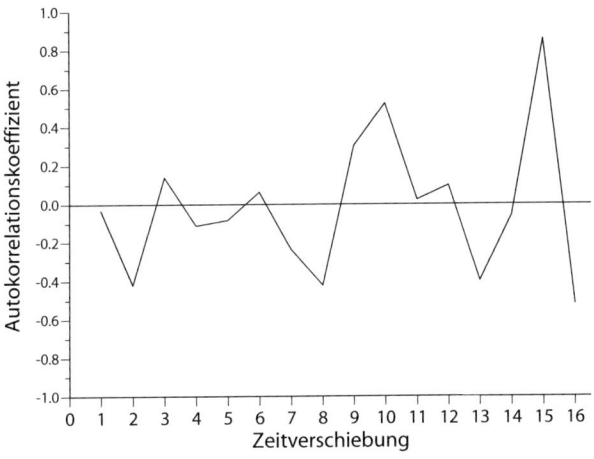

Bild C.4: Autokorrelationsfunktion

Der hohe Störpegel läßt den Schluß zu, daß es sich um unregelmäßigen Bedarf handelt. Der Verlauf der Autokorrelationsfunktion gibt einen Hinweis für die Existenz eines leichten Trends.

2.2 Prognose bei konstantem Niveau des Bedarfs

Verständnis- und Wiederholungsfragen

1. Vergleichen Sie die gleitende Durchschnittsbildung mit der exponentiellen Glättung erster Ordnung.

2. Wie kann man einen Startwert für die exponentielle Glättung erster Ordnung bestimmen?

Übungsaufgaben

C2.2

Exponentielle Glättung erster Ordnung

Prognostizieren Sie die folgende Zeitreihe mit dem Verfahren der exponentiellen Glättung erster Ordnung. Verwenden Sie für den Glättungsfaktor α die Werte 0.15 und 0.4. Bestimmen Sie jeweils den Prognosefehler.

Periode t	Absatzmenge y_t	Periode t	Absatzmenge y_t
1	24	10	19
2	33	11	53
3	26	12	40
4	50	13	28
5	35	14	53
6	65	15	13
7	35		
8	25		
9	71		

 INFORMATIONEN, LITERATUR

Günther und Tempelmeier (2016)
Tempelmeier (2018)

 LÖSUNG

		$\alpha = 0.15$			$\alpha = 0.4$	
t	y_t	Prognose	Fehler	y_t	Prognose	Fehler
1	24	24	0	24	24	0
2	33	24	9	33	24	9
3	26	25.35	0.65	26	27.6	-1.6
4	50	25.45	24.55	50	26.96	23.04
5	35	29.13	5.87	35	36.18	-1.18
6	65	30.01	34.99	65	35.71	29.29
7	35	35.26	-0.26	35	47.42	-12.42
8	25	35.22	-10.22	25	42.45	-17.45
9	71	33.69	37.31	71	35.47	35.53
10	19	39.28	-20.28	19	49.68	-30.68
11	53	36.24	16.76	53	37.41	15.59
12	40	38.76	1.24	40	43.65	-3.65
13	28	38.94	-10.94	28	42.19	-14.19
14	53	37.3	15.7	53	36.51	16.49
15	13	39.66	-26.66	13	43.11	-30.11
16	–	35.66	–		31.06	

Berechnungsbeispiel für $\alpha = 0.15$: $p_5 = 0.15 \cdot 50 + (1 - 0.15) \cdot 25.45 = 29.13$

C2.3

Exponentielle Glättung erster Ordnung, Strukturbruch

In einem Zentrallager wurde die in der folgenden Tabelle dargestellte Zeitreihe von monatlichen Nachfragen nach einem Produkt beobachtet.

t	y_t	t	y_t	t	y_t	t	y_t	t	y_t
1	2451	6	1382	11	1901	16	4165	21	4307
2	2580	7	2116	12	3010	17	4921		
3	1930	8	1952	13	2697	18	5154		
4	2863	9	2124	14	4895	19	4876		
5	3187	10	2684	15	4763	20	5043		

Wenden Sie auf diese Zeitreihe die exponentielle Glättung erster Ordnung mit den

Glättungsparametern $\alpha = 0.15$ und $\alpha = 0.40$ an und stellen Sie die Entwicklung der Prognosewerte graphisch dar.

 INFORMATIONEN, LITERATUR

Tempelmeier (2018)

 LÖSUNG

Die folgende Tabelle zeigt die Ergebnisse:

t	y_t	$\alpha = 0.15$		$\alpha = 0.4$	
		p_t	e_t	p_t	e_t
1	2451			2451	
2	2580	2451	129	2451	129
3	1930	2470.35	-540.35	2502.6	-572.6
4	2863	2389.3	473.7	2273.56	589.44
5	3187	2460.35	726.65	2509.34	677.66
6	1382	2569.35	-1187.35	2780.4	-1398.4
7	2116	2391.25	-275.25	2221.04	-105.04
8	1952	2349.96	-397.96	2179.03	-227.02
9	2124	2290.27	-166.27	2088.22	35.79
10	2684	2265.33	418.67	2102.53	581.47
11	1901	2328.13	-427.13	2335.12	-434.12
12	3010	2264.06	745.94	2161.47	848.53
13	2697	2375.95	321.05	2500.88	196.12
14	4895	2424.11	2470.89	2579.33	2315.67
15	4763	2794.74	1968.26	3505.6	1257.4
16	4165	3089.98	1075.02	4008.56	156.44
17	4921	3251.23	1669.77	4071.14	849.86
18	5154	3501.7	1652.3	4411.08	742.92
19	4876	3749.54	1126.46	4708.25	167.75
20	5043	3918.51	1124.49	4775.35	267.65
21	4307	4087.19	219.81	4882.41	-575.41
22	–	4120.16	–	4652.25	–

Bild C.5 zeigt, daß in der Zeitreihe ein Strukturbruch aufgetreten ist. Man sieht, daß die Prognose mit $\alpha = 0.4$ schneller auf diese Veränderung der Zeitreihe reagiert.

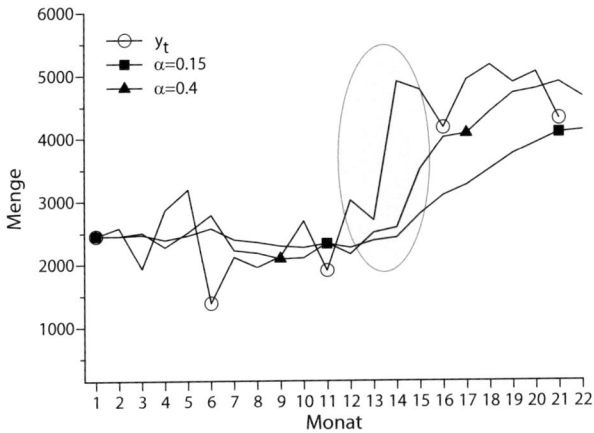

Bild C.5: Beobachtungswerte mit Strukturbruch und Prognosewerte

2.3 Prognose bei trendförmigem Bedarf

Verständnis- und Wiederholungsfragen

1. Beschreiben Sie den systematischen Fehler, der bei Anwendung der exponentiellen Glättung erster Ordnung zur Prognose einer Zeitreihe mit trendförmigem Verlauf auftritt.

2. Welche Prognoseverfahren können bei trendförmigem Bedarfsverlauf eingesetzt werden?

Übungsaufgaben

C2.4

Exponentielle Glättung zweiter Ordnung

Prognostizieren Sie die folgende Zeitreihe mit dem Verfahren der exponentiellen Glättung zweiter Ordnung. Verwenden Sie für den Glättungsfaktor α den Wert 0.10. Schätzen Sie zu Bestimmung der Startwerte den Achsenabschnitt und die Steigung mit Hilfe des ersten und des letzten Beobachtungswertes.

Periode t	Absatzmenge y_t	Periode t	Absatzmenge y_t
1	27	9	39
2	44	10	55
3	37	11	54
4	35	12	52
5	53	13	60
6	38	14	60
7	57	15	75
8	61		

 INFORMATIONEN, LITERATUR

Tempelmeier (2018), Abschnitt B.3.1.2

 LÖSUNG

Zur Initialisierung benötigen wir Schätzwerte für den Achsenabschnitt und die Steigung der Zeitreihe. Den Achsenabschnitt setzen wir auf $a_0 = 27$. Als Schätzwert für die Steigung verwenden wir den durchschnittlichen Anstieg der Zeitreihe:

$$b_0 = \frac{75 - 27}{14} = 3.43$$

Damit ergeben sich folgende Startwerte für die beiden Durchschnittsreihen erster und zweiter Ordnung:

$$y_0^{(1)} = 27 - 3.43 \cdot \frac{1 - 0.10}{0.10} = -3.87$$

$$y_0^{(2)} = 27 - 2 \cdot 3.43 \cdot \frac{1 - 0.10}{0.10} = -34.74$$

Der (ex-post-)Prognosewert für die Periode 1 beträgt

$$p_1 = 27 + 3.43 = 30.43$$

Für Periode 1 erhalten wir folgende Ergebnisse:

$$y_1^{(1)} = 0.10 \cdot 27 + (1 - 0.10) \cdot -3.87 = -0.78$$

$$y_1^{(2)} = 0.10 \cdot -0.78 + (1 - 0.10) \cdot (-34.74) = -31.34$$

$a_1 = 2 \cdot (-0.78) + 31.34 = 29.78$

$b_1 = \dfrac{0.10}{1 - 0.10} \cdot (-0.78 + 31.34) = 3.40$

$p_2 = 29.78 + 3.40 = 33.17$

Die weiteren Berechnungen zeigt folgende Tabelle:

t	y_t	Prognose	Fehler	t	y_t	Prognose	Fehler
1	27	30.43	-3.43	11	54	61.64	-7.64
2	44	33.17	10.83	12	52	63.38	-11.38
3	37	38.73	-1.73	13	60	64.3	-4.30
4	35	41.89	-6.89	14	60	66.52	-6.52
5	53	44.00	9.00	15	75	68.25	6.75
6	38	49.22	-11.22	16	–	72.57	–
7	57	50.48	6.52				
8	61	55.18	5.82				
9	39	59.81	-20.81				
10	55	59.16	-4.16				

C2.5

Multiple lineare Regressionsrechnung, Einfluß einer Sonderaktion

Ein Unternehmen der Konsumgüterindustrie hat im vergangenen Jahr einen steilen Anstieg der Nachfrage nach einem Deostift beobachtet. Die monatliche Absatzmengen sind in der folgenden Tabelle wiedergegeben:

t	Absatzmenge y_t	t	Absatzmenge y_t
1	13	7	42
2	16	8	34
3	18	9	39
4	22	10	41
5	24	11	44
6	28	12	46

In der Periode 7 ist eine Sonderaktion durchgeführt worden, die zu einem erheblichen Anstieg der Absatzmenge in diesem Monat geführt hat. Berechnen Sie einen Prognosewert für die Periode 13 für den Fall,

a) daß eine Sonderaktion in demselben Umfang wie in Periode 7 durchgeführt wird, und

b) daß keine Sonderaktion durchgeführt wird.

Verwenden Sie dazu die multiple lineare Regressionsrechnung in Matrizenschreibweise.

 INFORMATIONEN, LITERATUR

Tempelmeier (2018), Abschnitt B.3.2.1

 LÖSUNG

Wir bezeichnen mit d_t eine binäre Dummyvariable, die den Wert 1 annimmt, wenn in Periode t eine Sonderaktion durchgeführt wurde, und die in den anderen Perioden Null ist. Die Regressionsgleichung lautet:

$$y_t = b_0 + b_1 \cdot t + b_2 \cdot d_t \qquad t = 1, 2, \ldots, 12$$

Zur Berechnung der Regressionskoeffizienten b_0, b_1 und b_2 werden folgende Matrizen benötigt:

$$\underline{K} = \begin{bmatrix} 1 & 1 & 0 \\ 1 & 2 & 0 \\ 1 & 3 & 0 \\ 1 & 4 & 0 \\ 1 & 5 & 0 \\ 1 & 6 & 0 \\ 1 & 7 & 1 \\ 1 & 8 & 0 \\ 1 & 9 & 0 \\ 1 & 10 & 0 \\ 1 & 11 & 0 \\ 1 & 12 & 0 \end{bmatrix} \quad \underline{Y} = \begin{bmatrix} 13 \\ 16 \\ 18 \\ 22 \\ 24 \\ 28 \\ 42 \\ 34 \\ 39 \\ 41 \\ 44 \\ 46 \end{bmatrix} \quad \underline{K}^T \underline{K} = \begin{bmatrix} 12 & 78 & 1 \\ 78 & 650 & 7 \\ 1 & 7 & 1 \end{bmatrix} \quad \underline{K}^T \underline{Y} = \begin{bmatrix} 367 \\ 2838 \\ 42 \end{bmatrix}$$

Nach Bestimmung der Inversen von $\underline{K}^T \underline{K}$ erhält man dann die Regressionskoeffizienten $\underline{b} = \left(\underline{K}^T \underline{K} \right)^{-1} \underline{K}^T \underline{Y}$:

$$\left(\underline{K}^T \underline{K} \right)^{-1} = \begin{bmatrix} 0.38280255 & -0.045222930 & -0.066242038 \\ -0.04522293 & 0.007006369 & -0.003821656 \\ -0.06624204 & -0.003821656 & 1.092993631 \end{bmatrix} \quad \underline{b} = \begin{bmatrix} 9.364 \\ 3.127 \\ 10.749 \end{bmatrix}$$

$$\mu_t = 30.58 \quad \text{SQT} = 1542.92 \quad \text{SQR} = 1537.58 \quad \text{SQE} = 5.34 \quad r^2 = 0.9965$$

Mit Hilfe des Vektors $\underline{b}$ kann nun die Prognose aufgestellt werden. Im Fall a), d. h. einschließlich der Sonderaktion ergibt sich der Prognosewert

$$y_{13} = 9.364 + 3.127 \cdot 13 + 10.749 \cdot 1 = 60.764$$

und für den Fall b) erhält man

$$y_{13} = 9.364 + 3.127 \cdot 13 + 10.749 \cdot 0 = 50.015$$

Die folgende Übersicht zeigt ein Protokoll der Bearbeitung des Beispiels mit der Statistik-Software R. Die Eingabezeilen beginnen mit dem Symbol >.[1]

```
> y <- c(13,16,18,22,24,28,42,34,39,41,44,46)
> x0 <-c(1,1,1,1,1,1,1,1,1,1,1,1)
> x1 <-c(1,2,3,4,5,6,7,8,9,10,11,12)
> x2 <-c(0,0,0,0,0,0,1,0,0,0,0,0)
> n <- length(y)
> (X <- matrix(c(x0,x1,x2),ncol=3))
      [,1] [,2] [,3]
 [1,]  1   1    0
 [2,]  1   2    0
 [3,]  1   3    0
 [4,]  1   4    0
 [5,]  1   5    0
 [6,]  1   6    0
 [7,]  1   7    1
 [8,]  1   8    0
 [9,]  1   9    0
[10,]  1  10    0
[11,]  1  11    0
[12,]  1  12    0
> (XTX <- t(X) %*% X)
      [,1] [,2] [,3]
[1,]  12   78   1
[2,]  78  650   7
[3,]   1    7   1
> (XTy <-t(X) %*% y)
      [,1]
[1,]  367
[2,] 2838
[3,]   42
```

---

1   Siehe https://www.r-project.org

```
> (XTXinv = solve(XTX))
     [,1]        [,2]         [,3]
[1,]  0.38280255 -0.045222930 -0.066242038
[2,] -0.04522293  0.007006369 -0.003821656
[3,] -0.06624204 -0.003821656  1.092993631
> (b <- XTXinv %*% XTy)
      [,1]
[1,]  9.363694
[2,]  3.126752
[3,] 10.749045
> (p <- X %*% b)
       [,1]
[1,]  12.49045
[2,]  15.61720
[3,]  18.74395
[4,]  21.87070
[5,]  24.99745
[6,]  28.12420
[7,]  42.00000
[8,]  34.37771
[9,]  37.50446
[10,] 40.63121
[11,] 43.75796
[12,] 46.88471
> (SQR <- t(b) %*% XTy - n * mean(y) * mean(y))
      [,1]
[1,] 1537.573
> (SQT <- t(y) %*% y - n * mean(y) * mean(y))
      [,1]
[1,] 1542.917
> (r2 <- SQR/SQT)
      [,1]
[1,] 0.9965369
```

C2.6

Multiple lineare Regressionsrechnung, Strukturbruch

Die folgende Tabelle zeigt die monatlichen Absatzmengen für ein Produkt:

t	Absatzmenge y_t	t	Absatzmenge y_t
1	28.4	11	89.7
2	34.7	12	99.8
3	37.6	13	102.2
4	40.9	14	108.6
5	46.3	15	110.1
6	52.6	16	116.4
7	53.2	17	119.8
8	64.8	18	121.0
9	67.3	19	127.3
10	67.8	20	132.9

In der Periode 11 wurde durch eine vertragliche Vereinbarung mit einer Kaufhauskette ein neuer Absatzmarkt erschlossen, wodurch es zu einem spürbaren Zuwachs der Absatzmenge gekommen ist. Berechnen Sie eine Prognosegleichung für den Verlauf der Absatzmenge unter Berücksichtigung der Einflüsse des neu erschlossenen Absatzmarktes.

 INFORMATIONEN, LITERATUR

Tempelmeier (2018), Abschnitt B.3.2.1

 LÖSUNG

Wir setzen zur Prognose die multiple lineare Regressionsrechnung ein. Der Einfluß der Ausweitung des Absatzmarktes wird durch eine Dummy-Variable d_t (t=1,2,...) abgebildet, die ab der Periode 11 den Wert 1 annimmt:

$$d_t = \begin{cases} 0, & t < 11 \\ 1, & t \geq 10 \end{cases}$$

Die Regressionsgleichung lautet dann

$$y_t = b_0 + b_1 \cdot t + b_2 \cdot d_t = 24.7401 + 4.4763 \cdot t + 18.6565 \cdot d_t \quad t = 1, 2, \ldots$$

Das Bestimmtheitsmaß beträgt $r^2 = 0.9968$. Bild C.6 zeigt die Beobachtungswerte im Vergleich zu den Prognosewerten aufgrund der Regressionsgleichung.

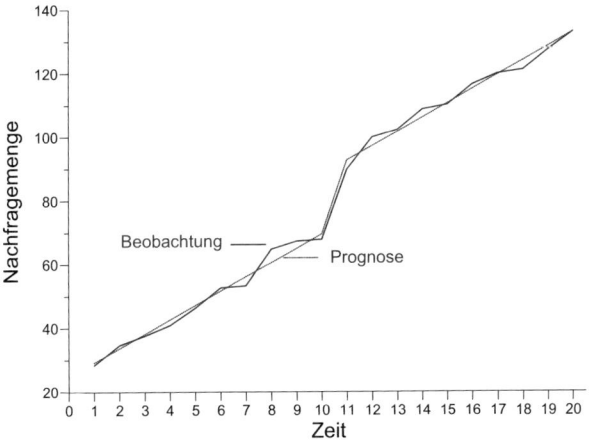

Bild C.6: Beobachtungswerte und Regressionsfunktion

2.4 Prognose bei saisonal schwankendem Bedarf

Verständnis- und Wiederholungsfragen

1. Welche Prognoseverfahren eignen sich zur Prognose bei saisonalem Bedarfsverlauf?

2. In welcher Weise können saisonale Einflüsse in einer Zeitreihe wirken?

3. Nennen Sie Beispiele für Produkte mit saisonaler Nachfrage.

4. Wie kann man die Glättungsparameter im Verfahren von Winters bestimmen?

Übungsaufgaben

C2.7

Prognose bei saisonalem Bedarf mit dem Verfahren von Winters

In einem Unternehmen wurden über 20 Quartale hinweg die Nachfragemengen nach einem Produkt aufgezeichnet. Es ergab sich folgender Verlauf:

t	y_t	t	y_t
1	2250	11	2556
2	1737	12	8253
3	2412	13	5491
4	7269	14	4382
5	3524	15	4315
6	2143	16	12035
7	3459	17	5648
8	7056	18	3696
9	4120	19	4843
10	2766	20	13097

a) Analysieren Sie die Zeitreihe.

b) Setzen Sie das Verfahren von Winters zur (ex-post-)Prognose des Nachfrageverlaufs ein. Verwenden Sie als Glättungsfaktoren die Werte $\alpha = 0.2$, $\beta = 0.1$ und $\gamma = 0.3$.

INFORMATIONEN, LITERATUR

Silver et al. (1998)
Tempelmeier (2018), Abschnitt B.3.3

 LÖSUNG

a) Die Zeitreihe weist starke Schwankungen auf. Der Mittelwert ist 5052.60 und die mittlere absolute Abweichung beträgt MAD = 2348.08. Daraus ergibt sich ein Störpegel von 0.4647. Die in Bild C.7 dargestellte Autokorrelationsfunktion läßt auf einen ausgeprägten saisonalen Verlauf mit einem leichten Trend schließen.

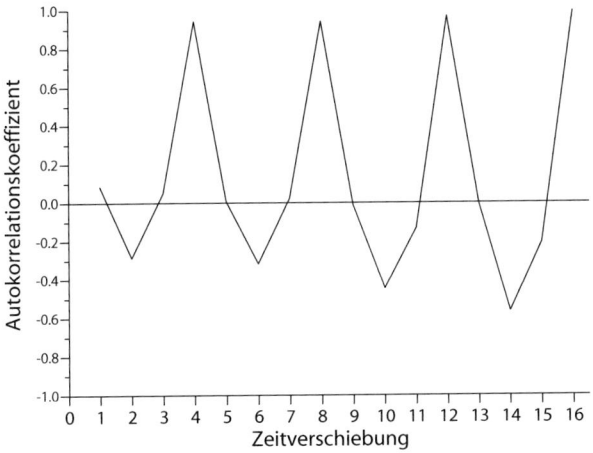

Bild C.7: Autokorrelationsfunktion

Der Einsatz der Zeitreihendekomposition führt zu den in der folgenden Tabelle angegebenen Werten. Die Trendgerade lautet: $y_t = 2493.67 + 235.29 \cdot t$. Die Saisonfaktoren sind $s_1^u = 0.9374$, $s_2^u = 0.6116$, $s_3^u = 0.6816$ uns $s_4^u = 1.7703$. Nach der Standardisierung erhält man $s_1 = 0.9372$, $s_2 = 0.6115$, $s_3 = 0.6814$ uns $s_4 = 1.7699$.

t	y_t	tc_t	si_t	su_t	tci_t
1	2250.00			0.9374	2400.92
2	1737.00			0.6116	2840.75
3	2412.00	3576.25	0.6744	0.6816	3539.43
4	7269.00	3786.25	1.9198	1.7703	4106.94
5	3524.00	3967.88	0.8881	0.9374	3760.37
6	2143.00	4072.13	0.5263	0.6116	3504.74
7	3459.00	4120.00	0.8396	0.6816	5075.82
8	7056.00	4272.38	1.6515	1.7703	3986.59
9	4120.00	4237.38	0.9723	0.9374	4396.34
10	2766.00	4274.13	0.6472	0.6116	4523.62
11	2556.00	4595.13	0.5562	0.6816	3750.73
12	8253.00	4968.50	1.6611	1.7703	4662.89
13	5491.00	5390.38	1.0187	0.9374	5859.30
14	4382.00	6083.00	0.7204	0.6116	7166.48
15	4315.00	6575.38	0.6562	0.6816	6331.93
16	12035.00	6509.25	1.8489	1.7703	6799.69
17	5648.00	6489.50	0.8703	0.9374	6026.83
18	3696.00	6688.25	0.5526	0.6116	6044.57
19	4843.00			0.6816	7106.73
20	13097.00			1.7703	7399.71

b) Für das Verfahren von Winters verwenden wir die zuvor berechneten Parameter der Trendgeraden sowie die Saisonfaktoren als Startwerte.

Für **Periode 1** sind dann folgende Berechnungen durchzuführen:

$$b_{0,1} = 0.20 \cdot \frac{2250}{0.9372} + (1 - 0.20) \cdot (2493.67 + 235.29) = 2663.32$$

$$b_{1,1} = 0.10 \cdot (2663.37 - 2493.67) + (1 - 0.10) \cdot 235.29 = 228.73$$

$$s_1^u = 0.3 \cdot \frac{2250.00}{2663.3220} + (1 - 0.3) \cdot 0.9372 = 0.9095$$

Aktuelle Summe der Saisonfaktoren = 3.9723

$$s_1 = \frac{0.9095 \cdot 4}{3.9723} = 0.9158$$

$$p_2 = (2663.32 + 228.73) \cdot 0.6158 = 1780.83$$

Die weiteren Ergebnisse sind in der folgenden Tabelle zusammengestellt:

t	y_t	$b_{0,t}$	$b_{1,t}$	Prognose	Fehler
1	2250	2663.32	228.73	2557.58	-307.58
2	1737	2877.81	227.30	1780.83	-43.83
3	2412	3186.50	235.44	2132.54	279.46
4	7269	3556.81	248.93	6072.38	1196.63
5	3524	3833.11	251.67	3401.66	122.34
6	2143	3986.63	241.85	2435.60	-292.60
7	3459	4382.61	257.26	2925.77	533.23
8	7056	4491.60	242.44	8397.78	-1341.78
9	4120	4689.19	237.95	4324.86	-204.86
10	2766	4880.82	233.32	2902.44	-136.43
11	2556	4789.57	200.86	3744.09	-1188.09
12	8253	4907.09	192.53	9004.91	-751.91
13	5491	5261.55	208.72	4738.69	752.31
14	4382	5855.21	247.22	3241.49	1140.51
15	4315	6159.86	252.96	4121.05	193.95
16	12035	6509.51	262.63	11191.37	843.63
17	5648	6625.51	247.96	6333.66	-685.66
18	3696	6672.52	227.87	4328.78	-632.78
19	4843	6935.48	231.38	4722.93	120.07
20	13097	7203.52	235.04	12770.36	326.64

Bild C.8 zeigt, daß das Verfahren von Winters den Verlauf der Zeitreihe sehr gut erfaßt.

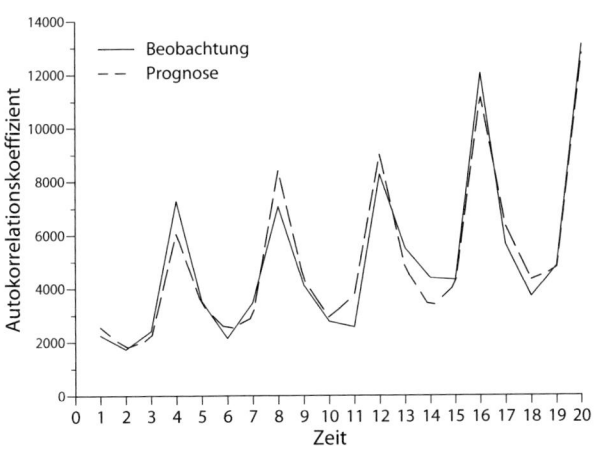

Bild C.8: Beobachtungs- und Prognosewerte

C2.8

Multiple lineare Regressionsrechnung, trigonometrische Funktionen

Ein Unternehmen der Konsumgüterindustrie hat folgende Zeitreihe der monatlichen Nachfragemengen für ein Produkt beobachtet.

t	y_t	t	y_t	t	y_t	t	y_t
1	546	13	629	25	773	37	857
2	578	14	711	26	818	38	876
3	660	15	729	27	871	39	959
4	707	16	798	28	882	40	981
5	738	17	861	29	959	41	1051
6	781	18	903	30	979	42	1124
7	848	19	968	31	955	43	1073
8	818	20	894	32	925	44	1020
9	729	21	860	33	843	45	933
10	691	22	792	34	790	46	787
11	658	23	739	35	746	47	830
12	604	24	699	36	822	48	922

Formulieren Sie ein Regressionsmodell mit Hilfe von trigonometrischen Funktionen und schätzen Sie die Koeffizienten der Regressionsgleichung.

 INFORMATIONEN, LITERATUR

DeLurgio (1998)

Tempelmeier (2018), Abschnitt B.3.3.3.2

 LÖSUNG

Die Regressionsgleichung lautet allgemein:

$$y_t = b_0 + b_1 \cdot t + b_2 \cdot \sin\left[\frac{2 \cdot \pi \cdot t}{12}\right] + b_3 \cdot \cos\left[\frac{2 \cdot \pi \cdot t}{12}\right] \qquad t = 1, 2, \ldots, 48$$

y_t	t	$\sin\left[\dfrac{2\cdot\pi\cdot t}{12}\right]$	$\cos\left[\dfrac{2\cdot\pi\cdot t}{12}\right]$	y_t	t	$\sin\left[\dfrac{2\cdot\pi\cdot t}{12}\right]$	$\cos\left[\dfrac{2\cdot\pi\cdot t}{12}\right]$
546	1	0.50000	0.86603	773	25	0.50000	0.86603
578	2	0.86603	0.50000	818	26	0.86603	0.50000
660	3	1.00000	0.00000	871	27	1.00000	0.00000
707	4	0.86603	-0.50000	882	28	0.86603	-0.50000
738	5	0.50000	-0.86603	959	29	0.50000	-0.86603
781	6	0.00000	-1.00000	979	30	0.00000	-1.00000
848	7	-0.50000	-0.86603	955	31	-0.50000	-0.86603
818	8	-0.86603	-0.50000	925	32	-0.86603	-0.50000
729	9	-1.00000	0.00000	843	33	-1.00000	0.00000
691	10	-0.86603	0.50000	790	34	-0.86603	0.50000
658	11	-0.50000	0.86603	746	35	-0.50000	0.86603
604	12	0.00000	1.00000	822	36	0.00000	1.00000
629	13	0.50000	0.86603	857	37	0.50000	0.86603
711	14	0.86603	0.50000	876	38	0.86603	0.50000
729	15	1.00000	0.00000	959	39	1.00000	0.00000
798	16	0.86603	-0.50000	981	40	0.86603	-0.50000
861	17	0.50000	-0.86603	1051	41	0.50000	-0.86603
903	18	0.00000	-1.00000	1124	42	0.00000	-1.00000
968	19	-0.50000	-0.86603	1073	43	-0.50000	-0.86603
894	20	-0.86603	-0.50000	1020	44	-0.86603	-0.50000
860	21	-1.00000	0.00000	933	45	-1.00000	0.00000
792	22	-0.86603	0.50000	787	46	-0.86603	0.50000
739	23	-0.50000	0.86603	830	47	-0.50000	0.86603
699	24	0.00000	1.00000	922	48	0.00000	1.00000

Um ein Standardverfahren zur multiplen linearen Regressionsrechnung einsetzen zu können, definieren wir die in der obigen Tabelle angegebenen Variablen. Mit Hilfe einer Statistik-Software, die auch die multiple lineare Regressionsrechnung unterstützt, erhalten wir dann die folgende Prognosegleichung:

$$y_t = 659.5 + 6.855 \cdot t - 2.102 \cdot \sin\left[\frac{2\cdot\pi\cdot t}{12}\right] - 118.6 \cdot \qquad t = 1, 2, \ldots, 48$$
$$\cos\left[\frac{2\cdot\pi\cdot t}{12}\right]$$

Bild C.9 zeigt die (ex post-)Prognosewerte im Vergleich zu den Beobachtungswerten. Das Bestimmheitsmaß dieser Regression liegt bei ca. 90%.

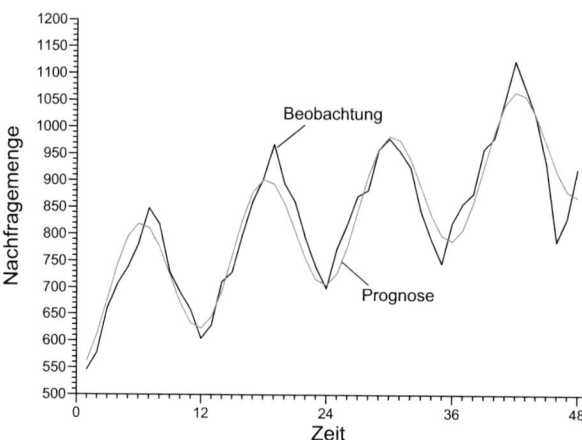

Bild C.9: Beobachtungs- und Prognosewerte

3 Einstufige Lagerpolitiken

Verständnis- und Wiederholungsfragen

1. Stellen Sie Vor- und Nachteile der (s, q)-Politik im Vergleich zur (r, S)-Politik dar.

2. Unter welchen Bedingungen kann es zu einer Differenz zwischen dem geplanten und dem tatsächlichen Lagerbestand am Beginn einer Wiederbeschaffungsfrist (Defizit, undershoot) kommen und welchen Einfluß hat dies auf die Erreichung eines angestrebten Servicegrades.

3. Erläutern Sie die Funktionsweise der (s, S)-Politik. Warum ist die Berechnung der Parameter dieser Politik vergleichsweise schwierig?

4. Welche Beziehungen bestehen zwischen der Base-Stock-Politik und der (r, S)-Politik?

5. Welche Voraussetzungen müssen erfüllt sein, damit eine Base-Stock-Politik sinnvoll ist? Wie entwickelt sich der disponible Lagerbestand bei Anwendung einer Base-Stock-Politik?

6. Unter welchen Bedingungen wird es erforderlich, in einer (s, q)-Politik ein Vielfaches der Bestellmenge q zu bestellen?

Übungsaufgaben

C3.1

Sicherheitsbestand

Die Pferde auf dem Landgut von Lord und Lady Montesquieu in Heskethforth (Südengland) fressen wöchentlich im Durchschitt 100 Mengeneinheiten an Pferdekraftfutter. Der Bedarf während der einwöchigen Wiederbeschaffungszeit wird als normalverteilt mit einer Standardabweichung von 10 Einheiten angenommen. Wie hoch muß der Sicherheitsbestand sein, damit die Lieferbereitschaft während der Wiederbeschaffungszeit mit einer Wahrscheinlichkeit von 96% gesichert ist?

 INFORMATIONEN, LITERATUR

Günther und Tempelmeier (2016)

LÖSUNG

Wäre der Bedarf standardnormalverteilt, dann wäre ein Sicherheitsbestand von $k = 1.75$ erforderlich. Aufgrund der vorgegebenen Standardabweichung des Bedarfs von $\sigma = 10$ Einheiten ergibt sich der erforderliche Sicherheitsbestand als $SB = \sigma \cdot k = 10 \cdot 1.75 = 17.5$. Hinweis für Tierfreunde: falls der Lagerbestand erschöpft ist, kann auf eine Bestandsreserve im benachbarten Landgut Northcopplestonehall zurückgegriffen werden.

C3.2

Sicherheitsbestand gemessen in der Anzahl von Periodennachfragemengen

---

Hamilkar Schaß, Adolf Abromeit und Bogdan Urmoneit betreiben in dem zärtlichen Dörfchen Suleiken, was sich in Masuren weich in die Natur schmiegt, einen Landhandel.[2] Sie unterhalten Filialen in Schissomir, Sybba, Borsch, Sunowken und Striegeldorf. Hin und wieder geht ihnen Titus Anatol Plock, Besitzer einer neuen Hose und achter Sohn der verwitweten Jadwiga Plock, zur Hand. Bogdan Urmoneit ist für das Bestandsmanagement zuständig. Zur Erfüllung dieser Aufgabe setzt er eine Bestandsmanagementsoftware ein. Diese bietet ihm die Option, den Sicherheitsbestand für ein Produkt als ein Vielfaches der täglichen Nachfragemenge festzulegen. Zeigen Sie anhand eines numerischen Beispiels, daß die Messung des Sicherheitsbestands in der Dimension „mittlere Periodennachfragemenge" nicht sinnvoll ist.

 INFORMATIONEN, LITERATUR

Tempelmeier (2018)

 LÖSUNG

Der Entwickler der Bestandsmanagementsoftware dachte wohl in denselben Kategorien wie ein Finanzanalyst aus dem nahen Memel, der ein Unternehmen u. a. mit Hilfe der Kennziffer „Reichweite des Lagerbestands" beurteilt. Da der Sicherheitsbestand ein Teil des gesamten Umlaufvermögens ist, scheint ihm diese Form der Quantifizierung gerechtfertigt. Dies trifft jedoch nicht zu, wie das folgende Beispiel zeigt.

Wir betrachten eine (s, q)-Lagerpolitik für ein Produkt mit einer erwarteten täglichen Nachfragemenge von $E\{D\} = 100$ ME. Die Bestellmenge beträgt $q = 1000$ ME. Die

---

2   nach Motiven aus Lenz, Siegfried, So zärtlich war Suleyken, Hamburg (Hoffman und Campe) 2002

Wiederbeschaffungsfrist ist deterministisch $\ell = 8$ Tage. Der Einfachheit halber wird eine kontinuierliche Lagerüberwachung angenommen. Es wird ein β-Servicegrad von 98% angestrebt.

Wir untersuchen nun drei Fälle:

a) Die Periodennachfrage ist normalverteilt mit der Standardabweichung $\sigma = 25$. Nach der üblichen Berechnungsweise erhält man als optimalen Bestellpunkt $s_{\text{opt}} = 818.31$ bzw. einen Sicherheitsbestand von $SB = 818.31 - 800 = 18.31$. Der Sicherheitsbestand entspricht somit 0.1831 mittleren täglichen Nachfragemengen. Sieht man einmal von der Vernachlässigung des Defizits ab, dann wird der angestrebte Servicegrad $\beta = 0.98$ bei diesem Sicherheitsbestand auch erreicht. Daher speichert Bogdan Urmoneit diesen Wert in der Datenbank im Feld „Reichweite des Sicherheitsbestands (in Tagen)".

b) Die Periodennachfrage ist weiterhin mit dem Mittelwert 100 normalverteilt, hat aber nun die Standardabweichung $\sigma = 40$. Verwendet Bogdan Urmoneit nun die unter a) gespeicherte Reichweite als Bestimmungsgröße des Sicherheitsbestands, dann verändern sich der Bestellpunkt und der Sicherheitsbestand offensichtlich nicht. Da die Streuung der Nachfrage gestiegen ist, wird der angestrebte Servicegrad nicht erreicht, sondern um 2% verfehlt.

c) Nun wird unterstellt, daß die Periodennachfragemenge einer Gammaverteilung folgt, wobei der Mittelwert wieder 100 ME beträgt. Die Standardabweichung ist jetzt allerdings 80.[3] Greift Bogdan Urmoneit bei der Festlegung des Sicherheitsbestands wieder auf die unter a) gespeicherte Reichweite zurück, dann verändern sich der Bestellpunkt und der Sicherheitsbestand ebenfalls nicht. Nun aber wird nur noch ein Servicegrad von $\beta = 0.87$ erreicht, also 11% weniger als angestrebt.

Der mittlere Block in der folgenden Tabelle faßt die Beobachtungen zusammen. Bogdan Urmoneit muß erkennen, daß die Festlegung des Sicherheitsbestands als ein Vielfaches der durchschnittlichen Periodennachfragemenge zu unkontrollierbaren Servicegraden führt, die vor allem durch die Streuung der Nachfrage und nicht durch ihren Mittelwert bestimmt werden.

Wie aus dem unteren Block der Tabelle ersichtlich ist, kann man den angestrebten Servicegrad tatsächlich erreichen, wenn man den Bestellpunkt und damit auch den Sicherheitsbestand – dieser unterscheidet sich vom Bestellpunkt ja lediglich durch die konstante erwartete Nachfragemenge in der Wiederbeschaffungszeit, $\ell \cdot E\{D\}$ – korrekt

---

3   Zwischenfrage: Warum wurde nicht weiterhin eine Normalverteilung angenommen?

berechnet. Man kann den Sicherheitsbestand dann natürlich auch durch die Perioden-nachfragemenge dividieren. Das Ergebnis dieser Rechenoperation ist allerdings nichts-sagend.

Fall	a	b	c
Verteilungstyp	Normal	Normal	Gamma
Bestellmenge q	1000	1000	1000
Wiederbeschaffungszeit ℓ	8	8	8
$E\{D\}$	100	100	100
σ_D	25	40	80
Reichweite gegeben (falsch):			
Reichweite	0.1831	0.1831	0.1831
SB	18.31	18.31	18.31
Bestellpunkt s	818.31	818.31	818.31
β	0.98	0.96	0.87
Servicegrad β gegeben (richtig):			
β	0.98	0.98	0.98
s_{opt}	818.31	864.59	1051
SB	18.31	64.59	251
Reichweite	0.1831	0.6459	2.51

Fazit: Die Verwendung der Reichweite als Kriterium zur Festlegung des Sicherheitsbe-stands ist unsinnig und die resultierende Performance des Lagers gleicht dem Ergebnis eines Glücksspiels.

C3.3

Mittlere absolute Abweichung (MAD) und Sicherheitsbestand

In der Praxis wird der Sicherheitsbestand oft wie folgt berechnet: $SB = f(\alpha_{\text{Zyk}}) \cdot \text{MAD}$. Dabei ist MAD die mittlere absolute Abweichung und α_{Zyk} ist der zyklusbezogene α-Servicegrad, der die Wahrscheinlichkeit dafür angibt, daß in einem Bestellzyklus keine Fehlmenge auftritt.

a) Erläutern Sie den Zusammenhang zwischen der Funktion $f(\alpha_{\text{Zyk}})$ und dem Sicher-heitsfaktor $v(\alpha_{\text{Zyk}})$.

b) Entwickeln sie ein SIMAN-Simulationsmodell, mit dem Sie den Zusammen-hang zwischen der Standardabweichung der Periodennachfragemenge und der mittleren absoluten Abweichung MAD für gamma-verteilte Periodennachfragen mit dem Mittelwert 100 und folgenden Werten des Variationskoeffizienten $CV = \{0.3, 0.8, 1.0, 1.2, 1.5, 2.0\}$ empirisch ermitteln können. Simulieren Sie 10000 Periodennachfragen.

c) Quantifizieren Sie anhand der unter a) gefundenen Beziehung zwischen Standardabweichung und MAD den Fehler, der entsteht, wenn bei gamma-verteilter Nachfragemenge der Sicherheitsbestand wie in der Einleitung beschrieben bestimmt wird. Nehmen Sie eine (s, q)-Lagerpolitik mit kontinuierlicher Lagerüberwachung sowie einer Wiederbeschaffungszeit von einem Tag an.

 INFORMATIONEN, LITERATUR

Tempelmeier (2018)

 LÖSUNG

a) Wird als Servicekriterium die Wahrscheinlichkeit dafür, daß in einem Zyklus keine Fehlmenge auftritt, verwendet, dann ist der Sicherheitsbestand bei normalverteilter Nachfrage in der Wiederbeschaffungszeit, Y, ein Vielfaches $v(\alpha_{\text{Zyk}})$ der Standardabweichung der Nachfrage, d. h. $SB = v(\alpha_{\text{Zyk}}) \cdot \sigma_Y$. Die Größe $v(\alpha_{\text{Zyk}})$ bezeichnet man auch als Sicherheitsfaktor. Da im Fall der Normalverteilung die Beziehung $\sigma = \sqrt{\frac{\pi}{2}} \cdot \text{MAD}$ gilt, können wir auch schreiben $SB = v(\alpha_{\text{Zyk}}) \cdot \sqrt{\frac{\pi}{2}} \cdot \text{MAD}_Y$. Mit $f(\alpha_{\text{Zyk}}) = v(\alpha_{\text{Zyk}}) \cdot \sqrt{\frac{\pi}{2}}$ kann man dann schreiben $SB = f(\alpha_{\text{Zyk}}) \cdot \text{MAD}_Y$.

Die folgende Tabelle zeigt den Zusammenhang zwischen diesen Größen.

α_{Zyk}	$v(\alpha_{\text{Zyk}})$	$f(\alpha_{\text{Zyk}})$
0.60	0.2533	0.3175
0.70	0.5244	0.6572
0.80	0.8416	1.0548
0.90	1.2816	1.6062
0.95	1.6449	2.0615
0.98	2.0537	2.5740
0.99	2.3263	2.9156

b) Das SIMAN-Simulationsmodell erzeugt 10000 Ausprägungen einer gamma-verteilten Zufallsvariablen und erfaßt die jeweilige absolute Abweichung. Die Berechnung der Parameter der Gamma-Verteilung wurde bereits in Aufgabe A3.4 auf Seite 45 erläutert.

Modelldefinition:

```
BEGIN;
ANKUNFT   CREATE:1;                              Sonnenaufgang
          ASSIGN:X(1)=CV**2*EvonD;
          ASSIGN:X(2)=1/(CV**2);
          ASSIGN:A_BEDARF=GAMMA(X(1),X(2));      aktuelle Nachfrage
          ASSIGN:A_MAD=ABS(A_BEDARF-EvonD);      aktuelle absolute Abweichung
          TALLY:1,A_MAD:DISPOSE;                 Sonnenuntergang
END;
```

Problemdaten:

```
BEGIN;
PROJECT,MADGamma,Ich;
DISCRETE,100,2,1;
ATTRIBUTES:1,A_BEDARF:A_MAD;
VARIABLES:1,CV,1.5:
          2,EvonD,100;
TALLIES:1,MAD;
REPLICATE,1,0,10000;
END;
```

Die Simulationsergebnisse sind in der folgenden Tabelle zusammengestellt.

CV	0.3	0.8	1.0	1.2	1.5	2.0
MAD	23.96	60.71	73.49	84.55	96.65	110.65
σ	30	80	100	120	150	200
$\frac{\sigma}{MAD}$	1.25	1.32	1.36	1.42	1.55	1.81

Es zeigt sich, daß es bei größeren Schwankungen der Periodennachfragemenge, also bei Abweichungen von der Normalverteilung, zu einer beträchtlichen Unterschätzung des benötigten Sicherheitsbestands kommen kann.

c) Betrachten wir den Fall mit $CV = 0.8$ und nehmen wir an, daß die MAD empirisch korrekt gemessen worden ist. Verwendet man nun den Faktor $\sqrt{\frac{\pi}{2}} \approx 1.25$ anstatt des korrekten Wertes 1.32, dann wird die Standardabweichung unterschätzt. Unter der in der Aufgabenstellung implizit unterstellten Annahme, daß die Periodennachfragemenge normalverteilt ist, erhält für einen angestrebten Servicegrad $\alpha_{Zyk} = 0.95$ den Bestellpunkt $s = 100 + 1.6449 \cdot \sqrt{\frac{\pi}{2}} \cdot 60.71 = 100 + 2.0615 \cdot 60.71 = 225.15$. Der tatsächlich erreichte Servicegrad bei gamma-verteilter Nachfrage ist dagegen $\alpha_{Zyk} = 92.26\%$.[4] Um den angestrebten Servicegrad $\alpha_{Zyk} = 0.95$ zu erreichen, müßte man den Bestellpunkt auf 257 erhöhen. Für den Fall $CV = 1.5$ ergibt sich $s = 100 + 2.0615 \cdot 96.65 = 299.24$. Dies entspricht einem tatsächlichen Servicegrad von $\alpha_{Zyk} = 91.20\%$. Der Bestellpunkt, der die Erreichung des angestrebten Servicegrads $\alpha_{Zyk} = 0.95$ sichert, beträgt 400.

Bild C.10 zeigt für zwei unterschiedliche Servicegrade ($\alpha_{Zyk} = \{0.95, 0.98\}$), daß die fehlerhafte Erfassung der Streuung der Nachfrage bei der Bestimmung des Sicherheitsbestands mit einer Unterschätzung des benötigten Bestellpunktes verbunden ist, was zur Folge hat, daß der angestrebte Servicegrad nicht erreicht wird. Man erkennt, daß der Fehler von der Streuung der Nachfrage und der Höhe des angestrebten Servicegrades abhängt.

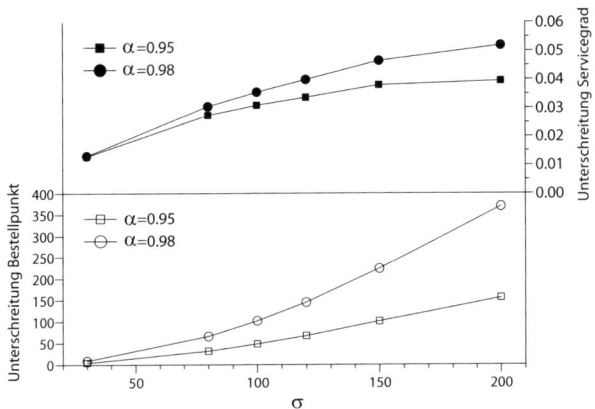

Bild C.10: Auswirkungen der fehlerhaften Erfassung der Nachfragestreuung auf den Servicegrad und den Bestellpunkt

C3.4

Berechnung des Erwartungswertes der Fehlmenge

Die Nachfragemenge in der Wiederbeschaffungszeit sei durch folgende Wahrscheinlichkeiten beschrieben:

---

4 In Aufgabe D3.8 auf Seite 300 wird gezeigt, daß auch geringfügige Abweichungen vom Ziel-Servicegrad unerwünscht sein können.

y	$P\{Y = y\}$
0	0.1400
1	0.2700
2	0.2700
3	0.1800
4	0.0900
5	0.0400
6	0.0100

Entwickeln Sie eine Tabelle, aus der man für jeden Bestellpunkt s die zu erwartende Fehlmenge ablesen kann.

 INFORMATIONEN, LITERATUR

Tempelmeier (2018)

 LÖSUNG

Für die Berechnung der Fehlmengenerwartungswertes bei gegebenem Bestellpunkt s kann man auf die Beziehung

$$E\{F|s\} = \sum_{i=s}^{\infty} P\{Y > i\}$$

zurückgreifen. Man erhält dann folgende Tabelle, die man leicht mit einem Tabellenkalkulationprogramm aufbauen kann:

s	$P\{Y = s\}$	$P\{Y > s\}$	$\sum_{i=s}^{\infty} P\{Y > i\}$
0	0.14	0.86	1.97
1	0.27	0.59	1.11
2	0.27	0.32	0.52
3	0.18	0.14	0.20
4	0.09	0.05	0.06
5	0.04	0.01	0.01
6	0.01	0.00	0.00

Bei einem Bestellpunkt von $s = 0$ wird die gesamte erwartete Nachfragemenge in der Wiederbeschaffungszeit zur Fehlmenge, d. h. $E\{F|s = 0\} = E\{Y\}$.

C3.5

Berechnung des β-Servicegrades, diskrete Nachfrageverteilung, Fehlbestand am Zyklusbeginn

Jungfer Zelda, die ältere Tochter von Lord McLain, betritt einen Laden, um ein Fläschchen Riechwasser zu kaufen. Der Inhaber des Ladens, Ian, den Zelda seit längerer Zeit heimlich liebt, ohne daß er es gemerkt hat, sieht in einem Regal nach und stellt fest, daß der Lagerbestand erschöpft ist. Er sieht die Tränen, die wie kostbare Perlen über Zelda's Gesicht laufen und im Mieder versickern. Bestürzt geht er auf sie zu und folgt mit dem Finger der Spur der Tränen. „Nicht weinen", sagte er. „Wie sollte ich nicht weinen?", fragt sie. „Ist doch eine Fehlmenge aufgetreten." „Ich habe kürzlich an einem Managementkurs zum Thema Bestandsmanagement teilgenommen und werde eine Base-Stock-Politik unter Berücksichtigung eines β-Servicegrades einführen. Das Bestellniveau wird $S = 7$ sein, so daß ich einen β-Servicegrad von 71.5% erwarte." Sie lächelt unter Tränen. „Dann mußt Du aber die Wahrscheinlichkeitsverteilung der Periodennachfragemenge kennen." „Ich weiß, sie ist Poisson-verteilt mit dem Erwartungswert 2", sagt er. „Ich liebe dich", sagte Zelda. „Oh, Ian, ich liebe dich." Die Worte waren wie von selbst in ihren Mund geraten. „Ich liebe dich", flüsterte sie. „Aber ich liebe auch John."

Ian bezieht das Riechwasser bei einem Großhändler mit einer Wiederbeschaffungszeit von genau zwei Tagen. Wird er mit dem angegebenen Bestellniveau den Servicegrad erreichen?

 INFORMATIONEN, LITERATUR

Tempelmeier (2018)

 LÖSUNG

Es wird eine Base-Stock-Politik bzw. eine $(r = 1, S = 7)$-Politik eingesetzt. Aufgrund der großen Streuung der Nachfrage und des relativ niedrigen Servicegrades wird es häufiger vorkommen, daß bereits zu Beginn eines Bestellzyklus ein Fehlbestand vorhanden ist. Dieser muß bei der Berechnung der Fehlmenge, die einem Bestellzyklus zuzurechnen ist, berücksichtigt werden.

Die Bestimmung des β-Servicegrades für $S = 7$ ist aus der folgenden Tabelle ersichtlich.

y oder z	$P\{Y = y\}$	$E\{I^f_{\text{Anf}}\}$	$P\{Z = z\}$	$E\{I^f_{\text{End}}\}$	$E\{F\}$	β
0	0.0183	4.0000	0.0025	6.0000	2.0000	0.0000
1	0.0733	3.0183	0.0149	5.0025	1.9841	0.0079
2	0.1465	2.1099	0.0446	4.0198	1.9099	0.0450
3	0.1954	1.3480	0.0892	3.0818	1.7338	0.1331
4	0.1954	0.7815	0.1339	2.2330	1.4515	0.2742
5	0.1563	0.4103	0.1606	1.5180	1.1077	0.4461
6	0.1042	0.1954	0.1606	0.9637	0.7683	0.6159
<u>7</u>	0.0595	0.0848	0.1377	0.5700	0.4853	<u>0.7574</u>
8	0.0298	0.0336	0.1033	0.3140	0.2804	0.8598
9	0.0132	0.0123	0.0688	0.1612	0.1490	0.9255
10	0.0053	0.0041	0.0413	0.0773	0.0732	0.9634
11	0.0019	0.0013	0.0225	0.0347	0.0334	0.9833
12	0.0006	0.0004	0.0113	0.0146	0.0142	0.9929
13	0.0002	0.0001	0.0052	0.0058	0.0057	0.9972
14	0.0001	0.0000	0.0022	0.0022	0.0021	0.9989
15	0.0000	0.0000	0.0009	0.0008	0.0008	0.9996
16	0.0000	0.0000	0.0003	0.0003	0.0003	0.9999
17	0.0000	0.0000	0.0001	0.0001	0.0001	1.0000
18	0.0000	0.0000	0.0000	0.0000	0.0000	1.0000

Es ist erkennbar, daß Ian den tatsächlich erreichten Servicegrad um 4.24% unterschätzt da er bei seinen Überlegungen offensichtlich den Fehlbestand am Zyklusbeginn nicht berücksichtigt hat.

C3.6

Simulation einer (s, q)-Lagerpolitik, Defizit

Im zentralen Ersatzteillager eines großen Automobilherstellers wird für einen Scheibenwischermotor eine (s, q)-Lagerpolitik mit einer Bestellmenge von $q_{\text{opt}} = 700$ eingesetzt. Die Überwachung des Lagerbestandes erfolgt jeweils am Ende eines Tages. Die Wiederbeschaffungszeit beträgt $L = 8$ Tage. Die tägliche Nachfragemenge ist mit dem Mittelwert 50 und der Standardabweichung 5 normalverteilt.

a) Wie hoch ist der optimale Bestellpunkt, wenn ein β-Servicegrad von 97.5% erreicht werden soll?

b) Entwickeln Sie ein SIMAN- bzw. Arena-Simulationsmodell der (s, q)-Lagerpolitik und überprüfen Sie die Wirkung der von Ihnen ermittelten Parameterwerte s und q.

Führen Sie zehn unabhängige Simulationsläufe über 10000 Tage durch und werten Sie die Ergebnisse aus. Ermitteln Sie dabei auch die Häufigkeitsverteilung des Defizits.

 ## INFORMATIONEN, LITERATUR

Kelton et al. (2004)
Tempelmeier (1991)
Tempelmeier (2018)

 ## LÖSUNG

a) Wir übersehen zunächst den Hinweis auf die periodische Lagerüberwachung und wenden das (s, q)-Modell so an, wie es in der Lehrbuchliteratur im allgemeinen dargestellt wird. Der optimale Erwartungswert der Fehlmenge bei einer Bestellmenge von $q_{opt} = 700$ beträgt:

$$E\{\text{Fehlmenge}\} = \frac{(1 - \beta) \cdot q_{opt}}{\sigma_Y} = \frac{(1 - 0.975) \cdot 700}{14.14} = 1.237$$

Diese Fehlmenge wird bei einem Sicherheitsfaktor $v_{opt} = -1.1790$ erreicht. Der Bestellpunkt beträgt damit:

$$s_{opt} = 400 - 1.1790 \cdot 14.14 = 383.326 \approx 384$$

Die Bestellmenge ist so groß, daß ein negativer Sicherheitsfaktor verwendet werden muß, damit der angestrebte Servicegrad nicht überschritten wird. Begründen Sie diesen Tatbestand!

Bei der Bestimmung des Bestellpunktes s haben wir nicht beachtet, daß wegen der periodischen (täglichen) Lagerüberwachung bei Auslösung einer Bestellung der Lagerbestand bereits u. U. weit unter den Bestellpunkt gesunken sein kann. Es tritt regelmäßig das sog. Defizit (undershoot) U auf, dessen Erwartungswert sich wie folgt ergibt, wenn $E\{D\}$ und $V\{D\}$ den Mittelwert bzw. die Varianz der Periodennachfragemenge bezeichnen:

$$E\{U\} = \frac{E\{D\}^2 + V\{D\}}{2 \cdot E\{D\}} = \frac{2500 + 25}{2 \cdot 50} = 25.25$$

Die Varianz des Defizits beträgt für normalverteilte Periodennachfragemengen

$$V\{U\} = \frac{V\{D\}}{2} \cdot \left[1 - \frac{V\{D\}}{2 \cdot E\{D\}^2} \right] + \frac{E\{D\}^2}{12} = 220.77$$

Erhöht man die Bedarfsmenge in der Wiederbeschaffungszeit, Y, um das Defizit, dann erhält man die Lagerabgangsmenge, die durch den Bestellpunkt s bis zum Eintreffen der Bestellmenge gedeckt werden muß:

$$E\{Y^*\} = E\{Y\} + E\{U\} = 8{\cdot}50 + 25.25 = 425.25$$

Die Varianz der Zufallsvariablen Y^* beträgt unter der Annahme, daß das Defizit U und die Bedarfsmenge in der Wiederbeschaffungszeit, Y, stochastisch unabhängig voneinander sind:

$$V\{Y^*\} = V\{Y\} + V\{U\} = 8{\cdot}25 + 220.77 = 420.77$$

bzw.

$$\sigma_{Y^*} = 20.51$$

Unter der vereinfachenden Annahme, daß die Zufallsvariable Y^* normalverteilt ist, kann der optimale Sicherheitsfaktor v_{opt} bei gegebener Bestellmenge q_{opt} und angestrebtem β-Servicegrad wie folgt ermittelt werden:

$$\Phi_N^1(v) = \frac{(1 - \beta) \cdot q_{\text{opt}}}{\sigma_{Y^*}} = \frac{(1 - 0.975) \cdot 700}{20.51} = 0.853$$
$$v_{\text{opt}} = \min[v|\Phi_N^1(v) \le 0.853] = -0.7135$$

Die Nachfragemenge in der Wiederbeschaffungszeit, Y, ist bei deterministischer Wiederbeschaffungszeit und normalverteilter täglicher Nachfragemenge ebenfalls normalverteilt. Diese Verteilungsannahme trifft jedoch nicht für das Defizit U zu. Daher ist die beschriebene Vorgehensweise lediglich eine Approximation.

Der optimale Bestellpunkt s_{opt} beträgt nun:

$$s_{\text{opt}} = E\{Y\} + v_{\text{opt}} \cdot \sigma_Y$$
$$= 425.25 - 0.7135{\cdot}20.51 = 410.61 \approx 411$$

b) Das folgende SIMAN-Simulationsmodell bildet die täglich wiederkehrenden Vorgänge der Nachfrageerfüllung und der Lagerüberwachung Schritt für Schritt ab.

Modelldefinition:

```
BEGIN;
ANKUNFT   CREATE:1;                                        Neuer Tag
          ASSIGN:A_BEDARF=NORM(50.0,5.0);                  akt. Nachfrage
          ASSIGN:V_BEDARF=V_BEDARF+A_BEDARF;               kum. Nachfrage
          BRANCH,1:                                        ! Ist Lager
              IF,A_BEDARF.GT.V_BESTAND,FEHLM:              ! lieferfähig?
              ELSE,AUSL;
FEHLM     ASSIGN:V_RUECK  =V_RUECK+(A_BEDARF-V_BESTAND);   kum. Fehlmenge
AUSL      ASSIGN:V_BESTAND=V_BESTAND-A_BEDARF;             phys. Bestand
          ASSIGN:V_DISPO  =V_DISPO  -A_BEDARF;             disp. Bestand
          BRANCH,1:                                        ! Muß bestellt
              IF,V_DISPO.LE.V_BPNKT,BESTELL:               ! werden?
              ELSE,FERTIG;
BESTELL   ASSIGN:V_DEFIZIT=V_BPNKT-V_DISPO;                Defizit
          TALLY:1,V_DEFIZIT;
          ASSIGN:V_DISPO=V_DISPO+V_BMENG;                  Bestellung
          DELAY:V_LIEF+0.99;
          ASSIGN:V_BESTAND=V_BESTAND+V_BMENG:DISPOSE;      Wareneingang
FERTIG    ASSIGN:J=0:DISPOSE;
END;
```

Experimenteller Rahmen:

```
BEGIN;
PROJECT,SQPOL,Ich;
DISCRETE,100,2,1;
ATTRIBUTES:1,A_BEDARF;
VARIABLES:1,V_BESTAND,700:
          2,V_DISPO,   700:
          3,V_BPNKT,   411:  ! Bestellpunkt (s)
          4,V_BMENG,   700:  ! Bestellmenge (q)
          5,V_RUECK:
          6,V_DEFIZIT:
          7,V_BEDARF,1:
          8,V_LIEF,      8;       Wiederbeschaffungszeit
TALLIES:1,Defizit;
DSTATS:V_BESTAND,Bestand:
       V_RUECK,Fehlmenge:
       (100-V_RUECK*100/V_BEDARF),Servicegrad;
REPLICATE,10,0,10000;
END;
```

Die Häufigkeitsverteilung des Defizits aus einem Simulationslauf ist in Bild C.11 wiedergegeben. Der Mittelwert liegt bei 25.1 und die Varianz beträgt 206.

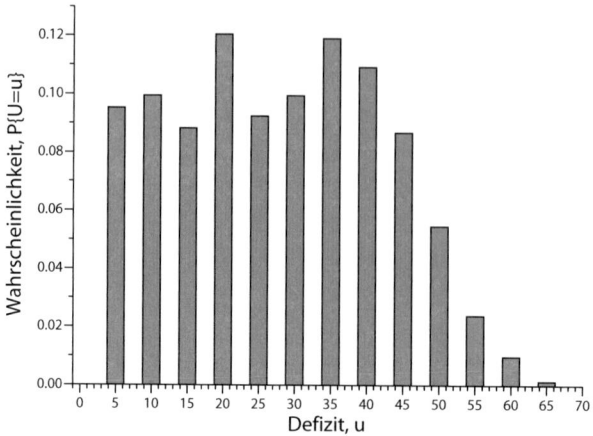

Bild C.11: Häufigkeitsverteilung des Defizits

Die in den einzelnen Simulationsläufen ermittelten β-Servicegrade zeigt die folgende Tabelle:

Simulationslauf	1	2	3	4	5	6	7	8	9	10	Mittel
β-Servicegrad	97.5	97.6	97.5	97.7	97.6	97.5	97.5	97.5	97.5	97.7	97.6

Zum Vergleich zeigt die folgende Tabelle die Servicegrade, die bei Verwendung eines Bestellpunktes der Höhe $s = 384$, d. h. bei Vernachlässigung des Defizits erreicht wurden:

Simulationslauf	1	2	3	4	5	6	7	8	9	10	Mittel
β-Servicegrad	93.4	93.3	93.6	93.7	93.6	93.6	93.4	93.2	93.6	93.5	93.5

Man erkennt, daß durch die Vernachlässigung der Auswirkungen, die die periodische Lagerüberwachung auf den Sicherheitsbestand und damit auch auf den Servicegrad hat, beträchtliche Abweichungen vom angestrebten Servicegrad entstehen.

C3.7

Heuristische Anpassung des Risikozeitraums

Die tägliche Nachfragemenge für ein Produkt mit sehr unregelmäßigem Bedarf ist mit dem Mittelwert $E\{D\} = 2$ und der Varianz $\mathrm{Var}\{D\} = 36$ gamma-verteilt. Die Wiederbeschaffungszeit beträgt deterministisch $L = 3$ Tage. Es wird eine (s, q)-Politik mit einer Losgröße $q = 20$ und täglicher Bestandsüberwachung verfolgt. Des angestrebte Servicegrad ist $\beta = 0.95$. Bestimmen Sie den optimalen Bestellpunkt nach folgenden Verfahrensweisen:

a) Gehen Sie – wie die meisten einführenden Lehrbücher und auch die meisten Softwaresysteme zum Bestandsmanagement – davon aus, daß die Bestandsüberwachung kontinuierlich erfolgt. Verwenden Sie zur Bestimmung der erwarteten Fehlmenge pro Zyklus den Fehlbestand am Zyklusende.

b) Gehen Sie wie unter (a) vor. Verwenden Sie zur Bestimmung der erwarteten Fehlmenge pro Zyklus die Differenz aus dem Fehlbestand am Zyklusende und dem Fehlbestand am Zyklusanfang.

c) Berücksichtigen Sie die periodische Lagerüberwachung dadurch, daß Sie die Wiederbeschaffungszeit um eine Periode erhöhen, und gehen Sie ansonsten wie bei kontinuierlicher Bestandsüberwachung vor.

d) Berücksichtigen Sie das Defizit und machen Sie alles richtig.

 Informationen, Literatur

Günther und Tempelmeier (2016)
Heizer und Render (2005)
Tempelmeier (2018); siehe hierzu auch die Excel-Tabelle im dortigen Anhang 2.

 Lösung

Es gilt $E\{Y\} = 3 \cdot 2 = 6$, $\text{Var}\{Y\} = 3 \cdot 36 = 108$, $\alpha_Y = 0.055556$, $k_Y = 0.333333$. Die zulässige Fehlmenge pro Zyklus ist $(1 - 0.95) \cdot 20 = 1$.

a) Wenn wir streng nach der in einführenden Lehrbüchern dargestellten Methode vorgehen, dann greifen wir zur Bestimmung der Fehlmenge pro Zyklus auf den Fehlbestand am Zyklusende zurück. In diesem Fall wird die zulässige Fehlmenge pro Zyklus bei einem Bestellpunkt $s = 21.9$ erreicht. Eine Simulation der tatsächlichen Abläufe in dem Lager ergibt einen Servicegrad von $\beta = 85\%$.

b) Berücksichtigt man wegen der großen Varianz der Periodennachfrage im Vergleich zur Bestellmenge auch die Tatsache, daß nach Eintreffen einer Lagerbestellung diese nicht ausreicht, um alle wartenden Rückstandsmengen auszuliefern (Fehlbestand am

Zyklusanfang), dann erhält man einen Bestellpunkt von $s = 17.8$. Der resultierende Servicegrad ist $\beta = 80\%$.

c) Geht man wie unter (b) vor und erhöht man den Risikozeitraum künstlich um eine Periode, dann erhält man (bei korrekter Berechnung der Fehlmenge als Differenz aus Fehlbestand am Zyklusende und Fehlbestand am Zyklusanfang) den Bestellpunkt $s = 23.5$. Dies ergibt einen Servicegrad $\beta = 87\%$.

d) Mit den gegebenen Daten erhält man für das Defizit den Erwartungswert $E\{U\} = 10$ und die Varianz $\text{Var}\{U\} = 153.33$. Für die Summe aus dem Defizit und der Nachfragemenge in der Wiederbeschaffungszeit erhält man dann $E\{Y^*\} = 6.00 + 10.00 = 16.00$ und $\text{Var}\{Y^*\} = 108.00 + 153.33 = 261.33$. Mit diesen Parametern findet man einen Bestellpunkt in Höhe von $s = 39.2$. Der damit verbundene Servicegrad ist $\beta = 95\%$.

Die folgende Tabelle faßt die Ergebnisse zusammen:

Variante	a	b	c	d
s	21.9	17.8	23.5	39.2
β	85%	80%	87%	95%

C3.8

Nicht-Erreichung des Servicegrades

Der Unternehmensberater Krasscheck hat dem Logistik-Manager Triddelfitz von der Pomuchelskopp GmbH mit Hilfe eines Simulationmodells nachgewiesen, daß bei Vernachlässigung der Effekte einer periodischen Bestandsüberwachung für ein bestimmtes Produkt anstelle eines Servicegrades von 97.5% nur ein Servicegrad von 93.5% erreicht wird. Daraufhin entgegnet Triddelfitz, diese Abweichung vom geplanten Servicegrad sei doch nur eine vernachlässigbare Kleinigkeit.

Mit welchen Argumenten kann Krasscheck Triddelfitz davon überzeugen, daß es sich lohnt, wenn er sich um diese „Kleinigkeit" kümmert.

 INFORMATIONEN, LITERATUR

Tempelmeier (2018)

 LÖSUNG

Um Triddelfitz zu überzeugen, zeigt Krasscheck den Einfluß des Servicegrades auf die

Höhe des Lagerbestandes für eine (s, q)-Politik auf. Wir betrachten ein Produkt mit normalverteilten Periodennachfragemengen mit dem Mittelwert $\mu = 100$ und der Standardabweichung $\sigma = 30$ und nehmen an, daß der Lagerbestand am Ende jeder Periode überwacht wird. Die Wiederbeschaffungszeit sei 8 Perioden. Der Lagerkostensatz sei $h = 0.024$. Die Bestellmenge ist vorgeben mit $q = 1000$.

Die folgende Tabelle zeigt den Zusammenhang zwischen dem angestrebten β-Servicegrad und den Kosten für den gesamten Lagerbestand (einschließlich Losgrößenbestand).

β	s	Kosten	Anstieg
90%	762	9.01	
91%	774	9.26	
92%	789	9.53	
93%	800	9.82	0.00%
94%	815	10.13	3.16%
95%	830	10.47	6.62%
96%	848	10.87	10.69%
97%	869	11.33	15.38%
98%	895	11.93	21.49%
99%	933	12.82	30.55%

Es ist klar, daß Triddelfitz bei der Festlegung des anzustrebenden Servicegrades den in der obigen Tabelle gezeigten Zusammenhang zwischen Servicegrad und den Bestandskosten kennen muß. Sieht er sich die Tabelle an, dann wird er feststellen, daß eine Erhöhung des Servicegrades von 93% auf 97% zu einem 15%-igen Anstieg der Bestandskosten führt. Wenn er sich nun für 97% entscheidet, dann kann man annehmen, daß dies sein optimaler Servicegrad ist und daß dieser auch erreicht werden soll. Warum sollte er sich sonst für diesen Wert entscheiden und bereit sein, dafür auch die entsprechenden Lagerkosten zu tragen? Wird in der Realität dann aufgrund der Vernachlässigung der Effekte der periodischen Lagerüberwachung nur ein Servicegrad von 93% erreicht, dann ist dies eine beträchtliche Abweichung von dem optimalen Servicegrad. Die ökonomischen Effekte lassen sich allerdings erst bestimmen, wenn man die Reaktion der Kunden auf die ungeplante Verschlechterung des Servicegrades kennt.

C3.9

Simulation einer (r, S)-Lagerpolitik

In einem Lager wird für ein Produkt eine (r, S)-Lagerpolitik mit einem Überwachungszyklus von $r = 14$ Tagen verfolgt. Die Wiederbeschaffungszeit beträgt deterministisch $L = 8$ Tage. Die tägliche Nachfragemenge ist mit dem Mittelwert 50 und der Standardabweichung fünf normalverteilt.

a) Wie hoch ist das Bestellniveau S festzulegen, wenn ein β-Servicegrad von 97.5% erreicht werden soll?

b) Entwickeln Sie ein SIMAN- bzw. Arena-Simulationsmodell der (r, S)-Lagerpolitik. Führen Sie 10 unabhängige Simulationsläufe über 10000 Tage durch und werten Sie die Ergebnisse aus.

c) Kann bei Verfolgung einer (r, S)-Lagerpolitik ein Defizit (undershoot) auftreten?

 INFORMATIONEN, LITERATUR

Kelton et al. (2004)
Tempelmeier (1991)
Tempelmeier (2018)

 LÖSUNG

a) Wir bezeichnen mit Z die gesamte Nachfrage im Risikozeitraum, also im Überwachungszyklus r und der Wiederbeschaffungszeit L. Da die Periodennachfrage D normalverteilt und die Summe aus $r + L$ deterministisch ist, ist Z ebenfalls normalverteilt. Es gilt:

$$E\{Z\} = (r + L) \cdot E\{D\} = (14 + 8) \cdot 50 = 1100$$

$$\sigma_Z = \sqrt{(r + L) \cdot V\{D\}} = \sqrt{22 \cdot 25} = 23.45$$

Bei einem angestrebten β-Servicegrad von 97.5% darf die durchschnittliche Fehlmenge pro Zyklus den Anteil $(1 - \beta)$ der durchschnittlichen Nachfrage während eines Zyklus nicht überschreiten. Der Sicherheitsfaktor ist also wie folgt festzulegen:

$$E\{F_Z(S)\} = (1 - \beta) \cdot r \cdot E\{D\} = 0.025 \cdot 14 \cdot 50 = 17.5$$

oder in standardisierter Form:

$$\Phi_N^1(v) = \frac{(1 - \beta) \cdot r \cdot E\{D\}}{\sigma_Z} = \frac{0.025 \cdot 14 \cdot 50}{23.45} = 0.746$$

Der Sicherheitsfaktor ist dann:

$$v_{\text{opt}} = \min[v | \Phi_N^1(v) \leq 0.746] = -0.568$$

Daraus folgt:

$$S_{\text{opt}} = E\{Z\} + v_{\text{opt}} \cdot \sigma_Z = 1100 - 0.568 \cdot 23.45 = 1086.68 \approx 1087$$

b) Das Simulationsmodell besteht aus zwei getrennten Abschnitten. Der erste Abschnitt dient zur Modellierung des Lagerabgangsprozesses. Der zweite Abschnitt beschreibt die Lagerüberwachung und den Wareneingangsprozeß.

Modelldefinition:

```
BEGIN;
ANKUNFT   CREATE:1;                                    Neuer Tag
          ASSIGN:A_BEDARF=NORM(50.0,5.0);              akt. Nachfrage
          ASSIGN:V_BEDARF=V_BEDARF+A_BEDARF;           kum. Nachfrage
          BRANCH,1:
              IF,A_BEDARF.GT.V_BESTAND,FEHLM:
              ELSE,AUSL;
FEHLM     ASSIGN:V_RUECK   =V_RUECK+(A_BEDARF-V_BESTAND);
AUSL      ASSIGN:V_BESTAND=V_BESTAND-A_BEDARF;         phys. Bestand
          ASSIGN:V_DISPO   =V_DISPO-A_BEDARF:DISPOSE;  disp. Bestand
          CREATE:V_ZYKL;                               Neuer Zyklus
BESTELL   ASSIGN:A_BMENG=V_BNIVE-V_DISPO;
          ASSIGN:V_DISPO=V_DISPO+A_BMENG;
          DELAY:V_LIEF+0.99;                           Bestellung
          ASSIGN:V_BESTAND=V_BESTAND+A_BMENG:DISPOSE;
END;
```

Experimenteller Rahmen:

```
BEGIN;
PROJECT,TSPOL,HT;
DISCRETE,100,2,1;
ATTRIBUTES:1,A_BEDARF:2,A_BMENG;
VARIABLES:1,V_BESTAND, 1087:
          2,V_DISPO,    1087:
          3,V_BPNKT:
          4,V_RUECK:
          5,V_BNIVE,    1087: ! Bestellniveau
          6,V_BEDARF,   0.01:
          7,V_LIEF,        8:
          8,V_ZYKL,       14; ! Überwachungszyklus
DSTATS:V_BESTAND,Bestand:
       V_RUECK,Fehlmenge:
       (100-V_RUECK*100/V_BEDARF),Servicegrad;
REPLICATE,10,0,10000;
END;
```

Die in den einzelnen Simulationsläufen ermittelten β-Servicegrade zeigt die folgende Tabelle:

Simulationslauf	1	2	3	4	5	6	7	8	9	10	Mittel
β-Servicegrad	97.6	97.4	97.6	97.6	97.6	97.6	97.4	97.3	97.6	97.7	97.5

c) Ein Defizit kann bei Anwendung der (r, S)-Lagerpolitik nicht auftreten, da der disponible Lagerbestand unmittelbar nach Auslösung der Wiederbeschaffung immer genau gleich S ist.

C3.10

Base-Stock-Politik, $(1, S)$-Lagerpolitik

In einem Lager wird für ein Produkt eine Base-Stock-Politik in diskreter Zeit verfolgt. Am Ende eines jeden Tages wird die aktuell aufgetretene Nachfragemenge als Bestellung an den Lieferanten weitergegeben. Die tägliche Nachfragemenge ist mit dem Mittelwert 100 und der Standardabweichung 30 normalverteilt. Die Wiederbeschaffungszeit beträgt deterministisch $L = 3$ Tage.

a) Wie hoch ist das Bestellniveau S festzulegen, wenn ein β-Servicegrad von 98% erreicht werden soll?

b) Bestimmen Sie den durchschnittlichen Lagerbestand für das unter a) ermittelte Bestellniveau.

 INFORMATIONEN, LITERATUR

Tempelmeier (2018)

 LÖSUNG

a) Wir bezeichnen mit Z die gesamte Nachfrage im Risikozeitraum, also im Überwachungszyklus $r = 1$ und der Wiederbeschaffungszeit L. Da die Periodennachfrage D normalverteilt und die Summe aus $r + L$ deterministisch ist, ist Z ebenfalls normalverteilt. Es gilt:

$$E\{Z\} = (r + L) \cdot E\{D\} = (1 + 3) \cdot 100 = 400$$

$$\sigma_Z = \sqrt{(r + L) \cdot V\{D\}} = \sqrt{4 \cdot 900} = 60$$

Bei einem angestrebten β-Servicegrad von 98% darf die durchschnittliche Fehlmenge pro Zyklus den Anteil $(1 - \beta)$ der durchschnittlichen Nachfrage während eines Zyklus nicht überschreiten. Der Sicherheitsfaktor ist also wie folgt festzulegen:

$$E\{F_Z(S)\} = (1 - \beta) \cdot r \cdot E\{D\} = 0.02 \cdot 1 \cdot 100 = 2$$

oder in standardisierter Form:

$$\Phi_N^1(v) = \frac{(1 - \beta) \cdot r \cdot E\{D\}}{\sigma_Z} = \frac{0.02 \cdot 1 \cdot 100}{60} = 0.0333$$

Der Sicherheitsfaktor beträgt dann:

$$v_{\text{opt}} = \min[v | \Phi_N^1(v) \le 0.0333] = 1.4428$$

Daraus folgt:

$$S_{\text{opt}} = E\{Z\} + v_{\text{opt}} \cdot \sigma_Z = 400 + 1.4428 \cdot 60.00 = 486.57 \approx 487$$

b) Bei einem Bestellniveau in Höhe von $S = 487.57$ beträgt der mittlere Lagerbestand (gemessen jeweils am Periodenende):

$$E\{I^p\} = [486.57 - 300.00 - 100.00 + 2.00] = 88.57$$

C3.11

(r, S)-Politik, negativer Sicherheitsbestand

Die tägliche Nachfrage nach der 500g-Packung Wiener Plätzchen in der Bäckerei „Das Gute" im Untergeschoß des SOGO Einkaufszentrums an der Salisbury Road im Ortsteil Tsim Sha Tsui auf der Halbinsel Kowloon in Hongkong, China, folgt einer Gamma-Verteilung mit dem Mittelwert 40 und der Standardabweichung 25. Hun Chung (38), der Leiter der Abteilung für europäische Süßwaren, wohnhaft in Mong Kok, seit acht Wochen verheiratet mit Deng Mei Lan (39), gebürtig aus Tianjin in der Provinz Hebei, überprüft in Abständen von $r = 60$ Tagen jeweils kurz nach Ladenschluß den Lagerbestand und löst bei Bedarf eine Bestellung aus. Der Nachschub wird direkt beim Produzenten aus dem 22. Bezirk in Wien, Österreich, geordert. Die Wiederbeschaffungszeit beträgt immer genau vier Tage. Kann ein Kunde – es handelt sich meistens um in Hongkong arbeitende Europäer – nicht bedient werden, weil der Bestand erschöpft ist, dann wird er auf die nächste Lieferung vertröstet – und mangels alternativer Bezugsmöglichkeiten wartet er auch.

a) Bestimmen Sie das optimale Bestellniveau S_{opt} für den Fall, daß der Servicegrad $\beta = \{0.95\}$ angestrebt wird. Wie hoch ist der Sicherheitsbestand?

b) Erzeugen Sie eine Tabelle, die für $\beta = \{0.90, 0.91, \ldots, 0.99\}$ und $r = \{60, 30\}$ jeweils den optimalen Bestellpunkt und den Sicherheitsbestand angibt.

INFORMATIONEN, LITERATUR

Tempelmeier (2018)

 LÖSUNG

a) Wir bezeichnen mit D die tägliche Nachfragemenge, mit Y die Nachfragemenge in der Wiederbeschaffungszeit ℓ und mit Z die Nachfragemenge im Risikozeitraum $r + \ell$. α_X und k_X sind die Parameter der Gamma-verteilten Zufallsvariablen X. Für den Fall $\beta = 0.95$ werden folgende Berechnungen angestellt:

$$E\{Z\} = (60 + 4) \cdot 40.00 = 2560 \qquad \text{Var}\{Z\} = (60 + 4) \cdot 625.00 = 40000$$

$$E\{Y\} = 4 \cdot 40.00 = 160 \qquad \text{Var}\{Y\} = 4 \cdot 625.00 = 2500$$

Die erlaubte Fehlmenge pro Bestellzyklus beträgt:

$$E\{F(S_{\text{opt}})\} = (1 - \beta) \cdot r \cdot E\{D\} = 0.05 \cdot 60 \cdot 40.00 = 120.00$$

Die Parameter der Gamma-verteilten Zufallsvariablen D, Y und Z sind:

$$\alpha_D = \frac{40}{625} = 0.064 \qquad k_D = \frac{1600}{625} = 2.56$$

$$\alpha_Y = \alpha_D = \frac{40}{625} = 0.064 \qquad k_Y = k_D \cdot \ell = 2.56 \cdot 4 = 10.24$$

$$\alpha_Z = \alpha_D = \frac{40}{625} = 0.064 \qquad k_Z = k_D \cdot (r + \ell) = 2.56 \cdot (60 + 4) = 163.84$$

Zur Bestimmung des optimalen Bestellniveaus bauen wir uns eine Kalkulationstabelle auf, in der für beliebige Werte von S jeweils der erwartete Fehlbestand am Ende und am Anfang ermittelt wird. Die Differenz ist die aktuelle Fehlmenge. Nach einigem Suchen finden wir den Wert $S_{\text{opt}} = 2489$.

Der Sicherheitsbestand ist die Differenz aus S_{opt} und der mittleren Nachfragemenge im Risikozeitraum, d. h. $SB = 2489 - 2560 = -71$.

b) Der Zusammenhang zwischen dem Servicegrad β, dem Bestellabstand r und dem Sicherheitsbestand ist in der folgenden Tabelle wiedergegeben.

β	$r = 60$		$r = 30$	
	S_{opt}	SB	S_{opt}	SB
0.90	2331	-229	1259	-101
0.91	2359	-201	1277	-83
0.92	2389	-171	1294	-66
0.93	2419	-141	1313	-47
0.94	2452	-108	1333	-27
0.95	2489	-71	1355	-5
0.96	2528	-32	1381	21
0.97	2576	16	1413	53
0.98	2636	76	1453	93
0.99	2726	166	1515	155

Bei niedrigen Servicegraden kommt es zu negativem Sicherheitsbestand. Dieser Effekt tritt umso eher ein, je länger der Bestellzyklus ist und je größer folglich auch die durchschnittliche Bestellmenge ist. Selbst bei einem Sicherheitsbestand von Null kann in diesem Fall ein bestimmtes Serviceniveau aufgrund des hohen durchschnittlichen Lagerbestands nicht unterschritten werden. Strebt man einen niedrigeren Servicegrad an, dann kann muß man diesen durch einen negativen Sicherheitsbestand erzwingen. In diesem Fall ist das Bestellniveau geringer als die durchschnittliche Nachfragemenge im Risikozeitraum.

C3.12

Bestellpunkt und lagerbedingte Lieferzeit

Ein Zulieferer der Elektronikindustrie hat mit einer größeren Anzahl seiner Kunden für ein bestimmtes Produkt ein Lieferabrufsystem vereinbart, nach dem die Kunden zufällige Liefermengen abrufen können. Die Lieferung muß nach einer festen Lieferzeit von genau neun Tagen nach Auftragseingang erfolgen. Täglich treffen durchschnittlich fünf Aufträge (Lieferabrufe) ein, wobei die Anzahl der Aufträge pro Tag einer Poisson-Verteilung folgt. Die jeweilige Abrufmenge pro Auftrag ist mit dem Mittelwert 16 und der Standardabweichung vier normalverteilt. Ist bei Eintreffen eines Lieferabrufes genügend Lagerbestand vorhanden (lagerbedingte Lieferzeit=0), dann kann die Auslieferung mit einem relativ langsamen Transportmodus erfolgen. Ist der Lagerbestand jedoch erschöpft, dann verstreicht ein Teil der Gesamtlieferzeit als lagerbedingte Lieferzeit, die durch einen schnelleren Transportmodus wieder aufgeholt werden muß.

Es sei unterstellt, daß für die unterschiedlichen Transportmodi in Abhängigkeit von der

Transportzeit unterschiedlich hohe Kosten pro Auftrag berechnet werden. Dabei gilt: je kürzer die Transportzeit, um so teurer der Transport.

Die Wiederbeschaffungszeit (Produktionszeit) für das Produkt beträgt 20 Tage. Es wird eine (s, q)-Lagerpolitik verfolgt, bei der jeweils am Ende eines Tages der disponible Lagerbestand mit dem Bestellpunkt s verglichen wird. Die Losgröße q beträgt jeweils 800 Mengeneinheiten. (Zur Motivation dieser Aufgabe siehe *Fandel und Reese* (1989).)

a) Welcher Zusammenhang besteht zwischen dem Bestellpunkt und der lagerbedingten Lieferzeit eines Auftrages bzw. Lieferabrufes? Welche Beziehung besteht zwischen dem Bestellpunkt und der erforderlichen Transportzeit?

b) Über welche Informationen muß der Lagerdisponent verfügen, um die optimale Höhe des Bestellpunktes bestimmen zu können? Helfen hier die in der Literatur diskutierten Lager-Servicegrade weiter?

 INFORMATIONEN, LITERATUR

Tempelmeier (1985)
Tempelmeier (2000)
Tempelmeier (2018)

 LÖSUNG

Die Wiederbeschaffungszeit (Produktionszeit) für das Produkt beträgt 20 Tage. Es wird eine (s, q)-Lagerpolitik verfolgt, bei der jeweils am Ende eines Tages der disponible Lagerbestand mit dem Bestellpunkt s verglichen wird. Die Losgröße q beträgt jeweils 800 Mengeneinheiten.

Die folgende Tabelle zeigt verschiedene Verteilungen der lagerbedingten Lieferzeit W_L, die sich bei unterschiedlichen Bestellpunkten ergeben. Jede Spalte beschreibt dabei eine Lieferzeitverteilung. Die entsprechenden β-Servicegrade sind in der Kopfzeile der Tabelle angegeben. Es wird deutlich, daß die Streuung der lagerbedingten Lieferzeit mit sinkendem Bestellpunkt (und sinkendem β-Servicegrad) zunimmt. Für die vollständige Beurteilung der logistischen Leistung des Lagers reicht damit nicht der Hinweis auf das Lieferservice-Element „Lieferfähigkeit" ($\approx P\{W_L = 0\}$), sondern man muß die gesamte Wahrscheinlichkeitsverteilung kennen, um im Sinne des Logistik-Gedankens integrierte Entscheidungen treffen zu können. Erst wenn man weiß, mit welcher Wahrscheinlichkeit eine bestimmte Zeitspanne zur Durchführung der Transportaktivitäten verbleibt, weiß man, wie oft ein bestimmtes Transportmittel eingesetzt werden muß.

w_L	$\beta = 0.99$ $s = 1869$	$\beta = 0.98$ $s = 1810$	$\beta = 0.95$ $s = 1715$	$\beta = 0.90$ $s = 1625$	$\beta = 0.85$ $s = 1560$	$\beta = 0.80$ $s = 1506$	$\beta = 0.75$ $s = 1457$
0	0.9900	0.9800	0.9500	0.9000	0.8500	0.8000	0.7500
1	0.0070	0.0129	0.0281	0.0476	0.0623	0.0734	0.0820
2	0.0024	0.0052	0.0142	0.0295	0.0440	0.0567	0.0678
3	0.0005	0.0015	0.0056	0.0150	0.0259	0.0378	0.0494
4	0.0001	0.0003	0.0017	0.0059	0.0123	0.0206	0.0303
5		0.0001	0.0003	0.0017	0.0044	0.0088	0.0149
6			0.0001	0.0003	0.0011	0.0027	0.0056
7					0.0002	0.0006	0.0016
8						0.0001	0.0002
$E\{W_L\}$	0.0137	0.0295	0.0822	0.1855	0.3072	0.4478	0.6079

Die Kenntnis der Lieferzeitverteilung ist auch dann von Bedeutung, wenn die Abnehmer ihrerseits eine Lagerhaltungspolitik anwenden, deren Parameter bekanntlich durch die Wahrscheinlichkeit der Wiederbeschaffungszeit (=Lieferzeit aus der Sicht des Lieferanten) beeinflußt werden.

Man kann nun davon ausgehen, daß die Transportkosten pro Auftrag um so höher sind, je kürzer die zur Verfügung stehende Transportzeit ist. In der betrieblichen Praxis bestehen z. B. die Alternativen normale Transportzeit (z. B. sieben Tage, kostengünstig), verkürzte Transportzeit (z. B. drei Tage, mittleres Kostenniveau) und Nachtsprung (ein Tag, hohe Kosten) zur Verfügung.

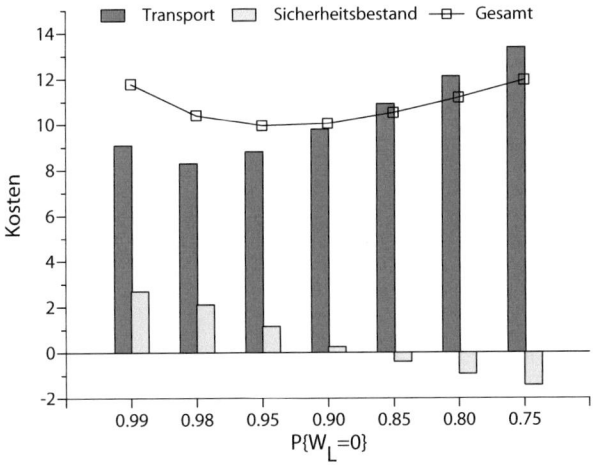

Bild C.12: Kostenverläufe bei konstanter Gesamtlieferzeit

Unterstellt man weiterhin, daß bei einer gegebenen Gesamtlieferzeit von neun Tagen die Aufträge mit einer lagerbedingten Lieferzeit von w_L Tagen mit einer verbleibenden Transportzeit von $(9 - w_L)$ Tagen ausgeliefert werden, dann läßt sich bei Vorgabe bestimmter Kostensätze für die Lagerung des Sicherheitsbestandes der in der Bild C.12 dargestellte prinzipielle Zusammenhang zwischen Lager- und Transportkosten feststellen.

Man erkennt den Anstieg der Transportkosten und den Rückgang des Kosten für den Sicherheitsbestand (Finden Sie den Grund dafür, daß der Sicherheitsbestand negativ ist!) mit sinkendem Lager-Servicegrad. Um diese Funktion ermitteln zu können, muß man zunächst den Einfluß des Bestellpunktes auf die lagerbedingte Lieferzeit ermitteln, dann aus der Lieferzeitverteilung die Bedarfe für mehr oder weniger schnelle Transporte ableiten und schließlich alles bewerten. Der Zusammenhang zwischen Bestellpunkt und lagerbedingter Lieferzeit kann analytisch bestimmt werden (vgl. *Tempelmeier* (1985)).

C3.13

Zusammenhang zwischen Bestellpunkt und Bestellmenge

Die Nachfragemenge in der Wiederbeschaffungszeit, Y, nach einem Produkt in einem Tante-Emma-Laden in Bern-Bümpliz (Schweiz) sei mit dem Mittelwert $\mu_Y = 100$ und der Standardabweichung $\sigma_Y = 30$ normalverteilt. Stellen Sie die Beziehung zwischen dem Bestellpunkt und der Bestellmenge in einer (s, q)-Politik mit kontinuierlicher Lagerüberwachung für einen β-Servicegrad von 98% dar.

 INFORMATIONEN, LITERATUR

Tempelmeier (2018), Abschnitt C.1.1

 LÖSUNG

Wir greifen auf folgende Beziehung zurück (vgl. *Tempelmeier* (2018), S. 70):

$$\Phi_N^1 \left(\frac{s - \mu_Y}{\sigma_Y} \right) \leq \frac{(1 - \beta) \cdot q}{\sigma_Y}$$

oder

$$\Phi_N^1 \left(\frac{s - 100}{30} \right) \leq \frac{(1 - 0.98) \cdot q}{30} \approx 0.000667 \cdot q$$

Für $q = 100$ erhält man

$$\Phi_N^1 \left(v_s = \frac{s - 100}{30} \right) \leq \frac{(1 - 0.98) \cdot 100}{30} \approx 0.0667$$

Daraus folgt

$$v_{opt}(q = 100) = \min[v | \Phi_N^1(v_s)] \leq 0.0667] = 1.1144$$

und

$$s = 100.00 + 1.1144 \cdot 30.00 = 133.43$$

Die folgende Tabelle und Bild C.13 stellen die Entwicklung des Bestellpunkt s und des Sicherheitsbestands ($= s - E\{Y\}$) für unterschiedliche Werte der Bestellmenge q dar. Wie man sieht, nimmt der Sicherheitsbestand mit zunehmender Bestellmenge q ab und wird sogar negativ.

q	v	s	Sicherheitsbestand
100	1.1144	133.432	33.432
150	0.9022	127.066	27.066
200	0.7404	122.212	22.212
250	0.6073	118.219	18.219
300	0.4929	114.787	14.787
350	0.3917	111.751	11.751
400	0.3003	109.009	9.009
450	0.2166	106.498	6.498
500	0.1391	104.173	4.173
550	0.0665	101.995	1.995
600	-0.0019	99.943	-0.057

650	-0.0668	97.996	-2.004
700	-0.1286	96.142	-3.858
750	-0.1878	94.366	-5.634
800	-0.2448	92.656	-7.344
850	-0.2997	91.009	-8.991
900	-0.3528	89.416	-10.584

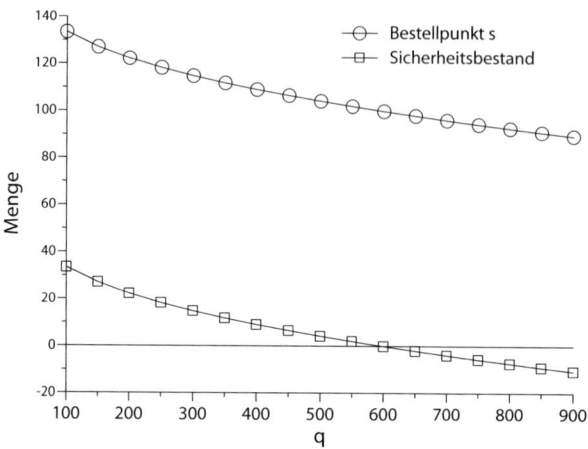

Bild C.13: Bestellpunkt und Sicherheitsbestand versus Bestellmenge

---

C3.14

Simultane Optimierung von Bestellpunkt und Bestellmenge

Die tägliche Nachfragemenge nach einem Produkt in einem Kiosk in Llareggub (Wales) ist mit dem Mittelwert 100 und der Standardabweichung 25 normalverteilt. Die Wiederbeschaffungszeit beträgt 12 Tage. Die fixen Bestellkosten betragen 120 und der Lagerkostensatz sei 0.02. Der Fehlmengenkostensatz beträgt 0.4.

Bestimmen Sie die optimale (s, q)-Politik.

 INFORMATIONEN, LITERATUR

Nahmias und Olson (2015)
Tempelmeier (2018), Abschnitt C.1.1.3

 LÖSUNG

$$E\{Y\} = 12.00 \cdot 100.00 = 1200.00$$

$$\text{Var}\{Y\} = 12.00 \cdot 625.00 = 7500.00$$

$$\sigma_Y = \sqrt{7500.00} = 86.60$$

Iteration 0:

$$q^0 = 0, E\{F^0\} = 0, \epsilon = 1$$

Iteration 1:

$$q^1_{\text{opt}} = \sqrt{\frac{2 \cdot 100.00 \cdot (120.00 + 0.40 \cdot 0.00)}{0.02}} = 1095.45$$

$$P\{Y > s_{\text{opt}}\} = \frac{0.02 \cdot 1095.45}{0.4 \cdot 100} = 0.548$$

$$v^1_{\text{opt}} = \min \left[v | (P\{Y > s_{\text{opt}}\} = 0.548) \right] = -0.1199$$

$$s^1_{\text{opt}} = 1200.00 - 0.1199 \cdot 86.60 = 1189.62$$

$$E\{F | s^1_{\text{opt}} = 1189.62\} = 39.99$$

Iteration 2:

$$q^2_{\text{opt}} = \sqrt{\frac{2 \cdot 100.00 \cdot (120.00 + 0.40 \cdot 39.99)}{0.02}} = 1166.17$$

$$P\{Y > s_{\text{opt}}\} = \frac{0.02 \cdot 1166.17}{0.4 \cdot 100} = 0.583$$

$$v^2_{\text{opt}} = \min \left[v | (P\{Y > s_{\text{opt}}\} = 0.583) \right] = -0.2098$$

$$s^2_{\text{opt}} = 1200.00 - 0.2098 \cdot 86.60 = 1181.83$$

$$E\{F | s^1_{\text{opt}} = 1181.83\} = 44.39$$

Iteration 3:

$$q^3_{\text{opt}} = \sqrt{\frac{2 \cdot 100.00 \cdot (120.00 + 0.40 \cdot 44.39)}{0.02}} = 1173.70$$

$$P\{Y > s_{\text{opt}}\} = \frac{0.02 \cdot 1173.70}{0.4 \cdot 100} = 0.587$$

$$v^3_{\text{opt}} = \min \left[v | (P\{Y > s_{\text{opt}}\} = 0.587) \right] = -0.2194$$

$$s^3_{\text{opt}} = 1200.00 - 0.2194 \cdot 86.60 = 1181.00$$

$$E\{\text{Fehlmenge}\} = 44.88$$

Iteration 4:

$$q^4_{\text{opt}} = \sqrt{\frac{2 \cdot 100.00 \cdot (120.00 + 0.40 \cdot 44.88)}{0.02}} = 1174.53$$

Die Bestellmenge verändert sich nur noch um weniger als $\epsilon = 1$. Daher wird das Verfahren beendet.

C3.15

Bestellpunkt bei Gamma-verteilter Periodennachfragemenge

Paolo Mantovani, Inhaber der Hähnchenbraterei Pollo Arosto in Levanto (Italien), ist nach einer längeren empirischen Untersuchung zu dem Ergebnis gekommen, daß die tägliche Nachfrage nach gegrillten Hähnchen einer Gamma-Verteilung mit dem Mittelwert 30 und der Standardabweichung 20 folgt. Der Nachschub an tiefgefrorenen Hähnchen wird täglich (abends) bei einem Lieferanten bestellt, der jeweils am nächsten Morgen liefert.

a) Welche Lagerhaltungspolitik wird eingesetzt?

b) Bestimmen Sie den optimalen Wert des noch nicht fixierten Entscheidungsparameters der verwendeten Lagerpolitik für den Fall, daß der β-Servicegrad 98% nicht unterschreiten darf.

c) Wie hoch ist der durchschnittliche Lagerbestand (an tiefgefrorenen Hähnchen) am Periodenende?

d) Der Lieferant bietet Paolo eine Reduktion des Einkaufspreises unter der Bedingung an, daß die Wiederbeschaffungszeit von Null auf zwei Tage erhöht wird. Welchen Einfluß hätte diese Veränderung auf den mittleren Lagerbestand an tiefgefrorenen Hähnchen?

 INFORMATIONEN, LITERATUR

Tempelmeier (2018), Abschnitt C.1.1

 LÖSUNG

a) Es wird eine Base-Stock-Politik bzw. $(r = 1, S)$-Politik in diskreter Zeit eingesetzt. Die Wiederbeschaffungszeit beträgt $L = 0$ Perioden. Der Risikozeitraum ist folglich $r + L = 1 + 0 = 1$ Periode.

b) Die Nachfragemenge in der Wiederbeschaffungszeit ist mit dem Parameter $k = 2.25$ und $\alpha = 0.075$ Gamma-verteilt. Bei einem β-Servicegrad von 98% darf die Fehlmenge pro Tag den Wert $0.02 \cdot 30 = 0.6$ nicht überschreiten. Die folgende Tabelle zeigt den Zusammenhang zwischen dem relevanten Wertebereich des Bestellniveaus S, der Fehlmenge pro Periode und dem sich daraus ergebenden β-Servicegrad. Der angestrebte β-Servicegrad wird bei einem Bestellniveau $S_{\text{opt}} = 74$ erreicht.

S	$E\{F(S)\}$	β
65	1.0065	0.9664
66	0.9464	0.9685
67	0.8898	0.9703
68	0.8364	0.9721
69	0.7862	0.9738
70	0.7388	0.9754
71	0.6942	0.9769
72	0.6522	0.9783
73	0.6127	0.9796
74	0.5755	0.9808
75	0.5405	0.9820
76	0.5076	0.9831
77	0.4766	0.9841
78	0.4475	0.9851
79	0.4201	0.9860
80	0.3943	0.9869

c) Der durchschnittliche Lagerbestand beträgt:

$$E\{I^p\} = 74 - 30 + 0.5755 = 44.5755$$

d) Bei Erhöhung der Wiederbeschaffungszeit auf $L = 2$ steigt der Risikozeitraum auf $r + L = 1 + 2 = 3$ Tage. Wir berücksichtigen bei der Bestimmung von S nun auch den Fehlbestand am Zyklusanfang, I_{Anf}^f. Sowohl die Nachfragemenge in der Wiederbeschaffungszeit, Y, als auch die Nachfragemenge im Risikozeitraum, Z, sind unter den getroffenen Annahmen Gamma-verteilt, und zwar mit den Parametern $k_Y = 4.5$, $k_Z = 6.75$ und $\alpha_Y = \alpha_Z = 0.075$. Aus der folgenden Tabelle ergibt sich ein Bestellniveau in Höhe von $S_{\text{opt}} = 165$.

S	$E\{I_{\text{End}}^{f}(S)\}$	$E\{I_{\text{Anf}}^{f}(S)\}$	$E\{F(S)\}$	β
160	0.8254	0.0758	0.7497	0.9750
161	0.7883	0.0716	0.7167	0.9761
162	0.7527	0.0676	0.6851	0.9772
163	0.7187	0.0639	0.6548	0.9782
164	0.6861	0.0603	0.6257	0.9791
165	0.6548	0.0570	0.5978	0.9801
166	0.6250	0.0538	0.5711	0.9810
167	0.5964	0.0508	0.5455	0.9818
168	0.5690	0.0480	0.5210	0.9826
169	0.5428	0.0453	0.4975	0.9834
170	0.5178	0.0428	0.4750	0.9842

Der mittlere Lagerbestand ist dann:

$$E\{I^p\} = 165 - 60 - 30 + 0.5978 = 75.5978$$

Durch die Verlängerung der Wiederbeschaffungszeit würde der mittlere Lagerbestand an tiefgefrorenen Hähnchen um $75.5978 - 44.5755 \simeq 31$ Stück ansteigen. Ob Paolo dies akzeptiert, hängt von seinen Lagerkosten und dem Preisnachlaß ab, den der Lieferant ihm anbietet.

C3.16

Newsvendor-Problem, Normalverteilung

Aufgrund langjähriger Erfahrung geht der Betreiber eines Bratwurst-Standes davon aus, daß die Nachfrage nach Bratwürsten auf einem Popkonzert der Gruppe „Goldschmalz" mit dem Mittelwert 120 und der Standardabweichung 30 normalverteilt ist. Der Deckungsbeitrag beträgt $c_f = 2$ Geldeinheiten. Als Kosten für nicht verkaufte Bratwürste ist mit $c_o = 0.5$ zu rechnen.

a) Wie viele Bratwürste sollen beschafft werden?

b) Stellen Sie den Verlauf der Kostenfunktion im Bereich von S_{opt} tabellarisch dar.

 INFORMATIONEN, LITERATUR

Nahmias und Olson (2015)
Silver et al. (1998)

Tempelmeier (2018), Abschnitt C.2.1
Thonemann (2010)

 LÖSUNG

a) Aufgrund der gegebenen Kostendaten gilt:

$$S_{\text{opt}} = \left[S \mid F(S) = \frac{2}{2 + 0.5} = 0.80 \right]$$

Mit $v = \dfrac{S - \mu}{\sigma}$ ergibt sich dann bei normalverteilter Nachfrage:

$$v_{\text{opt}} = \left[v \mid \Phi_N(v) = 0.8 \right] = 0.8416$$

und

$$S_{\text{opt}} = 120 + 0.8416 \cdot 30 = 145.248$$

b)

Bei normalverteilter Nachfrage lautet die Kostenfunktion (vgl. *Tempelmeier* (2018), S. 117):

$$C(S) = (c_o + c_f) \cdot \left[S - \mu_X + \sigma_X \cdot \Phi_N^1(v) \right] + c_f \cdot (\mu_X - S)$$
$$= c_o \cdot (S - \mu_X) + (c_o + c_f) \cdot \sigma_X \cdot \Phi_N^1(v)$$

Die Funktion $\Phi_N^1(v)$ bezeichnet die „first-order loss function" der Standardnormalverteilung.

Im Beispiel erhält man für $S = 145.248$:

$$C(S = 145.248) = 0.5 \cdot (145.248 - 120) + (0.5 + 2) \cdot 30 \cdot 0.1116 = 20.994$$

Die folgende Tabelle zeigt den Kostenverlauf im Bereich des Optimums für das Beispiel.

S	Kosten	S	Kosten
142.50	21.088	145.25	20.997
142.75	21.072	145.50	20.998
143.00	21.057	145.75	21.000
143.25	21.045	146.00	21.004
143.50	21.033	146.25	21.009
143.75	21.024	146.50	21.015
144.00	21.016	146.75	21.023
144.25	21.009	147.00	21.032
144.50	21.004	147.25	21.043
144.75	21.000	147.50	21.055
145.00	20.998		

C3.17

(s, q)-Politik mit poisson-verteilter Nachfrage, kontinuierliche Zeitachse

Bei einem Internet-Händler treffen Aufträge für den MP3-Player „UPad" poisson-verteilt mit der Ankunftsrate $\lambda = 1$ ein. Der Händler hat einen eigenen Lagerbestand. Er versorgt sich bei einem Großhändler, der mit einer Lieferzeit von $L = 1$ Perioden liefern kann. Es wird eine (s, q)-Politik mit der Bestellmenge $q = 5$ verfolgt.

a) Bestimmen Sie die Wahrscheinlichkeitsverteilung des Netto-Lagerbestands für den Bestellpunkt $s = 1$.

b) Bestimmen Sie den β-Servicegrad für $s = 1$.

c) Bestimmen Sie den Erwartungswert des Fehlbestands.

d) Bestimmen Sie den Erwartungswert der Fehlmenge.

e) Bestimmen Sie den mittleren physischen Lagerbestand.

f) Bestimmen Sie die mittlere Wartezeit eines Kundenauftrags bis zur Lieferung.

 INFORMATIONEN, LITERATUR

Axsäter (2000)
Tempelmeier (2018), Abschnitt C.2.2
Zipkin (2000)

 LÖSUNG

a) Der disponible Lagerbestand I^d ist gleichverteilt mit $P\{I^d = j\} = 0.1$ ($j = 2, 3, \ldots, 6$). Aus I^d wird der Netto-Bestand als $I^n = I^d - Y^{(\ell)}$ abgeleitet. Dazu betrachten wir die folgende Tabelle, die alle möglichen Werte der Nachfragemenge in der Wiederbeschaffungszeit, Y, zeigt, durch die eine gegebene Höhe i des Nettobestands ausgehend von einer gegebenen Höhe j des disponiblen Bestands erreicht werden kann:

	$I^d = j$				
$I^n = i$	6	5	4	3	2
6	0	–	–	–	–
5	1	0	–	–	–
4	2	1	0	–	–
3	3	2	1	0	–
2	4	3	2	1	0
1	5	4	3	2	1
0	6	5	4	3	2
-1	7	6	5	4	3
-2	8	7	6	5	4
-3	–	8	7	6	5
-4	–	–	8	7	6
-5	–	–	–	8	7
-6	–	–	–	–	8

Der relevante disponible Lagerbestand I^d liegt im Bereich $s + 1 = 2$ bis $s + q = 6$. Ein Nettobestand der Höhe $I^n = 5$ kann z. B. erreicht werden, wenn $I^d = 6$ und $Y = 1$ oder wenn $I^d = 5$ und $Y = 0$.

Die jeweiligen Wahrscheinlichkeiten zeigt die folgende Tabelle:

$i\backslash j$	6	5	4	3	2	$P\{I^n = i\}$
6	0.36788	–	–	–	–	0.073576
5	0.36788	0.36788	–	–	–	0.147152
4	0.18394	0.36788	0.36788	–	–	0.183940
3	0.06131	0.18394	0.36788	0.36788	–	0.196202
2	0.01533	0.06131	0.18394	0.36788	0.36788	0.199268
1	0.00307	0.01533	0.06131	0.18394	0.36788	0.126306
0	0.00051	0.00307	0.01533	0.06131	0.18394	0.052832
-1	0.00007	0.00051	0.00307	0.01533	0.06131	0.016058
-2	0.00001	0.00007	0.00051	0.00307	0.01533	0.003798
-3	–	0.00001	0.00007	0.00051	0.00307	0.000732
-4	–	–	0.00001	0.00007	0.00051	0.000118
-5	–	–	–	0.00001	0.00007	0.000016
-6	–	–	–	–	0.00001	0.000002

Die Werte in der rechten Spalte ergeben sich durch zeilenweise Summation der mit $\frac{1}{q}$ gewichteten Zellenwerte.

b) Der β-Servicegrad ist im vorliegenden Fall gleich der Wahrscheinlichkeit dafür, daß ein eintreffender Kundenauftrag der Größe 1 ein leeres Lager antrifft, d. h. $\beta = P\{I^n > 0\} = 0.9264$.

c) Der Fehlbestand entspricht den negativen Ausprägungen des Netto-Bestands. Aus der unter (a) errechneten Wahrscheinlichkeitsverteilung des Netto-Bestands kann der erwartete Fehlbestand direkt abgeleitet werden:

i	$P\{I^n = i\}$	$-i \cdot P\{I^n = i\}$
-1	0.016058	0.016058
-2	0.003798	0.007596
-3	0.000732	0.002196
-4	0.000118	0.000472
-5	0.000016	0.000080
-6	0.000002	0.000012
$E\{I^f\}$		0.026414

d) Die erwartete Fehlmenge pro Periode ist gleich dem Produkt aus der Nachfragerate λ und der Wahrscheinlichkeit dafür, daß ein Kundenauftrag auf ein leeres Lager trifft:

$$E\{F\} = 1 \cdot 0.0736 = 0.0736$$

e) Der mittlere physische Lagerbestand ist

$$E\{I^p\} = 1 + \frac{5+1}{2} - 1 + 0.026414 = 3.0264$$

f) Die mittlere Wartezeit bzw. die lagerbedingte Lieferzeit eines Kundenauftrags kann unter den gegebenen Annahmen nach Little's Gesetz ermittelt werden:

$$E\{W\} = \frac{E\{I^f\}}{\lambda} = \frac{0.026414}{1} = 0.026414$$

C3.18

(s, S)-Politik mit normalverteilter Nachfrage

Die tägliche Nachfrage nach einem Produkt ist normalverteilt mit dem Mittelwert 100 und der Standardabweichung 30. Der Lagerbestand wird täglich überwacht. Die Wiederbeschaffungszeit ist deterministisch $L = 10$. Es wird ein β-Servicegrad von 95% angestrebt. Die Differenz zwischen S und s soll 1000 sein.

a) Wie hoch sind die mittlere Bestellmenge und der mittlere Bestellabstand?

b) Bestimmen Sie den β-Servicegrad für $s = 1000$.

c) Bestimmen Sie die optimalen Werte von s und S.

 INFORMATIONEN, LITERATUR

Tempelmeier (2018), Abschnitt C.1.3

 LÖSUNG

a) Die mittlere Bestellmenge ist die Summe aus $S - s$ und dem Defizit. Der Erwartungswert des Defizits ist $E\{U\} = \dfrac{100^2 + 900}{2 \cdot 100} = 54.5$. Im Durchschnitt werden daher 1054.5 Mengeneinheiten bestellt. Daraus ergibt sich ein mittlerer Bestellabstand von 10.545 Perioden.

b) Wir erhalten folgende Zwischenergebnisse:

$$
\begin{aligned}
E\{Y\} &= 10 \cdot 100 = 1000 \\
\text{Var}\{Y\} &= 10 \cdot 900 = 9000 && \sigma_Y = \sqrt{9000} = 94.87 \\
E\{Z\} &= 11 \cdot 100 = 1100 \\
\text{Var}\{Z\} &= 11 \cdot 900 = 9900 && \sigma_Z = \sqrt{9900} = 99.50
\end{aligned}
$$

Die erlaubte Fehlmenge beträgt :

$$
(1 - \beta) \cdot \left[(S - s) + E\{U\} \right] = (1 - 0.95) \cdot \left[1000 + \frac{100^2 + 900}{2 \cdot 100} \right] = 52.725
$$

Die Komponenten der Fehlmengenrestriktion betragen für einen Bestellpunkt $s = 1000$:

$$
\frac{\sigma_Z^2 \cdot J_N \left\{ \dfrac{1000 - \mu_Z}{\sigma_Z} \right\}}{2 \cdot E\{D\}} = \frac{9900 \cdot \underbrace{J_N \left\{ \dfrac{s - 1100}{99.4987} \right\}}_{1.935596651}}{2 \cdot 100} = \frac{19162.41}{200} = 95.81
$$

$$
\frac{\sigma_Y^2 \cdot J_N \left\{ \dfrac{s - \mu_Y}{\sigma_Y} \right\}}{2 \cdot E\{D\}} = \frac{9000 \cdot \underbrace{J_N \left\{ \dfrac{1000 - 1000}{94.8683} \right\}}_{0.5}}{2 \cdot 100} = \frac{4500.00}{200} = 22.50
$$

$$
\sigma_Y \cdot \Phi_N^1 \left(\frac{S - \mu_Y}{\sigma_Y} \right) = 94.8683 \cdot \underbrace{\Phi_N^1 \left(\frac{2000 - 1000}{94.8683} \right)}_{0.00} = 0.00
$$

Daraus ergibt sich die Fehlmenge $95.81 - 22.50 - 0.00 = 73.31$. Dies entspricht einem Servicegrad von $\beta = 1 - \dfrac{73.31}{1054.5} = 93.04\%$

b) Zur Bestimmung des optimalen Bestellpunkts, mit dem der angestrebte Servicegrad von $\beta = 0.95$ erreicht wird, greifen wir auf folgende Tabelle zurück:

s	$\dfrac{\sigma_Z^2 \cdot J_N\left\{\dfrac{s-\mu_Z}{\sigma_Z}\right\}}{2 \cdot E\{D\}}$ ①	$\dfrac{\sigma_Y^2 \cdot J_N\left\{\dfrac{s-\mu_Y}{\sigma_Y}\right\}}{2 \cdot E\{D\}}$ ②	$\sigma_Y \cdot \Phi_N^1\left(\dfrac{S-\mu_Y}{\sigma_Y}\right)$ ③	Fehlmenge
Variante 1:				①-②-③
1025	71.3254	14.4916	0.0000	56.8338
1030	67.0233	13.2076	0.0000	53.8157
1031.85	65.4798	12.7566	0.0000	52.7232
1035	62.9110	12.0176	0.0000	50.8934
1040	58.9844	10.9166	0.0000	48.0678
Variante 2:				①-②
1031.85	65.4798	12.7566	0.0000	52.7232
Variante 3:				①
1048.5	52.724	–	–	52.7232

Der optimale Bestellpunkt ist demnach $s_{\text{opt}} = 1031.85$.

C3.19

Wahrscheinlichkeitsverteilung der Lieferzeit bei einer Base-Stock-Politik

Ein Hersteller von Elektrogeräten unterhält ein großes Endproduktlager, aus dem zahlreiche Baumärkte beliefert werden. Den Baumärkten wird garantiert, daß in 98.5% aller Fälle ihre Bestellungen spätestens nach einem Tag lagerbedingter Wartezeit erfüllt werden. Die Periodennachfragemenge im Endproduktlager wird als mit $\mu = 50$ und $\sigma = 20$ normalverteilt angenommen. Es wird eine Base-Stock-Politik verfolgt, bei der am Ende eines jeden Tages eine Bestellung an die liefernde Fabrik geschickt wird. Die Wiederbeschaffungszeit beträgt 20 Tage.

Bestimmen Sie die Höhe des Bestellniveaus S, die zur Erreichung des genannten Serviceziels benötigt wird.

 INFORMATIONEN, LITERATUR

Tempelmeier (2018), Abschnitt C.2.4

 LÖSUNG

Sehen wir einmal von Teillieferungen ab, und zählen wir die gesamte Periodennachfrage als einen Auftrag, dann kann für die betrachtete Base-Stock-Politik in diskreter Zeit die Wahrscheinlichkeitsverteilung der Wartezeit W wie folgt dargestellt werden, wobei $Y^{(L-w+1)}$ die Summe aus $(L-w+1)$ Periodennachfragemengen ist:

$$P\{W \leq w\} = P\{Y^{(L-w+1)} \leq S\} \qquad\qquad w = 0, 1, \ldots, L+1$$

Wir variieren S nun so lange, bis wir die gewünschte Wahrscheinlichkeitsverteilung gefunden haben. Im vorliegenden Fall zeigt die folgende Tabelle zwei „Fehlversuche" sowie die für den optimalen Wert $S = 1194$ resultierende Wahrscheinlichkeitsverteilung, die die gewünschte Eigenschaft hat.

	$S = 1150$		$S = 1250$		$S = 1194$	
w	$P\{W \leq w\}$	$P\{W = w\}$	$P\{W \leq w\}$	$P\{W = w\}$	$P\{W \leq w\}$	$P\{W = w\}$
0	0.8624	0.8624	0.9855	0.9855	0.9419	0.9419
1	0.9532	0.0909	0.9974	0.0120	0.9850	0.0430
2	0.9891	0.0359	0.9997	0.0023	0.9974	0.0125
3	0.9984	0.0093	1.0000	0.0003	0.9997	0.0023
4	0.9999	0.0015	1.0000	0.0000	1.0000	0.0003
5	1.0000	0.0001	1.0000	0.0000	1.0000	0.0000

C3.20

Direktbelieferung von Auslandsmärkten

Ein Unternehmen der Elektronik-Industrie vertreibt seine Produkte in fünf verschiedenen Ländern. Das Logistik-System besteht aus einem Zentrallager in München und jeweils einem Regionallager in jedem Land. Die Regionallager beliefern ihre Kunden mit einem vorgegebenen β-Servicegrad. Sie werden ihrerseits täglich durch das Zentrallager beliefert. Nach einigen Vorüberlegungen hat das Management beschlossen, an den Standorten der Regionallager nur noch die Vertriebsfunktion zu belassen, die Lager zu schließen und die ausländischen Kunden direkt aus dem Zentrallager zu beliefern.

Wie verändert sich der Sicherheitsbestand im Zentrallager, wenn sämtliche regionalen Nachfragen im Zuge der Direktbelieferung aus dem Zentrallager beliefert werden?

INFORMATIONEN, LITERATUR

Tempelmeier (2018)

 LÖSUNG

Die Direktbelieferung der ausländischen Kunden führt dazu, daß sich die Struktur der Periodennachfragen im Zentrallager verändert. In wieweit dies den Sicherheitsbestand beeinflußt, hängt davon ab, wie sich die bisherige Struktur der Nachfrage im Zentrallager verändert, wenn anstelle der Bestellungen aus den vormaligen Regionallagern die Periodennachfrage aus dem Ausland nun direkt im Zentrallager eintrifft.

Hier sind zwei Fälle zu unterscheiden

1. Wurde in den Regionallagern bisher eine Base-Stock-Politik bzw. $(1, S)$-Politik verfolgt, dann ändert sich die Struktur der Nachfrage im Zentrallager infolge der Direktbelieferung nicht. Denn bei einer Base-Stock-Politik gibt ein Regionallager die Nachfrage unverzerrt in Form einer Bestellung an das Zentrallager weiter. Bei unveränderter Nachfragestruktur hat der Übergang zur Direktbelieferung keinen Einfluß auf den zur Erreichung des angestrebten Servicegrades erforderlichen Sicherheitsbestand im Zentrallager.

2. Wurde in den Regionallagern bisher eine Lagerpolitik verfolgt, bei der mehrere Nachfragen zu einer Regionallager-Bestellung zusammengefaßt werden, dann ergibt sich durch die Direktbelieferung eine Verringerung der Varianz der aus dem Ausland im Zentrallager eintreffenden Nachfrage. Die Struktur der Nachfrage im Zentrallager wird also gleichmäßiger. Dies führt tendenziell zu einer Reduktion des Sicherheitsbestands.

C3.21

Direktbelieferung von Großkunden

In einem Lager treffen für ein Produkt täglich mehrere Aufträge mit unterschiedlichen Auftragsgrößen ein. Die Wahrscheinlichkeitsverteilungen der Auftragsanzahl O sowie der Auftragsgröße D^a zeigt die folgende Tabelle:

Auftragsanzahl		Auftragsgröße	
o	$P\{O = o\}$	d	$P\{D^a = d\}$
1	0.45	1	0.3
2	0.3	2	0.4
3	0.25	3	0.15
		4	0.1
		10	0.05

In dem Lager wird eine Base-Stock-Politik mit täglicher Überwachung verfolgt, wobei die Wiederbeschaffungszeit $L = 0$ ist (d. h. Auslösung einer Bestellung am Abend, Lieferung am nächsten Morgen).

a) Bestimmen Sie den optimalen Wert des Bestellniveaus für einen β-Servicegrad von 99%.

b) Wie verändert sich das Bestellniveau, wenn die Aufträge der Größe 10 nicht aus dem Lager, sondern direkt vom Lieferanten an den Abnehmer ausgeliefert werden. Es sei angenommen, daß dieser einen Servicegrad von nahezu 100% erreicht.

 INFORMATIONEN, LITERATUR

Tempelmeier (2018), Abschnitt C.4

 LÖSUNG

a) Die Nachfragemenge im Risikozeitraum ist im vorliegenden Fall gleich der Periodennachfragemenge. Diese ist eine zufällige Summe der Auftragsmengen, deren Wahrscheinlichkeitsverteilung man durch numerische Faltung bestimmen kann.

Ist die Wahrscheinlichkeitsverteilung bekannt, dann kann man für jeden Wert des Bestellniveaus S die resultierende zu erwartende Fehlmenge $E\{F\}$ und schließlich den Servicegrad als $\beta = 1 - \frac{E\{F\}}{E\{D\}}$ berechnen. Die durchschnittliche Nachfragemenge beträgt $E\{D\} = 4.41$. Die folgende Tabelle zeigt, daß der angestrebte Servicegrad bei einem Bestellniveau $S = 14$ erreicht wird.

d	$P\{D=d\}$	$P\{D>s\}$	$E\{F\} = \sum\limits_{i=d}^{\infty} P\{D>i\}$	β
1	0.1350	0.8650	3.4075	0.2274
2	0.2070	0.6580	2.5425	0.4235
3	0.1463	0.5118	1.8845	0.5727
4	0.1470	0.3648	1.3727	0.6887
5	0.1001	0.2646	1.0079	0.7715
6	0.0805	0.1841	0.7433	0.8315
7	0.0501	0.1341	0.5592	0.8732
8	0.0285	0.1056	0.4251	0.9036
9	0.0121	0.0935	0.3195	0.9276
10	0.0272	0.0663	0.2260	0.9488
11	0.0101	0.0562	0.1597	0.9638
12	0.0156	0.0405	0.1035	0.9765
13	0.0135	0.0270	0.0630	0.9857
14	0.0124	0.0147	0.0360	0.9918
15	0.0068	0.0079	0.0213	0.9952
16	0.0038	0.0041	0.0134	0.9970
17	0.0011	0.0029	0.0093	0.9979
18	0.0004	0.0026	0.0064	0.9986
20	0.0008	0.0018	0.0038	0.9991
21	0.0006	0.0013	0.0020	0.9995
22	0.0008	0.0005	0.0008	0.9998
23	0.0003	0.0002	0.0003	0.9999
24	0.0002	0.0000	0.0000	1.0000
30	0.0000	0.0000	0.0000	1.0000

b) Wenn Aufträge der Größe 10 nicht mehr aus dem Lager gedeckt werden, dann verändert sich die Wahrscheinlichkeitsverteilung der Periodennachfragemenge wie folgt:

d	$P\{D=d\}$	$P\{D>s\}$	$E\{F\} = \sum\limits_{i=d}^{\infty} P\{D>i\}$	β
0	0.0000	1.0000	3.6950	0.0000
1	0.1421	0.8579	2.6950	0.2706
2	0.2194	0.6385	1.8370	0.5028
3	0.1587	0.4799	1.1985	0.6756
4	0.1620	0.3179	0.7186	0.8055
5	0.1136	0.2042	0.4008	0.8915
6	0.0921	0.1121	0.1965	0.9468
7	0.0579	0.0543	0.0844	0.9772
8	0.0331	0.0212	0.0301	0.9918
9	0.0141	0.0071	0.0090	0.9976
10	0.0055	0.0016	0.0019	0.9995
11	0.0013	0.0003	0.0003	0.9999
12	0.0003	0.0000	0.0000	1.0000

Die durchschnittliche Periodennachfrage beträgt dann $E\{D\} = 3.695$. Aus der obigen Tabelle kann entnommen werden, daß der angestrebte Servicegrad nun bei einem Bestellniveau $S = 8$ erreicht wird.

C3.22

Auftragsorientierte Produktion, Lieferant mit begrenzter Kapazität

Ein Maschinenbauunternehmen aus dem schönen Schwarzwald bietet für eine Werkzeugmaschine ein elektronisches Modul als Sonderausstattung an. Dieses Modul wird nur selten nachgefragt, so daß von einer poissonverteilten Nachfrage mit der Rate $\lambda = 1$ auf einer kontinuierlichen Zeitachse ausgegangen wird. Das Modul wird unter Anwendung des Base-Stock-Systems mit der Bestellmenge 1 von einem Lieferanten bezogen, der auftragsorientiert mit Hilfe einer Spezialmaschine fertigt. Aufgrund zahlreicher zufälliger Einflüsse wird davon ausgegangen, daß die Produktionsdauer mit dem Mittelwert $\frac{1}{\mu} = \frac{1}{1.8}$ exponentialverteilt ist. Transport- und Auftragsabwicklungszeiten können vernachlässigt werden.

a) Bestimmen Sie die Wahrscheinlichkeitsverteilung der Nachfragemenge in der Wiederbeschaffungszeit.

b) Bestimmen Sie den optimalen Wert des Bestellnivaus S für den Fall, daß ein β-Servicegrad von 99.5% erreicht werden soll.

INFORMATIONEN, LITERATUR

Tempelmeier (2018), Abschnitt C.5

 LÖSUNG

a) Der Lieferant kann als ein $M/M/1$-Warteschlangensystem modelliert werden. Aus der Warteschlangentheorie ist bekannt, daß die Wahrscheinlichkeitsverteilung der Durchlaufzeit W_s in einem $M/M/1$-Warteschlangensystem *exponentialverteilt* ist, wobei gilt:

$$P\{W_s \le w\} = 1 - e^{-(\mu - \lambda) \cdot t} \qquad\qquad t > 0$$

Im betrachteten Fall erhalten wir:

$$P\{W_s \le w\} = 1 - e^{-(1.8 - 1) \cdot t} = 1 - e^{-0.8 \cdot t} \qquad\qquad t > 0$$

Die Nachfragemenge in der Wiederbeschaffungszeit, Y, ist die zufällige Summe aus unabhängigen Zufallsvariablen. Unter den gegebenen Annahmen (poissonverteilte Nachfragemenge, exponentialverteilte Wiederbeschaffungszeit) folgt sie einer *geometrischen Verteilung* mit

$$P\{Y = n\} = \left(\frac{\lambda}{\mu}\right)^n \cdot \left(1 - \frac{\lambda}{\mu}\right) \qquad\qquad n = 0, 1, \dots$$

Für die unterstellten Daten sind die Wahrscheinlichkeiten in der folgenden Tabelle zusammengefaßt.

n	0	1	2	3	4	5	6	7	8
$P\{Y = n\}$	0.4444	0.2469	0.1372	0.0762	0.0423	0.0235	0.0131	0.0073	0.0040
n	9	10	11	12	13	14	15		
$P\{Y = n\}$	0.0022	0.0012	0.0007	0.0004	0.0002	0.0001	0.0001		

b) Die folgende Tabelle zeigt den Zusammenhang zwischen S und $\beta = P\{Y \le S - 1\}$.

S	$P\{Y = S\}$	$P\{Y > S\}$	$P\{Y \leq S)$	β
0	0.4444	0.5556	0.4444	–
1	0.2469	0.3086	0.6914	0.4444
2	0.1372	0.1715	0.8285	0.6914
3	0.0762	0.0953	0.9047	0.8285
4	0.0423	0.0529	0.9471	0.9047
5	0.0235	0.0294	0.9706	0.9471
6	0.0131	0.0163	0.9837	0.9706
7	0.0073	0.0091	0.9909	0.9837
8	0.0040	0.0050	0.9950	0.9909
9	0.0022	0.0028	0.9972	0.9950
10	0.0012	0.0016	0.9984	0.9972
11	0.0007	0.0009	0.9991	0.9984
12	0.0004	0.0005	0.9995	0.9991
13	0.0002	0.0003	0.9997	0.9995
14	0.0001	0.0001	0.9999	0.9997
15	0.0001	0.0001	0.9999	0.9999
16	0.0000	0.0000	1.0000	0.9999
17	0.0000	0.0000	1.0000	1.0000

Aus der Tabelle kann entnommen werden, daß der optimale Bestellpunkt $S_{\mathrm{opt}} = 9$ ist.

4 Lagerpolitiken in mehrstufigen Supply Chains

Verständnis- und Wiederholungsfragen

1. Erläutern Sie die Unterschiede zwischen zentraler und lokaler Disposition.

2. Beschreiben Sie die Beziehung zwischen dem Sicherheitsbestand eines Zentrallagers und den Sicherheitsbeständen der von dem Zentrallager belieferten Regionallager.

3. Suchen Sie im Internet nach Softwarelösungen zur Optimierung des Sicherheitsbestandes in mehrstufigen Supply Chains.

4. Beschreiben Sie der Ansätze zur Erfassung der Interdepenzen zwischen liefernden und belieferten Knoten in einer Supply Chain, die in der Literatur vorgeschlagen werden.

Übungsaufgaben

C4.1

Bullwhip-Effekt

Im Regionallager USA eines Unternehmens der chemischen Industrie wurde folgende Entwicklung der Nachfrage nach einem Produkt beobachtet.

t	1	2	3	4	5	6	7	8	9	10
y_t	60	40	60	40	70	60	40	70	50	60

Das Regionallager verfolgt eine Base-Stock-Politik. In der Bestandsmanagement-Software des Regionallagers werden die Bestellentscheidungen wie folgt abgeleitet:

1. Periodennachfragemenge glätten:
$$y_t^{(1)} = \alpha \cdot y_t + (1 - \alpha) \cdot y_{t-1}^{(1)}$$

2. Prognose der Nachfrage im Risikozeitraum berechnen:
$$p_{t+\ell+1} = (\ell + 1) \cdot y_t^{(1)}$$

3. Prognosefehler bezüglich der Nachfrage im Risikozeitraum bestimmen:
$$e_t = \left(\sum_{\tau=t-\ell}^{t} y_t \right) - p_t$$

4. Prognosefehler glätten:
$$m_t = \alpha \cdot e_t + (1 - \alpha) \cdot m_{t-1}$$

5. Quadrierten Prognosefehler glätten:
$$x_t = \alpha \cdot e_t^2 + (1 - \alpha) \cdot x_{t-1}$$

6. Varianz des Prognosefehlers berechnen:
$$\widehat{\sigma}_t^2 = x_t - (m_t)^2$$

7. Bestellniveau berechnen:
$$S_t = p_{t+\ell+1} + v \cdot \sqrt{\widehat{\sigma}_t^2}$$

8. Disponiblen Lagerbestand am Ende der Periode t vor der Bestellentscheidung aktualisieren:
$$I_t^d = I_t^p + I_t^o$$

9. Bestellmenge berechnen: $q_t = S_t - I_t^d$

Die Wiederbeschaffungszeit des Regionallagers beträgt $\ell = 2$ Perioden. Weiterhin sei angenommen, daß für die Bestimmung des Bestellniveaus ein Sicherheitsfaktor in Höhe von $v = 2.33$ verwendet wird, wobei unterstellt wird, daß die Prognosefehler normalverteilt sind.

a) Stellen Sie die Entwicklung der Bestellmengen und des Lagerbestands im Zeitablauf für den Fall dar, daß zur Prognose die exponentielle Glättung mit $\alpha = 0.2$ eingesetzt wird. Verwenden Sie zur Initialisierung der Berechungen die Daten der Perioden 1 und 2 und stützen Sie ihre Auswertungen auf den Zeitraum von Periode 3 bis 10.

b) Zeigen Sie den Einfluß des Glättungsparameter α auf die Höhe des Bullwhip-Effekts.

 INFORMATIONEN, LITERATUR

Tempelmeier (2018), Abschnitt D.2

 LÖSUNG

a) Die folgende Tabelle zeigt die Entwicklung der interessierenden Größen, wenn alle Berechnungen wie oben beschrieben durchgeführt werden. Die Perioden 1 und 2 wurden zur Initialisierung verwendet und werden nicht in die nachfolgende Auswertung einbezogen.

Periode	-2	-1	0	1	2	3	4	5	6	7	8	9	10
Nachfrage (beobachtet)	50	50	50	60	40	60	40	70	60	40	70	50	60
Nachfrage (geglättet)	50	50	50	52	50	52	49	53	55	52	55	54	55
Nachfrage (Prognose)	50	50	50	50	52	50	52	49	53	55	52	55	54
Nachfrage in WBZ+1 (Prognose)	150	150	150	156	149	155	148	160	164	155	166	163	166
Nachfrage in WBZ+1 (beobachtet)				160	150	160	140	170	170	170	170	160	180
Nachfrage WBZ+1 (Prognosefehler)				10	0	10	-16	21	15	22	10	-4	25
Prognosefehler (geglättet)			0	2	2	3	-1	4	6	9	9	7	10
Prognosefehler^2 (geglättet)			0	20	16	33	77	152	166	230	202	165	253
Varianz Prognosefehler (geglättet)			0	16	13	22	77	138	130	145	116	122	150
Phys. Bestand (Per.-Ende)			150	90	50	-10	32	-6	4	13	38	50	24
Bestellniveau				172	164	174	183	208	210	204	210	208	216
Bestellbestand (vor Bestellung)				0	82	114	102	120	144	157	96	109	124
Disp. Bestand (vor Bestellung)			0	90	132	104	134	113	148	170	134	160	148
Bestellmenge	0	0	0	82	31	70	49	94	63	34	76	48	68

Die Werte in der Spalte -2, -1 und 0 dienen zur Initialisierung des Verfahrens. Für die dynamische Berechnung des Bestellniveaus sind die Prognosefehler der Nachfragemenge im Risikozeitraum (Wiederbeschaffungszeit+1) relevant. In der Tabelle errechnen sich diese am Ende der Periode t aus der Differenz der beobachteten Nachfrage der Perioden $(t, \ldots, t-2)$ und der am Ende der Periode $t-3$ berechneten Prognose für die Nachfragemengen im Risikozeitraum der unmittelbar anstehenden Lagerbestellung. Der Prognosefehler in Periode 5 (21) ist z. B. gleich der Summe der Nachfragen der Perioden 5, 4 und 3 (170) abzüglich der am Ende der Periode 2 (149).

Um die Einflüsse der Initialisierung des Prognoseverfahrens zu reduzieren, werten wir nur die Perioden 3 bis 10 aus. Während die durchschnittliche Varianz der Periodennachfragemengen in dieser Zeitspanne ca. 123 beträgt, ist die Varianz der Bestellmengen mit 312 etwa 2.5-mal so hoch.

b) Wir variieren nun den Glättungsparameter $\alpha = \{0.1, 0.2, 0.3, 0.4\}$ und erhalten folgende Verhältnisse zwischen der Varianz der Bestellmengen und der Varianz der Periodennachfragemengen.

α	Varianz Bestellmengen	$\dfrac{\text{Varianz Bestellmengen}}{\text{Varianz Periodennachfragemengen}}$
0.1	226	1.83
0.2	312	2.52
0.3	462	3.74
0.4	765	6.20

C4.2

One-Warehouse-N-Retailer-Modell von Deuermeyer und Schwarz

Ein Anbieter von Sportgeräten unterhält ein Zentrallager in der Nähe von Offenbach und drei Regionallager in Berlin, Köln und Stuttgart. In den Regionallagern treffen poisson-verteilte Nachfragemengen für die Heimtrainer-Kompaktstation „My Fantastic Body" auf einer kontinuierlichen Zeitachse ein.

Die mittleren Ankunftsraten von Aufträgen λ_j sowie die Handling- und Transportzeiten L_j^T zwischen dem Zentrallager und den Regionallagern ($j = 1, 2, 3$) sind in der folgenden Tabelle angegeben. Alle Lager verfolgen (s, q)-Politiken mit den Parametern $s_j = 2$ und $q_j = 4$ ($j = 1, 2, 3$).

j	λ_j	L_j^T
1	1	1
2	1	1
3	1	1

Das Zentrallager verfolgt ebenfalls eine (s, q)-Politik mit der Bestellmenge $q_Z = 20$. Es bezieht das Produkt bei einem Lieferanten in Osteuropa, wobei mit einer Wiederbeschaffungszeit von 12 Tagen zu rechnen ist.

a) Bestimmen Sie die β-Servicegrade in den Regionallagern unter der Annahme, daß das Zentrallager immer lieferfähig ist.

b) Berechnen Sie die mittlere Wartezeit einer Regionallager-Bestellung für einen Zentrallager-Bestellpunkt $s_Z = 28$ nach dem Ansatz von Deuermeyer und Schwarz.

 INFORMATIONEN, LITERATUR

Deuermeyer und Schwarz (1981)
Tempelmeier (2018)

 LÖSUNG

a) Wenn das Zentrallager immer lieferfähig ist, dann ist die erwartete lagerbedingte Lieferzeit im Zentrallager gleich Null und die Regionallager können unabhängig vom Zentrallager analysiert werden. Für einen Bestellpunkt der Höhe $s_j = 2$ erhält man bei einer deterministischen Wiederbeschaffungszeit $L_j = L_j^T = 1$ im Regionallager j einen

β_j-Servicegrad von 97.41% ($j = 1, 2, 3$). Der Einfluß des Bestellpunktes s_j in einem Regionallager auf den β-Servicegrad β_j ist in der folgenden Tabelle dargestellt.

s_j	β_j
6	100%
5	99.98%
4	99.89%
3	99.42%
2	97.41%
1	90.82%

b) Nehmen wir nun an, der Bestellpunkt im Zentrallager sei $s_Z = 28$. Dies entspricht sieben Regionallager-Bestellmengen. Außerdem ist die Bestellmenge $q_Z = 20$. Dann sind folgende Berechnungen durchzuführen, wobei für alle Mengengrößen die Dimension „Anzahl Regionallager-Bestellungen" gilt:

Schritt 1:

Im Zentrallager treffen Bestellungen aus den Regionallagern mit der Ankunftsrate $\lambda_Z = 3 \cdot 4 = 12$ ein. Die Parameter der Nachfragemenge (Anzahl Regionallager-Bestellungen) in der Wiederbeschaffungszeit des Zentrallagers lauten:

$$\mu_Z = \frac{3 \cdot 12}{4} + \frac{1 - 4}{2 \cdot 4} = 8.625$$

$$\sigma_Z^2 = \frac{3 \cdot 12}{4^2} = 2.25 \quad \text{bzw.} \quad \sigma_Z = 1.5$$

Schritt 2:

Approximation der Nachfragemenge in der Wiederbeschaffungszeit des Zentrallagers durch eine Normalverteilung:

$$v_s = \frac{8 - 8.625}{1.5} = -0.4167 \quad \text{und} \quad v_{s+q} = \frac{13 - 8.625}{1.5} = 2.9167$$

$$\Phi_N^2(v_s) = \Phi_N^2(-0.4167) = 0.4644$$

$$\Phi_N^2(v_{s+q}) = \Phi_N^2(2.9167) = 0$$

Der mittlere Fehlbestand im Zentrallager ist dann:

$$E\{I_Z^f\} = \frac{\sigma^2 \cdot q_R}{q_Z} \cdot \left[\Phi_N^2(v_s) - \Phi_N^2(v_{s+q})\right]$$

$$= \frac{2.25 \cdot 4}{20} \cdot \left[0.4644 - 0\right] = 0.2090$$

Schritt 3:

Die mittlere Wartezeit einer Regionallager-Bestellung im Zentrallager beträgt dann:

$$E\{W_Z\} = \frac{E\{I_Z^f\} \cdot q_R}{\lambda_Z} = \frac{0.2090 \cdot 4}{3} = 0.2787$$

Schritt 4:

Die Handling- und Transportzeit L_j^T wird um die in Schritt 3 ermittelte durchschnittliche Wartezeit erhöht. Damit erhalten wir die als deterministisch angenommene Wiederbeschaffungszeit eines Regionallagers

$$L_j = L_j^T + E\{W_Z\} = 1 + 0.2787 = 1.2787$$

Diese Größe bildet nun die Grundlage für die Analyse der Lagerhaltungspolitiken in den Regionallagern. Für einen Bestellpunkt $s_j = 2$ und die in der Analyse des Zentrallagers unterstellten Bestellmengen $q_j = q_R = 4$ ($j = 1, 2, 3$) ergibt sich z. B. ein Regionallager-Servicegrad in Höhe von $\beta = 0.9522$ (vgl. *Tempelmeier* (2018), Abschnitt C.2.2).

Literaturverzeichnis

Altiok, T. (1982). Approximate analysis of exponential tandem queues with blocking. *European Journal of Operational Research 11*, 390–398.

Altiok, T. (1997). *Performance Analysis of Manufacturing Systems*. New York: Springer.

Askin, R. G. und C. Standridge (1993). *Modeling and Analysis of Manufacturing Systems*. New York: Wiley.

Axsäter, S. (2000). *Inventory Control*. Boston: Kluwer.

Bitran, G. und D. Tirupati (1988). Multiproduct queueing networks with deterministic routing: Decomposition approach and the notion of interference. *Management Science 34*, 75–100.

Bürger, M. (1997). *Konfigurationsplanung flexibler Fließproduktionssysteme*. Berlin: Galda+Wilch.

Buzacott, J. A. und J. G. Shanthikumar (1993). *Stochastic Models of Manufacturing Systems*. Englewood Cliffs: Prentice Hall.

Chopra, S. und P. Meindl (2016). *Supply Chain Management – Strategy, Planning, and Operation* (6. Aufl.). Upper Saddle River, N.J.: Prentice Hall.

Conway, R., W. Maxwell, J. McClain und L. Thomas (1988). The role of work-in-process inventory in serial production lines. *Operations Research 36*, 229–241.

Dallery, Y. und S. Gershwin (1992). Manufacturing flow line systems: A review of models and analytical results. *Queueing Systems 12*, 3–94.

DeLurgio, S. A. (1998). *Forecasting Principles and Applications*. Boston, Mass.: Irwin/-McGraw-Hill.

Deuermeyer, B. und L. Schwarz (1981). A model for the analysis of system service level in warehouse-retailer distribution systems: The identical retailer case. In: L. Schwarz (Hrsg.), *Multi-Level Production/Inventory Control Systems: Theory and Practice*. Amsterdam: North-Holland. S. 163–193.

Domschke, W. und A. Drexl (1996). *Logistik: Standorte* (4. Aufl.). München: Oldenbourg.

Domschke, W. und A. Drexl (2007). *Einführung in Operations Research* (7. Aufl.). Berlin: Springer.

Domschke, W., A. Scholl und S. Voss (1997). *Produktionsplanung* (2. Aufl.). Berlin: Springer.

Drexl, A., B. Fleischmann, H.-O. Günther, H. Stadler und H. Tempelmeier (1994). Konzeptionelle Grundlagen kapazitätsorientierter PPS-Systeme. *Zeitschrift für betriebswirtschaftliche Forschung 46*, 1022–1045.

Drexl, A. und K. Haase (1995). Proportional lotsizing and scheduling. *International Journal of Production Economics 40*, 73–87.

Drexl, A. und R. Kolisch (1993). Produktionsplanung und -Steuerung bei Einzel- und Kleinserienfertigung: Grundlagen. *Wirtschaftswissenschaftliches Studium 22*, 60–66.

El-Najdawi, M. und P. Kleindorfer (1993). Common cycle lot-size scheduling for multi-product, multi-stage production. *Management Science 39*, 872–885.

Fandel, G. und J. Reese (1989). „Just-in-Time"-Logistik am Beispiel eines Zulieferbetriebs in der Automobilindustrie. *Zeitschrift für Betriebswirtschaft 59*, 55–69.

Gershwin, S. (1994). *Manufacturing Systems Engineering*. Englewood Cliffs: Prentice Hall.

Gross, D. und C. Harris (1998). *Fundamentals of Queueing Theory* (3. Aufl.). New York: Wiley.

Günther, H.-O. und H. Tempelmeier (2016). *Produktion und Logistik* (12. Aufl.). Norderstedt: Books on Demand.

Haase, K. (1994). *Lotsizing and Scheduling for Production Planning*. Berlin: Springer.

Heizer, J. und B. Render (2005). *Operations Management* (8. Aufl.). Upper Saddle River: Prentice Hall.

Helber, S. (1999). *Performance Analysis of Flow Lines with Non-Linear Flow of Material*. Berlin: Springer.

Helber, S. und H. Kuhn (2004). Produktionssegmentierung unter Beachtung stochastisch-dynamischer Einflussgrößen. *WiSt: Wirtschaftswissenschaftliches Studium 33*, 463–469.

Hillier, F. und R. Boling (1966). The effect of some design factors on the efficiency of production lines with variables operation times. *The Journal of Industrial Engineering 17*, 651–658.

Hopp, W. und M. Spearman (2000). *Factory Physics – Foundations of Manufacturing Management* (2. Aufl.). Chicago: Irwin.

Jackson, J. (1957). Networks of waiting lines. *Operations Research 5*, 518–521.

Karmarkar, U. (1993). Manufacturing lead times, order release and capacity loading. In: S. Graves, A. Rinnooy Kan und P. Zipkin (Hrsg.), *Handbooks in Operations Research and Management Science, Volume 4: Logistics of Production and Inventory*, Chapter 6, S. 287–329. Amsterdam: North-Holland.

Kelton, W., R. Sadowski und D. Sturrock (2004). *Simulation with Arena* (3. Aufl.). Boston: McGraw-Hill.

Koné, O., C. Artigues, P. Lopez und M. Mongeau (2013). Comparison of mixed integer linear programming models fot the resource-constrained project scheduling problem with consumption and production of resources. *Flexible Services and Manufacturing Journal 25*, 25–47.

Maes, J. und L. Van Wassenhove (1986). A simple heuristic for the multi item single level capacitated lotsizing problem. *OR Letters 4*, 265–273.

Manitz, M. (2005). *Leistungsanalyse von Montagesystemen mit stochastischen Bearbeitungszeiten*. Köln: Kölner Wissenschaftsverlag.

Nahmias, S. und T. L. Olson (2015). *Production and Operations Analysis* (7. Aufl.). Long Grove, Illinois: Waveland Press.

Neumann, K. (1996). *Produktions- und Operations-Management*. Berlin: Springer.

Neumann, K. und M. Morlock (1993). *Operations Research*. München: Hanser.

Papadopoulos, H., C. Heavey und J. Browne (1993). *Queueing Theory in Manufacturing Systems Analysis and Design*. London: Chapman&Hall.

Pinto, P. und B. Rao (1992). Joint lot-sizing and scheduling for multi-stage multi-product flow shops. *International Journal of Production Research 30*, 1137–1152.

Quadt, D. (2004). *Lot-Sizing and Scheduling for Flexible Flow Lines*. Berlin: Springer.

Reith-Ahlemeier, G. (2002). *Ressourcenorientierte Bestellmengenplanung und Lieferantenauswahl*. Norderstedt: Books On Demand.

Rinne, H. und H.-J. Mittag (1991). *Statistische Methoden der Qualitätssicherung*. München: Hanser.

Ross, S. M. (1997). *Introduction to Probability Models* (6. Aufl.). San Diego: Academic Press.

Silver, E., D. F. Pyke und R. Peterson (1998). *Inventory Management and Production Planning and Scheduling* (3. Aufl.). New York: Wiley.

Simpson, N. und S. Erenguc (1998). Improved heuristic methods for multiple stage production planning. *Computers & Operations Research 25*, 611–623.

Suerie, C. (2006). Modeling of period overlapping setup times. *European Journal of Operational Research 174*, 874–886.

Taha, H. A. (2003). *Operations Research – An Introduction* (7. Aufl.). London: Prentice-Hall International.

Tempelmeier, H. (1983). *Quantitative Marketing-Logistik*. Berlin: Springer.

Tempelmeier, H. (1985). Inventory control using a service constraint on the expected customer order waiting time. *European Journal of Operational Research 19*, 313–323.

Tempelmeier, H. (1991). *Simulation mit SIMAN*. Heidelberg: Springer.

Tempelmeier, H. (2000). Inventory service levels in the customer supply chain. *OR Spektrum 22*, 361–380.

Tempelmeier, H. (2003). Practical considerations in the optimization of flow production systems. *International Journal of Production Research 41*, 149–170.

Tempelmeier, H. (2005). Produktion und Logistik. In: M. Bitz, M. Domsch, R. Ewert und F. Wagner (Hrsg.), *Vahlens Kompendium der Betriebswirtschaftslehre, Band 1* (5. Aufl.). München: Vahlen.

Tempelmeier, H. (2008). *Material-Logistik – Modelle und Algorithmen für die Produktionsplanung und -steuerung in Advanced Planning-Systemen* (7. Aufl.). Berlin: Springer.

Tempelmeier, H. (2017). *Produktionsplanung in Supply Chains* (5. Aufl.). Norderstedt: Books on Demand.

Tempelmeier, H. (2018). *Bestandsmanagement in Supply Chains* (6. Aufl.). Norderstedt: Books on Demand.

Tempelmeier, H. und H. Kuhn (1993a). *Flexible Fertigungssysteme - Entscheidungsunterstützung für Konfiguration und Betrieb*. Berlin: Springer.

Tempelmeier, H. und H. Kuhn (1993b). *Flexible Manufacturing Systems – Decision Support for Design and Operation*. New York: Wiley.

Thonemann, U. (2010). *Operations Management* (2. Aufl.). München: Pearson.

Villa, A. (1995). *Advanced Models for Manufacturing Systems Management*. CRC Press.

Waldmann, K.-H. und U. Stocker (2004). *Stochastische Modelle*. Berlin: Springer.

Whitt, W. (1983). The queueing network analyzer. *The Bell System Technical Journal 62*, 2779–2815.

Zipkin, P. H. (2000). *Foundations of Inventory Management*. Boston: McGraw-Hill.